Harald Stoklossa

Die Zinsstrukturtheorie

AF881940

GABLER RESEARCH

Harald Stoklossa

Die Zinsstrukturtheorie

Eine Analyse der Faktoren, Arbitrage und Volatilität für das Euro-Währungsgebiet

Mit einem Geleitwort von Prof. Dr. Ralph G. Anderegg

GABLER

RESEARCH

Bibliografische Information der Deutschen Nationalbibliothek
Die Deutsche Nationalbibliothek verzeichnet diese Publikation in der Deutschen Nationalbibliografie; detaillierte bibliografische Daten sind im Internet über <http://dnb.d-nb.de> abrufbar.

Dissertation Universität zu Köln, 2010

1. Auflage 2010

Alle Rechte vorbehalten
© Gabler Verlag | Springer Fachmedien Wiesbaden GmbH 2010

Lektorat: Ute Wrasmann | Jutta Hinrichsen

Gabler Verlag ist eine Marke von Springer Fachmedien.
Springer Fachmedien ist Teil der Fachverlagsgruppe Springer Science+Business Media.
www.gabler.de

Das Werk einschließlich aller seiner Teile ist urheberrechtlich geschützt. Jede Verwertung außerhalb der engen Grenzen des Urheberrechtsgesetzes ist ohne Zustimmung des Verlags unzulässig und strafbar. Das gilt insbesondere für Vervielfältigungen, Übersetzungen, Mikroverfilmungen und die Einspeicherung und Verarbeitung in elektronischen Systemen.

Die Wiedergabe von Gebrauchsnamen, Handelsnamen, Warenbezeichnungen usw. in diesem Werk berechtigt auch ohne besondere Kennzeichnung nicht zu der Annahme, dass solche Namen im Sinne der Warenzeichen- und Markenschutz-Gesetzgebung als frei zu betrachten wären und daher von jedermann benutzt werden dürften.

Umschlaggestaltung: KünkelLopka Medienentwicklung, Heidelberg
Gedruckt auf säurefreiem und chlorfrei gebleichtem Papier

ISBN 978-3-8349-2374-5

Geleitwort

Der Zins kann als die wichtigste finanzielle ökonomische Variable betrachtet werden.

Der Verfasser entwickelt - weltweit wohl erstmalig in systematischer Weise - eine „empirische Zinsstrukturtheorie". Der Zins als makroökonomische Größe liegt als eine Funktion in Abhängigkeit von der Zeit und somit als Zinsstruktur vor. Die zinstheoretische Analyse muss sich dieser Struktur widmen. Hierbei werden die Veränderung der Lage, der Steilheit und der „Verbiegungen" der Zinsstrukturkurve im Euro-Währungsgebiet analysiert. Die Untersuchung enthält die folgenden Elemente: (1) Die Zinsstruktur als Zusammenhang zwischen den Zinsen und den einzelnen Laufzeiten in der Vorperiode, (2) die deterministischen Einflüsse makroökonomischer Größen auf die Zinsstruktur, (3) die Arbitrageprozesse zwischen den einzelnen Laufzeiten (bzw. die sog. Fristentransformation) und zudem (4) die stochastischen Bewegungen der Zinsen der einzelnen Laufzeiten (durch Schocks und Einspielprozesse).

Das Verfahren ermöglicht eine eingehendere und überdies nicht nur kurzfristige, sondern auch langfristigere Analyse der Veränderungen der Zinsstrukturkurve als die rein stochastischen Verfahren, die von der Prämisse der „Arbitragefreiheit" ausgehen, d.h. die in der Praxis hochintensiven Arbitrageprozesse zwischen den einzelnen Laufzeiten modelltheoretisch ausklammern, welche für die Dynamik der Geld-, Kredit- und Kapitalmärkte so bedeutsam sind.

Methodisch umfasst die Untersuchung bei den einzelnen zinstheoretischen Ansätzen den Einfluss der jeweiligen Faktoren auf die Euro-Zerobond-Zinsstruktur. Dieses Verfahren führt theoriekonform zu umfassenden Erkenntnissen. Die Untersuchung entbehrt damit nicht der theoriegeschichtlichen Tiefe, was einem heuristischen Verfahren mit lediglich abhängigen und zu erklärenden Variablen vorzuziehen ist. Der Verfasser zeigt, auf welche Laufzeitensegmente der Zinsstruktur die einzelnen Variablen (bzw. Theorien nach Autoren) einen Einfluss haben. Er entwickelt Erklärungsmodelle und ein Prognosemodell für die Zinsstruktur.

Die Arbeit stützt sich auf die zahlreichen, soliden und fest verankerten Zins(–struktur–)theorien, deren empirische Bedeutung im Zuge der einzelnen ökonometrischen Tests ebenfalls erkennbar wird. Durch die mehrschichtigen Modelldarstellungen und statistischen Analysen enthält die Untersuchung eine erhebliche theoretische Validierung. Die verwendeten Modelle umfassen nicht nur bislang weitgehend unbekannte, jedoch sehr valide Zinstheorien wie die von Schumpeter oder Friedman, sondern erstmals auch valide verhaltenstheoretische Ansätze im Rahmen der Arbitragetheorie unter Einschluss „außergewöhnlicher Umstände".

Die für die Analysen verwendeten ökonometrischen Modelle beinhalten u.a. umfassende (stochastische) Volatilitätsanalysen sowie (G)ARCH-Modelle, mit deren Hilfe sich Schocks und weitere in den Finanzmarktdaten verarbeitete Einflüsse informationstheoretisch beurteilen lassen. Die umfangreichen statistischen Auswertungen sind aussagekräftig und vermitteln ihrerseits vielfältige Ergebnisse, welche in dieser Form bisher noch nicht vorgelegen haben.

Die weitreichenden Erkenntnisse lassen sich in der Finanzwirtschaft sehr gut verwenden.

Univ.-Professor Dr. Ralph G. Anderegg

Vorwort

Mein besonderer Dank gilt meinem Doktorvater, Herrn Prof. Dr. Ralph G. Anderegg. Er gab den Anstoß zum vorliegenden Dissertationsthema, das als anspruchsvoll und umfangreich gilt, jedoch wie kaum ein anderes die wirtschaftswissenschaftliche Forschung und Lehre miteinander verbindet. Die Betreuung eines solchen Themas gelingt nur einem Menschen, der sich in äußerst förderlicher Weise um seine Studenten bemüht. International hätte wohl niemand dieses Thema besser betreuen können. Hierbei möchte ich auf das Lehrbuch „Grundzüge der Geldtheorie und Geldpolitik" meines Doktorvaters hinweisen, welches sich binnen kürzester Zeit im deutschsprachigen Raum als das Standardwerk in diesem Fach etabliert hat.

Ein weiterer Dank gilt Herrn Prof. Dr. Toni Pierenkemper für die Übernahme des Korreferats. Herrn Prof. Dr. Thomas Hartmann-Wendels danke ich für die Durchführung des Kolloquiums. Für den Datenbankzugang bedanke ich mich bei Herrn Prof. Dr. Kempf sowie beim Bankhaus Sal. Oppenheim jr. & Cie. Meinem alten Arbeitgeber KPMG (Financial Services sowie Risikomanagement) danke ich für die grundsätzliche Förderung der Promotion.

Mein besonderer Dank gilt auch meinen lieben Eltern. Sowohl meine Mutter als auch mein Vater haben mich bei der Promotion bestärkt. Ohne sie hätte ich nicht die Fähigkeit erlangt, diesen Ausbildungsweg zu beschreiten. Leider hat mein Vater den Abschluss dieser Arbeit nicht mehr erleben können. Dankbar bin ich überdies Verwandten und Freunden, die mir während dieser auch privat entbehrungsreichen Zeit die Treue gehalten und mich ermutigt haben.

Für den sozialpolitisch orientierten Leser sei betont, dass der Zins, bei dessen Interpretation nur allzu missbräuchlich ein politischer Tatbestand in den Vordergrund gerückt werden kann, sowohl ein Entstehungs- als auch ein Verteilungsphänomen darstellt. Denn der Zins ist hinsichtlich des Nutzenentgangs des Sparers u.a. eine faire Entschädigung, welche erst durch die mittels der kreditfinanzierten Investitionen erwirtschafteten Gewinne verteilbar wird.

Der Zins ist somit ein monetäres Signal für die ökonomische Entwicklung und eine wichtige Grundlage für die langfristigen Wohlfahrts- und Lohnsteigerungen einer Gesellschaft. Weltweit fanden in Zeiten künstlicher Reglementierung oder gar Untersagung von Zinsen häufig die größten gesellschaftlichen „Irrungen" der Menschheit statt. Dies sei eine Mahnung gegen künstliche Beeinflussungen der Zinshöhe, gleich welcher Denkrichtung diese auch entspringen mögen - eine Erkenntnis, die selbst unter Ökonomen immer wieder zu betonen ist.

Harald Stoklossa

Inhaltsverzeichnis

Abkürzungsverzeichnis

Hinweis: Abkürzungen ökonomischer Variablen befinden sich im Symbolverzeichnis

Abb.	Abbildung
ADF	Augmented-Dickey-Fuller-Test
Adj.	adjusted, adjustiert bzw. korrigiert
APT	Arbitrage Pricing Theory
ARCH	Autoregressiv Conditional Heteroskedasticity
Bd.	Band
BIP	Bruttoinlandsprodukt
BOP	Balance of Payments, Zahlungsbilanz
bzw.	beziehungsweise
CAPM	Capital Asset Pricing Model
ca.	cirka
CBOT	Chicago Board of Trade (Haupt-Terminbörse der USA)
CIR	Cox-Intersoll-Ross
Cov	Kovarianz
c.p.	ceteris paribus
d, Δ	Änderung (Wachstum)
ders.	derselbe
d.h.	das heißt
dt.	deutsch (in deutscher Sprache)
D	day (dt. = Tag)
DP	Preisveränderung
DW	Durbin-Watson(-Koeffizient)
Ed.	Auflage
EER	Effective Exchange Rates, effektive Wechselkurse
e.g.	zum Beispiel (example given)
EMS_LIQUIDITY	Liquidität des European-Monetary-System
engl.	Englisch, in englischer Sprache
ESI	European Sentiment Index
ESVG	Europ. System Volkswirtschaftl. Gesamtrechnungen
et al.	und andere (et aliud)
ECB	European Central Bank
EWWU	Europäische Wirtschafts- und Währungsunion
EZB	Europäische Zentralbank
f.	folgende
ff.	fortfolgende
FR	Forward Rate, in dieser Arbeit Terminzins Bund-Future
GARCH	Generalized Autoregressiv Conditional Heteroskedasticity
GDP_R_HICP_LAST_Y	reales BIP bereinigt um HVPI
GFCFORMATIO	Gross Fixed Capital Formation
ggf.	gegebenenfalls
HdSW	Handbuch der Sozialwissenschaften
HdWW	Handbuch der Wirtschaftswissenschaften
Hrsg.	herausgegeben, Herausgeber
HICP	Harmonized Index of Consumer Prices (HVPI)
HJR	Heath-Jarrow-Morton
HVPI	Harmonisierter Verbraucherpreisindex
HWWI	Hamburgisches WeltWirtschaftsInstitut
I	Investitionen

i	Zins(-satz) (engl.: interest (rate))
i.e.S.	im engeren Sinne
i.V.m.	in Verbindung mit
i.w.S.	im weiteren Sinne
jr.	Junior
Jan.	Januar
Jg.	Jahrgang
Jh.	Jahrhundert
KML	Kapitalmarktlinie
Lag	Lead-/Lag-Analyse - jeweils bezogen auf unabhängige Variable; (Lags = Minus- („-"), Leads = Pluszeichen („+"))
lat.	lateinisch
Lb.	Laufzeitbereich
M	i.V.m. vorangestellter Zahl = Laufzeit in Mon.; Geldmenge
MIT	Massachusetts Insitute of Technology
MFI	Monetary Financial Institutions
n.a.	nicht anwendbar (not applicable)
No.	Nummer
Nov.	November
Nr.	Nummer
NMFIs	Non-Monetary Financial Institutions
n.v.	nicht vorhanden
o.g.	oben genannt(e)
OLI	Ownership Local Interest
OLS	Ordinary Least Squares, Methode der kleinsten Quadrate
PBA	Performance Based Arbitrage
p.	page bzw. Seite
pp.	pages bzw. Seiten
PPP	Purchasing Power Parity
PRCNT	Prozent
S	Ersparnis
s.	siehe
S.	Seite
sog.	sogenannt
Std. Dev.	Standardabweichung
STOXX	EURO-STOXX50, Aktienindex Euro-Währungsgebiet
TS	Term Strukture (Zinsstruktur-Spread)
u.a.	unter anderem
ursprgl.	ursprünglich
US	Vereinigte Staaten bzw. amerikanisch
WML	Wertpapiermarktlinie
Var	Varianz
Vgl.	vergleiche
Vol.	Volume, Band
VPI	Verbraucherpreisindex
Y	Volkseinkommen, i.V.m. Zahl = Laufzeit in Jahren
z.B.	zum Beispiel
z.T.	zum Teil

Symbolverzeichnis

Hinweis: Die Nummerierungen orientieren sich an der Formel-Nummerierung des Textes. In jeweils vorhergehenden Formeln bereits definierte Variablen werden nicht erneut definiert.

(1)	
Δ	Differenzenoperator
y_t	Endogene (abhängige) Variable eines Eingleichungsmodells
δ	Parameter heteroskedast. Varianzen, Anpassungsparameter
α_j	Signifikanzniveau, Wahrscheinlichkeit für Fehler 1. Art (α-Fehler)
y_{t-j}	Vektor zeitlich verzögerter endogener Variablen
u_t	Störgröße, stochastischer Störterm
(2)	
y	Endogene (abhängige) Variable eines Eingleichungsmodells
A_p	Kointegrations-Vektoren der Kurzfristdynamik
y_{t-p}	Vektor zeitlich verzögerter, exogener Variablen
Bx_t	konstanter Vektor
ε_t	Störgröße, stochastischer Störterm
(3)	
$\overline{R}^2$	Adjustiertes (bzw. korrigiertes) R^2
T	Anzahl der Beobachtungen
k	Anzahl der unabhängigen, rechtsseitigen Regressoren
(4)	
R^2	Bestimmtheitsmaß, Determinationskoeffizient
$\overline{y}$	Mittelwert der abh. (endogenen, linksseitigen) Regressoren
y	Wert der abhängigen (endogenen, linksseitigen) Regressoren
$\hat{\varepsilon}$	Residuum
x_j	Exogene Variablen
(5)	
H_0	Nullhypothese
β_j	Regressionskoeffizienten des Eingleichungsmodells
(6)	
t	Prüfgröße des t-Tests
$\hat{\beta}_j$	Schätzer des Regressionskoeffizienten β_j
$\hat{\sigma}$	Erwartungstreuer Schätzer Standardabweichung Störvariable
x^{jj}	Hauptdiagonalelemente der Inversen $(X'X)^{-1}$
X	(Beobachtungs-)Matrix exogene Variable Eingleichungsmodell
(7)	
$\hat{u}$	Störterm

(8), (9)

x	(Zeitreihe der) Variable x
y	(Zeitreihe der) Variable y
l	Lag-Länge

(10), (11)

$\hat{u}_t^2$	Quadrierte OLS (Ordinary Least Squares)-Residuen
α	Signifikanzniveau, Wahrscheinlichkeit für Fehler 1. Art (α-Fehler)
x_t	Unabhängige Variable eines Eingleichungsmodells
k	Anzahl exogener Regressoren

(12)

W	Prüfgröße des White-Tests
n	Anzahl der Beobachtungen
R^2	Unkorrigiertes (bzw. nicht-adjustiertes) Bestimmtheitsmaß

(13)

k	Anzahl der exogenen Variablen
n	Anzahl der Beobachtungen
R^2	Unkorrigiertes (bzw. nicht-adjustiertes) Bestimmtheitsmaß

(14)

$\hat{y}_{n,h,}$	Als voraussichtlicher Prognosewert einer endogenen Variablen y in der Periode $n+h$ unter Berücksichtigung der zurzeit in n gegebenen Information sowie h=1, 2,..., L, mit L=1 als Ein-Schritt-Prognose.
$\hat{\beta}_j$	OLS-Schätzer (ordinary least squares bzw. Methode der kleinsten Quadrate) der unbekannten Regressionskoeffizienten β_j.
$\hat{x}_{j,n+h}$	Prognosewerte der exogenen Variablen

(15)

h_t	Bedingte Varianz
α_i	Autoregressive Parameter
u_{t-1}^2	Störterm
q	ARCH-Prozess Ordnung q (Einbeziehg. Infos letzte q Perioden)

(16)

h_t	Bedingte Varianz
α_i, β_j	Autoregressive Parameter
u_{t-1}^2	Störterm

(17)

σ_t^2	Bedingte Varianz (Volatilität)
ω	Konstante
$\alpha\varepsilon_{t-1}^2$	ARCH-Term
$\beta\sigma_{t-1}^2$	GARCH-Term

(18)

σ_t^2	Bedingte Varianz (Volatilität)
ϖ	Konstante

(19)

Y_t	Renditen
X_t'	Exog., prädeterminierte Variable (in Mittelwertgleichg. enthalten)
θ	Fehlerterm
λ	Koeffizient bzw. Maß für den Risiko-Ertrags-Zusammenhang
$\lambda\sigma_t^2$	Risikoprämie
σ_t^2	Marktpreis des Risikos
$\in_t$	Störterm

(20)

x	Funktionswert (Zins, Short Rate) der Zinss-(struktur-)Gleichung
a	Exponent (Abzissenabschnitt)
b	Steigungsmaß
y	Abszissen-Wert

(21)

$R(n,t)$	Long-Rate
$R(1,t)$	Short-Rate
$\beta\Delta R^e(n,t)$	Erwartete Änderung der Long-Rate
F_t	Netto-Effekt relativer Angebotsfaktoren

(22)

R	Rendite
m	Restlaufzeit bzw. Perioden
t	Zeitpunkt

(23)

E	Erwartete Renditen („Halterenditen") von Bonds
$H_t^{1,m}$	Bonds
R	Kassazins für die jeweilige Haltedauer m

(24)

E	Erwartungswert hinsichtlich der erwarteten Bondrenditen
R_{t+n}^1	Kassazins für die jeweilige Haltedauer
n	Perioden

(25)

E	Vorhersagefehler $({}_tR_{1_t} - {}_t r_{1t-1})$

(26)

Y	Output
N	Arbeit
I	Investitionen
(27)	
Y_1	Gegenwartsgut
Y_2	Zukunftsgut
(28)	
S	Ersparnis
I	Investition
(29)	
i	Zins
H	Hortung (Geldnachfr., aktivierte, ungenutzte, erzwungene Mittel)
ΔM	Geldmengenänderungen
iKm	Kapitalmarktzins
(30)	
K_d	Kreditnachfrage
K_s	Kreditangebot
(31)	
Md	Geldnachfrage
Ms	Geldangebot
(32)	
r_t	Realzins (Zins bei Erwartung eines stabilen Preisniveaus)
i_t	Nominalzins
π^e	Erwartete Inflationsrate des Geldes
(33)	
L	Gesamte Kassenhaltung bzw. Geldnachfrage
(34)	
L_S	Spekulationskasse
(35)	
L_T	Transaktionskasse
(36)	
r	Grenzeffizienzsatz des Geldes
y	Grenzeffizienz eines Finanztitels in Geld
(37), (38), (39), (40), (41), (42), (43)	
M	Geldangebot (Geldmenge)
m	Multiplikator
I	Investitionen
S	Ersparnis
K	Konsum
C´	Marginale Konsumneigung

(44)

r	Leitzinssatz
p	Inflationsrate vergangener 4 Quartale (gelaggte Inflationsrate)
y	%-uale Abweichung des realen BIP vom Ziel bzw. als Outputgap
Y	Reales Bruttoinlandsprodukt
Y^*	Reales Trend-Bruttoinlandsprodukt

(45)

i	Sich ergebender, kurzfristiger Geldmarktsatz
r	Realer Gleichgewichtszinssatz
π_t	Aktuelle Inflationsrate
π^*	Zielinflationsrate
$(\pi - \pi^*)$	Inflationgap
$(y - y^*)$	Outputgap bzw. %-uale Differenz zw. aktuellen u. potenzl. BIP

(46)

i_t	Nomineller Zinssatz
r^{eq}	Gleichgewichtszinssatz, der als konstant angenommen wird
π_t	Inflationsrate (Veränderungsrate gegenüber dem Vorjahr)
y_t	Outputgap
π^*	Zielinflationsrate (mit derzeit zwei Prozent)
π^{ob}	Aktuelle Inflationsrate

(47)

y_t	Produktionsentscheidungen
$(i_t - E_t\pi_{t+1})$	Realzinssatz (nominellen Zins i_t minus erwarteter Inflationsrate
$E_t\pi_{t+1})$ $E_t\pi_{t+1}$	Künftige Produktionsbedingungen
v_t	Stochastischer Fehlerterm

(48)

π_t	Aktuelle Inflationsrate
$y_t - y^*$	Produktionslücke
u_t	Störterm
δ_0 und δ_1	Koeffizienten
y_t, π_t	Verzögerten Variablen

(49)

r^*	Steady-State-Wert
π^*	Zielinflationsrate
$E_t\pi_{t+k}$	Inflationgap
π^*	Zielinflationsrate
a	Faktor
π_{t+k}	Inflationsrate
e_t, u_t	Exogene Schocks

(50)

r	Zinssatz
W	Vermögensbestand
Y	Einkommensstrom, Gesamteinkommensstrom

(51)	
r_m	Einkommensstrom des Geldes
f	Funktionsparameter, Faktor
P	Inflationsrate
(52)	
R_b	Nominaler Einkommensstrom von Anleihen
r_b	Marktzinssatz der Anleihe
t	Zeit
(53)	
r_e	Marktzinssatz auf Aktien
(54)	
$r_g \cdot P$	Wert dieser physischen Güter
(55)	
w	Ertrag des Humankapitals
K_{NH}	Sachkapital
K_H	Humankapital
(56)	
K	Vermögen
(57), (58)	
M	Geldnachfrage
(59), (60), (61), (62), (63)	
w	Quotient aus Realgütern und Humankapital
$\lambda = 1/Y$	Proportionalitätsfaktor
(64), (65)	
v	Einkommensgeschwindigkeit
(66)	
M	Geldmenge
N	Bevölkerungsgröße
Y^P	Permanentes Einkommen
P^P	Permanentes Preisniveau
λ, δ	Parameter
(67)	
(x)	Ergebnis
(U)	Nutzen
(68)	
β	Beta-Faktor
(69), (70), (71), (72)	
(μ)	Erträge
(σ)	Risiken
$R_{M,t}$	Marktrendite
$(R_{i,t})$	Rendite eines Wertpapiers mit dem Index i

(73)

z_i	Inlandszins
z_a	Auslandszins
w_e	Erwarteter Wechselkurs
$\hat{\pi}_i$	Inländische erwartete Inflationsrate
$\hat{\pi}_a$	Ausländische erwartete Inflationsrate
w	Wechselkurs (Preis der Fremdwährung in Inlandswährung)

(74)

w_e	Erwarteter Wechselkurs
w_t	Terminkurs

(75)

$\tilde{x}$	Erwarteter Ertrag
$\tilde{\delta}$	Erwartete Faktorprämien
$\tilde{\varepsilon}_i$	Erwarteter Noise-Term
r_f	Ursprungszins
ε_i	Residualer Term

(76), (77)

w_t	Anteil des Investitionsvolumens W
i	Zinssatz mit der Höhe S_i

(78), (79), (80)

w_i	Anteile der Investitionsanteile
β_k	Systematische Risikokomponenten

(81), (82), (83), (84)

β_{ij}	Sensitivität
i	Zinssatz
j	Faktor

(85)

P_i	Portfolio

(86), (87), (88)

$\tilde{\mu}_k$	Erwartete Rendite
„k"	Portfolio
k	Faktor
λ_k	Risikoprämie

(89)

r_a	Erwarteter Ertrag
r_f	Ertrag des risikolosen Zinssatzes
$t1$ bzw. $t2$	Perioden, Zeitpunkte
S_t	Störanleger-(Pessimismus)-Schock

(90)	
F_t	Von Arbitrageuren verwaltetes kumuliertes Vermögen
V	Fundamentaler Wert
(91), (92)	
D_1	Betrag, den Arbitrageure in den Asset $t = 1$ investieren
(93), (94)	
x	Bruttoertrag und damit Performance des Arbitrageurs
(95)	
a	Parameter
(96), (97), (98), (99), (100)	
B^C	Marktwert einer Anleihe
T_n	Nominalwert einer Anleihe
n	Zeitpunkt
K_i	Periodisch vergütete Zinsen
T_i, $i=1, ..., n$	Zeitpunkte
(101), (102)	
r_t	Short-Rate
dr_t	Veränderung der Short-Rate
(103)	
a, b	Koeffizienten, deterministische Funktion
x	Steigungsmaß
$a(t, r_t)$	Deterministischer Short-Rate-Prozess
$b(t, r_t)dW_t$	Stochastischer Short-Rate-Prozess
dW_t	Wiener-Prozess bzw. Brown´sche Bewegung
(104)	
a, α	Erwartete Drift-Rate
(105)	
β	Erwartete, konstante Varianz hinsichtlich b^2
(106), (107)	
κ	Stärke des Drifts der sog. Mean-Reversion
θ	Langfristiger Durchschnittswert von r_t
dW_t	Stochastischer Prozess normalverteilter Veränderungen

Abbildungsverzeichnis

Tabellenverzeichnis

I. DIE METHODISCHE GRUNDLEGUNG

A. Einleitung

"The rate of interest is the most important sort of price with which economics has to deal." [1] [2]

Nicht selten bezeichnet man die Wirtschaftswissenschaften auch als die Wissenschaft der Preisfindung. Der wichtigste Preis der Ökonomie ist gemäß Irving Fisher der Zins.[3] Im Gegensatz zu anderen Preisen jedoch liegt „der" Zins zum betrachteten Zeitpunkt im Wesentlichen als eine Preis- bzw. eine **Zins*struktur*** vor, die zumindest von *einer* Dimension, nämlich der Restlaufzeit abhängt. Wohl auch deshalb hat die Erklärung und Bestimmung des Zinses bei Ökonomen „mehr Uneinigkeit erzeugt als andere Zweige der ökonomischen Theorie." [4]

Als *Zins* wird im Allgemeinen die Vergütung verstanden, die ein Darlehensnehmer an den Darlehensgeber für die zeitweilige Benutzung einer Wertsumme zahlt, die Geldform hat, aber auch Güterform haben kann.[5] [6] [7] Grundlage und Rechtfertigung für die Verzinsung von Geld ist die Feststellung, dass Geld und Kapital Ertrag bringend genutzt werden können.[8]

Zinsen können abgesehen von der Vergütung im Darlehensgeschäft als eine Entschädigung für Geld und Kapital angesehen werden, welche eine Vergütung für die Nutzung von Vermögensgegenständen darstellt.[9] Aus der Perspektive der Kapitaltheorie ist der Zins ein Marktpreis, zu welchem die Ressourcen zwischen Gegenwart und Zukunft transferiert werden.[10] In einer Marktwirtschaft führt der Zins die Ersparnisse den lohnendsten Investitionsvorhaben zu.[11] Somit hat der Marktzins zwei klassische ökonomische Funktionen: Dieser sorgt als Preis für Kapital nach Maßgabe einer Rationierung des knappen Kapitalgüterangebots zugunsten einer optimalen Allokation zu höchsten Ertragsraten, und er kann die Wirtschaftssubjekte veranlassen,

---

[1] Fisher, Irving, Principles, 1910, S. 354.
[2] Entsprechend formuliert: Hayek, Friedrich August, Geldtheorie, 1929, S. 119: „Es ist vielleicht nicht zu viel gesagt, wenn man behauptet, dass die Bedeutung, die ein Nationalökonom dem Zins als Regulator der wirtschaftlichen Entwicklung beimisst, vielleicht das beste Kriterium für seine theoretische Einsicht ist."
[3] Vgl. Fisher, Irving, Principles, 1910, S. 354.
[4] Heinsohn, Gunnar, Steiger, Otto, Eigentum, 1996, S. 143 aus Haberler, G. v., Prosperity and Depression: A Theoretical Analysis of Cyclical Movements, Genf: Völkerbund, 1939 (neu überarbeitete Ausgabe der Erstauflage von 1936, Bd. I, S. 62), S. 195.
[5] Vgl. Lutz, Friedrich A., Zins, in: Handbuch (HdSW), Band 12, 1965, S. 434.
[6] Etymologisch basiert das deutsche Wort „Zins" auf dem lateinischen „census" (Schätzung, Vermögen, Statthalterabgaben der römischen Provinzen. Als Übersetzung für Geldzins im Lateinischen wird stattdessen „fenus" verwendet.). Vgl.: Heinsohn, Gunnar, Steiger, Otto, Eigentum, 1996, S. 136; ebenda S. 151: Der aus dem lateinischen Verb „interesse" gebildete Ausdruck „quod interest" bedeutet „das, was die Differenz ist", ursprünglich wurde das Wort Kapital (capitale von caput) zur Bezeichnung von Gelddarlehen (capitalis pars debiti) gebraucht.
[7] Vgl. Böhm-Bawerk, Eugen von, Kapital und Kapitalzins, 1921, S. 17.
[8] Seckelmann, Robert, Zinsen, 1989, S. 87.
[9] Vgl. Lutz, Friedrich A., Zins, in: Handbuch (HdSW), Band 12, 1965, S. 434.
[10] Vgl. Mankiw, Gregory N., Makroökonomik, 1998, S. 572.
[11] Vgl. Samuelson, Paul A., Nordhaus William D., Volkswirtschaftslehre, 1987, S. 109.

auf gegenwärtigen Konsum zugunsten einer Vermehrung des Kapitalstocks zu verzichten.[12]

Jedes zukunftsorientierte ökonomische Handeln ist zinsabhängig. Denn die Wirtschaftssubjekte führen zur Bestimmung des erwarteten Nutzens von Gütern, bewusst oder zumindest unbewusst, eine zinsabhängige Diskontierung des finanziellen Nutzens durch.[13] Zinsen beeinflussen somit die Investitionen sowie die Preise von Kapitalanlagen bzw. die Kurse von Finanztiteln. Auch ist der Zins eine entscheidende strategische Variable für Finanzintermediäre. Das Zinsergebnis stellt beispielsweise für Universalbanken den weitaus größten Teil ihrer Erträge dar. Die vorliegende Arbeit untersucht daher die deterministischen Wirkungen von ökonomischen Variablen auf die Zinsstruktur, die Substitutionsprozesse zwischen den Zinssätzen einzelner Laufzeiten sowie die stochastischen Bewegungen der Zinsen. Im Rahmen dieser theoretischen und ökonometrischen Analyse wird ein Erklärungsmodell für die Zinssätze bzw. die Zinsstruktur entwickelt. Hierzu werden:

(1) Hypothesen bedeutender Zins*struktur*theorien und Zinstheorien unter Berücksichtigung ihrer Prämissen hergeleitet,
(2) diese Hypothesen durch ökonometrische Tests empirisch validiert oder falsifiziert,
(3) die Hypothesen im Spiegelbild ökonomischer Theorien beurteilt, und
(4) die ökonometrisch relevanten Wirkungen auf die Zinsstruktur zu *Erklärungsmodellen* und einem *Prognosemodell* aggregiert.

Die Aufgabe der zugrundeliegenden Zins- und Zinsstrukturtheorien ist es, zu erklären, wie sich die verschiedenen Zinssätze und damit die Zinsstrukturen bilden und auf welcher Höhe sie sich einstellen.[14] Zinstheorien sind jedoch im Allgemeinen zu einseitig, weil sie lediglich einzelne Gesichtspunkte des Zinsphänomens hervorheben.[15] Obwohl es *den einen* Zins als solchen nicht gibt und der Zins ein intertemporales Phänomen darstellt, haben sich fast alle frühen Zinstheorien damit begnügt, „den" Zins als risikofreien und langfristigen Zins zu erklären. Zins*struktur*theorien dagegen sind vergleichsweise etwas jüngeren Datums.[16]

Zum *Untersuchungsgang* dieser Arbeit werden nachfolgend die methodischen und ökonometrischen Grundlagen gelegt. Anschließend wird das Phänomen der bestehenden Zinsstruktur in ihrer Ausgangslage beschrieben. Danach folgen die Darstellungen der älteren Modelle und der Grundmodelle zur Zinsstruktur. Auf dieser Grundlage werden die deterministischen Faktoren zur Zinsstruktur untersucht. Hierunter befinden sich auch die für die Zinsstrukturtheorie relevanten Zinstheorien. Überdies werden die substitutiven Arbitrageprozesse und die stochastischen Volatilitäten zur Zinsstruktur analysiert. Zuletzt erfolgt die Ableitung von Erklärungsmodellen und eines deterministischen Prognosemodells zur Zinsstruktur.

---

[12] Vgl. Samuelson, Paul A., Nordhaus William D., Volkswirtschaftslehre, 1987, S. 365.
[13] Vgl. Fisher, Irving, Principles, 1910, S. 354.
[14] Vgl. Lutz, Friedrich A., Zins, in: Handbuch (HdSW), Band 12, 1965, S. 435.
[15] Vgl. HdWW, S. 748.
[16] Vgl. Lutz, Friedrich A., Zins, in: Handbuch (HdSW), Band 12, 1965, S. 435.

Der Untersuchungsgang		
Der Gang der Untersuchung orientiert sich an den theoretischen sowie den theoriehistorischen Grundlagen.	VIII	**Prognose- u. Erklärungsmodell zur Zinsstruktur**
	VII	**Stochastische Volatilitäten**
	VI	**Substitutive Arbitrageprozesse**
	V	**Deterministische Faktoren**
	IV	**Grundmodelle der Zinsstruktur**
	III	**Ältere Modelle zur Zinsstruktur**
	II	**Die bestehende Zinsstruktur im Zeitpunkt (t0)**
	I	**Methodische Grundlagen**

Abb. 1: Ablaufschema zum Untersuchungsgang.[17]

B. Die zeitreihenanalytische Modellierung zur Zinsstrukturtheorie

1. Die Datenquellen und das ökonometrische Instrumentarium

Im Rahmen des ökonometrischen Instrumentariums werden Zeitreihen mit Quartalsdaten verwendet, da diese hinsichtlich der realwirtschaftlichen Variablen gute Ergebnisse liefern.[18]

Die Datenquellen der verwendeten Zeitreihen stammen von der Europäischen Zentralbank (EZB) sowie aus einer Online-Datenbank.[19] Die Zeitreihen umfassen je nach Verfügbarkeit den Zeitraum von frühestens Januar 1999 (Beginn der Europäischen Wirtschafts- und Währungsunion) bis Dezember 2008. Im untersuchten Stichprobenzeitraum wird angesichts der jeweils hinreichenden Beobachtungsanzahl mehr als nur ein einziger Konjunkturzyklus durchschritten, was insbesondere hinsichtlich konjunkturabhängiger Größen valide Ergebnisse sicherstellt. Als Zeitreihen für die Zinssätze und den Zinsstruktur-Spread werden risikofreie *Zerobond*-Zinssätze verwendet.[20] Die Zinsstruktur-Spread wird vereinfacht aus der Differenz zwischen den 10-Jahres-Zinsen abzüglich der 3-Monats-Zinsen errechnet.

Als technisches Instrumentarium wird eine aktuelle Ökonometriesoftware für den Finanzmarktbereich verwendet, welche insbesondere für die wissenschaftlich-analytische Finanz- und Makroökonomik konzipiert ist und eine erhebliche Verbreitung findet.

Bei der ökonometrischen Analyse werden *Eingleichungsmodelle* für die einzelnen Zinssätze mit ihren spezifischen Laufzeiten sowie für den Zinsstruktur-Spread, die Terminzinsen und die Leitzinsen der EZB entwickelt. Der Zinssatz stellt jeweils grundsätzlich die abhängige Variable der Regressionsgleichung dar. Sofern nicht

---

[17] Eigene Darstellung.

[18] Für die Leitzinssätze der EZB wird eine taggenaue, individuell gewichtete Durchschnittsbildung auf Basis der jeweiligen Kalendertage vorgenommen (Ursprungsquelle: EZB).

[19] Zum Umgang mit Online-Datenbanken insbesondere in Bezug auf die statistisch optimale Auswahl in der Datenbank enthaltener alternativer Zeitreihen zu ein und derselben ökonomischen Variable eignet sich die weiterführende Literatur wie beispielsweise Mattern, Conrad: Praktikerhandbuch Investmentresearch.

[20] Quelle: Online-Datenbank. I.G.z. anderen Zinssätzen starten die Zerobond-Sätze erst Anfang 2000.

anders genannt, erfolgen alle Test auf einem Signifikanzniveau von 0,05 bzw. einer Wahrscheinlichkeit von 95%.

2. Die ökonometrische Analyse deterministischer Prozesse

2.1. Die regressionsdiagnostischen Grundlagen

Makroökonomische Zeitreihen weisen häufig einen kontinuierlichen Anstieg oder eine Abnahme im Zeitverlauf auf, der die Annahme eines kontinuierlichen Mittelwerts meist verletzt. In der Praxis ist es in der überwiegenden Zahl der Fälle ausreichend, wenn eine Zeitreihe ein- oder zweimal der Differenzenbildung unterzogen wird.[21] In der praktischen Anwendung ist gleichwohl zu untersuchen, ob auf Basis der differenzierten Werte die Trends der Zeitreihen erfolgreich beseitigt werden. Diesbezüglich kommen mehrere Testverfahren zur Anwendung:

Zum *Test auf Stationarität der unabhängigen Variablen* wird der *Augmented-Dickey-Fuller-Test* (ADF) verwendet.[22] Der Test auf Stationarität sollte vor einem Test auf Kointegration angewendet werden. Die Annahme der Nichtstationarität bildet für den ADF-Test die Nullhypothese. Befindet sich der kritische Wert über dem gemessenen Wert des ADF-Tests, liegt eine Nichtstationarität vor. Eine Zeitreihe gilt dann als stationär, wenn Mittelwert und Autokovarianzen der Zeitreihen nicht von der Zeit abhängig sind.[23]

$$\Delta y_t = \delta y_{t-1} + \sum_{j=1}^{m} \alpha_j \Delta y_{t-j} + u_t \qquad (1)$$

Im Beobachtungszeitraum konnte anhand der durchgeführten Tests die Stationarität der Variablen nachgewiesen werden, weshalb auf einen gesonderten Ausweis im Text verzichtet wird.

Der Test auf Kointegration wird zur Überprüfung langfristig stabiler Zusammenhänge zwischen nichtstationären Variablen durchgeführt.[24] Es wird der *Johansen-Kointegrationstest* verwendet.[25]

$$y = A_1 y_{t-1} + \ldots + A_p y_{t-p} + Bx_t + \varepsilon_t \qquad (2)$$

Der Test ist nur dann valide, wenn nichtstationäre Zeitreihen verwendet werden.[26] Die Daten gelten als kointegriert, wenn der kritische Wert über dem Testwert der Kointegration liegt. Bei ökonomischen Zeitreihen, die überwiegend trendbehaftet sind, ergibt sich ein hohes Bestimmtheitsmaß oft schon allein aufgrund eines Trends, der einen Gleichlauf der endogenen Variablen mit einer oder mehreren exogenen Variablen erzeugt.

---

[21] Vgl. Buscher, Herbert, et al., Finanzmarkt-Ökonometrie, 2002, S. 138 f.
[22] Vgl. Greene, William, Analysis, 2003, S. 643 f.
[23] Eckey, H., Kosfeld, R., Dreger, C., Ökonometrie, 2001, S. 233.
[24] Vgl. Greene, William, Analysis, 2003, S. 655 f.
[25] EViews 5, Guide, 2004, S. 724.
[26] EViews 5, Guide, 2004, S. 724.

Der Test auf Kointegration erlaubt die Untersuchung langfristiger Zusammenhänge zwischen mehreren, auch nichtstationären ökonomischen Variablen. Es kann eine stabile langfristige Relation zwischen den einbezogenen Variablen bestehen, die auf Grundlage der ökonomischen Theorie begründbar ist. Diese ist jedoch nicht zu allen Zeitpunkten exakt erfüllt, sodass sich temporäre Abweichungen von der langfristigen Beziehung ergeben. Wenn die Abweichungen jedoch stationär sind, besteht eine Tendenz zu deren Rückbildung, was den langfristigen *Steady-State* wieder etabliert. Ist diese Bedingung erfüllt, sind die untersuchten Variablen kointegriert. Das Konzept kointegrierter Prozesse ist damit auf den Begriff des ökonomischen Gleichgewichts zugeschnitten. Der stationäre Prozess beschreibt die temporären Abweichungen von einem langfristigen Steady-State, der durch die ursprünglichen Prozesse, gemessen an ihren Niveaugrößen, determiniert ist. Die Testergebnisse deuten jeweils auf die Kointegration der Daten hin. Deshalb wird auf einen gesonderten Ausweis im Text verzichtet.

Im Gegensatz zu den vorgenannten, grundlegenden Testverfahren werden die Ergebnisse der folgenden Testverfahren im weiteren Verlauf der Arbeit ausgewiesen.

2.2. Die Regressionsanalyse

Zunächst werden *bivariate Korrelationsanalysen* durchgeführt. Im Hinblick auf die am Ende dieser Arbeit erfolgende Formulierung eines multivariaten Erklärungsmodells wird das *adjustierte* (= korrigiertes) *Bestimmtheitsmaß* R^2 unter Berücksichtigung von dessen eingeschränkter Aussagekraft ausgewiesen.[27] Das Bestimmtheitsmaß quantifiziert den Erklärungsgehalt der exogenen Variablen. Ein Nachteil besteht darin, dass die Freiheitsgrade der Quadratsummen unberücksichtigt bleiben, was dazu führt, dass das Bestimmtheitsmaß bei Aufnahme eines zusätzlichen Regressors nie sinken kann. Daher sind Vergleiche der Anpassungsgüte nur bei einer identischen Anzahl von Regressoren zulässig. Es kommt darüber hinaus darauf an, ob die Regressoren auch separat die endogene Variable beeinflussen, was mit Signifikanztests der Regressionskoeffizienten beurteilt werden kann.

Für die Regressionsanalyse werden als jeweils abhängige Variable die Zerobond-Zinssätze unterschiedlicher Laufzeiten sowie der Zinsstruktur-Spread, die Terminzinsen und der Hauptrefinanzierungssatz der EZB analysiert. Das adjustierte Bestimmtheitsmaß ergibt sich aus: [28]

$$\overline{R}^2 = 1-\left(1-R^2\right)\frac{T-1}{T-k} \quad \text{mit} \tag{3}$$

$$R^2 = \frac{\hat{\varepsilon}'\hat{\varepsilon}}{(y-\overline{y})'(y-\overline{y})} \qquad \overline{y} = \sum_{t=1}^{T} y_t / T \qquad \text{und} \qquad 0 \leq R^2 \leq 1 \tag{4}$$

[27] Vgl. Greene, William, Analysis, 2003, S. 34 f.; Eckey, H., Kosfeld, R. Dreger, C., Ökonometrie, 2001, S. 49 ff.

[28] EViews 5, Guide, 2004, S. 435.

Bestimmtheitsmaße ab einem Wert von 0,70 gelten grundsätzlich als ein vergleichsweise hohes Maß. Im Rahmen der Zinsstrukturtheorie, bei der die jeweils benachbarten Zinssätze stets einen sehr hohen Zusammenhang im Rahmen von Substitutionsbeziehungen aufweisen, gelten in Relation zu anderen, nicht aus Zinssätzen bestehenden Faktoren bereits Werte von ca. 0,30 als gutes Maß. Das Regressionsmaß gibt zwar Aufschluss über die Stärke des Zusammenhangs der Variablen, es darf jedoch keinesfalls und ohne weiteres als kausal bzw. hinsichtlich einer Determinationsrichtung interpretiert werden.[29] Der Koeffizient der jeweiligen Regressionsgleichung wird als Maß für die Stärke der Veränderung der abhängigen durch die unabhängige Variable ausgewiesen, ohne eine kausale Wirkungsbeziehung zu unterstellen.

Im Rahmen der Regressionsanalyse werden zunächst die Einzelregressoren in Hypothesentests mit dem *t-Test* auf ihre Signifikanz hin getestet.[30] Ein signifikanter Einfluss einer exogenen Variablen ist zu unterstellen, wenn mit großer Wahrscheinlichkeit sichergestellt ist, dass die Richtung des Einflusses, die durch ihren Regressionskoeffizienten angezeigt wird, nicht als Zufallsergebnis angesehen werden kann. Aus diesem Grund ist die Nullhypothese

$$H_0 : \beta_j = 0 , \qquad (5)$$

die von einem fehlenden Einfluss einer exogenen Variablen x_j auf die endogene Variable *y* ausgeht, statistisch zu testen. Erst wenn die Nullhypothese widerlegt werden kann, ist die Relevanz der exogenen Variablen zur Erklärung der endogenen Variablen empirisch erhärtet.

Zugrunde gelegt werden einseitige Tests mit einem Signifikanzniveau auf Basis der Normalverteilungsannahme.[31]

$$t = \frac{\hat{\beta}_j}{\hat{\sigma}\sqrt{x^{jj}}} \qquad (6)$$

Die Analysen erfolgen auf der Basis des 0,95-Quantils. Dementsprechend ist zu beachten, dass der Probability-Wert für die abhängige Variable und die Konstante jeweils innerhalb des gewählten Signifikanzniveaus (0,05) liegen.

Eine allgemeine Feststellung bei Zeitreihenregressionen ist, dass die Residuen mit ihren eigenen Lag-Werten korreliert sind.[32] Hohe Werte für die serielle Korrelation bedingen hohe Werte für die Korrelationskoeffizienten. Die serielle Korrelation ersten Grades wird durch den *Durbin-Watson-Test* getestet.[33] Bei Vorliegen der seriellen Korrelation sind die Störterme unterschiedlicher Beobachtungen linear abhängig.[34] [35]

---

[29] Vgl. Eckey, H., Kosfeld, R., Dreger, C., Ökonometrie, 2001, S. 53 ff.
[30] Vgl. Eckey, H., Kosfeld, R., Dreger, C., Ökonometrie, 2001, S. 67.
[31] Eckey, H., Kosfeld, R., Dreger, C., Ökonometrie, 2001, S. 67.
[32] Vgl. EView5, Guide, 2004, S. 477.
[33] Vgl. Greene, William, Analysis, 2003, S. 270.
[34] Vgl. Eckey, H., Kosfeld, R., Dreger, C., Ökonometrie, 2001, S. 110.
[35] Eckey, H., Kosfeld, R., Dreger, C., Ökonometrie, 2001, S. 112.

$$DW = \sum_{t=2}^{n} (\hat{u}_t - \hat{u}_{t-1})^2 / \sum_{t=1}^{n} \hat{u}_t^2 \qquad \text{(mit } \hat{u} \text{ als Störterm)} \qquad (7)$$

Ein Nichtvorliegen einer seriellen Korrelation wird bei einem Durbin-Watson-Koeffizienten nahe dem Wert von 2 angenommen. Die Ober- und Untergrenzen des Annahmebereichs sind abhängig von der Beobachtungszahl. Die Anwendung des t-Tests vermittelt somit nicht mehr notwendigerweise allein zuverlässige Aussagen über die Signifikanz einer Einflussgröße.[36]

Befindet sich die DW-Statistik in einer der beiden Unbestimmtheitsbereiche, besteht das Wahlrecht, die Nullhypothese zu verwerfen oder nicht.[37] Grundsätzlich wird zwar davon ausgegangen, dass die serielle Korrelation in ökonometrischen Modellen durch einen Trend in den exogenen Variablen auftritt, der durch Differenzenbildung ausgeschaltet wird.[38] Die
Überwindung der seriellen Korrelation erfolgt jedoch nicht bei allen Hypothesentests.

Die Interpretation des Zusammenhangs zweier Variablen kann mit der Berechnung der *Grangerkausalität* erfolgen.[39] Diese wird sowohl mittels Lags als auch Leads durchgeführt. Zur Überprüfung langfristig stabiler Grangerkausalitäten werden auch höhere Lags berücksichtigt, da die Theorien auf länger zurückliegenden Informationen beruhen können.[40]

Bei der Grangerkausalität werden bivariate Regressionen der folgenden Form für alle möglichen Paare von *(x, y)* Zeitreihen der Gruppe berechnet.

$$y_t = \alpha_0 + \alpha_1 y_{t-1} + ... + \alpha_l y_{t-1} + \beta_1 x_{t-1} + ... + \beta_l x_{-l} + \varepsilon_t \qquad (8)$$

$$x_t = \alpha_0 + \alpha_1 x_{t-1} + ... + \alpha_l x_{t-1} + \beta_1 y_{t-1} + ... + \beta_l y_{-l} + u_t \qquad (9)$$

Der ausgewiesene Wert für den F-Test stellt den Wald-Testwert für die gemeinsame Hypothese dar:[41]

$$\beta_1 = \beta_2 = ... = \beta_l = 0 \qquad \text{mit } l \text{ als Länge der Lags} \qquad (10)$$

Die Hypothese einer nicht-grangerkausalen Determination wird somit abgelehnt, sofern bei nur einer der beiden Hypothesen der (hohe) F-Wert der Testvariablen den (aus einer Tabelle zu den Quantilen der F-Verteilung zu entnehmenden) kritischen F-Wert übersteigt. In diesem Falle liegt Grangerkausalität vor. Besitzen beide Regressionen einen hohen F-Wert und damit einen geringen Wahrscheinlichkeitswert nahe Null, besteht eine gegenseitige grangerkausale Beeinflussung. Sofern keine der beiden Regressionen einen hohen F-Wert besitzt, liegt keine Grangerkausalität vor. Die Ergebnisse der Grangerkausalität sind nicht ohne Vorsicht zu betrachten, da bei-

[36] Eckey, H., Kosfeld, R., Dreger, C., Ökonometrie, 2001, S. 98.
[37] Vgl. Buscher, Herbert, et al. Finanzmarkt-Ökonometrie, 2002, S. 109.
[38] Vgl. Eckey, H., Kosfeld, R., Dreger, C., Ökonometrie, 2001, S. 94.
[39] Vgl. Greene, William, Analysis, 2003, S. 921 f.
[40] Vgl. EViews 4, Guide, 2004, S. 215. Hierbei sind die Lag-Längen u.a. auf die jeweilige Theorie anzupassen.
[41] EViews 5, Guide, 2004, S. 376.

spielsweise der Fall eintreten kann, dass für zwei Variablen eine Kausalität festgestellt wird, die jedoch bei Erweiterung der Informationsmenge, genauer bei der Einbeziehung zusätzlicher Variablen in das VAR, wieder verloren geht.[42]

In Regressionsgleichungen sind die Varianzen der Störterme im Zeitablauf zu untersuchen. Sind diese im Zeitablauf nicht konstant, spricht man von *Heteroskedastizität.*[43] Als Test auf Heteroskedastizität wird der *White-Test* verwendet.[44] Dieser Test wird implementiert, indem die Residuen des ursprünglichen Modells quadriert und anschließend gemäß [45]

$$\hat{u}_t^2 = \alpha_0 + \sum_{i=1}^{k} \alpha_i x_{ti} + \sum_{i=1}^{k} \sum_{j=1}^{k} \alpha_{ij} x_{ti} x_{tj} \tag{11}$$

auf die *k* ursprünglichen Regressoren, ihre Quadrate und ihre Kreuzprodukte regressiert werden. Bei einer hohen Anzahl von Regressoren sind die Kreuzprodukte der Regressoren dagegen nicht zu berücksichtigen. Die Prüfgröße ergibt sich als Produkt aus dem ursprünglichen Bestimmtheitsmaß und der Anzahl der Beobachtungen:[46]

$$W = n \cdot R^2 \tag{12}$$

Ist die Varianz der Störterme dagegen im Zeitablauf konstant, gilt die Annahme der sogenannten Homoskedastizität.[47] Die Teststatistik ist unter der Nullhypothese homoskedastischer Störterme asymptotisch χ^2 (d.h. Chi-Quadrat) verteilt, wobei die Zahl der Freiheitsgrade der Anzahl der Regressoren in der White-Gleichung ohne Berücksichtigung der Konstanten entspricht.[48] Ist der White-Wert geringer als der entsprechende Wert für Chi-Quadrat, gilt der Term als homoskedastisch.[49] Die Chi-Quadrat-Verteilung stellt eine Stichprobenverteilung dar, die bei der Schätzung von Verteilungsparametern, wie beispielsweise der Varianz und deren Analyse durch den White-Test, Anwendung findet. Man benutzt die Chi-Quadrat-Verteilung zur Beschreibung der Summe unabhängiger, quadrierter und standardnormalverteilter Zufallsvariablen. Die Zahl der Freiheitsgrade ist hierbei gleich der Anzahl der geschätzten Koeffizienten ohne Berücksichtigung der Konstanten.[50] Da der White-Test-Wert überwiegend keine nichtbedingten Einspielprozesse aufgrund heteroskedastischer Störterme aufweist, werden die White-Test-Werte zwar jeweils ausgewiesen, jedoch nicht gesondert kommentiert.

Für die einzelnen Laufzeiten der Zinssätze auf der Zinsstruktur werden Erklärungsmodelle entworfen. Hierzu werden die Variablen der bivariaten Regressionsanalyse verwendet und schrittweise jeweils die Variablen mit der geringsten Signifikanz elimi-

---

[42] Eckey, H., Kosfeld, R., Dreger, C., Ökonometrie, 2001, S. 363.
[43] Vgl. Eckey, H., Kosfeld, R., Dreger, C., Ökonometrie, 2001, S. 96.
[44] Vgl. Greene, William, Analysis, 2003, S. 222 f., Eckey, H., Kosfeld, R., Dreger, C., Ökonometrie, 2001, S. 108 f.
[45] Vgl. Eckey, H., Kosfeld, R., Dreger, C., Ökonometrie, 2001, S. 109.
[46] Vgl. ebenda, S. 109.
[47] Vgl. Eckey, H., Kosfeld, R., Dreger, C., Ökonometrie, 2001, S. 20.
[48] Vgl. ebenda, S. 109.
[49] Vgl. Eckey, H., Kosfeld, R., Dreger, C., Ökonometrie, 2001, S. 109, vgl. Guide, 5, 2004, S. 567.
[50] Vgl. EViews 5, Guide, 2004, S. 567.

niert. Die resultierenden multivariaten Regressionsgleichungen werden einem *F-Test* unterzogen, um den simultanen Einfluss aller erklärenden Variablen zu testen.[51] [52] Dieser Test gibt Auskunft darüber, ob der in der gesamten Regressionsgleichung spezifizierte Zusammenhang zwischen den exogenen Variablen und der endogenen Variablen überhaupt statistisch gesichert ist.[53] [54]

$$F = \frac{R^2/(k-1)}{(1-R^2)/(n-k)} \quad \text{(mit } k \text{ als Anzahl der exogenen Variablen)} \qquad (13)$$

Die sogenannte Multikollinearität ist ein Problem, das bei linearen Abhängigkeiten zwischen den exogenen Variablen auftritt. Da viele ökonomische Variablen trendbehaftet sind, ist Multikollinearität bei einer multiplen Regression häufig vorzufinden.[55] Dadurch könnten sich die geschätzten Regressionskoeffizienten schon bei geringen Veränderungen der Datenbasis stark verändern.[56] Der Gesamtzusammenhang kann statistisch gesichert erscheinen, obwohl die einzelnen Regressionskoeffizienten insignifikant sind.[57] Abhilfe gegen Multikollinearität lässt sich dadurch erreichen, dass Variablen, die wenig unabhängige Variabilität aufweisen und insignifikant sind, vom Regressionsmodell ausgeschlossen werden. Als weiteres wirksames Mittel gegen Multikollinearität gilt die Bildung von Differenzen oder Wachstumsraten.[58]

2.3. Das Zinsprognosemodell

Die ökonometrischen Tests und deren valide Ergebnisse sollen über ihre theoretische Validierung hinaus gewisse *Zinsprognosen* ermöglichen. Ökonomische Entscheidungen setzen eine Vorstellung über die zukünftige Entwicklung voraus. Hierfür eignen sich *Punktprognosen.* Voraussetzungen für eine „gute“ Prognose ist die Stabilität der Strukturparameter im Prognosezeitraum. Bei ökonometrischen Eingleichungsmodellen ist stets eine endogene Variable zu prognostizieren. Die Werte der exogenen Variablen müssen dabei vorgegeben werden. Exogene Variablen müssen ggf. selbst prognostiziert werden. Auf jeden Fall wird unterstellt, dass die exogenen Variablen einfacher zu prognostizieren sind als die endogenen Variablen, da der praktische Nutzen einer ökonometrischen Prognose ansonsten zweifelhaft wäre.[59]

Eine ökonometrische Prognose ist in diesem Sinne immer eine bedingte Prognose, da sie von gegebenen Werten der exogenen Variablen ausgeht. Prognosefehler können sich daher nicht allein dadurch ergeben, dass das ökonometrische Modell die Strukturzusammenhänge unzureichend abbildet oder eine hinreichende Stabilität der Strukturparameter im Prognosezeitraum vorliegt. Vielmehr ergeben sich die Fehler

[51] ebenda, S. 79.
[52] Vgl. Buscher, Herbert, et al., Finanzmarkt-Ökonometrie, 2002, S. 76.
[53] Vgl. Eckey, H., Kosfeld, R., Dreger, C., Ökonometrie, 2001, S. 80.
[54] Eckey, H., Kosfeld, R., Dreger, C., Ökonometrie, 2001, S. 79.
[55] Vgl. Eckey, H., Kosfeld, R., Dreger, C., Ökonometrie, 2001, S. 86.
[56] Eckey, H., Kosfeld, R., Dreger, C., Ökonometrie, 2001, S. 86.
[57] ebenda, S. 88.
[58] Vgl. Buscher, Herbert, et al. Finanzmarkt-Ökonometrie, 2002, S. 122 f.
[59] Eckey, H., Kosfeld, R., Dreger, C., Ökonometrie, 2001, S. 200.

aufgrund einer Fehleinschätzung der Entwicklung der exogenen Variablen. Diese Problematik ist stets bei Ex-ante-Prognosen zu berücksichtigen. Bei „Ex-post-Prognosen“ dagegen ist es möglich, die Modellstruktur selbst hinsichtlich ihrer Prognoseeignung zu überprüfen, indem man für einen in der Vergangenheit liegenden Prognosezeitraum auf die Beobachtungswerte der exogenen Variablen zurückgreift.[60] [61] Die zu prognostizierende, abhängige Variable ergibt sich hierbei aus der gewichteten Summe der unabhängigen Variablen.

$$\hat{y}_{n,h,} = \sum_{j=1}^{k} \hat{\beta}_j \cdot \hat{x}_{j,n+h} \tag{14}$$

Hierbei gilt $\hat{y}_{n,h,}$ als voraussichtlicher Wert einer endogenen Variablen *y* in der Periode *n+h* unter Berücksichtigung der zurzeit in *n* gegebenen Information sowie *h*=1, 2,..., *L*, mit *L*=1 als Ein-Schritt-Prognose. Die Größen $\hat{\beta}_j$ sind OLS-Schätzer (ordinary least squares bzw. Methode der kleinsten Quadrate) der unbekannten Regressionskoeffizienten β_j. Der Prognosewert $\hat{y}_{n,h,}$ ist eine beste lineare unverzerrte Prognose von y_{n+h}. Diese Eigenschaft lässt sich prinzipiell ebenso für den OLS-Schätzer $\hat{\beta}$ zeigen.[62]

Die residuale Unsicherheit ist üblicherweise die größte Quelle des Vorhersagefehlers. Der Standardfehler des geschätzten Koeffizienten ist ein Präzisionsmaß, mit welchem die Vorhersage-Koeffizienten die wahren Koeffizienten messen.[63]

3. Die Analyse der stochastischen Volatilitätsprozesse der Zinsstrukturtheorie

Ein wichtiger Ansatz zur Modellierung zeitvariabler Volatilität ist die Klasse der sogenannten (G)ARCH-Modelle.[64] Bei diesen Modellen wird die bedingte Varianz zum Zeitpunkt *t* als eine Funktion von zeitverzögerten quadrierten Kursänderungen erfasst.[65] In diesem Zusammenhang ist kritisch festzuhalten: Die Volatilität ist nicht direkt beobachtbar.[66] Vielmehr wird sie auf Basis vergangener Daten berechnet und bleibt daher beispielsweise im Gegensatz zu direkt beobachtbaren Preisen eine künstliche Behelfsgröße.

3.1. Die ARCH-Modelle

Traditionelle Zeitreihenmodelle implizieren eine Informationsvergeudung, solange die Varianz der Variablen nur eine unbedingte Größe darstellt. Diese Annahme ist angesichts des ständigen Eintreffens neuer Informationen unrealistisch.[67] Deshalb sind alle Regressionsgleichungen im Rahmen *stochastischer Volatilitäten* darüber hinaus

[60] Vgl. Eckey, H., Kosfeld, R., Dreger, C., Ökonometrie, 2001, S. 200.
[61] Vgl. Eckey, H., Kosfeld, R., Dreger, C., Ökonometrie, 2001, S. 201.
[62] Vgl. Eckey, H., Kosfeld, R., Dreger, C., Ökonometrie, 2001, S. 200 f.
[63] Vgl. EViews 5, Guide, 2004, S. 535 f.
[64] Synonym werden diese Modelle auch (G)ARCH-Modelle genannt.
[65] Vgl. Buscher, Herbert, et. al., Finanzmarkt-Ökonometrie, 2002, S. 306.
[66] Vgl. Buscher, Herbert, et. al., Finanzmarkt-Ökonometrie, 2002, S. 304 u. S. 332.
[67] Eckey, H., Kosfeld, R., Dreger, C., Ökonometrie, 2001, S. 251.

auf die bedingten Varianzen zu untersuchen, die durch den Einfluss neuer Informationen bzw. exogener Schocks zustande kommen. Hierzu werden auf Grundlage der bedingten Heteroskedastizität die sogenannten *ARCH-Modelle* (Autoregressiv Conditional Heteroskedasticity) (Engle, 1982) verwendet.[68] ARCH-Modelle sind speziell dafür entwickelt, bedingte Varianzen zu modellieren und vorherzusagen. Die Varianz der abhängigen Variablen wird als eine Funktion der vergangenen Werte der abhängigen Variablen sowie der unabhängigen Variablen modelliert.[69] Daher lässt sich eine bedingte Varianz definieren, die im Gegensatz zur unbedingten Varianz im Zeitablauf eventuell flukturiert.

ARCH-Modelle höherer Ordnung bzw. der Ordnung *q* lassen sich wie folgt formulieren:[70] [71]

$$h_t = \alpha_0 + \alpha_1 u_{t-1}^2 + \ldots + \alpha_q u_{t-q}^2 \qquad (15)$$

ARCH-Prozesse höherer Ordnung, beispielsweise der Ordnung *q*, beziehen die Information der letzten *q* Perioden ein.[72] Die Varianz hängt hierbei nicht nur von der Historie der Zeitreihe, sondern auch von ihrer eigenen Historie ab. Zusammen mit einem ARCH-Prozess hoher Ordnung kann ein *GARCH(q,p)-Modell* (Generalized ARCH) (Bollerslev, 1986; Taylor 1986) gewählt werden, mit dem unter Umständen eine sparsamere Parametrisierung erreicht werden kann.[73] [74] [75]

$$h_t = \alpha_0 + \sum_{i=1}^{q} \alpha_i u_{t-i}^2 + \sum_{j=1}^{p} \beta_j h_{t-j} \qquad (16)$$

oder

$$\sigma_t^2 = \omega + \alpha\varepsilon_{t-1}^2 + \beta\sigma_{t-1}^2. \qquad (17)$$

Die bedingte Varianzgleichung ist eine Funktion der folgenden drei Terme: Der Konstanten ω, der Neuinformation über die Volatilität der Vorperiode, gemessen als Lag der quadrierten Residuen der Mittelwert-Gleichung: $\alpha\varepsilon_{t-1}^2$ (der ARCH-Term), sowie der Varianz der Vorperiode: $\beta\sigma_{t-1}^2$ (als GARCH-Term bzw. Generalized ARCH).[76] Ein GARCH(1,1)-Prozess entspricht dabei einem ARCH(∞)-Prozess mit geometrisch abnehmenden Gewichten.[77]

[68] Vgl. Greene, William, Analysis, 2003, S. 238 ff., Eckey, H., Kosfeld, R., Dreger, C., Ökonometrie, 2001, S. 251 ff., vgl. EViews 5, Guide, 2004, S. 585 ff.
[69] Vgl. EViews 5, Guide, 2003, S. 585.
[70] Vgl. Eckey, H., Kosfeld, R., Dreger, C., Ökonometrie, 2001, S. 251.
[71] Vgl. Eckey, H., Kosfeld, R., Dreger, C., Ökonometrie, 2001, S. 253.
[72] Vgl. Eckey, H., Kosfeld, R., Dreger, C., Ökonometrie, 2001, S. 253.
[73] Vgl. Eckey, H., Kosfeld, R., Dreger, C., Ökonometrie, 2001, S. 255.
[74] Vgl. Eckey, H., Kosfeld, R., Dreger, C., Ökonometrie, 2001, S. 255.
[75] EViews 5, Guide, 2004, S. 585.
[76] Vgl. EViews 5, Guide, 2004, S. 586.
[77] Vgl. Buscher, Herbert, et al., Finanzmarkt-Ökonometrie, 2002, S. 320.

Das Vorhandensein allgemeiner exogener Schocks im Rahmen der Analyse von Finanzmarkt-Zeitreihen mittels der (G)ARCH-Modelle ist als Normalfall anzusehen.[78] Bei der im Rahmen der vorliegenden Arbeit angewandten, jeweils separaten Analyse der ARCH-Prozesse und der GARCH-Prozesse werden die jeweils ausgewiesenen *p-Werte* von ≤0,05 als bedeutsame exogene Schocks angesehen.[79] In der ökonomischen Interpretation hinsichtlich der Zinsstruktur werden die ARCH-Prozesse als sogenannte *Einspielprozesse* betrachtet, welche sich u.a. als nachwirkende exogene Schocks vergangener Perioden interpretieren lassen, die GARCH-Prozesse ihrerseits lassen sich als *aktuelle exogene Schocks* im engeren Sinne auffassen.

Ein besondere Erweiterung der (G)ARCH-Modelle stellt das *GARCH-M-Modell* (=GARCH-in-Mean) (Engle, Lilien, Robins, 1987) dar. Dieses Modell wird häufig verwendet, wenn der erwartete Ertrag eines Finanztitels auf dessen erwartetes Risiko bezogen ist. Der Test gelangt im Rahmen der Untersuchung des Zusammenhangs zwischen Portfoliotheorie bzw. CAPM und Zinstheorie zur Anwendung. Der errechnete Koeffizient λ für das erwartete Risiko ist ein Maß für den Risiko-Ertrags-Zusammenhang.[80]

$$Y_t = X_t'\theta + \lambda\sigma_t^2 + \in_t. \qquad (19)$$

Annahmegemäß ist der bedingte Erwartungswert der Renditen Y_t konstant. In GARCH-M-Modellen ist der bedingte Mittelwert Y_t eine explizite Funktion der bedingten Varianz. Der Term $\lambda\sigma_t^2$ kann als Risikoprämie bzw. σ_t^2 Marktpreis des Risikos interpretiert werden.[81]

3.2. Die asymmetrischen (G)ARCH-Modelle

Der Einfluss neuer Nachrichten kann auch *asymmetrische stochastische Effekte* auf ein Regressionsmodell zur Folge haben. Für derartige Tests werden asymmetrische (G)ARCH-Modelle verwendet.[82] Asymmetrische (G)ARCH-Modelle berücksichtigen die Tatsache, dass Abwärtsbewegungen im Markt von höheren stochastischen Volatilitäten begleitet werden als Aufwärtsbewegungen. Diesem Phänomen liegt eine Nachrichten-Beeinflussungs-Kurve (news impact curve) mit asymmetrischem Einfluss durch gute und schlechte Nachrichten zugrunde.[83] [84] Diese beruhen auf der sogenannten Hebelwirkungs-Hypothese (leverage effect), nach welcher schlechte Nachrichten, die einen Kursverfall zur Folge haben, das Eigenkapital verringern. Nach *Campbell et al.* (1997) trägt dadurch ein geringer Teil des Gesamtkapitals das

---

[78] Nach verbreiteter Auffassung wird bei einer Summe von ARCH- und GARCH-Koeffizient, die nahe bei 1 liegt, vom Vorhandensein allgemeiner exogener Schocks im Sinne der (G)ARCH-Modelle ausgegangen, ohne dabei separat nach ARCH- oder GARCH-Einwirkungen zu differenzieren.
[79] Dies entspricht jeweils einem Koeffizienten von 1,0.
[80] Vgl. EViews 5, 2004, S. 587.
[81] Vgl. Buscher, Herbert, et al., Finanzmarkt-Ökonometrie, 2002, S. 331.
[82] Vgl. EViews 5, Guide, 2004, S. 596 ff.
[83] Vgl. EViews 4, 2000, S. 391.
[84] Siehe hierzu auch Kapitel VII, 3.4. dieser Arbeit.

gesamte Risiko der Firma, wodurch sich die bedingte Volatilität erhöht.[85] Die asymmetrischen Modelle stellen Erweiterungen des (G)ARCH-Modells dar. Berechnet werden jeweils (1,1)-Terme. Nachfolgend werden ausschließlich die für den Zinsbereich wichtigsten asymmetrischen Modelle erläutert.

Das *Component-ARCH-Modell* (CGARCH) liefert Aufschlüsse über stochastische, asymmetrische Mean-Reversion-Effekte.[86]

$$\sigma_t^2 = \varpi + \alpha\left(\varepsilon_{t-1}^2 - \varpi\right) + \beta\left(\sigma_{t-1}^2 - \varpi\right). \tag{18}$$

Die Formel zeigt eine im Zeitverlauf konstante Mean-Reversion gegenüber ϖ. Ein transitorischer Leverage-Effekt existiert bei $\gamma > 0$.[87]

In einer aufgrund der Ergebnisse erforderlichen, strengeren Auslegung der vergleichenden Analyse asymmetrischer Effekte entlang der Zinsstruktur werden *Koeffizienten* ab ca. >0,40 als *bedeutsame* asymmetrische Zins-Schocks interpretiert.

C. Die Bedeutung und der Aussagegehalt traditioneller Zinsstrukturtheorien

Das Verhältnis der am Markt gezahlten Zinsen zueinander sowie die zu einem bestimmten Zeitpunkt gegebene Funktion der einzelnen Zinssätze in Abhängigkeit von ihrer Laufzeit wird als **Zinsstruktur** (engl. term structure, yield curve) bezeichnet.[88]

Die *traditionellen Zinsstrukturtheorien* stellen Theorien dar, welche das intertemporale *Verhältnis zwischen lang- und kurzfristigen Zinsen bzw. deren Bewegungen* darstellen. Die Zinsstrukturtheorie soll insbesondere die *Veränderung* der Zinsstruktur im *Zeitablauf* erklären. Sie konzentriert sich dabei vor allem auf die Erklärung der effektiven Zinssätze für festverzinsliche Wertpapiere, die in den übrigen Merkmalen völlig homogen sind, und sich nur durch ihre Restlaufzeit unterscheiden. Die traditionelle Zinsstrukturtheorie betrachtet insbesondere die *Ursachen* der Zinsstruktur sowie ihre Bewegungen. Doch lassen sich auch *Wirkungen* betrachten, wie die expansive Wirkung einer steilen Zinsstrukturkurve sowie die kontraktive Wirkung einer flachen Zinsstrukturkurve.[89]

Es gilt die Prämisse *stetiger Verzinsung.* Die Renditestruktur lässt sich operationalisieren, indem man die Rendite aller umlaufenden Papiere, bereinigt um den Coupon-Effekt, gegen ihre Restlaufzeit abträgt. Dementsprechend ergeben Nullkuponanleihen (Zerobonds) die besten Werte. Mit der *Barwertformel* lässt sich für alle Wertpapiere simultan ein Satz von Kalkulationszinsfüßen bestimmen, der die beobachteten Wertpapiere möglichst gut erklärt. Die geltende *Arbitragefreiheit* der Märkte lässt ein definiertes lineares Programm zu, mit dessen Hilfe die Zinsstruktur modellierbar ist. Aufgrund fehlender Arbitragefreiheit und weiterer Imperfektionen des Kapitalmarkts gibt es in der Praxis jedoch keine Idealversion dieses linearen Programms. Die exak-

[85] Vgl. Schoffer, Olaf, GARCH-Modelle, 2003, S. 39.
[86] Vgl. EViews 4, 2000, S. 396 f.
[87] Vgl. EViews 4, 2000, S. 397 f.
[88] Vgl. Issing, Otmar, Geldtheorie, 1995, S. 119, Hull, John C., Options, 2006, S. 757.
[89] Vgl. Anderegg, Ralph, Geldtheorie, 2007, S. 123 f.

te Barwertformel lässt sich durch Spezifikation der Zahlungsströme der Wertapiere unter Zuhilfenahme von Diskontierungsfaktor, Rentenbarwertfaktor und Terminzinssatz ermitteln. Im Unterschied zu den Terminzinssätzen werden die zu den Diskontierungsfaktoren gehörenden Zinssätze als *Kassa*- bzw. Spotzinssätze bezeichnet. Diese stellen Sätze für die sofortige Lieferung von *Zerobonds* mit entsprechender Laufzeit dar. So kann die Zinsstruktur auf drei verschiedene, äquivalente Arten charakterisiert werden: Diskontierungsfaktoren, Kassazinssätze (spot rates) und Terminzinssätze (forward rates). Durch Ableitung findet man den theoretisch richtigen Momentanspotzinssatz und den Grenzterminzinssatz.

Eine **normale Zinsstruktur** herrscht dann vor, wenn die Spotzinssätze mit längeren Restlaufzeiten zunehmen und damit der Grenzterminzinssatz größer ist als der betreffende Spotzinssatz. (Vgl. Abb. 1). Dieser **Spread** nimmt bei einer inversen Zinsstruktur ein negatives Maß an. Insoweit lässt sich vor allem die „normale", die „flache" und die „inverse" Zinsstruktur beschreiben und analysieren. Hierbei existieren *Liquiditäts-Spreads*, die sich aus einer Liquiditätsprämie für längere Geld- bzw. Kapitalanlagen ergeben.[90] [91] Der Zins-Spread zwischen den *3-Monats-* und den *10-Jahreszinsen* wird häufig als *statistisches Maß* für die Steigung der Zinskurve sowie für ökonometrische Untersuchungen verwendet. (Vgl. Abb. 2, 3 und 4)

Das Erscheinungsbild der Zinsstrukturkurve

Statistisch geglättete Durchschnittskurve der Renditen auf Verfall (i.d.R. Staatsanleihen).
Grafik einer normalen Zinskurve bzw. Zinsstrukturkurve (yield curve).

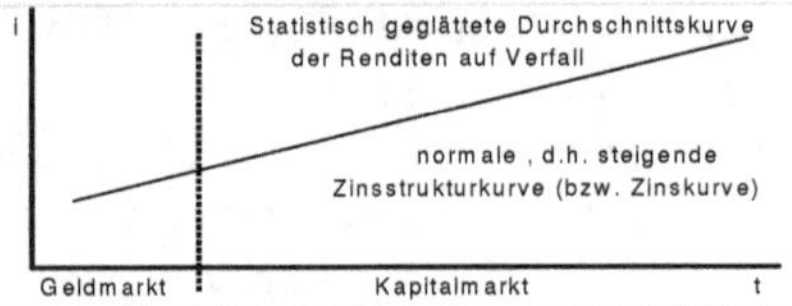

Abb. 2: Erscheinungsbild der Zinsstrukturkurve.

Die adäquate Bestimmung der jeweils aktuellen Zinsstruktur ist von Bedeutung, weil sie der Preisfindung dient, beispielsweise beim Einsatz in der *Investitionsrechnung*, zur *Identifikation von Fehlbewertungen* sowie als Anfangswert für die *Modellierung von Zinsderivaten.*[92] [93]

[90] Vgl. Anderegg, Ralph, Geldtheorie, 2007, S. 120. Bei einzelnen Finanztiteln ist zusätzlich das Rating und die Bonität der Kreditnehmer jeweils unter Berücksichtigung der Ausfallrisikostruktur relevant: Je besser das Rating bzw. höher die Bonität des Schuldners, desto geringer sind in der Regel die Spreads und damit die Zinsen.

[91] Zu einer engeren Definition der Spreads der Zinsstruktur s. Kapital VIII dieser Arbeit.

[92] Vgl. Gerke, Wolfgang, Steiner, Manfred, Handwörterbuch, 2001, S. 2357.

[93] I.R. der empirischen Verfahren sei lediglich das Verfahren der Bundesbank (Nelson/Siegel 1987, Svensson 1994) angeführt, das mit drei Exponentialtermen arbeitet, sowie auf weitere Approximationsverfahren für die Spotzinsfunktion durch Polynome, polynomiale Splines und exponentielle Splines hinweist.

II. AUSGANGSBASIS: DIE BESTEHENDE ZINSSTRUKTURKURVE

1. Die affine Zinsstrukturtheorie

1.1. Eine grundlegende Darstellung der affinen Zinsstrukturtheorie

Die Zinsstruktur ist am besten erklärbar, indem von der Veränderung der aktuellen Zinskurve ausgegangen wird. Die affine Zinsstruktur bildet in einer vereinfachten Form sowohl das Niveau als auch die Lage und die Steigung der Zinsstrukturkurve im zeitlichen Verlauf ab.[94]

Die affine Zinsstruktur

Annäherung durch lineare Regression der 3-Monats-Zinsen und 10-Jahres-Zinsen (2-Faktoren-Modell: Lage & Steigung, ohne Krümmung)

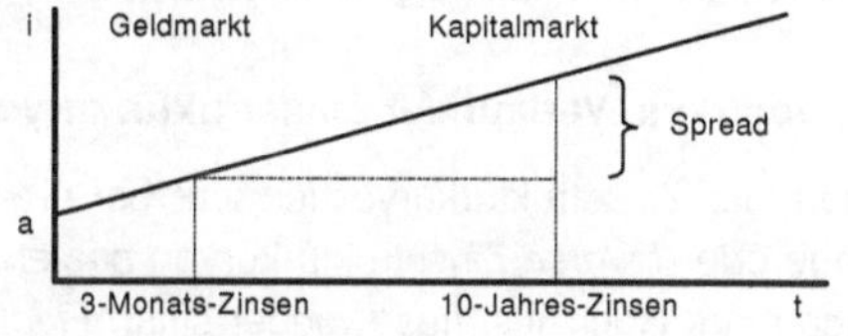

Abb. 3: Affine Zinsstruktur.[95]

Die affinen Zinsstrukturmodelle analysieren die Zinsstruktur als lineare Funktion eines Einflussfaktors oder mehrerer Einflussfaktoren im Zeitablauf. Bei affinen Modellen liegen alle Punkte grundsätzlich auf einer Linie und gehen nicht durch den Nullpunkt, was auch nach einer Transformation der Kurve der Fall ist.[96] Vorausgesetzt wird in dieser stilisierten Form die Annahme der Arbitragefreiheit.[97] Die affine Zinsstruktur besitzt in der Regel die Funktion:

$$x = a + by. \tag{20}$$

Bei der Analyse der Zinsstruktur ist die aktuelle Zinsstrukturkurve als Ausgangslage zu betrachten. Ihre Veränderung lässt sich mit drei wesentlichen Phänomenen erklären:

-Die deterministischen Bewegungen der Zinsstruktur,
-die Aufhebung der Prämisse der Arbitragefreiheit (Einführung von Substitutionsprozessen),
-die stochastischen Zinsbewegungen der arbitragefreien Modelle.[98]

Nach diesen Gesichtspunkten ist die vorliegende Arbeit gegliedert.

1.2. Eine allgemeine Beurteilung der affinen Zinsstrukturtheorie

Die affine Zinsstrukturtheorie ist lediglich in der Lage, *lineare* Zinskurven, nicht jedoch gekrümmte Zinskurven, zu erfassen. Damit lässt sich die reale Zinsstrukturkur-

---

[94] Vgl. Bolder, David Jamieson, Affine Term-Structure Models, 2001, S. V.
[95] Vgl. Anderegg, Ralph, Geldtheorie, 2007, S. 139.
[96] Bekannte affine Zinsstrukturmodelle sind beispielsweise jene von Vasiček, O., An Equilibrium Characterization of the Term Structure (1977), Cox, Ingersoll und Ross, A Theory of the Term Structure of Interest Rates (1985) sowie Longstaff und Schwartz (1992).
[97] Vgl. Bolder, David Jamieson, Affine Term-Structure Models, 2001, S. 2.
[98] Vgl. Anderegg, Ralph, Geldtheorie, 2007, S. 139.

ve nur unvollständig und vereinfacht wiedergeben, indem diese in der Regel lediglich zwei Punkte, die 10-Jahres-Zinsen des Kapitalmarkts und die 3-Monats-Zinsen des Geldmarkts, in ihrer linearen Verbindung abbildet. Somit ergibt sich durch diese Vereinfachung der Zinsstrukturkurve ein wesentlicher Informationsverlust. Auch werden keine Änderungen in der Krümmung der Zinsstrukturkurven sowie deren dynamische Veränderung erfasst. Andererseits können mittels der affinen Zinsstrukturtheorie häufig die Grundzüge der Zinsstrukturtheorie sowie deren praktische Anwendung erklärt werden.[99] Ausgehend von der im Rahmen der affinen Zinsstruktur vorausgesetzten Linearität der Zinsstrukturkurven werden deren in der Realität vorkommenden Verlaufsformen nachfolgend untersucht.

2. Der abstrakte Verlauf der Zinsstrukturkurven

Die normale Zinsstrukturkurve herrscht bei niedrigen und mittleren Zinshöhen vor. Fallende oder *inverse* Zinsstrukturkurven bestehen häufig, wenn die Zinsstrukturkurve nach einer Hochzinsphase wieder sinkt. *Flache* Zinsstrukturkurven exstieren häufig nach sehr hohen Zinsniveaus beim Übergang zu einer inversen Zinsstruktur oder bei sehr niedrigen Zinsniveaus vor dem Übergang zu einer normalen Zinskurve.[100]

Gekrümmte Zinsstrukturkurven können in konvexer Form („humped" curve) oder in konkaver Form („kinked" curve) vorliegen. Beispielsweise zeigen sich bei einer Zinskurve zunächst steigende Zinssätze und mit zunehmender Laufzeit fallende Zinssätze, oder in umgekehrter Weise Zinskurven mit zunächst ansteigenden und mit zunehmender Laufzeit fallenden Zinssätze. Diese Kurven entstehen dann, wenn sich die Zinsstrukturkurve durch Anpassungsprozesse verschiebt oder die Zentralbank zeitweise an höheren Leitzinssätzen festhält.

Eine Zinsstrukturkurve lässt sich somit mit den Faktoren *Lage*, *Steilheit* und *Krümmung* sowie deren jeweiligen *Veränderungen* charakterisieren.

Die Erscheinungsformen der Zinsstrukturkurve

Nach Steigung, Niveau und Krümmung differenzierte Erscheinungsformen der Zinsstrukturkurve.

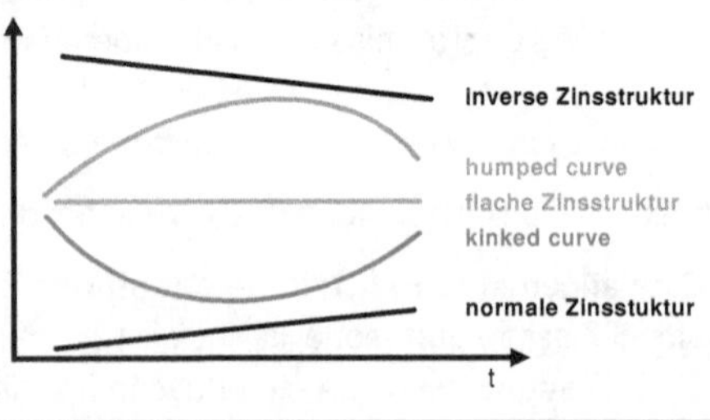

Abb. 4: Erscheinungsformen der Zinsstrukturkurve.[101]

[99] Vgl. Anderegg, Ralph, Geldtheorie, 2007, S. 139.
[100] Vgl. Malkiel, Burton G., Term Structure, 1966, S. 4.
[101] Vgl. Malkiel, Burton G., Term Structure, 1966, S. 3.

Zudem existieren zwischen allen aufgeführten Erscheinungsformen Mischformen aufgrund segmenthafter Einzelausprägungen. Häufig bestehen auch eine oder mehrere Dellen auf der Zinsstrukturkurve, die durch Arbitragebewegungen im Zeitverlauf ausgeglichen werden.[102]

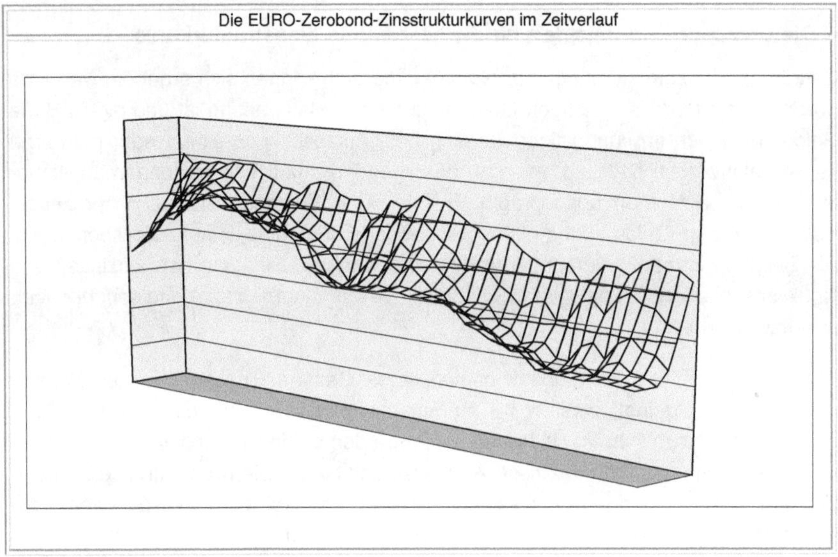

Abb. 5: Zinsgebirge im Euro-Währungsgebiet.[103]

3. Die Änderungen im Niveau und im Spread der Zinsstrukturkurve

Zahlreiche makroökonomische Einflussfaktoren und deren Veränderungen bewirken Anpassungen beim Niveau sowie beim Spread der Zinsstrukturkurve. Hierbei sind drei Typen zu unterscheiden: Eine parallele Lageänderung als Niveauverschiebung der Zinsstrukturkurve, eine Veränderung des Steigungsmaßes (Spread) der Zinsstrukturkurve sowie eine gleichzeitige Veränderung der Lage und der Steilheit der Zinsstrukturkurve.[104]

Derartige Verschiebungen sind in der Praxis häufiger zu beobachten, insbesondere, wenn sich ein Einflussfaktor verändert und auf die einzelnen Laufzeitsegmente der Zinsstruktur unterschiedlich starke Wirkung hat. In der kombinierten Wirkung führen beispielsweise eine Erhöhung der Inflationsrate oder eine Erhöhung der Wachstumsrate sowohl zu einer Erhöhung der kurzfristigen Zinsen des Geldmarkts als auch zu einer flacheren Zinsstrukturkurve.[105]

---

[102] Anderegg, Ralph, Geldtheorie, 2007, S. 122.
[103] Eigene Darstellung (Quelle: Tabellenkalkulationsprogramm auf Basis der Daten aus der Online-Datenbank).
[104] Vgl. Anderegg, Ralph, Geldtheorie, 2007; S. 122 f.
[105] Vgl. Anderegg, Ralph, Geldtheorie, 2007, S. 123.

Dadurch, dass die Veränderungen von Niveau und Spread der Zinsstrukturkurve im Zeitablauf nicht auf die gesamte Zinskurve gleichmäßig, sondern in ihren Segmenten unterschiedlich wirken, ergeben sich die nachfolgend untersuchten, gekrümmten Zinsstrukturkurven.

4. Die Ursachen und Beispiele für die gekrümmte Zinsstrukturkurve

Gekrümmte Zinsstrukturkurven im *Geldmarktbereich* können sich ergeben, wenn die Kreditnachfrage im langfristigen Geldmarktbereich relativ gering ist und die EZB die Geldmarktzinsen im kurzfristigen Bereich bei Laufzeiten von einem oder mehreren Tagen relativ hoch hält, um die noch bestehenden Inflationserwartungen zu dämpfen. Hierbei entstehen ausgeprägte Einspiel- und Fristentransformationsprozesse, insbesondere im Geldmarktbereich sowie zwischen den einzelnen Laufzeitbereichen. Die Situation ist häufig verbunden mit einer erwarteten Senkung der Leitzinsen und einer anschließend expansiven Geldpolitik sowie einem später steigenden Wirtschaftswachstum.[106]

Werden die von der Zentralbank beeinflussten Geldmarktzinsen über die Kapitalmarktzinsen festgelegt, entsteht bis zu mittelfristigen Laufzeiten ein „inverser" Zinsstrukturkurvenabschnitt. Im Übergang zwischen den beiden Teilabschnitten der Zinskurve kann eine gekrümmte Zinsstrukturkurve entstehen. Die Krümmung selbst kann sich aufgrund geänderter Einflussfaktoren ebenfalls verändern, beispielsweise bei starken Bewegungen, wie dem Übergang von einer inversen zu einer normalen Zinsstruktur, wenn die kurzfristigen Zinsen stark sinken und in der Folge aufgrund einer erwarteten, weiteren Zinssenkung sowie Kursgewinnen ebenfalls die längerfristigen Kapitalmarktzinssätze durch erhebliche Käufe von Bonds sinken.[107] Eine im *Kapitalmarktbereich* gekrümmte Zinsstrukturkurve kann ein Zeichen für weiterhin sinkende langfristige Kapitalmarktzinsen sein. Bei einer inversen Zinsstruktur gehen die langfristigen Zinsen schneller zurück, nachdem in langfristigen Laufzeitbereichen bei Zinssenkungen die größten Kapitalgewinne entstanden.[108]

Die einzelnen Einflussfaktoren (Determinanten) für die Krümmungen sowie die Änderungen von Niveau und Spread der gesamten Zinsstrukturkurve und deren Segmenten erfordern eine dezidierte Betrachtung der deterministischen Bewegungen der Zinsstruktur.

5. Die deterministischen Bewegungen der Zinsstrukturkurve

Zinsstrukturtheorien lassen sich in dynamische Zinsstrukturmodelle und Short-Rate-Modelle differenzieren: [109] Die dynamischen Zinsstrukturmodelle versuchen, die Dy-

---

[106] Vgl. Anderegg, Ralph, Geldtheorie, 2007, S. 126.
[107] Vgl. Anderegg, Ralph, Geldtheorie, 2007, S. 127.
[108] Vgl. Anderegg, Ralph, Geldtheorie, 2007, S. 127.
[109] Auf die Short-Rate-Modelle wird im späteren Verlauf der vorliegenden Arbeit eingegangen.

namik der Zinsstrukturkurve mit einer begrenzten Zahl von Einflussfaktoren (Vektoren) zu erklären. Empirische Tests zeigen, dass Einfaktoren-Modelle in der Praxis nicht ausreichend sind. Hingegen reichen Dreifaktoren-Modelle dazu aus, 98% der Zinsstrukturschwankungen zu erklären. Diese drei Faktoren bestehen aus Niveau, Steigung und Biegung der Zinsstrukturkurve. So werden ca. 90% der Zinsstruktur-Bewegungen durch das Niveau sowie ca. 10% durch die Steigung erklärt.[110] Zusätzliche Faktoren können die Prognose zwar verbessern, wobei diesem positiven Effekt jedoch ein erhöhter Rechenaufwand sowie das Problem der schwierigen Identifikation zusätzlicher Faktoren entgegenstehen.[111] [112]

Die Lage und die deterministischen Bewegungen der traditionellen Zinsstrukturkurve ergeben sich vor allem unter dem Einfluss von Faktoren, welche auf die *einzelnen* Laufzeit*segmente* einwirken. Indem die Zinsstruktur das gesamte Spektrum der kurzfristigen Geldmarktsätze bis zu den langfristigen Kapitalmarktsätzen umfasst, hängt diese mit dem Angebot und der Nachfrage nach Finanzaktiva unterschiedlicher Laufzeiten zusammen.[113] Dazu zählen das Angebot und die Nachfrage in den einzelnen Geldmarkt- und Kapitalmarktsegmenten, welche wiederum - beispielsweise und unter anderem - vom realen Wirtschaftswachstum, den Wechselkursschwankungen, der Veränderung der Kreditnachfrage und der Veränderung der Geldnachfrage beeinflusst werden.

Im kurzfristigen Laufzeitbereich des Geldmarkts (Laufzeiten von einem Tag und mit abnehmender Wirkung bis zu drei Monaten) dominiert u.a. die Zentralbank die Zinsstruktur. Neben Markt-Einflussfaktoren sind besonders im kurzfristigen Geldmarktbereich die geldpolitischen Operationen der Zentralbank wirksam, welche Liquidität zuführen oder entziehen, was sich auch auf die Zinsen auswirkt.[114] Ein großer Zins-Spread der Zinsstruktur wird oft als ein Indiz für eine expansive Geldpolitik betrachtet, ein geringer oder negativer Spread da<gegen als ein Hinweis auf eine kontraktive Geldpolitik. Dabei wird die Höhe des jeweiligen Spreads in Verbindung mit den dadurch ausgelösten Fristentransformationsprozessen (beispielsweise vom längerfristigen Geldmarkt zum Kreditmarkt) in Verbindung gebracht.[115]

Die deterministischen Bewegungen der Zinsstruktur werden durch Substitutionsprozesse und stochastische Volatilitäten der Zinsstruktur überlagert.

[110] Vgl. Focardi, Sergio, Fabozzi, Frank, Mathematics, 2004, S. 632 f. Enthalten ist auch eine Übersicht empirischer Tests verschiedener Währungsgebiete.
[111] Vgl. Musiela, Marek, Rutkowski, Marek, Martingale, 1998, S. 299.
[112] Die deterministischen Faktoren eignen sich jedoch noch nicht zur Analyse der Preisbewegungen von Zinsoptionen, die eine stochastische, jedoch keine normalverteilte Verteilungsfunktion aufweisen.
[113] Vgl. Tobin, James, Capital, 1971, S. 226.
[114] Vgl. Anderegg, Ralph, Geldtheorie, 2007, S. 140.
[115] Vgl. Anderegg, Ralph, Geldtheorie, 2007, S. 141.

Die grundsätzlichen Einflussfaktoren zur Zinsstruktur

Auf die Zinsstrukturkurve (vereinfacht als Gerade dargestellt) wirken deterministische Faktoren, substitutive Arbitrageprozesse und stochastische Volatilitäten.

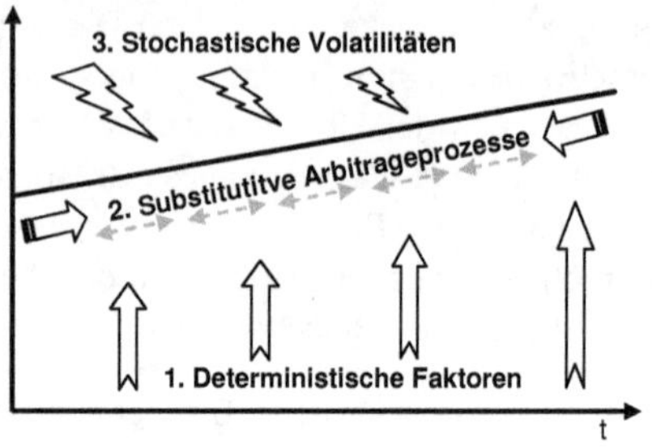

Abb. 6: Grundsätzliche Einflussfaktoren zur Zinsstruktur.[116]

[116] Eigene Darstellung.

III. DIE ÄLTEREN THEORIEN ZUR ZINSSTRUKTUR

Die älteren Theorien zur Zinsstruktur stellen Ansätze zur deren Beschreibung, Entwicklung sowie Wesensart dar. Die Zinsspannentheorie untersucht hierbei die Beziehung zwischen dem langfristigen und dem kurzfristigen Zinssatz sowie auch deren Veränderungen im Zeitablauf.

1. Die Zinsspannentheorie von Wicksell als Vorläufer der Zinsstrukturtheorien

„ *(..) ist es so gut wie sicher, dass die Höhe des Darlehenszinses niemals unmittelbar, meistens nur langsam und zögernd den Bewegungen des natürlichen Kapitalzinses folgt.*“ [117]

Knut Wicksell (1851-1926), der als Vertreter der schwedischen Schule die neoklassische Schule vertritt, unterscheidet zwei Zinssätze, den Darlehenszins (Geldzins) und den sogenannten natürlichen Kapitalzins.[118] Eine Zinsstrukturtheorie entsteht dadurch, dass er diese beiden Zinssätze in Beziehung zueinander setzt und die Bewegung der einzelnen Zinssätze in Abhängigkeit vom Zeitverlauf beschreibt. Wicksell hat nach Auffassung von Lutz die Zinstheorie von Böhm-Bawerks dadurch erweitert, dass er u.a. eine Gleichgewichtsanalyse im Stile von Walras entwickelt, jedoch unter Einbeziehung des Zeitelements.[119] Dadurch entwickelt er eine frühe Zinsstrukturtheorie bzw. einen Vorläufer davon. Seine Theorie baut auf der Anschauung von Böhm-Bawerks „Mehrergiebigkeit längerer Produktionsumwege" durch den Einsatz von Kapital sowie auf dem Aspekt der Zeitpräferenz auf.[120]

1.1. Die Prämissen

Wie bei der klassischen Zinstheorie besteht ein Kapitalmarkt mit den makroökonomischen Größen der Ersparnis und der Investition. Die Geldschöpfung durch die Kreditinstitute führt zu geringeren Kredit- bzw. Geldmarktzinsen. Es herrscht die Flexibilität der Preise. Zudem geht Wicksell von fortschreitender (Real-) Kapitalbildung aus, da andernfalls der Kapitalzins auf Null sinken würde, sowie von einer stetigen und später eintretenden erhöhten Ergiebigkeit der Produktion.[121] Zudem nimmt Wicksell ein zweistufiges Bankensystem an, in welchem die Gesamtheit der Banken einen Darlehenszins anbietet, der unter oder über dem natürlichen Kapitalzins liegen kann.[122] Die gesamtwirtschaftliche Kreditnachfrage kann von den Banken zu jedem beliebig niedrigen Zinssatz vollständig bedient werden.[123] Wicksells Unterscheidung zwischen dem Darlehenszins und dem natürlichen Kapitalzins führt zu einer Theorie eines kumulativen Inflationsprozesses, des sogenannten Wicksell´schen Prozesses.[124]

---

[117] Vgl. Wicksell, Knut, Geldzins, 1898, S. 110.
[118] Vgl. Wicksell, Knut, Geldzins, 1898, S. 93. In der wissenschaftlichen Literatur wird überwiegend der vereinfachte Begriff „natürlicher Zins“ verwendet.
[119] Vgl. Lutz, Friedrich A., Zins, in: Handbuch (HdSW), Band 12, 1965, S. 439.
[120] Wicksell, Knut, Wert, 1893; S. 71 ff.
[121] Wicksell, Knut, Geldzins, 1898, S. 139.
[122] Vgl. Wicksell, Knut, Geldzins, 1898, S. 97.
[123] Vgl. Wicksell, Knut, Geldzins, 1898, S. 101 f.
[124] Vgl. Lutz, Friedrich A., Zins, in: Handbuch (HdSW), Band 12, 1965, S. 442 f.

1.2. Das Modell

1.2.1. Der natürliche Kapitalzins und der Darlehenszins bzw. Geldzins

Wicksells Theorie beinhaltet einen *„natürlichen Kapitalzins"*, der sich als langfristiges, durchschnittliches Zinsniveau des Kapitalmarkts betrachten lässt. Diesen *natürlichen Kapitalzins* beschreibt Wicksell in mehreren Ausprägungen: [125] Zum einen erklärt er damit den natürlichen Kapitalzins als einen Zins, welcher sich aus Angebot und Nachfrage ergeben würde, wenn man sich keiner Geldtransaktionen bediente, sondern die „Realkapitalien *in natura"* geliehen würden.[126] [127] [128] Zum anderen definiert Wicksell den natürlichen Zins als jenen Zinsfuß, bei welchem die Nachfrage nach Darlehenskapital und die Ersparnisse sich miteinander decken. Überdies stellt der natürliche Kapitalzins den Nettoerlös der Unternehmer dar.[129]
Die Höhe und Entwicklung des natürlichen Kapitalzinses als Veränderungsgröße hängt zudem von der Höhe der Produktion, der Menge des vorhandenen angelegten und flüssigen Kapitals, der Zahl der Arbeitssuchenden, der Faktorausstattung sowie anderen ökonomischen Aspekten ab, welche die jeweilige ökonomische Lage einer Volkswirtschaft widerspiegeln.[130]

Vom natürlichen Kapitalzins ist der *Darlehenszins* bzw. Geldzins zu unterscheiden. Dieser *Darlehenszins* ist ein Zins, welcher sich auf dem Kreditmarkt auf der Grundlage von Angebot und Nachfrage nach Krediten bildet.[131] Ist der Darlehenszins so hoch wie der natürliche Kapitalzins, ist dieser neutral hinsichtlich der Güterpreise und löst keine Schwankungen der Güterpreise aus.[132] In diesem Fall befindet sich eine Wirtschaft im Gleichgewicht.[133] Wicksell spricht in diesem Zusammenhang vom *normalen Zins.*[134]

Zwar hat der Geldzins im Zeitverlauf immer die Tendenz, sich dem natürlichen Kapitalzins anzunähern.[135] Doch ändern sich beide Zinssätze nach Wicksell nicht parallel: Der Darlehenszins kann durch die Kreditschöpfung unter das Niveau des natürlichen Kapitalzinses fallen. Zudem ändert sich im Gegensatz zu den stetigen Änderungen des natürlichen Kapitalzinses der Geldzins in unkontinuierlichen Sprüngen.[136] Bei Absinken des Kreditzinses werden Unternehmer über einen „Extragewinn" zur Erwei-

---

[125] Vgl. Wicksell, Knut, Geldzins, 1898, S. 111.
[126] Wicksell, Knut, Geldzins, 1898, S. 93 f.
[127] Wicksell, Knut, Geldzins, 1898, S. 95.
[128] Vgl. Wicksell, Knut, Geldzins, 1898, Vorwort S. V.
[129] Wicksell, Knut, Geldzins, 1898, S. 95.
[130] Vgl. Wicksell, Knut, Geldzins, 1898, S. 98.
[131] Vgl. Wicksell, Knut, Geldzins, 1898, S. 95.
[132] Vgl. Wicksell, Knut, Geldzins, 1898, S. 93.
[133] Wicksell, Knut, Geldzins, 1898, S. 93.
[134] „Jeder andauernde Unterschied zwischen beiden Raten gibt zu einer Veränderung Anlass, und zwar zu einer sich stetig wiederholenden, progressiven, welche bei der tatsächlichen Gestaltung des Geldwesens früher oder später den Darlehenszins dazu zwingt, sich der jeweiligen Höhe des natürlichen Kapitalzinses anzuschließen." Wicksell, Knut, Geldzins, 1898, S. VII.
[135] Vgl. Wicksell, Knut, Geldzins, 1898, S. 108.
[136] Wicksell, Knut, Geldzins, 1898, S. 98.

terung ihrer Investitionen angereizt.[137] Der Geldzins folgt dem natürlichen Kapitalzins nicht zuletzt aufgrund eines relativ unelastischen Kreditangebots der Banken, welches aufgrund eines Nachfragermarkts sowie der „Macht der Gewohnheit und der Routine“ beim Kreditvergabeverhalten lediglich mit zeitlicher Verzögerung (time lag) besteht.[138]

1.2.2. Der Wicksell´sche kumulative Prozess

Durch die *Kreditschöpfung* der Banken und die daraus entstehende Geldmengenerhöhung wird der *Geldmarkt- und Kreditzins* unter das Niveau des natürlichen Kapitalzinses *gesenkt*. Dann wiederum werden die Unternehmer bei einem Vergleich der unveränderten Ertragsmöglichkeiten der Investitionen bei niedrigeren Zinskosten veranlasst, *zusätzliche Kredite* nachzufragen. Der durch die geringeren Zinskosten entstehende Extragewinn stellt für die Unternehmer einen Anreiz zur Erweiterung ihrer Geschäftstätigkeit dar.[139]

Diese zusätzliche Nachfrage der Unternehmer nach Produktionsmitteln kann zu Preissteigerungen führen oder zumindest zum langsameren Absinken der Preise. Dies betrifft zunächst die Preise der Produktionsfaktoren, anschließend infolgedessen auch die Preise der produzierten Güter. Der Preissteigerungsprozess verläuft solange, wie der Darlehenszins unter dem Niveau des natürlichen Kapitalzinses liegt.[140]

1. These:	Die Erhöhung der Liquiditätszuführung senkt das Zinsniveau.

Im Endergebnis steigt deshalb durch den Wicksell´schen Prozess lediglich das *Preisniveau*, wobei sich bei den realen Vorgängen keine Änderungen ergeben haben. Eine reale Wirkung könnte sich nur dann ergeben, wenn sich durch den Wicksell´schen Prozess die Einkommensverteilung derart ändert, dass dadurch der Anteil der Ersparnisse bzw. des Konsums am Gesamteinkommen beeinflusst wird.[141]

Zinspannentheorie nach Wicksell

Das Zinsniveau am Kapitalmarkt wird durch eine Erhöhung der Geldmenge abgesenkt. Hierdurch kommt es zu einer „künstlichen“ Ausweitung der Investitionen, welche eine erhöhte Realkapitalbildung verursachen.

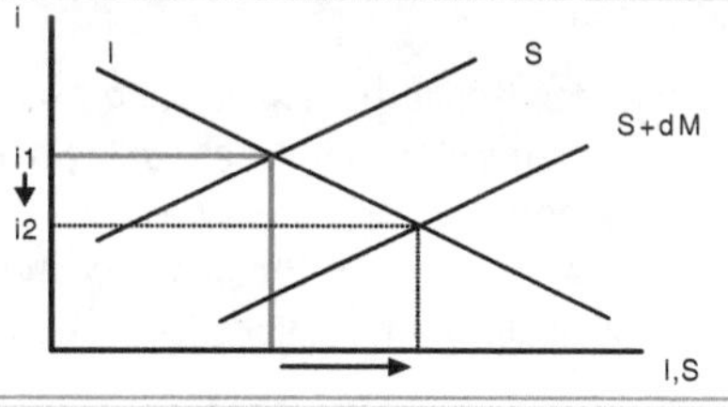

Abb. 7: Zinsspannentheorie nach Wicksell auf dem Geld- und Kapitalmarkt.[142]

[137] Vgl. Wicksell, Knut, Geldzins, 1898, S. 97.
[138] Wicksell, Knut, Geldzins, 1898, S. 108 u. S. 110. Zum Nachfragermarkt s. S. 102 f.: Das Angebot an Geld wird also durch die Nachfrage selbst geschaffen. (...) Die Bank muss der allgemeinen Strömung folgen. Würde eine einzelne Bank in ihren Zinskonditionen prägnant abweichen, würde sie ihre eigene Insolvenz herbeiführen.
[139] Vgl. Wicksell, Knut, Geldzins, 1898, S. 97, Issing, Otmar, Geldtheorie, 1995, S. 90 ff.
[140] Vgl. Wicksell, Knut, Geldzins, 1898, S. 111.
[141] Vgl. Wicksell, Knut, Geldzins, 1898, S. 101.
[142] Vgl. Anderegg, Ralph, Geldtheorie, 2007, S. 101.

- In der Grafik spiegelt sich folgender Ablauf wider: Die Geldmenge hat sich durch die Kreditschöpfung der Banken erhöht (ΔM), das Kreditangebot beträgt nun $S + \Delta M$. Dadurch ist der Darlehenszins von $i1$ auf $i2$ gesunken.
- Auch eine Geldmengenerhöhung von ΔM durch die Zentralbank auf dem Wege der Fristentransformation führt zu einer Ausweitung des Kreditangebotes, das bisher S betragen hat.
- Die Zinsen sinken von $i1$ auf $i2$ und die Investitionen steigen, wodurch die Zinsen steigen, bis das Sparen und Investieren wieder im Einklang sind. Herrscht bereits in der Ausgangslage Vollbeschäftigung, kommt es durch die Überbeanspruchung der bestehenden Kapazitäten zu einem inflatorischen Prozess, dem vorgenannten Wicksell´schen kumulativen Prozess.[143]

Der Wicksell´sche Prozess kann auch entgegengesetzt ablaufen, wenn sich das Geldangebot durch Geldvernichtung vermindert. In diesem Fall liegt der Darlehenszins über dem natürlichen Kapitalzins. Dabei folgt eine Preissenkung der Produktionsfaktoren und nachfolgend auch der produzierten Güter.[144]

Während einer allgemeinen Preissteigerung bleibt ein Teil der Einkommen hinter der Preissteigerung zurück. Somit verschiebt sich die Einkommensverteilung in der Volkswirtschaft. Wenn diejenigen, die eine überproportionale Erhöhung ihrer Einkommen erhalten, das ganze oder einen Teil dieses zusätzlichen Einkommens sparen, so wird sich, vorausgesetzt, dass die erste benachteiligte Gruppe nichts oder weniger gespart hätte, das Realkapital vergrößern, und der natürliche Kapitalzins wird somit sinken. Dieser Einfluss des Geldes auf den *natürlichen Kapitalzins* ist also zweierlei *Umständen* zu verdanken: 1. Der Existenz von *Time-Lags* in der Anpassung bestimmter Einkommen an das Preisniveau. 2. Der Annahme, dass die in ihrer Einkommensentwicklung Begünstigten *mehr sparen* als Bezieher der hinter der Preissteigerung nachhinkenden Einkommen ohne eine solche Preissteigerung gespart hätten.[145]

Die Höhe des Kapitalzinses ist keine fixe, unveränderliche Größe.[146] Sinkt der Kapitalzins, werden sich Produktionszweige mit längerer Produktionsperiode nach der realen Zinstheorie von Böhm-Bawerks relativ mehr lohnen als Produktionszweige mit relativ kurzer technischer Produktionsperiode. Im Endergebnis ergibt sich eine längere durchschnittliche Investitionsdauer des gesamten Kapitals.[147]

1.3. Die ökonometrische Analyse

Es folgt die ökonometrische Analyse für eine Erhöhung der Liquiditätszuführung der EZB und einer damit verbundenen Zinsänderung.

[143] Vgl. Anderegg, Ralph, Geldtheorie, 2007, S. 101.
[144] Vgl. Wicksell, Knut, Geldzins, 1898, S. 111.
[145] Lutz, Friedrich August, Zinstheorie, 1956, S. 116.
[146] Wicksell, Knut, Geldzins, 1898, S. 97.
[147] Vgl. Wicksell, Knut, Geldzins, 1898, S. 123.

Tab. 1: Liquidität und Zinsen (WICKSELL).[148]

Independent Variable: 1st Differentiation von: EMS_LIQUIDITY											
Dependent Variable: 1st Differentiation der folgenden Zinssätze:											
	i1D	i1M	i3M	i6M	i1Y	i2Y	i5Y	i10Y	TS	FR	ECB
Koeffizient	0.06	0.06	0.06	0.05	0.04	0.02	0.02	-0.00	-0.06	0.04	0.06
R^2-adjusted	0.24	0.25	0.24	0.16	0.05	-0.00	-0.04	-0.04	0.28	-0.03	0.21
Probability	0.00	0.02	0.01	0.02	0.12	0.35	0.79	0.83	0.00	0.83	0.00
Durbin-Watson	1.23	1.18	1.27	1.35	1.46	1.49	1.48	1.54	1.29	1.41	1.08
Granger cause	←	←	←	←	←	←	-	-	-	-	-
White	0.45	0.27	0.55	0.81	1.61	2.86	4.17	2.83	1.80	1.78	1.22
ARCH (p-Wert)	0.00	0.00	0.00	0.59	0.80	0.00	0.01	0.07	0.54	0.05	0.10
GARCH (p-Wert)	0.00	0.00	0.00	0.00	0.00	0.00	0.43	0.00	0.01	0.00	0.90
Best Lag:	*2 Periods of the dependent variables calculated (Zinssätze)*										
EMS_Liquidity:	*= European Monetary System - Liquidity Allotment*										
Zinssätze:	*i1D = Zins 1 Tag, i1M = Zins 1 Monat, (...), i10Y = Zins 10 Jahre*										
	TS = Zins-Spread der Zinsstruktur, FR = EURO-BUND-Future, ECB = Leitzinssatz der EZB										
Granger-Kausalität:	*→ = abhängige Variable (Zinssatz) determiniert grangerkausal; – = keine Grangerkausalität*										
	← = unabhängige Variable determiniert grangerkausal; ↔ = gegenseitige Grangerkausalität										

Die ökonometrischen Tests analysieren die Veränderungen der Liquiditätszuführung (EMS_LIQUIDITY) und die Veränderungen der Zinssätze mit einem optimalen Lag von zwei Monaten:[149] Die Ergebnisse sind bei einer Laufzeit von 6 Monaten *signifikant*. Der *Koeffizient* besitzt einen lediglich geringen positiven Anstieg von 0,05 bei einem Anstieg der Liquiditätszuführung von 1,0. Das *korrigierte Bestimmtheitsmaß* ist mit einem Wert von 0,16 gering. Die Veränderung der Liquiditätszuführung determiniert *grangerkausal* die Veränderung des 6-Monats-Zinssatzes. *ARCH*-Prozesse liegen über alle Laufzeiten hinweg mit Ausnahme von 6 Monaten, 1 Jahr und 10 Jahren vor. Exogene Schocks (*GARCH*-Prozesse) existieren über alle Laufzeiten hinweg außer bei einer Laufzeit von 5 Jahren.

Zusätzlich werden die Einflüssse auf den Zinsstruktur-Spread (TS), die Terminzinsen (FR) und die Leitzinsen (ECB) analysiert: Die Korrelationsanalyse der Veränderungen der Liquiditätszuführung und der Veränderungen des Zinsstruktur-Spreads zeigt insignifikante Werte aufgrund der seriellen Korrelation. Es liegen keine ARCH-Prozesse, jedoch exogene Schocks vor. Die Korrelation zwischen den Veränderungen der Liquiditätszuführung und der Veränderung der Terminzinsen zeigt keine Signifikanz. Es bestehen sowohl ARCH-Prozesse, als auch exogene Schocks.[150] Der Zusammenhang zwischen der Veränderung der Liquiditätszuführung und der Veränderung der Leitzinsen zeigt aufgrund der seriellen Korrelation keine Signifikanz. Es liegen weder ARCH-Prozesse, noch exogene Schocks vor.

[148] Die Ergebnisse stammen aus den Berechnungen der 1.550-seitigen Originalversion dieser Arbeit.
[149] Die Nettoliquidität ergibt sich aus liquiditätszuführenden u. -abschöpfenden Faktoren (Quelle: EZB).
[150] Der ungerundete p-Wert des ARCH-Koeffizienten lautet 0.454.

Insgesamt besteht lediglich eine Validität der Hypothese von Wicksell für die Geldmarktzinsen mit einer Laufzeit von 6 Monaten. Die Ergebnisse sind ökonomisch insoweit erklärbar, als die kurzfristigen Zinsen die Liquiditätserfordernisse der Individuen widerspiegeln.

1.4. Die Wertung

Durch Wicksell ist der Ausdruck „natürlicher Zins" in Gegenüberstellung zum Geldzins in die Literatur eingegangen, jedoch erfolgt keine eindeutige Definition des natürlichen Zinses.[151]
Die erklärungstheoretische Bedeutung, die dem unter dem natürlichen Kapitalzins liegenden Geldzins zukommt, liefert eine *fundamentale Grundlage* für die Erforschung der monetären Einflüsse auf den Wirtschaftsverlauf.[152] Wicksell entwickelt so die klassische Zinstheorie weiter und schafft damit u.a. die Grundlagen für die traditionellen Zinsstrukturtheorien.

Wicksell hat zwar die Bedingungen eines Gleichgewichts aufgezeigt, jedoch ist es ihm nicht gelungen, dieses Gleichgewicht mit Hilfe der gewählten Daten vollständig zu bestimmen. Ein Mangel an Wicksells Hypothese ist zudem, dass sie nicht operationalisiert werden kann.[153]
Gustav Cassel kritisiert den Wicksell´schen Prozesses insoweit, als dass ein niedriger Kreditzins langfristig auch zu einem niedrigeren, natürlichen Kapitalmarktzins führt und damit den Wicksell´schen Prozess zum Stillstand bringen könnte.[154] Somit gelingt es Wicksell noch nicht, die wesentlichen Ursachen für die Bewegung des Spreads zwischen dem kurzfristigen (Geld-) Zins und langfristigen (natürlichen Zins) darzustellen.

2. Das Zinsspannentheorem zur Zinsstruktur von Malkiel

„*Individuals believe that the historical range of interest rates will prevail in the future.*" [155]

Das Zinsspannentheorem von *Burton G. Malkiel* (*1932), der als Mitvertreter der Theorie effizienter Märkte gilt, stellt eine alternative Formulierung der Erwartungstheorie dar.[156] Insofern erweitert er das Theorem der Zinsspannen von Knut Wicksell u.a. um Erwartungen.

2.1. Die Prämissen

Die Anleger betreiben Ertragswertmaximierung und gelten als risikoneutral. Eine kurzfristige, sichere und höher verzinsliche Anlage wird demnach gegenüber einer langfristigen Anlage mit geringerer zu erwartender Rendite präferiert. Die Investoren

---

[151] Vgl. Lutz, Friedrich A., Zins, in: Handbuch (HdSW), Band 12, 1965, S. 434. Jedoch ist der Begriff recht unklar geblieben. Wicksell selbst gab mindestens drei Definitionen an, von denen er annahm, dass sie auf dasselbe hinauslaufen. (...) Somit sei es zweckmäßig, den Ausdruck „natürlichen Zins" ganz zu vermeiden.
[152] Vgl. Hayek, Friedrich August von, Geldtheorie, 1929, S. 126.
[153] Gebauer, Wolfgang, Realzins, 1967.
[154] Vgl. Cassel, Gustav, Problems, 1921, S. 447 ff.
[155] Vgl. Malkiel, Burton G., Term Structure of Interest Rates, 1966, S. 60.
[156] Vgl. Malkiel, Burton G., Term Structure of Interest Rates, 1966, S. 60.

haben eine Erwartung über zyklisch wiederkehrende Schwankungsbreiten der Zinsstruktur um ein durchschnittliches Zinsniveau herum. Es besteht dabei die Annahme einer *erwarteten normalen Spannweite* von Zinssätzen („expected normal range of interest rates").[157] Aufgrund dieser Voraussetzung erwarten die Investoren, dass ein besonderer Verlauf der zukünftigen Bewegungen der Zinssätze wahrscheinlich ist.[158]

Das Zinspannentheorem von Malkiel

Die Zinsstrukturkurven schwanken innerhalb einer Ober- und einer Untergrenze bzw. einer Zinsspanne.

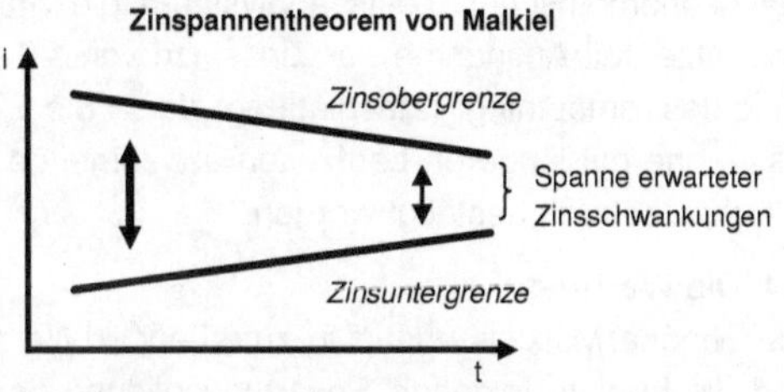

Abb. 8: Zinsspannentheorem von Malkiel.[159]

2.2. Das Modell

Im Verlauf von konjunkturellen Zyklen kommt es zu steigenden und sinkenden Zinsen, welche sich erwartungsgemäß um einen langfristigen *Durchschnittszins* bewegen. Hierbei schwankt der Bedarf an Transaktionskasse stärker als der Bedarf am Kapitalmarkt. Um den Spielraum der Zinserwartungen einzugrenzen, führt Malkiel eine *Spanne* bzw. *Bandbreite* für die mögliche Zinsentwicklung ein. Die Investoren erwarten dabei auch, dass die kurzfristigen Zinssätze stärker schwanken als die langfristigen Zinssätze.[160]

2. These:	Die Zinsspannen werden mit längeren Laufzeiten der Zinsen geringer.

Die Entwicklung der künftigen Zinsen orientiert sich an der aktuellen Lage des Zinssatzes innerhalb der Zinsspannen: Ist das Zinsniveau beispielsweise relativ hoch, erwarten die Investoren, dass die Zinssätze fallen.[161] Denn Anleger bilden dabei *Erwartungen* über die Zinshöhe am Ende der jeweiligen Anlageperiode.

2.3. Die ökonometrischen Analysen

Untersucht wird, ob die Zinsspannen und damit die Zinsvolatilität mit zunehmender Laufzeit der Zinssätze sinken.

---

[157] Vgl. Malkiel, Burton G., Term Structure of Interest Rates, 1966, S. 50, S. 59 f.
[158] Vgl. Malkiel, Burton G., Term Structure of Interest Rates, 1966, S. 50. (...) expectations proper, that is, a belief by investors that a particular course of future interest-rates movements is likely.
[159] Vgl. Anderegg, Ralph, Geldtheorie, 2007, S. 136.
[160] Vgl. Malkiel, Burton G., Term Structure of Interest Rates, 1966, S. 68.
[161] Vgl. Malkiel, Burton G., Term Structure of Interest Rates, 1966, S. 65: "(...) investors may believe that a certain course of interest-rate movements is more likely than any other, or they may make specific forecasts of future interest rates. Assume that, at a time when interest rates appear to be high relative to the normal range, investors also attach a higher subjective probability to that state of nature in which interest rates fall."

Tab. 2: Zinsspannentheorem (MALKIEL).[162]

Variables: the following rates:											
	i1D	i1M	i3M	i6M	i1Y	i2Y	i5Y	i10Y	TS	FR	ECB
Std. Dev.	1.01	1.01	1.04	1.03	1.02	0.94	0.79	0.72	0.69	4.99	0.99
Zinssätze:	*i1D = Zins 1 Tag, i1M = Zins 1 Monat, (...), i10Y = Zins 10 Jahre*										
	TS = Zins-Spread der Zinsstruktur, FR = EURO-BUND-Future, ECB = Leitzinssatz der EZB										

Die ökonometrischen Tests analysieren die Standardabweichungen (Std. Dev.) der Zinssätze. Mit Ausnahme der Zinssätze von 1 Tag und 1 Monat, bei denen die Wirkung des „smoothing" (Zinsglättung) durch die EZB erkennbar ist, zeigen die Ergebnisse eine mit längeren Laufzeiten abnehmende Volatilität. Die Hypothese kann somit grundsätzlich bestätigt werden.

2.4. Die Wertung

Die Theorie Malkiels erklärt in zutreffender Weise das Phänomen der Zinsspannen und die hieraus folgende Erwartungsbildung der Marktteilnehmer auf dem Kapitalmarkt. Die Theorie lässt sich in der Praxis jedoch weder genau operationalisieren noch quantifizieren, da die Zinsspannen sich im Zeitablauf in unterschiedlicher Weise bzw. Geschwindigkeit ändern und kaum prognostizierbar ist, wann die Zinsstruktur ihre erwarteten Spannen erreicht.

3. Die Theorien imperfekter Märkte zur Zinsstruktur

Die folgenden, frühen Theorien imperfekter Märkte, welche die älteren, jeweils perfekte Kapitalmärkte annehmenden Zinsstrukturtheorien ergänzen, werden theoriehistorisch nicht selten als von der neoklassichen Theorie abweichende Ansätze angesehen.

3.1. Die Marktsegmentationstheorie nach Culbertson

„There are a variety of impediments to mobility of funds in debt markets." [163]

In der Marktsegmentationstheorie von *J. M. Culbertson* (1957) ist die Substituierbarkeit zwischen kurzfristigen Schulden und langfristigen Schulden entlang der Zinsstruktur begrenzt.[164]

3.1.1. Die Prämissen

Kreditnehmer und Kreditgeber besitzen feste Präferenzen hinsichtlich ihrer Liquidität und der Anlagedauer bei Krediten und Finanztiteln.[165] Der Einfluss von Erwartungen zwischen den unterschiedlichen Marktsegmenten ist ausgeschlossen. Der Geldmarkt und der Kreditmarkt werden jeweils im Rahmen der kürzeren Laufzeiten von Banken beeinflusst, der Kapitalmarkt wird dagegen von längeren Laufzeiten beeinflusst, z.B.

[162] Die Ergebnisse stammen aus den Berechnungen der 1.550-seitigen Originalversion dieser Arbeit.
[163] Vgl. Culbertson, J.M., Term Structure, 1957, S. 503.
[164] Vgl. Culbertson, J.M., Term Structure, 1957, S. 488.
[165] Vgl. Culbertson, J.M., Term Structure, 1957, S. 491 ff., S. 494.

von Fondsgesellschaften und Lebensversicherungen.[166] Dazwischen liegt ein wenig genutzter Bereich, von dem der Ausdruck der Marktsegmentation abgeleitet ist. Zwischen jedem Marktsegment und innerhalb der unterschiedlichen Laufzeiten der Zinsstruktur bestehen nur begrenzte Arbitragebewegungen.[167] Somit existieren die Imperfektionen des Kapitalmarkts wegen **institutioneller** Gründe. Darüber hinaus gilt die atomistische Wettbewerbsstruktur des Kapitalmarkts als nicht gegeben.

3.1.2. Das Modell

Die Zinssätze werden isoliert in jedem Marktsegment gebildet, wo sie die Zinsstruktur beeinflussen. Culbertson unterstellt eine begrenzte Substituierbarkeit der kurzfristigen und langfristigen Finanzanlagen sowie den mit diesen korrespondierenden Marktsegmenten.[168]

3. These:	Die Zinsstruktur ist segmentiert und besitzt lediglich begrenzte Arbitragebewegungen aufgrund institutioneller Beschränkungen.

Das normale Erscheinungsbild der Zinsstruktur, bei dem die Erträge auf kurzfristigen Schulden geringer sind als die auf langfristigen Schulden, resultiert aus der "normalen" Liquiditätspräferenz der Investoren, da die Nachfrage nach Geldmitteln auf dem Geldmarkt größer ist als auf dem Kapitalmarkt.[169] Culbertson betont insbesondere die *institutionellen Umstände* als eine Ursache für diese Liquiditätspräferenz.[170]

Die Marktsegmentationstheorie nach Culbertson

Die Zinsstruktur ist aufgrund institutioneller Beschränkungen segmentiert.

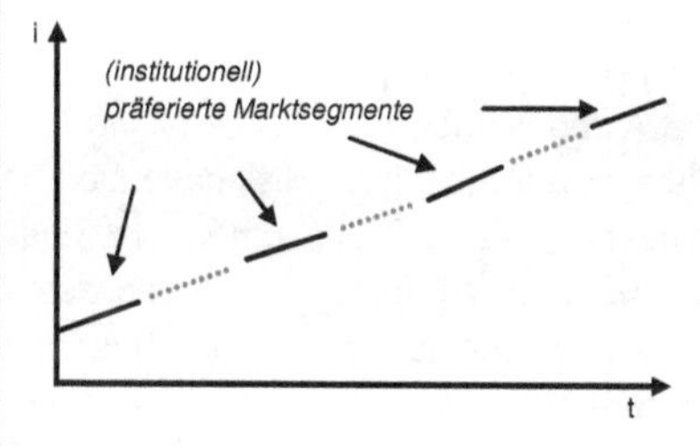

Abb. 9: Marktsegmentationstheorie nach Culbertson.[171]

Somit bietet die Marktsegmentationstheorie eine Erklärung für die Verschiebungen in den einzelnen Marktsegmenten, die von **Time-Lags** verursacht werden.[172] Eine solchermaßen begrenzte Kapitalmobilität besitzt unterschiedliche Ursachen, z.B. Rechtsrestriktionen, der Wunsch von Investoren nach einer Portfoliodiversifikation,

166 Vgl. Culbertson, J.M., Term Structure, 1957, S. 492, S. 499 u. S. 502.
167 Vgl. Culbertson, J.M., Term Structure, 1957, S. 499 u. S. 502.
168 Vgl. Culbertson, J.M., Term Structure, 1957, S. 488.
169 Vgl. Culbertson, J.M., Term Structure, 1957, S. 489.
170 Vgl. Culbertson, J.M., Term Structure, 1957, S. 491 ff.
171 Eigene Darstellung.
172 Vgl. Culbertson, J.M., Term Structure, 1957, S. 490: „(...) the mobility of funds among debt of indifferent maturities is limited (...)." S. 502: "(...) impediments to perfect mobility of funds (...)." S. 503: "(...) a variety of impediments to mobility of funds (...)."

Hindernisse in der geografischen Beweglichkeit und Lags bei der Gründung oder Veränderung von Finanzinstitutionen.[173] Eine Wertung des Modells erfolgt nach der ökonometrischen Analyse unter Abschnitt 3.4.

3.2. Die Preferred-Habitat-Theorie von Modigliani und Sutch

"(...) different transactors are likely to have different habitats (...)." [174]

In der Preferred-Habitat-Hypothese (1968) von *Franco Modigliani* und *Richard Sutch* unterliegen Anleger als Gesamtheit ausgeprägten, unterschiedlichen *Anlagepräferenzen* entlang der Zinsstruktur bezüglich bestimmter Laufzeiten ihrer Investition.[175]

Die Preferred-Habitat-Theorie nach Modigliani und Sutch

Nach Modigliani und Sutch bildet sich der Kapitalmarkt durch Anlagepräferenzen der Anleger heraus. Es entstehen genutzte und weniger genutzte Anlagebereiche.

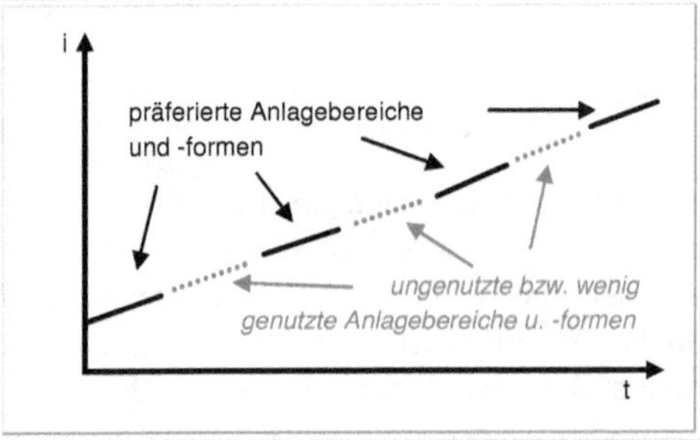

Abb. 10: Preferred-Habitat-Theorie nach Modigliani und Sutch.[176]

3.2.1. Die Prämissen

Die Anleger haben *unterschiedliche* Vorstellungen hinsichtlich ihrer Anlagedauer.[177] Sie sind aufgrund ihrer Risikoaversion bereit, mit einer entsprechenden *Risikoprämie* in ein anderes Laufzeitsegment der Zinsstrukturkurve zu wechseln und Möglichkeiten zur Arbitrage zu nutzen.[178] Wegen des risikoaversen Verhaltens der Anleger ist dieser Zinsaufschlag jedoch keine klar abgrenzbare Zeitprämie. Darüber hinaus wird entgegen der Prämisse eines vollkommenen Kapitalmarkts die Existenz von Transaktionskosten angenommen.[179]

3.2.2. Das Modell

Die Preferred-Habitat-Theorie modifiziert die Erwartungstheorie der Zinsstruktur unter der Gewissheit künftig unsicherer Zinssätze. Letztlich haben Kapitalgeber und Kreditnehmer definierte *Präferenzen* bezüglich der gewünschten Anlagedauer ihres investierten Kapitals. Sie besitzen eine Laufzeitpräferenz (preferred maturity habitat). Damit wird gleichzeitig eine *Risikopräferenz* angenommen. Die Theorie beinhaltet

[173] Vgl. Culbertson, J.M., Term Structure, 1957, S. 503.
[174] Vgl. Modigliani, Franco, und Sutch, Richard, Innovations, 1966, S. 183.
[175] Vgl. Modigliani, Franco, und Sutch, Richard, Innovations, 1966, S. 183.
[176] Quelle: Eigene Darstellung.
[177] Vgl. Modigliani, Franco, und Sutch, Richard, Innovations, 1966, S. 183.
[178] Vgl. Modigliani, Franco, und Sutch, Richard, Innovations, 1966, S. 184.
[179] Vgl. Modigliani, Franco, und Sutch, Richard, Innovations, 1966, S. 184.

grundsätzlich die auf der Theorie von Hicks aufbauende *Liquiditätspräferenz.*[180] Denn die Liquiditätsprämie kann sich durch Angebots- und Nachfrageänderungen abweichend von der reinen Erwartungshypothese verändern:[181]

$$R(n,t) = R(1,t) + \beta \Delta R^e(n,t) + F_t \tag{21}$$

Hierbei stellen $R(n,t)$ die Long-Rate, $R(1,t)$ die Short-Rate, $\beta \Delta R^e(n,t)$ die erwartete Änderung der Long-Rate, sowie F_t den Netto-Effekt relativer Angebotsfaktoren dar.

Dadurch ergeben sich in den Segmenten der Zinsstruktur teils Bereiche, die zu den präferierten Anlagebereichen und -formen gehören, teils ergeben sich jedoch auch wenig besetzte Anlagebereiche, welche die Perfektion des Kapitalmarkts vermindern und die Arbitragebewegungen auf der Zinsstruktur beeinträchtigen.[182]

4. These:	Die Zinsstruktur wird von einer begrenzten Mobilität aufgrund der Preferred-Habitat beeinflusst.

Die Anleger streben am Ende ihres Planungshorizonts eine bestimmte Vermögenshöhe an, *ziehen* jedoch gemäß der Liquiditätspräferenztheorie *kurzfristige Anlagen vor.* Sie besitzen zudem einen bestimmten Anlagehorizont und sind bis zum zukünftigen Liquiditätszeitpunkt indifferent hinsichtlich der Kurs- sowie Illiquiditätsrisiken. Erwerben die Anleger Zinstitel mit kürzerer Laufzeit als ihr jeweiliger Planungshorizont, haben sie ein Wiederanlagerisiko und erwarten eine Risikoprämie. Anleger mit kurzfristigem Planungshorizont fordern wie bei der Liquiditätsprämientheorie für den Kauf von Anlagen, die ihren Planungshorizont übersteigen, eine Liquiditätsprämie.

Im *Ergebnis* bilden sich Angebot und Nachfrage der einzelnen Laufzeitsegmente aufgrund der Verteilung der jeweiligen *Planungshorizonte* der Investoren voneinander unabhängig. Jede *beliebige Struktur von Zeitprämien* kann durch das Investorenverhalten erzeugt werden. Möglich sind auch negative Risikoprämien für längerfristige Papiere. Dies hängt davon ab, ob jeweils das Einkommensrisiko oder das Kapitalrisiko überwiegt.[183]

3.3. Die ökonometrische Analyse

Die institutionellen Restriktionen verursachen eine begrenzte Elastizität der einzelnen Zinssätze im Zeitablauf (dynamische Perspektive), die durch Time-Lags bei der Kapitalmobilität intensiviert werden. Deshalb umfasst der Test die Berechnung der optimalen Lags der einzelnen Zinssätze mit ihren benachbarten Zinssätzen der jeweils höheren und der niedrigeren Laufzeit.

---

[180] Vgl. Modigliani, Franco, und Sutch, Richard, Innovations, 1966, S. 182 f.

[181] Vgl. Modigliani, Franco, und Sutch, Richard, Innovations, 1966, S. 184 f., S. 186 ff.

[182] Vgl. Modigliani, Franco, Sutch, Richard, Debt Management, S. 578 ff.

[183] Das Kapitalrisiko (Risiko einer zu langen Laufzeit) stellt das Preis- bzw. Kursrisiko dar, falls das Kapital vor Fristablauf benötigt wird. Das Einkommensrisiko (Risiko einer zu kurzen Laufzeit) stellt das Wiederanlagerisiko dar.

Tab. 3: Marktsegmentation, Preferred-Habitat (CULBERTS., MODIGLIANI/S.).[184]

Independent Variable: 2nd Differentiation der folgenden Zinssätze:											
Dependent Variable: 2nd Differentiation der folgenden Zinssätze mit Lead 1:											
	i1D	i1M	i3M	i6M	i1Y	i2Y	i5Y	i10Y	TS	FR	ECB
Best Lag (i+)	0	0	0	0	0	0	0	0	n.a.	n.a.	n.a.
Best Lag (i-)	0	0	0	0	0	0	0	0	n.a.	n.a.	n.a.
Best Lag (i+)	*= best lag of the regression analysis with interest rate of a higher maturity*										
Best Lag (i-)	*= best lag of the regression analysis with interest rate of a lower maturity*										
Zinssätze:	*i1D = Zins 1 Tag, i1M = Zins 1 Monat, (...), i10Y = Zins 10 Jahre*										
	TS = Zins-Spread der Zinsstruktur, FR = EURO-BUND-Future, ECB = Leitzinssatz der EZB										

Die optimalen Lags betragen alle null, sodass kein Hinweis auf Time-Lags der Kapitalbewegungen als einer Folge von Beschränkungen hinsichtlich der perfekten Mobilität von Kapital oder bestimmter Nachfragepräferenzen zwischen den Segmenten der Zinsstruktur vorliegt.

Deshalb kann sowohl die Marktsegmentation nach Culbertson als auch die Preferred-Habitat-Theorie nach Modigliani und Sutch im Wesentlichen zurückgewiesen werden.

3.4. Die Wertungen

Auch andere Untersuchungen zeigen, dass keine Hinweise auf die Existenz der Marktsegmentationstheorie von Culbertson vorliegen.[185] Die Arbitrage zwischen den einzelnen Finanztiteln und den finanziellen Verträgen verursachen eine kontinuierliche Glättung der Zinsstruktur. Dieser Effekt wird durch die Terminmärkte verstärkt, die sich in den letzten Dekaden umfassend entwickelt haben. Die Marktsegmentationstheorie wird durch Modelle ersetzt, bei denen die Zinsstruktur eher nachfrageorientiert durch Laufzeit- und Risikopräferenzen beeinflusst wird.[186]

In die „Preferred-Habitat-Hypothese" integrieren *Modigliani* und *Sutch* Elemente der Erwartungstheorie von Fisher, der Liquiditätspräferenztheorie von Keynes und Hicks sowie der Marktsegmentationstheorie.[187] Dabei wird deutlich, dass diese partialanalytischen Theorien im Grunde eher komplementäre als rivalisierende Erklärungen der Zinsstruktur darstellen.[188] Doch sind auch die empirischen Aussagen zur Preferred-Habitat-These unter Vorbehalt zu betrachten, da diese die Laufzeitstruktur der Anlagen und somit die Zinsstruktur sowie deren Risikoprämien nicht erklären kann.[189]

[184] Die Ergebnisse stammen aus den Berechnungen der 1.550-seitigen Originalversion dieser Arbeit.
[185] Vgl. Issing, Otmar, Geldtheorie, 1995, S. 122 ff.
[186] Vgl. Issing, Otmar, Geldtheorie, 1995, S. 122 ff.
[187] Vgl. Modigliani, Franco, Sutch, Richard, Innovations, 1966, S. 182 ff.
[188] Vgl. Issing, Otmar, Geldtheorie, 1995, S. 124.
[189] Vgl. Modigliani, Franco, und Sutch, Richard, Innovations, 1966, S. 184 f., S. 186 ff.

IV. DIE GRUNDMODELLE DER ZINSSTRUKTUR

Die Grundmodelle der Zinsstruktur repräsentieren innerhalb der Zinsstrukturtheorien die ersten Theorien, die im Wesentlichen insbesondere den *zusammenhängenden*, teils auch den *ansteigenden Verlauf* der Zinsstrukturkurve in den Fokus ihrer Betrachtung stellen.

1. Erwartungstheorie nach Fisher sowie deren Modifizierung durch Meiselman

„Die langfristigen Zinssätze bilden eine grobe Norm für die kurzfristigen Zinssätze, die ihrerseits viel veränderlicher sind." [190] *(...) „Die Zinssätze sind immer auf die Erwartung eingestellt. Selten jedoch wird diese Hoffnung später durch die Verwirklichung gerechtfertigt."* [191]

Der Ansatz der „Rendite auf Verfall" von *Irving Fisher* („return of maturity") ist der bekannteste der reinen Erwartungstheorien.[192] Irving Fisher liefert als einer der Hauptvertreter der Neoklassik frühe und umfangreiche Erklärungsansätze zur Zinsstruktur sowie zur Zinstheorie. Die von ihm entwickelte, „reine" Erwartungstheorie versucht, die Zinsstruktur insbesondere anhand von Erwartungen über den zukünftigen Verlauf von Zinssätzen zu begründen.

1.1. Die Prämissen

Die Anleger verfügen über eine vollständige Voraussicht hinsichtlich der Entwicklung der zukünftigen, kurzfristigen Zinsen.[193] Diesbezüglich bestehen homogene Erwartungen der Wirtschaftssubjekte.[194] Ebenso besteht, bezogen auf eine identische Restlaufzeit, die völlige Substituierbarkeit der Anleihen. Es existieren keine Arbitragemöglichkeiten, keine Transaktionskosten und keine Steuern. Das Einkommens- sowie das Kapitalrisiko werden ausgeschlossen.[195] Die Anleger betreiben allesamt Gewinnmaximierung. Sie disponieren über künftige *kurzfristige* sowie langfristige Laufzeiten eines Wertpapiers. Damit bezieht sich der Planungshorizont auf die jeweils längste Restlaufzeit aller Bonds. Infolgedessen besteht *Risikoneutralität* und somit kein zeitliches Zinsrisiko.[196]

1.2. Das Modell

Nach der Return-to-Maturity-Theorie wird der Verlauf der Zinsstrukturkurve durch die Erwartungen über den Verlauf der künftigen kurzfristigen Zinssätze bestimmt.

---

[190] Vgl. Fisher, Irving, Zinstheorie, 1932 (1907), S. 175.
[191] Vgl. Fisher, Irving, Zinstheorie, 1932 (1907), S. 185.
[192] Der Ansatz „return of maturity" geht auf Fisher zurück und wurde von Friedrich August Lutz weiterentwickelt: Vgl. Lutz, Friedrich August, Zinstheorie, 1956, S. 182 ff.
[193] Vgl. Lutz, Friedrich A., Zinstheorie, 1967, S. 182, S. 187.
[194] Vgl. Lutz, Friedrich A., Zins; 1965, S. 445, S. 447.
[195] Vgl. Lutz, Friedrich A., Zinstheorie, 1967, S. 183, S. 185.
[196] Vgl. Lutz, Friedrich A., Zinstheorie, 1967, S. 182 f.

Reine Erwartungstheorie nach Fisher

Erwarten die Wirtschaftssubjekte einen Anstieg (ein Sinken) der kurzfristigen Zinsen in der Zukunft, muss der langfristige Zins im Ausgangszeitpunkt über (unter) dem gleichzeitig geltenden kurzfristigen Satz liegen. Erwarten die Wirtschaftssubjekte ein Gleichbleiben der kurzfristigen Zinsen im Zeitablauf, können keine Unterschiede zwischen kurz- und langfristigen Sätzen auftreten. Die Darstellung basiert auf der Voraussetzung eines jeweils gleichen kurzfristigen Zinses im Ausgangszeitpunkt.

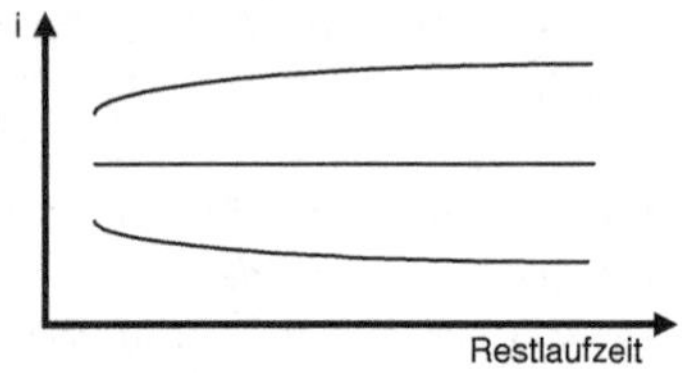

Abb. 11: „Reine Erwartungstheorie“ nach Fisher.[197]

Nach dieser „reinen Erwartungstheorie“ (pure expectations hypothesis) von Fisher (1896) entspricht, in einer einfachen Version, der langfristige Zins dem Durchschnitt der erwarteten künftigen kurzfristigen Zinssätze. Denn nach Fisher *bilden die „langfristigen Zinssätze eine grobe Norm für die kurzfristigen Zinssätze, die ihrerseits viel veränderlicher sind.“* [198]

5. These:	Der langfristige Zins determiniert die kurzfristigen Zinssätze.

Diese Formulierung stellt die älteste Zinsstrukturtheorie dar und gehört zu den theoretischen Grundlagen der nachfolgenden Zinsstrukturtheorien. Diese These wurde vorerst vor allem durch John Richard Hicks und Friedrich August Lutz (1901-1975) weiterentwickelt.[199] Beide präzisieren die Formulierung dieses Zusammenhangs: Danach gilt der *langfristige Zinssatz als Durchschnitt der künftigen Zinssätze.*[200]

6. These:	Der langfristige Zins ergibt sich aus dem Durchschnitt der künftigen kurzfristigen Zinsen.

Die Endsumme, zu der eine Geldeinheit - langfristig über *n* Jahre zum Zins *Rn* angelegt - anwächst, muss also derjenigen entsprechen, zu der die Geldeinheit anwächst, wenn sie nacheinander zu den kurzfristigen Sätzen investiert wird.[201]

Diese *erste Variante* der reinen Erwartungshypothese geht von der Übereinstimmung der Bondrendite mit der Restlaufzeit *m* und den Renditeerwartungen *R* einer sukzessiven Anlagestrategie in *m* einperiodigen Bonds aus: [202]

$$R_t^m = \frac{1}{m} E_t\left(R_t^1 + R_{t+1}^1 + \ldots + R_{t+m+1}^1\right) \qquad (22)$$

[197] Vgl. Issing, Otmar, Geldtheorie, 1995, S. 122.
[198] Vgl. Fisher, Irving, Zinstheorie, 1932 (1907), S. 175.
[199] Vgl. Irving Fisher, Theorie, 1930; Hicks, John R., Value, 1939; Lutz, Friedrich A., Structure, 1940.
[200] Hicks, John R., Capital, 1957 (1939), S. 147; Lutz, Friedrich A., Zinstheorie, 1967, S. 182, S. 184, sowie ders., Zins, 1965, S. 442, S. 445, S. 446.
[201] Vgl. Lutz, Friedrich A., Zinstheorie, 1967, S. 183.
[202] In Anlehnung an Fisher, Irving, Zinstheorie, 1932, S. 242.

Falls die Erwartungen als sicher gelten, entsprechen die langfristigen Zinsen zum Zeitpunkt *t* für eine Laufzeit von insgesamt *m* Perioden dem Durchschnitt der erwarteten kurzfristigen Zinsen über *m* Perioden. Jene die Markterwartungen übersteigende Zinsen in der Zukunft führen danach zu einer ansteigenden Zinsstruktur.[203]

Nach einer *zweiten Variante* zur Ursprungshypothese sind die erwarteten Renditen *E* („Halterenditen") von Bonds identisch mit dem Kassazins *R* für die jeweilige Haltedauer *m*: [204]

$$E_t\left(H_t^{1,m}\right) = R_t^m \tag{23}$$

Eine *dritte Variante* gilt als „unverzerrte" Erwartungshypothese und findet die stärkste Verbreitung. Danach entsprechen die Terminzinsen einem Erwartungswert *E* hinsichtlich der erwarteten Bondrenditen in *n* Perioden. Es gilt: [205]

$$F_t^{n,1} = E_t\left(R_{t+n}^1\right) \tag{24}$$

Hinsichtlich erhöhter Zinsen in der Zukunft führen Markterwartungen in diesem Fall zu einer steigenden Zinsstruktur.

Wenn erwartet wird, dass die kurzfristigen Zinssätze steigen, wird der langfristige Satz höher sein als normal.[206] Tendenziell bewegen sich somit die kurzfristigen und die langfristigen Zinssätze in der gleichen Richtung.[207] Aus der Analyse der bestehenden Zinsstruktur lassen sich so jederzeit die Markterwartungen über die zukünftigen kurzfristigen Sätze ablesen.[208]

1.3. Die Modellerweiterungen der Erwartungstheorie Fishers

Friedrich August Lutz, der u.a. als ein Vertreter der Österreichischen Schule der dritten Generation gilt, entwickelt aus der reinen Erwartungstheorie Fishers, nach welcher der langfristige Zinssatz einen Durchschnitt des kurzfristigen Zinssatzes darstellt, folgende Ergänzungen: [209]

1. Werden keine Veränderungen beim kurzfristigen Zins erwartet, dann sind alle längerfristigen Sätze gleich dem kurzfristigen Satz.
2. Befindet sich der Durchschnitt aus dem laufenden kurzfristigen Satz und den während der Laufzeit eines längerfristigen Papiers erwarteten kurzfristigen Sätzen über dem laufenden kurzfristigen Satz, dann liegt der entsprechende längerfristige Satz über diesem. Ebenso gilt der umgekehrte Sachverhalt. Darüber hinaus steht in der Regel der langfristige Satz über dem kurzfristigen Zinssatz.[210]
3. Bei genügend differenzierten Erwartungen hält Lutz *jede* Zinsstruktur für möglich.

---

[203] Vgl. Anderegg, Ralph, 2007, Geldtheorie, S. 130.
[204] Vgl. Anderegg, Ralph, 2007, Geldtheorie, S. 130.
[205] Vgl. Anderegg, Ralph, 2007, Geldtheorie, S. 130.
[206] Vgl. Hicks, John R., Value, 1957 (1939), S. 147; Lutz, Friedrich A., Zins, 1965, S. 446.
[207] Vgl. Hicks, John R., Value, 1957 (1939), S. 152; Lutz, Friedrich A., Zins, 1965, S. 445.
[208] Vgl. Lutz, Friedrich A., Zins, 1965, S. 446; derselbe, Zinstheorie, 1967, S. 184.
[209] Vgl. Lutz, Friedrich August, Zinstheorie, 1956, S. 184.
[210] Vgl. Lutz, Friedrich August, Zins, 1965, S. 445; vgl. Hicks, John R., Value, 1957 (1939), S. 147, derselbe S. 151.

Zudem stellt Lutz für die Bewegung der Zinsstruktur im Zeitablauf Folgendes fest: [211]
1. Die langfristigen Zinssätze schwanken weniger stark als die kurzfristigen.[212]
2. Der langfristige und der kurzfristige Satz können sich sowohl gleichläufig wie auch gegenläufig bewegen.

Lutz lässt darüber hinaus die Annahmen fehlender Transaktionskosten sowie die Annahme der vollständigen Voraussicht fallen und bezieht damit das Risiko ein, dass sich seine Erwartungen nicht bewahrheiten. Wie stark dieses Risiko auf die Zinsstruktur wirkt, kann a priori nicht ausgemacht werden. Jedoch stellt er fest, dass das Risiko durch einen höheren Ertrag kompensiert werden muss.[213]

Fisher selbst formuliert eine noch wichtigere, dynamische Erwartungshypothese, die bereits aufbauend auf dem Konzept von Wicksell über den normalen Zins und früher als der von Keynes angeführte, sogenannte kritische Zinssatz den sogenannten ***Mean-Reversion-Effekt*** beschreibt. „Zwischen den Zinssätzen auf kurzfristige und denen auf langfristige Anleihen besteht ein ständiges Schwanken, d.h. wenn der kurzfristige Zins bedeutend über dem langfristigen liegt, so besteht für ihn die Wahrscheinlichkeit zu fallen, oder wenn er bedeutend unter dem langfristigen liegt, die Wahrscheinlichkeit zu steigen." [214]

Die Erwartungstheorie nach Fisher und deren Erweiterungen werden erst nach der ökonometrischen Analyse einer Wertung unterzogen. Zuvor erfolgt die Darstellung der Modifizierung der Erwartungstheorie Fishers durch Meiselman.

1.4. Die modifizierte Erwartungstheorie nach Meiselman

„Changes in (...) interest rates can be related to factors which systematically cause revisions of expectations." [215]

David Meiselman, der als Monetarist gilt, dynamisiert die Erwartungstheorie Fishers.

1.4.1. Die Prämissen

Die Terminzinssätze beinhalten per definitione keine Markterwartungen. Die Erwartungen sind in der Zinsstruktur bereits in diskontierter Form enthalten.[216] Die Berücksichtigung vergangener Ereignisse in der aktuellen Zinsstruktur implizierten adaptive Erwartungen.[217] [218]

---

[211] Vgl. Lutz, Friedrich August, Zinstheorie, 1956, S. 184 f.

[212] Vgl. Fisher, Irving, Zinstheorie, 1932 (1907), S. 175, Lutz, Friedrich August, Zinstheorie, 1956, S. 184, sowie derselbe, Zins, 1965, S. 445, S. 446; vgl. Hicks, John R., Value, 1957 (1939), S. 152.

[213] Vgl. Lutz, Friedrich August, Zinstheorie, 1956, S. 187.

[214] Vgl. Fisher, Irving, Zinstheorie, 1932 (1907), S. 175.

[215] Meiselman, David, Term Structure, 1962, S. 18.

[216] Vgl. Meiselman, David, Term Structure, 1962, S. 19.

[217] Vgl. Meiselman, David, Term Structure, 1962, S. 18.

[218] Adaptive Erwartungen stellen Erwartungen dar, die sich aufgrund vergangener Daten oder Ereignisse bilden.

1.4.2. Das Modell: Laufende Erwartungskorrektur (Error Learning)

Änderungen in den Zinssätzen lassen sich auf Faktoren beziehen, die eine Revision der Erwartungen verursachen.[219] Die Erwartungen basieren auf den vergangenen Ereignissen bzw. dem gewichteten Durchschnitt vergangener Ereignisse.[220] Denn Erwartungen scheinen sich auch auf der Basis neuer Erfahrungen laufend systematisch zu ändern, wann immer konkrete Ereignisse sich von dem unterscheiden, was zuvor erwartet worden war.[221] Die Terminzinssätze des kurzfristigen Zinssatzes ändern sich mit den Vorhersagefehlern über den aktuellen kurzfristigen Zinssatz.[222] Das Modell beinhaltet somit, dass Erwartungen laufend revidiert werden, wann immer sich die zuvor getroffenen Erwartungen im Irrtum befinden.[223]

7. These:	Die Zins- (Struktur-) Erwartungen unterliegen laufenden Anpassungen.

Als lineare Funktion ausgedrückt ergibt sich: [224]

$\Delta_{t+n}r_{1_t} = a + bE_t$ mit *E* als Vorhersagefehler $\left({}_tR_{1_t} - {}_tr_{1t-1}\right)$ (25)

Da ein langfristiger Zinssatz einen Durchschnitt der aktuellen sowie der künftigen („forward") Kurzfristzinsen darstellt, ergibt sich daraus die Hypothese, dass unantizipierte Änderungen beim langfristigen Zinssatz auch auf den begangenen Fehlern in der Vorhersage der kurzfristigen Zinssätze basieren.[225]

Die modifizierte Erwartungstheorie nach Meiselman

Meiselman dynamisiert die Erwartungstheorie von Fisher: Aufgrund laufender Zinsstrukturänderungen verändern sich im Zeitablauf die adaptiven Erwartungen über die künftige Zinsstruktur.

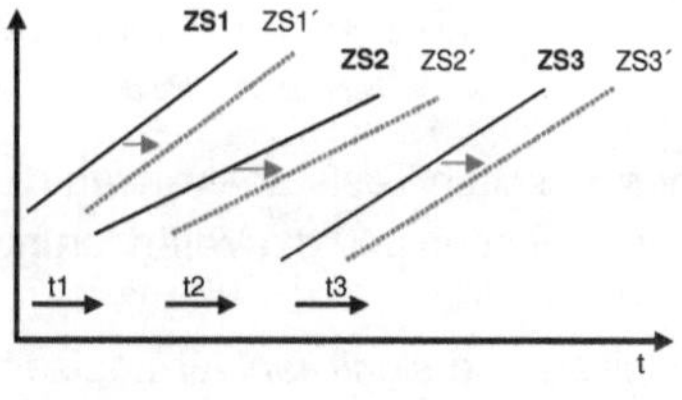

Abb. 12: Modifizierte Erwartungstheorie nach Meiselman.[226]

Meiselman führt empirische Tests durch, in denen er Terminzinssätze mit den später vorliegenden Kassazinssätzen vergleicht. Dies soll die reine Erwartungshypothese widerlegen und zu einer *operationalisierbaren* Erwartungstheorie führen.[227] Auch wird damit der Zinsprozess unter Beachtung von Risikoaspekten endogenisiert.[228]

[219] Vgl. Meiselman, David, Term Structure, 1962, S. 18.
[220] Vgl. Meiselman, David, Term Structure, 1962, S. 18.
[221] Vgl. Meiselman, David, Term Structure, 1962, S. 18 f.
[222] Vgl. Meiselman, David, Term Structure, 1962, S. 20.
[223] Vgl. Meiselman, David, Term Structure, 1962, S. 19 f.
[224] Vgl. Meiselman, David, Term Structure, 1962, S. 20.
[225] Vgl. Meiselman, David, Term Structure, 1962, S. 20.
[226] Eigene Darstellung.
[227] Vgl. Meiselman, David, Term Structure, 1962, S. 21 ff.
[228] Vgl. Meiselman, David, Term Structure, 1962, S. 21.

1.5. Die ökonometrische Analyse

Die ökonometrische Untersuchung analysiert die Veränderungen der Zerobond-Zinssätze und die Veränderung derselben Zerobond-Zinssätze mit einem Lag von einer Periode. Hierbei wird unterstellt, dass sich der laufende Zins (Lead 0) aus dem Zins der künftigen Periode (Lead 1) ergibt. Analog dazu ergibt sich der Zins mit einem Lag von einer Periode („-1") aus dem aktuellen Zins (Lag 0).

Tab. 4: Zinserwartungen (FISHER, MEISELMAN (modifiziert).[229]

Independent Variable: 1st Differentiation der folgenden Zinssätze: Lag 0, Laufzeit der abhängigen Variablen:											
Dependent Variable: 1st Differentiation der folgenden Zinssätze mit Lag 1:											
	i1D	i1M	i3M	i6M	i1Y	i2Y	i5Y	i10Y	TS	FR	ECB
Koeffizient	0.74	0.76	0.73	0.65	0.47	0.34	0.26	0.18	0.40	0.24	0.40
R^2-adjusted	0.46	0.51	0.47	0.35	0.17	0.08	0.03	-0.00	0.12	0.03	0.12
Probability	0.00	0.00	0.00	0.00	0.01	0.08	0.17	0.36	0.03	017	0.02
Durbin-Watson	1.72	1.48	1.67	1.65	1.74	1.80	1.86	1.92	1.85	1.96	1.68
Granger cause	./.	↔	↔	./.	./.	←	↔	./.	-	←	↔
White	1.81	2.18	1.38	1.51	0.05	1.66	1.16	3.17	1.18	1.23	0.36
ARCH (p-Wert)	0.00	0.00	0.14	0.00	0.71	0.28	0.69	0.03	0.42	0.00	0.05
GARCH (p-Wert)	0.00	0.00	0.93	0.00	0.00	0.00	0.52	0.56	0.56	0.00	0.08
Best Lag:	*1 Period of the dependent variable calculated (Zinssätze) (lag per theory)*										
Zinssätze:	*i1D = Zins 1 Tag, i1M = Zins 1 Monat, (...), i10Y = Zins 10 Jahre*										
	TS = Zins-Spread der Zinsstruktur, FR = EURO-BUND-Future, ECB = Leitzinssatz der EZB										
Granger-Kausalität:	*./. = Grangerkausalität nicht berechenbar; – = keine Grangerkausalität*										
	← = unabhängige Variable determiniert grangerkausal; ↔ = gegenseitige Grangerkausalität										

Die ökonometrischen Tests analysieren die Veränderungen der Zinssätze mit einem Lag von *null* Perioden und die Veränderungen der Zinssätze mit einem Lag von *einer* Periode:

Die Ergebnisse sind *signifikant* für Laufzeiten von 1 Tag bis zu 1 Jahr. Die *Korrelationskoeffizienten* zeigen bei ihren besten Werten einen sehr hohen, positiven Anstieg bei Laufzeiten von 1 Tag bis 6 Monaten auf einen Wert von bis zu 0,76 bei einer Laufzeit von 1 Monat als Effekt eines Anstiegs der Zinssätze um einen Wert von 1,0 mit einem Lead von einer Periode. Der Koeffizient beträgt bei einer Laufzeit von 1 Jahr immer noch 0,47. Das *adjustierte Bestimmtheitsmaß* zeigt eine vergleichsweise hohe Korrelation bei Laufzeiten von 1 Tag zu 6 Monaten mit einem maximalen Wert von 0,51 bei einer Laufzeit von 1 Monat. Mit längeren Laufzeiten sinkt das adjustierte Bestimmtheitsmaß tendenziell. Die Veränderungen der Zinssätze sowie die Veränderungen der Zinserwartungen determinieren sich *grangerkausal* gegenseitig, oder der Test zur Grangerkausalität ist nicht anwendbar.[230] Es liegen *ARCH*-Prozesse bei Laufzeiten von 1 Tag, 1 Monat und 6 Monaten, sowie bei Laufzeiten von 10 Jahren vor. Exogene Schocks (*GARCH*-Prozesse) liegen mit Ausnahme der Laufzeiten von 3 Monaten, 5 Jahren und 10 Jahren bei allen Laufzeiten vor.

---

[229] Die Ergebnisse stammen aus den Berechnungen der 1.550-seitigen Originalversion dieser Arbeit.

[230] Mithilfe einer Dummy-Variablen lassen sich einige Werte zur Grangerkausalität berechen.

Zusätzlich werden die Einflüssse auf den Zinsstruktur-Spread (TS), die Terminzinsen (FR) und die Leitzinsen (ECB) analysiert:
Die Korrelationsanalyse der Veränderungen des Zinsstruktur-Spreads mit ihren gelaggten Werten zeigt einen hohen Koeffizienten von 0,40, jedoch einen geringen Wert des adjustierten Bestimmtheitsmaßes von 0,12. Die Werte sind signifikant, jedoch besteht keine Grangerkausalität. Es existieren weder ARCH-Prozesse, noch exogene Schocks. Die Korrelation zwischen den Veränderungen der Terminzinssätze mit ihren gelaggten Werten zeigt keine Signifikanz, jedoch liegen ARCH-Prozesse sowie exogene Schocks vor. Die Korrelation zwischen den Veränderungen der Leitzinssätze mit ihren gelaggten Werten zeigt einen hohen Koeffizienten von 0,40, jedoch einen geringen Wert des adjustierten Bestimmtheitsmaßes von 0,12. Die Werte sind signifikant. Es liegt eine gegenseitige Grangerkausalität vor. Zudem bestehen weder ARCH-Prozesse, noch exogenen Schocks.[231]

Insgesamt besteht eine Validität der Hypothese von Fisher für alle Laufzeiten von bis zu 1 Jahr. Darüber hinaus existieren eine Validität für den Zinsstuktur-Spread und den Leitzinssatz in einem vergleichsweise geringeren Umfang.

Die Ergebnisse sind insoweit interpretierbar, als die Erwartungen einen lediglich kurzfristigen Einfluss auf die Zinsstruktur besitzen. Insbesondere im Error-Learning-Modell von Meiselman werden die Ergebnisse im Rahmen eines kurzfristigen Horizonts laufend besser vorhergesagt und korrigiert als im Rahmen eines langfristigen Horizonts. Zudem werden die Erwartungseinflüsse auf das lange Ende der Zinsstruktur von realen Einflussfaktoren überlagert.

1.6. Die Wertung

1.6.1. Wertung der ursprüngl. Erwartungstheorie Fishers u. ihre Erweiterungen

Insgesamt ist Fishers These, nach welcher die langfristigen Zinssätze die kurzfristigen Zinssätze determinieren, zu bestätigen.

Die Prämissen, insbesondere die der *vollkommenen Voraussicht* über die zukünftige Zinsentwicklung, gelten als äußerst restriktive Annahmen.[232] Die vollkommene Voraussicht der Zinsen ist jedoch eine Bedingung für die Arbitragefreiheit zwischen einzelnen Zinssätzen. Nur wenn die Wirtschaftssubjekte mit völliger Sicherheit über die zukünftige Zinsentwicklung informiert wären, ließe sich auch die Entwicklung der Zinsstrukturkurve genau voraussagen.[233] Kritiker weisen die Erwartungshypothese zurück, da sich die Vorhersagen über künftige kurzfristige Sätze von den beobachteten aktuellen Sätzen unterscheiden. Die Erwartungshypothese allein kann also die Zinsstruktur nicht erklären. In der Realität gilt eine Synthese von Erklärungsprinzipien mit den Elementen Vermögensdisposition, Zinsertragsmaximierung und Risikovermeidung.[234]

[231] Der gerundet ausgewiesene p-Wert für die ARCH-Prozesse beträgt 0,0529.
[232] Vgl. Issing, Otmar, 1995, Geldtheorie, S. 122.
[233] Vgl. Lutz, Friedrich August, Zinstheorie, 1956, S. 187 sowie S. 434-452.
[234] Kath, Dietmar, Zinsstrukturtheorie, 1972, S. 69.

Zudem werden die Ursachen der Erwartungsbildung selbst und deren Änderungen nicht hinreichend erklärt. Immerhin setzen sich jedoch aktuelle Zinssätze zu einem hohen Anteil aus vergangenen Sätzen zusammen. Dies spricht für die Validität der Erwartungstheorie vor allem bei der *Erwartungsbildung* hinsichtlich des kurzen Endes der Zinsstruktur.[235] Eine Erwartungstheorie für das lange Ende der Zinsstruktur muss jedoch den Zusammenhang von Zinssätzen mit ihren hauptsächlichen Determinanten berücksichtigen und analysieren.

1.6.2. Wertung der modifizierten Erwartungstheorie Meiselmans

Die modifizierte Erwartungstheorie kann - ähnlich wie die ursprüngliche Erwartungstheorie - den in der Regel steigenden Verlauf der Zinsstrukturkurve nicht erklären. Bei einer normalen Zinsstruktur müssten die Anleger die künftigen Zinsen modellgemäß überschätzen. Nur wenn alle Zinssätze identisch sind, wäre der Zinssatz unabhängig von der Laufzeit. Renditen für kurze und lange Laufzeiten müssten sich zumindest tendenziell entsprechen. Erwartungen haben jedoch einen starken Einfluss auf die Zinsstruktur, wobei diese in der Regel nicht konsistent mit den konkreten Anlageentscheidungen sind.[236]

Van Horne zeigt beispielsweise, dass der systematische Effekt von „nichterwartbaren" Faktoren ebenfalls in das Error-Learning-Gerüst eingebettet sein kann.[237] Der für die Zinsstruktur relevante Prozess der Erwartungsrevision ist jedoch komplexer als vom Meiselman-Ansatz impliziert.[238] Meiselmans Operationalisierung erstreckt sich nicht auf Aspekte, Methoden zur Minimierung des Schätzfehlers zu entwickeln oder gar rationale Erwartungen sowie Random-Walk-Prozesse einzubeziehen. Erst dann würde sich eine signifikante Verbesserung hinsichtlich der Modifizierung einer Erwartungstheorie zur Zinsstruktur ergeben.

2. Die Liquiditätsprämientheorie von Hicks [239]

"The rate of interest (...) is a measure of (...) imperfect ´moneyness´."[240]

Die Liquiditätsprämientheorie von *John Richard Hicks* (1904-1989), welcher als Schüler von Keynes die keynesianische Schule erheblich mitentwickelte, erklärt den „*normalen*", d.h. *steigenden* Verlauf der Zinsstrukturkurve mit *Liquiditätsprämien*.[241] Hierbei stellt Hicks den Zinssatz als ein Maß für die imperfekte Liquidität („moneyness") dar.[242] Die Liquiditätsprämientheorie verbindet damit die Erwartungstheorie mit der Keynes´schen Liquiditätspräferenztheorie, in welcher lediglich Kasse oder

---

235 Weiterführende Erläuterungen zu den Varianten der Erwartungstheorie finden sich in: Cox, J., Ingersoll, J., Ross, S., A Re-examination of Traditional Hypotheses about the Term Structure of Interest Rates, in: Journal of Finance, September 1981, S. 769-799.
236 Vgl. Anderegg, Ralph, Geldtheorie, 2007, S. 138.
237 Vgl. Nelson, Charles, Term Structure, 1972, S. 36.
238 Vgl. Jüttner, Johannes D., Test, 1975, S. 184.
239 Hicks, John R., Value, 1939, S. 141-170.
240 Hicks, John R., Value, 1939, S. 163.
241 Hicks, John R., Value, 1939, S. 141-170.
242 Vgl. Hicks, John R., Value, 1939, S. 163.

Konsols gehalten werden. Denn geht man vom Geld als Gut höchster Liquidität aus und unterstellt eine Liquiditätsvorliebe der Wirtschaftssubjekte, dann können diese bei einer Anlage von Geld in anderen Aktiva wegen der Aufgabe von Liquidität einen finanziellen Anreiz erwarten. Während ein festverzinsliches Wertpapier, das in Kürze fällig wird, eine große Geldnähe aufweist, verlieren Papiere diese Eigenschaft mit zunehmender Restlaufzeit immer mehr.[243]

2.1. Die Prämissen

Das Geld stellt dasjenige Zahlungsmittel mit der höchsten Liquidität dar. Jedoch sind mit Geld auch Transaktionskosten für die Investition in Aktiva wie z.B. Anleihen verbunden. Deshalb verlieren die Transaktionskosten mit längerer Laufzeit insbesondere aufgrund der im Zeitverlauf nicht mehr so häufig erforderlichen, kürzeren Einzelinvestitionen an Bedeutung.

Bei längeren Laufzeiten der Zinsstruktur steigen die Risiken an. Hierzu zählt Hicks insbesondere Kursänderungsrisiken.[244] Hicks geht von einem unvollkommenen Kapitalmarkt mit unvollständiger Liquidität aus.[245] Bei längeren Anlagen kommt ein Liquiditätsverzicht hinzu, welcher von anderen Risiken wie Zinsänderungs-, Einkommens-, Bonitäts-, und politischen Risiken begleitet werden. Selbst bei Ausschluss des Ausfallrisikos sind Kosten und Risiken eingeschlossen, für die der Gläubiger eine Kompensation fordert.[246]

2.2. Das Modell

Die Liquiditätsprämien begründet Hicks vor allem mit dem *Liquiditätsverzicht*, den die Wirtschaftssubjekte erleiden, sofern sie ihr Geld für längere Fristen verleihen.[247] Die *imperfekte Liquidität* zinstragender Finanztitel, die nicht die gleiche Liquidität wie Geld besitzen, hat einen allgemeinen Akzeptanzmangel dieser längerfristigen Titel zur Folge.[248] Diese mangelnde Liquidität bedeutet ein Investitionshemmnis und erfordert eine Kompensation in Form einer Liquiditätsprämie, die der Verkäufer z.B. einer Anleihe mit zunehmender Laufzeit in Form eines Abschlags auf deren Kurs (bzw. Zinsaufschlag für den Erwerber) zu tragen hat.[249] [250]

Darüber hinaus bevorzugen die Kreditnehmer eine Aufnahme *längerfristiger Kredite*, da in diesem Fall die Zinsbelastung für einen längeren Zeitraum bekannt ist und eine höhere Investitionssicherheit besteht. Andererseits präferieren die Anleger eine höhere Liquidität und fordern eine Liquiditätsprämie für längerfristige Finanzanlagen.[251]

---

[243] Vgl. Issing, Otmar, Geldtheorie, 1995, S. 122.
[244] Vgl. Hicks, John R., Essays, 1967, S. 20.
[245] Vgl. Hicks, John R., Value, 1939, S. 166.
[246] Vgl. Hicks, John R., Value, 1939, S. 167.
[247] Vgl. Hicks, John R., Value, 1939, S. 146 f.: "If no extra return is offered for long lending, most people (and institutions) would prefer to lend short, at least in the sense that they would prefer to hold their money on deposit in some way or another."
[248] Vgl. Hicks, John R., Value, 1939, S. 168: "(...) there is no rate so long that it may not be affected by the advantages of the alternative use of funds in holding cash."
[249] Vgl. Hicks, John R., Value, 1939, S. 166.
[250] Vgl. Hicks, John R., Value, 1939, S. 167.
[251] Vgl. Hicks, John R., Value, 1939, S. 164.

Der Kreditmarkt weist eine konstitutionelle Schwäche auf der langen Seite des Kreditmarkts auf.[252] Denn trotz einer Übernachfrage und einer Verminderung des Angebots bei längeren Festlegungsfristen möchten Kreditnachfrager bevorzugt Mittel für *mittlere und längere Fristen* aufnehmen sowie eine feste Zinsbelastung erreichen.[253] Dies führt zu einer Liquiditätsprämie für langfristige Wertpapiere, die positiv mit der Restlaufzeit korreliert: Je länger die Restlaufzeit der Anlagen ist, desto geringer ist der Liquiditätsgrad und desto höher ist das Risiko von Kursverlusten. Die Zinsstrukturkurve weist daher auch im Fall erwarteter konstanter kurzfristiger Zinsen eine *positive Steigung* auf. Selbst bei Erwartung konstanter zukünftiger Zinsen erklärt die Liquiditätsprämie damit den steigenden Verlauf der Zinsstruktur: Die Liquiditätsprämie steigt nach *Hicks* monoton mit der Restlaufzeit.[254]

8. These:	Die Renditen steigen aufgrund von Liquiditätsprämien mit zunehmender Laufzeit.

Die Liquiditätsprämien beinhalten nach Hicks darüber hinaus diverse *Risiken*: Ein Teil des Zinses besteht aus dem *Ausfallrisiko*.[255] Zudem bestehen das *Einkommensrisiko* und das *Kapitalrisiko*.[256] [257] [258] Beide Größen beeinflussen die Zinsstruktur.[259] Die beiden Risiken sind nur dann ausgeschlossen, wenn die gewünschte Anlagedauer der jeweiligen Laufzeit der Finanzinstrumente entspricht.

2.3. Die ökonometrische Analyse

Es folgt die ökonometrische Untersuchung der These, die ob Renditen mit zunehmender Laufzeit steigen.

Tab. 5: Liquiditätsprämientheorie (HICKS).[260]

Variables: Die folgenden Zinssätze:								
	i1D	i1M	i3M	i6M	i1Y	i2Y	i5Y	i10Y
Mean	3.21	3.27	3.32	3.34	3.41	3.61	4.01	4.60
Liquidity Premium	n.a.	0.06	0.11	0.13	0.20	0.40	0.80	1.39
Zinssätze:	*i1D = Zins 1 Tag, i1M = Zins 1 Monat, (...), i10Y = Zins 10 Jahre*							
	TS = Zins-Spread der Zinsstruktur, FR = EURO-BUND-Future, ECB = Leitzinssatz der EZB							

252 Vgl. Hicks, John R., Value, 1939, S. 146.
253 Vgl. Hicks, John R., Value, 1939, S. 146 f.
254 Vgl. Hicks, John R., Value, 1939, S. 146, S. 166.
255 Vgl. Hicks, John R., Value, 1939, S. 163.
256 Erneut sei daran erinnert: Das Kapitalrisiko (Risiko einer zu langen Laufzeit) stellt das Preis- bzw. Kursrisiko dar, falls das Kapital vor Fristablauf benötigt wird. Das Einkommensrisiko (Risiko einer zu kurzen Laufzeit) stellt das Wiederanlagerisiko dar.
257 Vgl. Hicks, John R., Value, 1939, S. 163, S. 166, S. 167.
258 Vgl. Robinson, Joan, Interest, 1952, S. 6, sowie derselbe, Interest, 1951, S. 97. Robinson spricht von „capital-uncertainty“ und „income-uncertainty.“
259 Vgl. Hicks, John R., Value, 1939, S. 143 f., Hicks, John R., Essays, 1967, S. 20.
260 Die Ergebnisse stammen aus den Berechnungen der 1.550-seitigen Originalversion dieser Arbeit.

Der 10-Jahres-Zinssatz ist 1,38-mal höher als der 3-Monats-Zinssatz. Die Ergebnisse zeigen zunehmende Liquiditätsprämien.[261] Die Zunahme verläuft degressiv mit steigender Laufzeit. Der Testergebnisse lassen auf eine Validität der Liquiditätsprämientheorie schließen.

2.4. Die Wertung

Die ökonometrischen Ergebnisse bestätigen die Liquiditätsprämientheorie von Hicks im Wesentlichen. Hierbei wird unterstellt, dass die Laufzeit-Spreads überwiegend durch Liquiditätsprämien zustande kommen und nicht durch systematische Risikoprämien. Es zeigt sich abweichend von der durch Hicks unterstellten, monotonen Steigung eine degressive Steigung der Zinsstrukturkurve, die z.B. dadurch zustande kommen kann, dass zumindest einige Marktteilnehmer lange Laufzeiten aufgrund der höheren Zinszahlungen bevorzugen oder zumindest langfristig ohnehin die nötige Liquidität sicherstellen können.

Aus der Perspektive des vollkommenen Kapitalmarkts herrscht stets eine ausreichende Liquidität, sodass theoretisch eine Liquiditätsprämie nicht existieren kann. Insofern stellt die Liquiditätsprämientheorie zumindest teilweise eine Theorie unvollkommener Kapitalmärkte dar, es sei denn, die Liquiditätsprämie wird als eine Liquiditäts*risiko*prämie aufgefasst.[262] Empirische Untersuchungen erklären über die Liquiditätspräferenz hinaus die Zinsstruktur auch mithilfe von Erwartungen.

---

261 Die Differenz jedes Zinssatzes bezogen auf den 1-Tages-Satz wird jeweils als Liquiditätsprämie interpretiert.

262 Vgl. Hicks, John R., Value, 1939, S. 147. Hicks berücksichtigt diesen Aspekt, ohne ihn allerdings umfassend zu erläutern: „(...) the long rate will exceed the short rate by a risk-premium (...)."

V. DIE DETERMINISTISCHEN FAKTOREN ZUR ZINSSTRUKTUR

"There is a different rate of interest for each period of time considered." [263]

Die bisher präsentierten Gesamtansätze zur Erklärung der Zinsstruktur reichen alleine noch nicht aus, um alle Einflussfaktoren für das Niveau, den Spread, und insbesondere die Krümmungen zu erklären, die sich teilweise in nur wenigen Segmenten der Zinsstrukturkurve bilden. So stellt, aufbauend auf einer bestehenden Zinsstrukturkurve, die Extrahierung der relevanten deterministischen Faktoren zur Zinsstruktur eine besondere Herausforderung für ökonometrische Zinsmodelle dar. Diese Faktoren werden in den nachfolgenden Theorien identifiziert und analysiert. Die Gliederung erfolgt hierbei in theoriehistorischer Reihenfolge.

A. Die Kapitalmarkttheorien zur Zinsstruktur

Die Kapitalmarkttheorien stellen die ältesten Zinstheorien dar. Sie erklären insbesondere den langfristigen, mit fortschreitender theoriegeschichtlicher Entwicklung auch den mittleren Bereich der Zinsstrukturkurve. Die Kapitalmarkttheorien der deterministischen Einflussfaktoren zur Zinsstruktur gehören theoriehistorisch der Neoklassik und insbesondere der Österreichischen Schule an. Grundlage für alle Zins(-struktur-)theorien ist das Werk von Böhm-Bawerks.

1. Die Zinstheorie von Böhm-Bawerks und ihre Erweiterung

„Gegenwärtige Güter sind in aller Regel mehr wert als künftige Güter gleicher Art und Zahl." [264]

Eugen von Böhm-Bawerk (1851-1914) entwickelt als Mitbegründer der Österreichischen Schule der 1. Generation eine Zinstheorie - die *Agiotheorie* -, welche erklärungstheoretisch vom langfristigen, realen Kapitalmarkt ausgeht.[265] In Verbindung mit der positiven Zeitpräferenz als Zinsbegründung erweitert von Böhm-Bawerk die klassische Zinstheorie dadurch, dass er unterschiedliche Zeitperioden miteinander in Relation setzt.[266] Einen wesentlichen Grund für die Existenz des Zinses stellt nach von Böhm-Bawerk die *Mehrergiebigkeit längerer Produktionsumwege* dar.[267]

1.1. Die Annahmen

Die Zinstheorie von Böhm-Bawerks enthält folgende Prämissen: Mit Hilfe von Kapital kann eine höhere Gütermenge produziert werden, womit das Kapital ebenso die Ursache einer Mehrergiebigkeit von Produktionsumwegen ist.[268] Kapital hat somit die Kraft zur Erzeugung von mehr Wert als es selbst besitzt.[269] Es existieren zwei Güterarten, Gegenwartsgüter und Zukunftsgüter.[270] Aufgrund der sogenannten positiven Zeitpräferenz haben gegenwärtige Güter einen höheren subjektiven Wert als künftige Güter gleicher Art und Zahl. Die Wirtschaftssubjekte präferieren eher den Konsum

---

[263] Vgl. Fisher, Irving, Theory, 1907, S. 89.
[264] Böhm-Bawerk, Eugen von, Theorie, 1884, S. 318.
[265] Vgl. Böhm-Bawerk, Eugen von, Theorie, 1884 S. 363.
[266] Vgl. Böhm-Bawerk, Eugen von, Theorie, 1884, S. 381 u.a.
[267] Vgl. Böhm-Bawerk, Eugen von, Theorie, 1884, S. 13.
[268] Vgl. Böhm-Bawerk, Eugen von, Theorie, 1884, S. 97.
[269] Böhm-Bawerk, Eugen von, Theorie, 1884, S. 99.
[270] Vgl. Böhm-Bawerk, Eugen von, Theorie, 1884, S. 375.

von *Gegenwartsgütern* als den von Zukunftsgütern.[271] Durch den Verzicht auf den Konsum von Gegenwartsgütern wird es den Wirtschaftssubjekten jedoch möglich, zu investieren und Zukunftsgüter zu produzieren.[272] Eine Voraussetzung dafür, eine Produktion durchführen zu können, ist nach von Böhm-Bawerk ein sogenannter *Subsistenzmittelfonds.*[273] Dieser bildet die Gesamtsumme des existierenden Vermögensstocks und setzt sich aus Produktionsmitteln zusammen, die zuvor aus den Produktionsfaktoren Arbeit und Kapital (ohne den Faktor Boden) generiert wurden, und mit deren Hilfe die Güter für den Gegenwartskonsum sowie darüber hinaus die Güter für den Zukunftskonsum erwirtschaftet werden können.[274] Erst auf der Grundlage dieses Subsistenzmittelfonds können *Produktionsumwege* eingeschlagen werden, die die Basis für das Zinsphänomen bilden.[275] [276] In einer vollbeschäftigten Wirtschaft muss der ganze Subsistenzfonds gleich der Lohnsumme sein, das Produkt eines Arbeiters ist im Durchschnitt gleich dem Lohn zuzüglich des während der durchschnittlichen Produktionszeit anfallenden Zinses. Das Grenzprodukt des Produktionsumwegs muss im Gleichgewicht gleich dem Zins sein.[277]

1.2. Das Modell

Bei der Entwicklung seiner Zinstheorie verwendet von Böhm-Bawerk den Begriff des *ursprünglichen Kapitalzinses.*[278] Hierunter ist der Wertüberschuss der mittels Kapital hergestellter Produkte über alle in der Produktion aufgewendeten Güter zu verstehen, und damit ein Reinertrag des im Unternehmen eingesetzten Kapitals.[279] [280] [281] [282] Somit handelt es sich beim Konzept des ursprünglichen Zinses um eine rein güterwirtschaftliche Zinstheorie.[283] [284]

---

[271] Vgl. Böhm-Bawerk, Eugen von, Theorie, 1884, S. 327.
[272] Vgl. Böhm-Bawerk, Eugen von, Theorie, 1884, S. 377.
[273] Böhm-Bawerk, Eugen von, Theorie, 1884, S. 391 ff.
[274] Vgl. Böhm-Bawerk, Eugen von, Theorie, 1884, S. 391 ff. Von Böhm-Bawerk verwendet hierfür synonym den Begriff „Vorschussfonds", S. 394.
[275] Vgl. Böhm-Bawerk, Eugen von, Theorie, 1884, S. 350. Für das Beispiel des Fischers bedeutet dies, dass dieser sich während der Produktion des Netzes von einem Vorrat an angesammelten Fischen ernähren kann.
[276] Vgl. Böhm-Bawerk, Eugen von, Theorie, 1884, S. 463 f.: Der Zins in einer Volkswirtschaft sei um höher, je kleiner der Subsistenzfonds (...) ist. S. auch derselbe S. 472.
[277] Vgl. Lutz, Friedrich August, Zinstheorie, 1956, S. 20.
[278] Vgl. Böhm-Bawerk, Eugen von, Theorie, 1884, S. 375, derselbe, Geschichte, 1921, S. 6 f.: Dieser ist zu unterscheiden vom „ausbedungenen" Kapitalzins oder Leihzins und entsteht dadurch, dass mittels des Kapitals hergestellten Produkte einen höheren Wert besitzen als die in der Produktion aufgewendeten Kostengüter.
[279] Vgl. Böhm-Bawerk, Eugen von, Theorie, 1884, S. 6 f.
[280] Vgl. Böhm-Bawerk, Eugen von, Geschichte, 1884, S. 8. Die Frage ob *hierzu* auch der Unternehmergewinn gehört, ist nach von Böhm-Bawerk nicht eindeutig zu beantworten. Er lässt diese Frage deshalb bewusst offen.
[281] Vgl. Böhm-Bawerk, Eugen von, Theorie, 1884, S. 374. Danach stellt der **Kapitalgewinn** der Unternehmer die „**Hauptveste**" des Zinsproblems und den „**belangreichsten**" Fall dar sowie den „**Urquell**" aller anderen, von ihm nur abgeleiteten Zinserscheinungen.
[282] Vgl. Lutz, Friedrich August, Zins, 1965, S. 434: Der Ausdruck „ursprünglicher Zins" lässt sich durch den „internen Ertragssatz" ersetzen.
[283] Vgl. Böhm-Bawerk, Eugen von, Theorie, 1884, S. 416.
[284] Vgl. Böhm-Bawerk, Eugen von, Theorie, 1884, S. 473, Fußnote 2: Das Risiko als Bestandteil des Zinses wird explizit ausgeschlossen.

Im Rahmen der *Agiotheorie* muss wegen der zugrunde liegenden *positiven Zeitpräferenz* ein möglicher Verzicht auf den aktuellen Konsum gegenüber dem zukünftigen Konsum mit einem Agio entgolten werden. Danach ist der Zins ein *Agio* bzw. Aufgeld, welches im Tausch zwischen gegenwärtigen und zukünftigen Gütern entsteht.[285] Dieses Agio wird auch auf dem Kreditmarkt unmittelbar als Zins wirksam.[286] Damit beruht der Zins auf dem Verhältnis von Gegenwart und Zukunft in der Wirtschaft des homo oeconomicus. Der Zins spiegelt das Phänomen wider, dass gegenwärtige Güter wenigstens der Einschätzung nach in der Regel mehr wert sind als künftige Güter gleicher Art und Zahl.[287] Folglich müssen nach der Agiotheorie die Kreditanbieter für ihren vorübergehenden Konsumverzicht bzw. ihren entgangenen Grenznutzen entlohnt werden. Ein Darlehen ist somit nichts anderes als ein Tausch gegenwärtiger gegen künftige Güter.[288]

Für diese *positive Zeitpräferenz* führt von Böhm-Bawerk drei *Hauptgründe* an: (1) Die Verschiedenheit von Bedarf und Deckung in den verschiedenen Zeiträumen, (2) die Unterschätzung der künftigen Bedürfnisse und Mittel, die zu ihrer Befriedigung dienen [289], sowie (3) die Tatsache, dass sich gegenwärtige Güter aus technischen Gründen besser zur Bedürfnisbefriedigung eignen und daher einen höheren Grenznutzen abwerfen als künftige.[290] Die positive Zeitpräferenz stellt in der Formulierung von Böhm-Bawerks einen *subjektiven Grund* für den Zins dar.[291]

9. These:	Eine Erhöhung der positiven Zeitpräferenz führt zu höheren Zinsen.

Allerdings lässt sich die positive Zeitpräferenz nur vage an ökonomischen Variablen festmachen. Die These ist deshalb ökonometrisch nicht testbar. Die im Rahmen der Agiotheorie bestehende positive Zeitpräferenz lässt sich dagegen grafisch folgendermaßen darstellen:

[285] Böhm-Bawerk, Eugen von, Theorie, 1884, S. 363.
[286] Böhm-Bawerk, Eugen von, Theorie, 1884, S. 399.
[287] Böhm-Bawerk, Eugen von, Theorie, 1884, S. 327.
[288] Böhm-Bawerk, Eugen von, Theorie, 1884, S. 362.
[289] Vgl. Böhm-Bawerk, Eugen von, Theorie, 1884, S. 333 ff.: Dieser zweite Grund der Minderwürdigung des Zukunftsnutzens beinhaltet drei Teilgründe: Einen Schätzfehler durch lückenhafte Vorstellung der künftigen Bedürfnisse, Wissensfehler und Rücksicht auf die Unsicherheit des Lebens.
[290] Vgl. Böhm-Bawerk, Eugen von, Theorie, 1884, S. 328, S. 332, S. 339 (1921).
[291] Vgl. Böhm-Bawerk, Eugen von, Theorie, 1884, S. 159, S. 327.

Die Agiotheorie und die Theorie der Mehrergiebigkeit längerer Produktionsumwege nach von Böhm-Bawerk

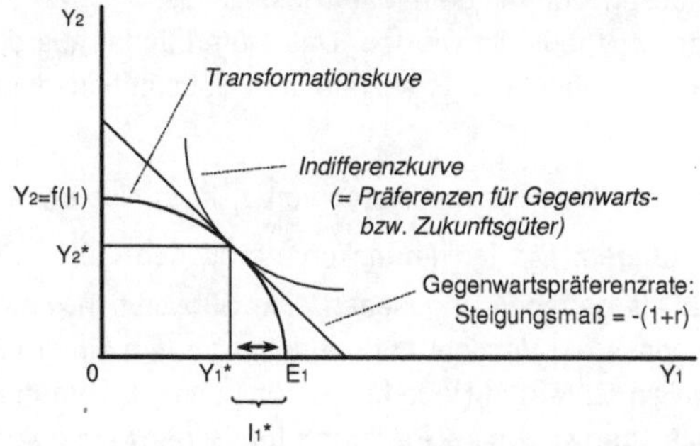

Y_2^* = Zukunftsgüter, Y_1^* = Gegenwartsgüter,
I_1^* = Investitionen in Zukunftsgüter in t_1, $Y_2 = f(I_1)$ = Konsum bzw. Investitionen in Gegenwartsgüter t_2,
r = Zins (Tausch von Gegenwartsgütern gegen Zukunftsgüter; die Austauschrelation beträgt 1 zu 1+r),
E_1 = maximale Produktionsmöglichkeit

Abb. 13: Agiotheorie (in einer Darstellung nach Fisher, Lutz u. Hirshleifer).[292]

In einer geschlossenen Volkswirtschaft ist die makroökonomische Konsum-Spar-Entscheidung unabhängig von den Investitionsentscheidungen einzelner Unternehmen, und die makroökonomischen Investitionsentscheidungen sind unabhängig von den Finanzierungsentscheidungen. Die intertemporale Allokation der Ressourcen beträgt $Y^* = (Y_1^*, Y_2^*)$. Steigt *r* aufgrund einer höheren Präferenz für Gegenwartsgüter, so sinkt I_1^*.[293] Die Konsum-Spar-Entscheidung entspricht der sogenannten Fisher-Separation.[294]

Die *Transformationskurve* zeigt die Möglichkeit, Gegenwartsgüter in Zukunftsgüter zu transformieren, wobei sich mit einem Gegenwartsgut 1*+r* Zukunftsgüter produzieren lassen.[295] Die maximale Produktionsmöglichkeit für Güter in der Periode *t*=1 ist E_1. Die Produktionsmöglichkeiten für Güter in der Periode *t*=2 ergeben sich aus der Transformationskurve als äußerster Grenze der möglichen Produktionskombinationen zwischen Gütern in den Perioden *t*=1 und *t*=2. Der konkave Verlauf ist durch sinkende Grenzerträge der Investitionen verursacht.

Die *Indifferenzkurve* repräsentiert die individuellen Präferenzen für Gegenwarts- und Zukunftsgüter. Die Lage und die Steigung der Indifferenzkurve drücken die intertemporale Nutzenfunktion aus. Eine Einheit Gegenwartsgüter kann durch eine etwas größere Menge an Zukunftsgütern substituiert werden. Die Grenzrate der Substituti-

[292] Vgl. Niehans/Lutz, Faktorpreise II, HdWW 1980.
[293] Vgl. von Böhm-Bawerk in der Darstellung Irving Fishers in Anlehnung an Niehans/Lutz, Faktorpreise II, HdWW 1980.
[294] Vgl. Anderegg, Ralph, Geldtheorie, 2007, S. 105. Die Fisher-Separation beschreibt im Allgemeinen die Aufteilung des Einkommens in Gegenwartskonsum, Investitionen und Zukunftskonsum.
[295] Zur Transformation von „Gegenwartsware" in „Zukunftsware" vgl. Böhm-Bawerk, Eugen von, Theorie, 1884, S. 374 ff.

on zwischen Zukunfts- und Gegenwartsgütern ist deshalb > 1. Die Grenzrate der Transformation ist zwar positiv, jedoch mit zunehmender Substitution abnehmend. Die Zukunftsgüter lassen sich mit dem Marktzinssatz diskontieren und können damit in Gegenwartsgütern ausgedrückt werden. Das Güterbündel aus den beiden Perioden ist dann maximal, wenn die Grenzrate der Substitution dem Marktzins entspricht.[296]

Bei einem Konsum von Y_1^* und Investitionen von I_1^* lässt sich in der Periode *t*=2 die Gütermenge Y_2^* erzeugen. Die Indifferenzkurve zwischen Gütern der Perioden *t*=1 und *t*=2 wird dabei als gegeben angesehen. Die Substitutionselastizität ist negativ und abnehmend, sodass ein Verzicht auf den Konsum von Gütern in *t*=1 nur bei einer höheren Menge an Gütern in Periode *t*=2 kompensiert werden kann, welche für den Konsum bereitstehen und eine Präferenz für Gegenwartsgüter repräsentieren, wobei der Grenznutzen der in Periode *t*=2 konsumierten Güter abnehmend ist.[297]

Die tangentiale Steigung der Transformationskurve sowie die tangentiale Steigung der Indifferenzkurve entsprechen dem Steigungsmaß der Zinsgeraden $-(1+r)$. Hierbei existiert ein paretooptimales Ergebnis, bei dem die Grenzrate der Transformation gleich der Grenzrate der Substitution ist. [298]

Der Zins stellt im Modell einen relativen Preis dar, welcher die geplanten Ersparnisse und geplanten Investitionen ins Gleichgewicht bringt. Die optimale Transformation von Gegenwarts- in Zukunftsgüter kommt in dem Punkt zustande, wo die Grenzrate der Transformation der Grenzrate der Substitution entspricht. Dieser Punkt entspricht der optimalen intertemporalen Allokation der Ressourcen.[299]

Auf diesen Grundlagen wird nach von Böhm-Bawerks Theorie der *Mehrergiebigkeit längerer Produktionsumwege* mithilfe von Investitionen eine höhere Produktion in der Zukunft ermöglicht.[300] Nach von Böhm-Bawerk beruht somit das Zinsphänomen wesentlich auf diesem Prinzip der Mehrergiebigkeit längerer Produktionsumwege.[301] Längere Produktionsumwege sind zwar ertragreich, dafür jedoch zeitraubend, da eine größere Menge oder eine bessere Qualität an Gütern erst zu einem späteren Zeitpunkt zur Verfügung gestellt werden kann.[302] Die Mehrergiebigkeit längerer Pro-

---

296 Vgl. von Böhm-Bawerk in der Darstellung Irving Fishers in Anlehnung an Niehans/Lutz, Faktorpreise II, HdWW 1980.

297 Vgl. Böhm-Bawerk, Eugen von, Theorie, 1884, S. 221.

298 Vgl. Böhm-Bawerk, Eugen von, Theorie, 1884, S. 221.

299 Vgl. Böhm-Bawerk, Eugen von, Theorie, 1884, S. 456, S. 457: Danach ergibt sich die Zinshöhe aus dem „Mehrerträgnis der letzten noch gestatteten Produktionsverlängerung" (Mehrergiebigkeit pro Produktionsperiode) im Sinne einer auf Johann Heinrich von Thünen basierenden Grenzproduktivitätstheorie. Zudem ist die Zinshöhe abhängig von der Höhe des Subsistenzfonds (invers), von der Nachfrage nach Konsumptivdarlehen, der Höhe der Transfer-Zahlungen bzw. der Renten und der davon lebenden Personenzahl sowie vom wirtschaftlichen Sinn der Bevölkerung. Vgl. derselbe, S. 463 f., S. 472 f.

300 Böhm-Bawerk, Eugen, Theorie, 1884, S. 13: „Daß das Einschlagen von Produktionsumwegen zu größeren Produktionserfolgen führt, ist eine der wichtigsten und grundlegendsten Sätze der Produktionstheorie."

301 Böhm-Bawerk, Eugen von, Kapital, 1884, S. 456.

302 Vgl. Böhm-Bawerk, Eugen von, Theorie, 1884, S. 350, sowie derselbe, Geschichte, 1921, S. 99 (Fußnote 1). Zu den durch von Böhm-Bawerk angeführten Beispielen gehört das eines Fischers, der

duktionsumwege stellt einen gemäß der Formulierung von Böhm-Bawerks *objektiven* Grund für den Zins dar.[303]

10. These:	Eine Steigerung der gesamtwirtschaftlichen Produktion und damit des realen Bruttoinlandsprodukts führt zu höheren Zinsen.

1.3. Die Erweiterung der Zinstheorie v. Böhm-Bawerks durch Fisher u. Lutz

"There is perhaps no other "nut" so hard to "crack" in all economics as this one of the rate of interest."[304]

Irving Fisher (1867-1947) entwickelt die Zinstheorie von Böhm-Bawerks mithilfe der Theorie der *Gegenwartsvorliebe* (impatience theory) weiter. Insoweit betont er stärker das subjektive Element in der Zinstheorie. Das objektive Element seiner Zinstheorie beinhaltet das Konzept der *Grenzeffizienz* des Kapitals in Form des internen Ertragssatzes (rate of return over cost).[305] Fishers Zinstheorie, die seine bereits dargestellte Erwartungstheorie ergänzt, erklärt insbesondere den Kapitalmarktzins und löst sich dabei von der rein realen Ausgangsbasis.

1.3.1. Die Prämissen

Es wird ein *vollkommener Kapitalmarkt* ohne Risiken und mit einem einheitlichen, sicheren Zinssatz vorausgesetzt, zu welchem Kredite angeboten und nachgefragt werden können. Der Einkommensstrom der Wirtschaftssubjekte gilt als sicher und feststehend.[306] Auf diesem Kapitalmarkt herrschen eine vollständige Konkurrenz sowie ein freier Marktzugang.[307] Das *Kapital ist vollständig im Umlauf* und wird für die Produktion verwendet.

Die Produktionsfunktion lautet:[308]

$$Y=f(N, I) \qquad (N = \text{Arbeit}, I = \text{Investitionen}). \qquad (26)$$

Das Arbeitsvolumen *N* ist konstant, womit *N* aus der Gleichung entfällt. Die Investitionen in einer Periode (t=1) wirken sich nur auf den Output der nächsten Periode (t=2) aus. Damit gilt:[309]

$$Y_2 = f(I_1), \text{ mit } f'>1 \text{ und } f''>0. \qquad (27)$$

Hierbei werden zwei Perioden betrachtet, in denen ein Gut entweder als Gegen-

zunächst nur mit den Händen fängt, dann eine Angel anfertigen kann, später die gefangenen Überschüsse an Fischen und den dadurch ermöglichten temporären Konsumverzicht dazu verwendet, ein Netzt zu knüpfen. Mit diesem kann er dann seinen Ertrag vervielfachen und Überschüsse gegen andere Güter tauschen. Er könnte gar in ein Fischerboot investieren, was die Mehrergiebigkeit seines Fangs noch weiter erhöhen würde. Das Beispiel verdeutlicht den realen Ertrag von Investitionen, welche bei längerer Investitionsdauer einen pro Periode höheren Ertrag ergeben.

303 Vgl. Böhm-Bawerk, Eugen von, Theorie, 1884, S. 159, S. 456.

304 Fisher, Irving, Principles, 1910, Aufl. 1923, S. 366.

305 Aufbauend auf von Böhm-Bawerk betont Fisher als Grundlage die Immanenz der Wirkung von Erfindungen und Entdeckungen bei der Steigerung des Zinsfußes. Vgl. Fisher, Irving, Zinstheorie, 1932 (1907), S. 284.

306 Vgl. Fisher, Irving, Zinstheorie, 1932 (1907), S. 85.

307 Vgl. Fisher, Irving, Zinstheorie, 1932 (1907), S. 85.

308 Vgl. Lutz, Friedrich August, Niehans, Jürg, Zinstheorie, 1981, S. 532.

309 Vgl. Lutz, Friedrich August, Niehans, Jürg, Zinstheorie, 1981, S. 532.

wartsgut Y_1 oder als Zukunftsgut Y_2 konsumiert und produziert werden kann.[310] Bei Investitionen werden Gegenwartsgüter zugunsten von Zukunftsgütern geopfert, indem gespart wird. Danach wird ein heute verfügbares Güterbündel (Periode 1) einem Güterbündel in der Zukunft (Periode 2) vorgezogen. Die Gegenwartspräferenz (time preference) ist eine subjektive Zeitpräferenz.
Es wird gerade soviel investiert, bis der Grenzertragssatz dem Marktzins entspricht.[311] Der Investor wählt die Investitionsprojekte aus, mit welchen er den Marktwert des Einkommensstroms maximiert. Dabei schließen sich die Vermögensmaximierung der Unternehmen und die Nutzenmaximierung der Verbraucher nicht aus.

1.3.2. Das Modell

Das Zinsniveau wird nach Fisher u.a. von *Ersparnis und Investition* bestimmt, welches sich jeweils aufgrund von Angebot und Nachfrage nach Kapital ergibt. Die *Sparneigung* ist danach *positiv abhängig von der Höhe des Volkseinkommens.*[312] [313] Ein steigendes Einkommen bedeutet nach Fisher hohe Zinssätze, da der Zins eine ähnliche Wirkung wie das Einkommen hat.[314] Nach Fisher stellt der Zins den Preis für das Austauschverhältnis zwischen gegenwärtigen und zukünftigen Gütern dar.[315] Fisher erklärt den Zins kapitalmarktkonform als Entschädigung für den Konsumverzicht, der sich aus der *Grenzgegenwartsvorliebe* der Sparer ergibt.[316] Fisher nennt dies die Bevorzugung gegenwärtiger vor zukünftigen Gütern oder die menschliche Ungeduld (human impatience).[317] Die *Impatience*-Theorie basiert sowohl auf der Grundlage von Böhm-Bawerks, als auch auf der Abstinenztheorie von William Nassau Senior.[318] Nach dieser subjektiven Zeitpräferenz bzw. Gegenwartsvorliebe (time preference) wird ein heute verfügbares Gut einem zukünftigen Gut vorgezogen.[319] Für die Zeitpräferenz eines Menschen sind die folgenden, „persönlichen Faktoren“ maßgeblich: Der Wille zur Einkommenserhöhung, das erwartete Einkommen, die Zukunftserwartungen, die Lebenserwartung und -risiken, die Risikovorsorge, die Sparneigung, die familiäre Fürsorge für Mitmenschen, sowie die Modeerscheinungen, d.h. die Trends, welche die vorgenannten Faktoren beeinflussen, wie z.B. der Wunsch, durch Leistungswillen oder Sparsamkeit zum Millionär zu werden, oder die materielle Großmannssucht.[320]

---

[310] Vgl. Lutz, Friedrich August, Niehans, Jürg, Zinstheorie, 1981, S. 532.
[311] Vgl. Lutz, Friedrich A., Zinstheorie, 1967, S. 82 f.
[312] Vgl. Fisher, Irving, Theory, 1930, S. 7.
[313] Da die Variable der makroökonomischen Ersparnis von Fisher nicht im Rahmen einen ausformulierten Zinstheorie abgehandelt wird, wird die Ersparnis im Rahmen der Loanable-Funds-Theorie ökonometrisch untersucht.
[314] Vgl. Fisher, Irving, Zinstheorie, 1932 (1907), S. 313, S. 315, S. 318. Auch Fisher beschreibt bereits den langfristigen Zusammenhang zwischen der ökonomischen Entwicklung einer Volkswirtschaft und dem Zinsniveau.
[315] Vgl. Fisher, Irving, Zinstheorie, 1932 (1907), S. 51, S. 52.
[316] Fisher, Irving, Theory, 1930, Zinstheorie, Deckblatt. Lutz übersetzt „time preference“ und auch „impatience“ (Ungeduld) mit „Gegenwartsvorliebe.“
[317] Vgl. Fisher, Irving, Zinstheorie, 1932 (1907), S. 51, S. 55.
[318] Fisher, Irving, Zinstheorie, S. I, 1932.
[319] Vgl. Fisher, Irving, Zinstheorie, 1932 (1907), S. 51 f.; Irving Fisher stützt sich hierbei explizit auf das Konzept der „positiven Zeitpräferenz“ von Eugen von Böhm-Bawerks.
[320] Vgl. Fisher, Irving, Zinstheorie, 1932 (1907), S. 67 ff., S. 59, S. 75.

Diese Ungeduld bzw. Gegenwartsvorliebe ist gemäß Fisher ein fundamentales Attribut menschlicher Natur. So lange nach Auffassung Fishers eine Ungeduld der Wirtschaftssubjekte existiert, wird es einen Zinssatz geben. Da die menschliche Gegenwartsvorliebe im Zins ihren ökonomischen Niederschlag findet, wird der Marktzinssatz aus den unterschiedlichen Niveaus der Ungeduld im Bewusstsein unterschiedlicher Wirtschaftssubjekte gebildet.[321] Der Zins ist damit die Entschädigung für den Konsumverzicht, der sich aus der Grenzgegenwartsvorliebe der Sparer und damit der Kapitalanbieter ergibt.[322]

Als weiteren wesentlichen Bestimmungsfaktor für den Zins führt Fisher die *Produktivität* des Kapitals an, die er mit dem Ausdruck der *Investitionsmöglichkeit („investment opportunity“)* versieht.[323] [324] Dieses *Konzept des internen Ertragssatzes (rate of return over cost)* stellt nach Fisher den Hauptfaktor innerhalb der produktivitätstheoretischen Begründung der Zinstheorie dar.[325] Die *Investitionsnachfrage* richtet sich nach der Höhe der *internen Grenzertragsrate.*[326] Die Investitionen werden gesamtwirtschaftlich solange vorangetrieben, bis die „marginal rate of return over cost“ (Grenzertragssatz bzw. Grenzeffizienz der Investition) dem *Marktzinssatz* entspricht.[327] [328] [329] Analog gilt dies für das Ersparnis-Angebot. Entscheidend ist, dass es sich bei diesem Konzept des internen Ertragssatzes um *erwartete* interne Renditen handelt, die anhand des *aktuellen* oder prognostizierten Zinsniveaus beurteilt werden.

---

[321] Vgl. Fisher, Irving, Principles, 1910, S. 371: "The essence of interest is impatience, the desire to obtain gratifications earlier than we can get them, the preference for present over future goods. It is a fundamental attribute of human nature; and as long as it exists, so long will there be a rate of interest. Interest is human impatience crystallized into a market rate. The market rate of interest is formed out of the various degrees or rates of impatience on the minds of different people."

[322] Vgl. Lutz, Friedrich A., Entwicklung 1954, S. XVII. In der ursprünglichen Formulierung: Vgl. Fisher, Irving, Zinstheorie, 1932 (1907), S. 52: So stellt der Zins „das Maß für die Ungeduld und damit die Zinshöhe aus dem prozentualen Überschuss des gegenwärtigen Grenzbedarfs nach einer weiteren Einheit von *Gegenwarts*gütern über den gegenwärtigen Grenzbedarf nach einer weiteren Einheit von *Zukunfts*gütern“ dar.

[323] Vgl. Fisher, Irving, Zinstheorie, 1932 (1907), S. 126.

[324] Vgl. Lutz, Friedrich A., Zins, in: Handbuch (HdSW), Band 12, 1965, S. S. 437 ff. Die Idee der Theorie der abnehmenden Grenzleistungsfähigkeit des Kapitals stammt von älteren Autoren, die die Zinshöhe daraus ableiten. So entwickelte beispielsweise bereits Johann Heinrich von Thünen eine Theorie, wonach die „Nutzung des zuletzt angelegten Kapitaltheilchens“, die mit steigender Kapitalverwendung fällt, die Zinshöhe bestimmt. Er ist damit der erste, der die Grenzproduktivitätstheorie für den Zins konsequent entwickelte.

[325] Vgl. Fisher, Irving, Zinstheorie, 1932 (1907), S. 130.

[326] Vgl. Lutz, Friedrich A., Zins, 1965, S. 434.

[327] Vgl. Fisher, Irving, Zinstheorie, 1932 (1907), S. 133.

[328] Vgl. Lutz, Friedrich August, Zinstheorie, 1956, S. 81.

[329] Lutz, Friedrich A., Zinstheorie, 1973, S. 33.

Das Konzept der internen Rendite nach Fisher

Die Investitionsentscheidungen werden nach folgendem Kalkül getroffen: Investitionsprojekte mit positivem Barwert (P1 - P3) werden verwirklicht, da sie eine höhere Rendite als das derzeitige Zinsniveau erwarten lassen. Projekte mit negativem Barwert (P4 - P6) werden nicht verwirklicht, da sie eine geringere Rendite als das derzeitige Kapitalmarktniveau versprechen. Im diesem Fall ist es rentabler, die Investitionssumme zum geltenden Zinsniveau am Kapitalmarkt anzulegen.

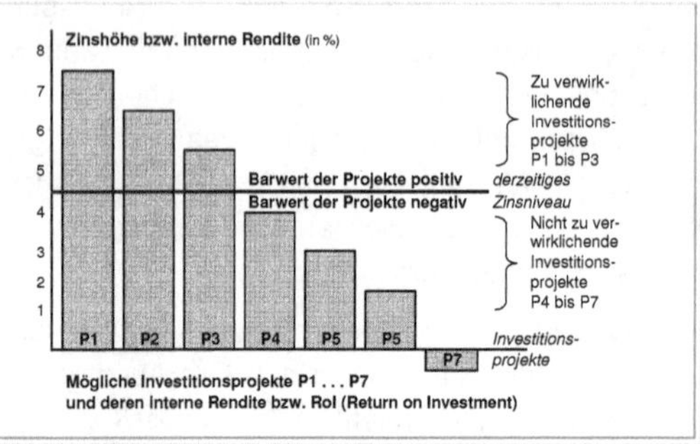

Abb. 14: Konzept der internen Rendite nach Fisher.[330]

Investition bedeutet die Opferung gegenwärtigen Einkommens zu Gunsten zukünftigen Einkommens. Je mehr gegenwärtiges Einkommen geopfert wird, umso größer wird das zukünftige Einkommen bzw. das Produkt, wobei der Zuwachs von einem bestimmten Punkt an abnimmt. So ist es von der Gegenwartsvorliebe ausgehend möglich, die Nachfrage- und Angebotskurve für Fonds im Kapitalmarkt als eine Funktion des Zinses für jedes Wirtschaftssubjekt abzuleiten.[331] Das Gleichgewicht auf dem Kapitalmarkt zwischen dem Ersparnis-Angebot und der Investitionsnachfrage nach Kapital ergibt einen *Zinssatz*, bei dem der Grenzertragssatz für Investitionen (marginal rate of return over cost) und die „Grenzgegenwartsvorliebe" (marginal time preference) jedes Wirtschaftssubjekts gleich dem Zins sein müssen.[332] [333]

1.4. Die ökonometrische Analyse: Darstellung und Interpretation

Von Böhm-Bawerk vertritt eine Produktivitätstheorie des Zinses.[334] Die Ursache für die Existenz des „güterwirtschaftlichen" Zinses ist deshalb ein makroökonomischer Wertzuwachs. Die Zinshöhe wird bestimmt durch die Ergiebigkeit der marginalen Produktionsverlängerung, also durch die *Grenzproduktivität des Kapitals* und damit, makroökonomisch betrachtet, durch die Veränderungsrate des Wirtschaftswachstums. Auch die Grenzproduktivität des Kapitals lässt sich nach Fisher als Wirtschaftswachstum messen. Der zugehörige ökonometrische Test entspricht der Agiotheorie von Böhm-Bawerks. Verwendet werden Veränderungsraten des realen Bruttoinlandsprodukts gegenüber dem Vorjahr.

---

[330] Eigene Darstellung.
[331] Vgl. Lutz, Friedrich August, Zinstheorie, 1956, S. 81.
[332] Vgl. Lutz, Friedrich August, Zinstheorie, 1956, S. 81.
[333] Vgl. hierzu auch die Grafik von Niehans/Lutz (Faktorpreise II, HdWW 1980) im Kapitel zu v. Böhm-Bawerk.
[334] Vgl. Böhm-Bawerk, Eugen von, Zins, in: Wieser, Friedrich, Handwörterbuch der Staatswissenschaften, Jena, 1928, S. 1133.

Tab. 6: BIP (real) (BÖHM-BAWERK: Agiotheorie, FISHER: Grenzeffizienz).[335] [336]

Independent Variable: 1st Differentiation von: GDP_R_HICP_LAST_Y											
Dependent Variable: 1st Differentiation der folgenden Zinssätze:											
	i1D	i1M	i3M	i6M	i1Y	i2Y	i5Y	i10Y	TS	FR	ECB
Koeffizient	0.30	0.29	0.29	0.28	0.25	0.21	0.15	0.12	-0.17	-0.95	0.18
R^2-adjusted	0.77	0.78	0.74	0.62	0.40	0.24	0.15	0.12	0.24	0.18	0.36
Probability	0.00	0.00	0.00	0.00	0.00	0.00	0.02	0.04	0.01	0.01	0.00
Durbin-Watson	1.31	1.91	1.33	1.51	1.65	1.68	1.70	1.86	1.36	1.73	1.40
Granger cause	↔	↔	↔	↔	←	←	→	→	←	-	↔
White	11.7	7.97	5.24	2.12	0.99	0.56	0.26	0.46	0.04	0.53	0.44
ARCH (p-Wert)	0.16	0.09	0.09	0.59	0.76	0.00	0.58	0.32	0.17	0.26	0.00
GARCH (p-Wert)	0.92	0.66	0.00	0.00	0.00	0.00	0.02	0.04	0.22	0.00	0.00
Best Lag:	*1 Period of the dependent variable calculated (Zinssätze)*										
GDP_R_HICP _LAST_Y:	*= reales Bruttoinlandsprodukt (deflator: Harmonised Consumer Price Index compared to last year)*										
Zinssätze:	*i1D = Zins 1 Tag, i1M = Zins 1 Monat, (...), i10Y = Zins 10 Jahre*										
	TS = Zins-Spread der Zinsstruktur, FR = EURO-BUND-Future, ECB = Leitzinssatz der EZB										
Granger-Kausalität:	*→ = abhängige Variable (Zinssatz) determiniert grangerkausal; – = keine Grangerkausalität*										
	← = unabhängige Variable determiniert grangerkausal; ↔ = gegenseitige Grangerkausalität										

Die ökonometrischen Tests analysieren die Veränderung der Bruttoinlandsprodukts (GDP_R_HICP_LAST_Y) und die Veränderung der Zinssätze mit einem optimalen Lag von einem Quartal: Die Ergebnisse sind *signifikant* für Laufzeiten von 1 Monat bis zu 10 Jahren. Der *Koeffizient* zeigt hierbei einen bereits hohen positiven Anstieg von maximal 0,29 Prozent beim 1-Monats- und 3-Monats-Zinssatz als Ursache eines Anstiegs des Bruttoinlandsprodukts von 1,00 Prozent. Die Koeffizienten sinken bei Laufzeiten von 1 Monat bzw. 3 Monaten kontinuierlich von 0,29 bis auf 0,12 bei einer Laufzeit von 10 Jahren ab. Das *korrigierte Bestimmtheitsmaß* zeigt eine hohe Korrelation bei den signifikanten Laufzeiten von 1 Monat bis zu 1 Jahr mit einem maximalen Wert von 0,77 bei 1 Monat. Die Veränderungen der Zinssätze und die Veränderungen des Bruttoinlandsprodukts determinieren sich gegenseitig *grangerkausal* bei den signifikanten Laufzeiten von 1 Monat bis 6 Monaten. Das Bruttoinlandsprodukt determiniert die Zinsen grangerkausal bei Laufzeiten von 1 Jahr und 2 Jahren, und die Zinssätze determinieren grangerkausal das Bruttoinlandsprodukt bei Laufzeiten von 5 und 10 Jahren. Es liegen keine *ARCH-Prozesse* mit Ausnahme der Laufzeit von 1 Jahr vor. Exogene Schocks *(GARCH-Prozesse)* existieren über alle Laufzeiten hinweg mit Ausnahme der Laufzeiten 1 Tag und 1 Monat.

Zusätzlich werden die Einflüssse auf den Zinsstruktur-Spread (TS), die Terminzinsen (FR) und die Leitzinsen (ECB) analysiert: Die Korrelationsanalyse der Veränderung des Bruttoinlandsprodukts und der Veränderung des Zinsstruktur-Spreads zeigt einen geringen und negativen Koeffizienten von -0,17 sowie ein mittelhohes adjustiertes Bestimmtheitsmaß von 0,24. Die Ergebnisse sind signifikant. Das Bruttoinlands-

[335] BIP-Wachstumsraten (Quartalserhebung) zeigen den besten Zusammenhang zu Vorjahreswerten (im Gegensatz von Vorquartalswerten) Datenquelle: EZB.
[336] Die Ergebnisse stammen aus den Berechnungen der 1.550-seitigen Originalversion dieser Arbeit.

produkt determiniert grangerkausal die Zinsstruktur. Es bestehen weder ARCH-Prozesse, noch exogene Schocks. Die Korrelation zwischen der Veränderung des Bruttoinlandsprodukts und der Veränderung der Terminzinssätze zeigt einen hohen negativen Koeffizienten von -0,96 sowie ein geringes adjustiertes Bestimmtheitsmaß. Die Ergebnisse sind signifikant, jedoch liegt keine Grangerkausalität vor. Es bestehen ARCH-Prozesse, jedoch keine exogenen Schocks. Die Korrelation zwischen der Veränderung des Bruttoinlandsprodukts und der Veränderung der Leitzinssätze zeigt einen geringen positiven Koeffizienten von 0,18 sowie einen bereits hohen Wert des adjustierten Bestimmtheitsmaßes von 0,36. Die Ergebnisse sind signifikant und zeigen eine gegenseitige Grangerkausalität. Es bestehen ARCH-Prozesse sowie exogene Schocks.

Insgesamt besteht eine hohe Validität der Hypothese von Böhm-Bawerks insbesondere für mittlere und kurze Laufzeiten der Zinssätze. Für das lange Ende der Zinsstruktur besteht die Signifikanz bei einem geringeren korrigierten Bestimmtheitsmaß.

Die ökonometrischen Ergebnisse sind ökonomisch insofern erklärbar, als dass das Wirtschaftswachstum in mittelfristigen und kurzfristigen Konjunkturschwankungen mit der dazu zeitlich korrespondierenden Investitions- und Kapitalnachfrage verläuft. Entsprechend werden auf dem langfristigen Kapitalmarkt die Zinssätze lediglich geringer durch die Konjunkturschwankungen beeinflusst. Die Wirkung der Geldpolitik wird durch die Nichtexistenz exogener Schocks bei Laufzeiten bis zu 3 Monaten widergespiegelt. Im Gegensatz dazu unterliegt die Korrelation zwischen Leitzinssätzen und dem Wirtschaftswachstum exogenen Schocks.

1.5. Die Wertungen

1.5.1. Die Wertung der Zinstheorie von Böhm-Bawerks

Die Hauptthesen von Böhm-Bawerks, die Agiotheorie sowie die Mehrergiebigkeit längerer Produktionsumwege, stellen eine der wesentlichen Grundlagen für die weiteren neoklassischen Zinstheorien sowie für die Zinsstrukturtheorie dar. Kritisch ist jedoch anzumerken, dass auch andere Motive des Konsumverzichts bzw. Sparens existieren, als eine größere Menge von Zukunftsgütern mithilfe von Investitionen erhalten zu wollen, wie beispielsweise die Vorsorge für die wirtschaftlichen Folgen von Alter, Krankheit und Arbeitslosigkeit.[337] Die Rolle der Ersparnis wird insoweit nicht hinreichend untersucht. Auch wird nicht analysiert, wie die Unternehmen ihre Gewinne verwenden. Es existieren, abgesehen vom Produktionskapital bzw. des Subsistenzfonds, im Modell weder Geld noch Vermögen. Zudem wird der Subsistenzfonds einfach als eine gegebene Wertgröße ohne Betrachtung einer Zeitstruktur vorausgesetzt. Zwar bietet von Böhm-Bawerk eine weitreichende Erklärung als Begründung des Zinses und dessen Höhe an, jedoch geht er von einer kontinuierlichen Zinsentwicklung aus, denn er unterlässt es, die Schwankungen des Zinsniveaus zu erklären.[338] Da seine Zinstheorie rein produktivitätsorientiert ist, lassen sich daraus

[337] Anderegg, Ralph, Geldtheorie, 2007, S. 107.

[338] Vgl. Böhm-Bawerk, Eugen von, Theorie, 1884, S. 484 f.: Gleichwohl hält er die Abweichungen vom „normalen" Zinsniveau für eine „höchst wichtige Erscheinung", da in ihnen die „Seele und die Quelle des besten Teils" der Unternehmergewinne, die „die mit Gegenwartsware glücklich arbitragierenden

nicht unmittelbar Marktzinsen ableiten, da diese auch von anderen Größen abhängen.[339] Damit ist von Böhm-Bawerks Zinstheorie zwar intertemporal orientiert, jedoch vergleichsweise starr. Gleichwohl beinhaltet von Böhm-Bawerks Theorie mit dem deterministischen Faktor des Wirtschaftswachstums eine äußerst fundamentale Erklärung hinsichtlich der Zinsstruktur. Darüber hinaus ist die Theorie von Böhm-Bawerks die wohl immanenteste Zinsbegründungstheorie.

1.5.2. Die Wertung der zinstheoretischen Erweiterung Fishers

Im Modell von Fisher existieren weder Geld noch Vermögen (außer Produktionskapital). Deshalb ist es auch ein Mangel der Fisher´schen Theorie, dass er den wichtigen Fall der dauerhaften Konsumgüter trotz gelegentlicher Illustrationen nicht in seine Zinstheorie aufgenommen hat.[340] Ebenso werden die einzelnen Zinssätze von der Investitionsdauer bzw. deren Laufzeit, den Risiken sowie dem Wettbewerb auf dem Kreditmarkt beeinflusst.[341] So kann die erwartete Rendite von der tatsächlich eintretenden Rendite abweichen. Auch kann sich der Marktzins im Zeitablauf verändern, anhand dessen über die Verwirklichung der Investitionsprojekte entschieden wird. Im Gegensatz zur entsprechenden Prämisse sind Kapitalmärkte meist nicht perfekt. Beispielsweise bestehen persönliche, örtliche und zeitliche Präferenzen hinsichtlich des Kapitalangebots und der Kapitalnachfrage. Deshalb kommt es auf den Kapitalmärkten bzw. in den einzelnen Währungsgebieten zu Teilmärkten mit unterschiedlichen Zinssätzen.[342]

Fisher liefert jedoch mit der Impatience-Theory und der Theorie der Rate-of-Return-over-Cost eine nützliche Weiterentwicklung der Zinstheorie von Böhm-Bawerks.

2. Die dynamische Zinstheorie Schumpeters

„Innovation ist der Eckpfeiler des Zinses."[343]

Joseph Alois Schumpeter (1883-1950) erklärt als Protagonist der Österreichischen Schule der 2. Generation das Zinsphänomen aus Innovationen, die mittels kreditfinanzierter Investitionen durch sogenannte Pionierunternehmer aufgrund von Gewinnerwartungen vorgenommen werden. Aufbauend auf der komparativ-statischen Analyse von Böhm-Bawerks, die Schumpeter u.a. erweitert und dynamisiert, sieht er den Kapitalzins nicht als statisches, sondern als *dynamisches*, ausschließlich der ökonomischen Entwicklung entspringendes Phänomen an.[344] [345]

Unternehmer einheimsen." Eine solche Untersuchung übersteigt jedoch den Umfang seines grundlegenden, zinstheoretischen Werkes.

[339] Vgl. Lutz, Friedrich August, Zins, 1965, S. 440.

[340] Lutz, Friedrich August, Zinstheorie, 1956, S. 78 ff.; Fisher, Irving, Theory, 1932 (1909), S. 91.

[341] Vgl. Fisher, Irving, Theory, 1932 (1909), S. 172, Vgl. ebenda, S. 64 f.

[342] Vgl. Anderegg, Ralph, Geldtheorie, 2007, S. 104.

[343] Vgl. Schumpeter, Joseph Alois, Konjunkturzyklen, 1939, S. 133.

[344] Vgl. Böhm-Bawerk, Eugen, Geschichte, 1884, S. 461.

[345] Bereits Irving Fisher erläutert die Wirkung von Erfindungen für die Steigerung des Zinsniveaus. Vgl. Fisher, Irving, Zinstheorie, 1932 (1930), S. 280 ff.

2.1. Die Prämissen

Betrachtet wird ausschließlich der sogenannte Produktivzins bzw. der Zins für sogenannte Betriebsmittelkredite.[346] Investitionen gelten als kreditfinanziert und bestehen im Wesentlichen aus den Neuinvestitionen.[347] Darüber hinaus wird ein vollständiger Wettbewerb auf Güter- und Kapitalmärkten angenommen.[348]

2.2. Das Modell

Die Innovationen und deren Zyklen

Die Ursache des Produktivzinses sieht Schumpeter in *Innovationen* bzw. - daraus abgeleitet - neuen Unternehmungen und den von diesen erwirtschafteten Gewinnen.[349] [350] Der Produktivzins beruht auf der makroökonomischen Verbreitung von Innovationen. Er breitet sich im Sinne einer makroökonomischen Diffusion ausgehend von den Innovationen über die Gesamtwirtschaft aus.[351] [352] [353]

11. These:	Innovationen verursachen ein höheres Zinsniveau.

Innovationen führen letztlich zu Wirtschaftswachstum.[354] In einer statischen Wirtschaft dagegen existiert nach Schumpeter kein Produktivzins.[355] Schumpeter hält die Innovation für die überragende Tatsache der kapitalistischen Gesellschaft.[356]

Als Innovation bezeichnet Schumpeter jede *Verbesserung* im Bereich des Wirtschaftslebens.[357] Der Begriff der Innovation ist nicht synonym mit dem Begriff der „Erfindung."[358] [359] Die Innovation besteht aus der Aufstellung einer neuen, *ertragreicheren Produktionsfunk-tion.*[360] Schumpeter bezeichnet die Innovation als die *wichtigste Gewinnquelle.*[361] Innovationen sind zwar damit nicht die einzige „Ursache" des Zinses. Nach Ansicht Schumpeters reicht jedoch diese „Ursache" aus, um den Zins

[346] Vgl. Schumpeter, Joseph Alois, Theory, 1912, S. 157.
[347] Von Ersatzinvestitionen wird abstrahiert.
[348] Vgl. Schumpeter, Joseph Alois, Konjunkturzyklen, 1939, S. 112.
[349] Vgl. Schumpeter, Joseph Alois, Theory, 1912, S. 158, Schumpeter bezeichnet den Zins als „Produktivzins", und meint implizit das Zinsphänomen, gemessen in Form des Realzinses.
[350] Vgl. Schumpeter, Joseph Alois, Theory, 1912, S. 175.
[351] Vgl. Schumpeter, Joseph Alois, Theory, 1912, S. 158.
[352] Vgl. Schumpeter, Joseph Alois, Theory, 1912, S. 198.
[353] Vgl. Schumpeter, Joseph Alois, Konjunkturzyklen, 1939, S. 625.
[354] Vgl. Schumpeter, Joseph Alois, Konjunkturzyklen, 1939, S. 90.
[355] Vgl. Schumpeter, Joseph Alois, Theory, 1912, S. 158.
[356] Vgl. Schumpeter, Joseph Alois, Konjunkturzyklen, 1939, S. 93.
[357] Schumpeter, Joseph Alois, Konjunkturzyklen, 1939, S. 91.
[358] Schumpeter, Joseph Alois, Konjunkturzyklen, 1939, S. 91. Die Innovation ist vielmehr zusätzlich ein eigenständiger wirtschaftlicher Veränderungsprozess sowie eine Konsequenz des unternehmerischen Verhaltens.
[359] Vgl. Schumpeter, Joseph Alois, Konjunkturzyklen, 1939, S. 93: Schumpeter führt u.a. folgende Beispiele für Innovationen an: Technologische Veränderungen in der Güterproduktion, die Erschließung neuer Märkte, verbesserte Materialbehandlung, neue Geschäftsorganisationen, und somit nach Schumpeter jedes „Andersmachen" im Bereich des Wirtschaftslebens zur Realisierung des ökonomischen Prinzips.
[360] Vgl. Schumpeter, Joseph Alois, Konjunkturzyklen, 1939, S. 95; S. 96: So müssen im Hinblick auf Geldkosten die Produktionskosten sinken und eine langfristig fallende Grenzkostenkurve entstehen.
[361] Vgl. Schumpeter, Joseph Alois, Konjunkturzyklen, 1939, S. 114.

beim Fehlen jeder anderen Ursache zu erzeugen.[362] Zudem ergibt sich ein *Agio* auf die gegenwärtig verfügbaren Guthaben im Schumpeter´schen Modell des Entwicklungsprozesses in einer Weise, gegen die keiner der logischen Einwände erhoben werden kann, die gegen andere Zinstheorien geltend gemacht worden sind.[363]

Ausgelöst und umgesetzt werden die Innovationen durch die von Schumpeter sogenannten *dynamischen Pionierunternehmer.*[364] Diese erwirtschaften zum Teil mit neu gegründeten Unternehmen im Zuge der Produktion der innovativen Güter *Monopolrenten*, die die Grundlage des Zinsphänomens bilden.[365]

Erhöhungen oder Verminderungen im Umfang der Innovationen reichen dazu aus, abwechselnd Prosperitäten und Depressionen hervorzubringen.[366] Hinsichtlich dieser innovationsbedingten Zyklen verweist Schumpeter auf *Nikolai Dimitriewitsch Kondratieff (1892-1931).* Dieser entdeckte das Vorhandensein sogenannter *Kondratieff-Zyklen*, d.h. langer Wellen, die für den kapitalistischen Prozess charakteristisch sind.[367] [368]

Die Investitionen und die Kreditfinanzierung

Der Begriff der Innovation umfasst in makroökonomischer Betrachtung im Wesentlichen die *Neuinvestitionen.*[369]

12. These:	Höhere Investitionen bedingen ein höheres Zinsniveau.

Die Kreditschöpfung zur Finanzierung von Neuinvestitionen, und damit von Innovationen, stellt die Hauptursache für die Änderungen der Kreditvolumina dar.[370] Deshalb ist von unmittelbarer ökonomischer Bedeutung für den Zins die Höhe der *Kreditschöpfung* durch die Geschäftsbanken.[371]

13. These:	Höhere Kreditvolumina bewirken ein höheres Zinsniveau.

Die Kreditschöpfung kann dabei als monetäre Ergänzung zu den realwirtschaftlichen Investitionen zugunsten von Innovationen angesehen werden.[372]

---

[362] Vgl. Schumpeter, Joseph Alois, Konjunkturzyklen, 1939, S. 133.
[363] Vgl. Schumpeter, Joseph Alois, Konjunkturzyklen, 1939, S. 133.
[364] Vgl. Schumpeter, Joseph Alois, Konjunkturzyklen, 1939, S. 103.
[365] Vgl. Schumpeter, Joseph Alois, Konjunkturzyklen, 1939, S. 142: Hierbei vollbringen nach Schumpeter „innovative Unternehmer ein Wunder an Voraussicht."
[366] Vgl. Schumpeter, Joseph Alois, Konjunkturzyklen, 1939, S. 148.
[367] Vgl. Schumpeter, Joseph Alois, Konjunkturzyklen, 1939, S. 174. Dies umfasst sogenannte Schlüsselinnovationen wie z.B. die Dampfmaschine und die Stahlherstellung, die Elektro- und Chemie-Industrie sowie Autos.
[368] Vgl. Schumpeter, Joseph Alois, Konjunkturzyklen, 1939, S. 183. Den Wirtschaftsprozess sieht Schumpeter als komplexe Komposition vieler gleichzeitiger und unterschiedlicher Wellenbewegungen an, die von *Juglar* (7-11 Jahre), *Spiethoff* und *Kondratieff* (50 Jahre), *Kuznets* (15-22 Jahre) und *Kitchin* (3-4 Jahre) formuliert werden. Nach Schumpeter sind diese Zyklen als unabhängig von Konjunkturzyklen anzusehen.
[369] Vgl. Schumpeter, Joseph Alois, Konjunkturzyklen, 1939, S. 101.
[370] Vgl. Schumpeter, Joseph Alois, Konjunkturzyklen, 1939, S. 123.
[371] Vgl. Schumpeter, Joseph Alois, Konjunkturzyklen, 1939, S. 121.
[372] Vgl. Schumpeter, Joseph Alois, Konjunkturzyklen, 1939, S. 119.

Die Gewinne und die Gewinnerwartungen

Nach Schumpeter herrscht zudem eine gewisse Äquivalenz zwischen dem *Zins* und *den Gewinnaussichten*.[373] Insoweit entspringt der Zins nach Schumpeter den *Unternehmergewinnen*, und der Zins steigt und fällt mit diesen.[374] [375] [376] Der Zinssatz weicht somit während eines ökonomischen Aufschwungs *positiv* und während eines Abschwungs *negativ* von dem Satz ab, der den langfristigen Gewinnerwartungen der Unternehmen entspräche.[377] Schumpeter hält somit nicht nur die Innovation, sondern auch die *Gewinnerwartung* für einen Faktor, der in Form des Zinses eine positive Prämie für gegenwärtig verfügbare Guthaben verursacht.[378]

14. These:	Steigende Gewinnerwartungen erhöhen das Zinsniveau.

Der Zins erscheint Schumpeter als eine Art *Koeffizient* für den Grad des *Ungleichgewichts* im System.[379] Der *Fortschritt* und dessen Entwicklung verlaufen keineswegs kontinuierlich.[380] Denn die *realen* Wirkungen einer Innovation breiten sich schubweise und mit abnehmender Intensität aus. Schumpeters sogenannter *Spiralprozess* stellt in diesem Zusammenhang einen analogen Prozess zum Kahn-Keynes´schen Multiplikatorprozess dar.[381] Die Auswirkungen der Unternehmertätigkeit breiten sich somit im Sinne einer *Diffusion* über das ganze Wirtschaftssystem aus und zerstören das vorher bestehende Gleichgewicht.[382] Schumpeter spricht in diesem Zusammenhang auch von *kreativer Zerstörung*.[383]

Dem Zins fällt nach Schumpeter hierbei eine zentrale ökonomische Bedeutung zu, da er das *monetäre* Gegenstück zu den realwirtschaftlichen Vorgängen repräsentiert und die konjunkturellen Schwankungen verstärkt.

Erwartungen müssen letztlich nicht zwangsläufig eintreten.[384] Insbesondere weil unbekannt ist, *wie* die Erwartungsbildung der Wirtschaftssubjekte zustande kommt, können Erwartungen nicht hinreichend als Grund für eine ökonomische Entwicklung angeführt werden. Optimismuswellen beispielsweise breiten sich zwar von selbst aus, ohne dass sie ein Bestandteil zyklischer Ereignisse oder die Ursache sekundärer Phänomene sein müssen. Derartige Stimmungen hält Schumpeter jedoch nicht für unabhängige Ursachen, sondern lediglich für *Folgeerscheinungen*.

[373] Vgl. Schumpeter, Joseph Alois, Konjunkturzyklen, 1939, S. 620.
[374] Vgl. Schumpeter, Joseph Alois, Theorie, 1912, S. 346; derselbe, Wesen, 1970, S. 133.
[375] Vgl. Schumpeter, Joseph Alois, Theorie, 1912, S. 411.
[376] Vgl. Schumpeter, Joseph Alois, Theory, 1912, S. 181.
[377] Auch Schumpeter formuliert mit dieser Feststellung bereits den Mean-Reversion-Effekt der Zinsen.
[378] Vgl. Schumpeter, Joseph Alois, Konjunkturzyklen, 1939, S. 619.
[379] Vgl. Schumpeter, Joseph Alois, Konjunkturzyklen, 1939, S. 134.
[380] Vgl. Schumpeter, Joseph Alois, Konjunkturzyklen, 1939, S. 110.
[381] Vgl. Kahn, R. F.; 1931: The Relation of Home Investment to Unemployment; Econ. Journal 41, S. 173-198.
[382] Vgl. Schumpeter, Joseph Alois, Konjunkturzyklen, 1939, S. 141.
[383] Vgl. Schumpeter, Joseph Alois, Konjunkturzyklen, 1939, S. 141.
[384] Vgl. Schumpeter, Joseph Alois, Konjunkturzyklen, 1939, S. 149.

Die Konjunktur

Aufgrund von *Time-Lags* bei der Umwandlung von Innovationen in Kapital, der Laufzeit der Kredite sowie der Dauer der Böhm-Bawerk´schen Umwegprozesse werden selbst dann noch Kredite zu zwischenzeitlich gestiegenen Kreditzinsen nachgefragt und vom Bankensektor vergeben, wenn die Nachfrage nach der Innovation bereits gesättigt ist. Durch die tendenzielle *Überschuldung* der teilweise *kreditfinanzierten* Wirtschaft folgt aufgrund der adaptiven Erwartungsbildung der Wirtschaftssubjekte eine Pessimismuswelle mit wirtschaftlichem Abschwung. Konjunkturzyklen erfolgen nach Schumpeter dementsprechend aufgrund der „zyklischen Anhäufungen von Irrtümern, übermäßigem Optimismus und Pessimismus." [385] Ohne die von Banken ermöglichte *Kreditschöpfung* wären die konjunkturellen Schwankungen wesentlich geringer.[386]

Das Optimismus- und das Pessimismus-Phänomen

Schumpeter erklärt Optimismus-Pessimismus-Wellen als sogenannte *sekundäre Welle*: Im Innovationsverlauf führt *Spekulation* bereits zu einer Hausse, noch ehe sich eine Boomphase entwickelt. Es werden zusätzliche Depositen geschaffen, um die allgemeine Expansion zu finanzieren, wobei der Kreditschöpfungsprozess in Gang kommt und Preiserhöhungen induziert.[387] Dieser Prozess der sekundären Welle überlagert die Wirkung der primären Welle und ist nach Schumpeter von quantitativ höherer Bedeutung als jene der primären Welle.[388] [389]

Zwar bezeichnet Schumpeter *Optimismus und Pessimismus* als Bestandteile konjunktureller Schwankungen sowie die *Ursache sekundärer Phänomene*. Jedoch warnt er vor einer Überschätzung ihrer Wirkung.[390] Die Auf- und Abschwünge werden jeweils durch Optimismus und Pessimismus lediglich *verstärkt*.[391]

Der Geldmarktzins

Schumpeter betont die Existenz eines eigenständigen Geldmarkts. Hinsichtlich des Zinsniveaus jedoch setzen die monetären Kapitaltheorien die realen Kapitaltheorien nicht außer Kraft.[392] Gleichwohl hält Schumpeter den *Zins* zusätzlich für ein *monetäres Phänomen*.[393] Der Zins ist in dieser Hinsicht zwar zunächst ein Entgelt zum Gütererwerb.[394] Doch ist auch der Geldmarkt nach Schumpeter wesentlich geprägt durch die Nachfrage nach Investitionskrediten zur Implementierung von Innovationen.[395] Deshalb enthalten gegenwärtige Geldsummen eine Wertprämie, die auch zu

[385] Schumpeter, Joseph Alois, Konjunkturzyklen, 1939, S. 155.
[386] Vgl. Schumpeter, Joseph Alois, Konjunkturzyklen, 1939, S. 653.
[387] Vgl. Schumpeter, Joseph Alois, Konjunkturzyklen, 1939, S. 154.
[388] Vgl. Schumpeter, Joseph Alois, Konjunkturzyklen, 1939, S. 155.
[389] Vgl. Schumpeter, Joseph Alois, Konjunkturzyklen, 1939, S. 162 f.
[390] Vgl. Schumpeter, Joseph Alois, Konjunkturzyklen, 1939, S. 150.
[391] Vgl. Schumpeter, Joseph Alois, Konjunkturzyklen, 1939, S. 703.
[392] Vgl. Schumpeter, Joseph Alois, Konjunkturzyklen, 1939, S. 138.
[393] In diesem Sinne hält Schumpeter den Geldmarkt für das „Herz des kapitalistischen Organismus, obwohl er nie sein Gehirn sein kann." Vgl. hierzu Schumpeter, Joseph Alois, Konjunkturzyklen, 1939, S. 135.
[394] Vgl. Schumpeter, Joseph Alois , Konjunkturzyklen, 1939, S. 134.
[395] Vgl. Schumpeter, Joseph Alois, Theory, 1912, S. 158.

einer Preisprämie in Form des Zinses führt. *Hierin liegt* Schumpeters *monetäre* Erklärung des Zinses.[396] Schumpeter leitet damit letztlich den Geldmarktzins aus derselben Ursache ab wie den Kapitalmarktzins.[397]

Die Geldpolitik

Nach Schumpeters Ansicht kann das Zinsniveau durch die *Geldpolitik* keinesfalls andauernd vermindert werden, um damit die ökonomische Entwicklung anzuregen.[398] Der Zins ist in dieser Betrachtung eine „notwendige *Bremse*“ für die Entwicklung bzw. eine Art „*Steuer* auf den Unternehmergewinn.“ [399] Diese Tatsachen rechtfertigen eine „Strafzinssätze“ erhebende, restriktive Zentralbankpolitik während eines Aufschwungs.[400] Forderungen nach einer nicht ausreichenden Herabsetzung der Leitzinsen während der Rezession widersprächen der empirischen Beobachtung, wonach steigende Investitionen vorwiegend mit hohen sowie steigenden Zinssätzen einhergehen.[401] Nach Schumpeter kann eine Politik des „billigen Geldes“ während einer Prosperität keine andere Wirkung haben, als Auswüchse und die daraus folgenden Zusammenbrüche zu verschärfen.[402]

Die grafische Zusammenfassung

Abb. 15: Zinstheorie Schumpeters.[403]

2.3. Die ökonometrischen Analysen

Innovationen lassen sich nicht direkt beobachten. Für eine statistische Annäherung kann jedoch die Kapitalintensität verwendet werden.[404]

---

[396] Vgl. Schumpeter, Joseph Alois, Theory, 1912, S. 190.

[397] Hierbei wird auch auf Schumpeters Ausführungen zu Gewinnerwartungen verwiesen.

[398] Vgl. Schumpeter, Joseph Alois, Theory, 1912, S. 187.

[399] Vgl. Schumpeter, Joseph Alois, Theory, 1912, S. 210; derselbe, Theorie, 1912, S. 413.

[400] Vgl. Schumpeter, Joseph Alois, Konjunkturzyklen, 1939, S. 622: Der Zinssatz weicht während einer Prosperität positiv, während einer Depression negativ von dem Satz ab, der den langfristigen Gewinnerwartungen der Unternehmer entspricht (...). Hierzu auch derselbe, S. 646.

[401] Vgl. Schumpeter, Joseph Alois, Konjunkturzyklen, 1939, S. 621 u. S. 655; derselbe, Theorie, 1912, S. 386.

[402] Vgl. Schumpeter, Joseph Alois, Konjunkturzyklen, 1939, S. 654.

[403] Quelle: Eigene Darstellung.

[404] Die Kapitalintensität wird im Allgemeinen als Kapitalstock pro Arbeit definiert. Die Variable repräsentiert die Rate des technischen Fortschritts. Die Berechnung erfolgt als Quotient aus dem nominalen Bruttoinlandsprodukt und der Anzahl der Beschäftigten (Quellen: EZB).

Tab. 7: Kapitalintensität (SCHUMPETER: Innovationen).[405]

Independent Variable: 1st Differentiation von: CAPITAL_INTENSITY											
Dependent Variable: 1st Differentiation der folgenden Zinssätze:											
	i1D	i1M	i3M	i6M	i1Y	i2Y	i5Y	i10Y	TS	FR	ECB
Koeffizient	-0.03	1.01	2.11	3.72	5.36	6.05	4.88	3.26	1.16	-21.66	-2.10
R^2-adjusted	-0.04	-0.02	0.03	0.15	0.30	0.35	0.29	0.18	-0.02	0.08	0.02
Probability	0.98	0.54	0.20	0.02	0.00	0.00	0.00	0.02	0.48	0.07	0.21
Durbin-Watson	0.59	0.56	0.68	0.81	1.13	1.46	1.68	1.86	1.06	1.46	1.05
Granger cause	←	←	←	←	←	←	-	-	-	-	-
White	0.80	0.51	0.39	0.13	0.06	0.29	0.97	0.87	0.35	1.41	0.32
ARCH (p-Wert)	0.04	0.00	0.14	0.33	0.00	0.00	0.71	0.53	0.02	0.02	0.20
GARCH (p-Wert)	0.00	0.00	0.92	0.46	0.00	0.00	0.58	0.61	0.00	0.21	0.02
Best Lag:	*2 Periods of the dependent variable calculated (Zinssätze)*										
Zinssätze:	*i1D = Zins 1 Tag, i1M = Zins 1 Monat, (...), i10Y = Zins 10 Jahre*										
	TS = Zins-Spread der Zinsstruktur, FR = EURO-BUND-Future, ECB = Leitzinssatz der EZB										
Granger-Kausalität:	*→ = abhängige Variable (Zinssatz) determiniert grangerkausal; – = keine Grangerkausalität*										
	← = unabhängige Variable determiniert grangerkausal; ↔ = gegenseitige Grangerkausalität										

Die ökonometrischen Tests analysieren die Veränderung der Innovationen (CAPITAL_INTENSITY) und die Veränderung der Zinssätze mit einem optimalen Lag von zwei Quartalen: Die Ergebnisse sind *signifikant* für Laufzeiten von 2 Jahren bis zu 10 Jahren. Der *Koeffizient* besitzt sehr hohe, hauptsächlich positive Werte. Der höchste Koeffizient existiert bei einer Laufzeit von 2 Jahren mit Werten von 6,05. Bei den signifikanten Laufzeiten liegen die Koeffizienten bei mindestens 3,26. Dies stellt außerordentlich hohe Werte dar. Das *korrigierte Bestimmtheitsmaß* besitzt seinen maximalen Wert von 0,35 bei einer Laufzeit von 2 Jahren. Die Veränderungen in Zinssätze werden *grangerkausal* determiniert von den Veränderungen der Innovationen mit Ausnahme der Laufzeiten von 5 und 10 Jahren, bei denen keine Grangerkausalität vorliegt. Es bestehen *ARCH-Prozesse* und exogene Schocks (*GARCH-Prozesse*) bei Laufzeiten von 1 Tag, 1 Monat, 1 Jahr und 2 Jahren.

Zusätzlich werden die Einflüssse auf den Zinsstruktur-Spread (TS), die Terminzinsen (FR) und die Leitzinsen (ECB) analysiert: Die Korrelationsanalyse hinsichtlich der Veränderung der Innovationen und der Veränderung des Zinsstruktur-Spreads zeigt einen insignifikanten Wert. Es bestehen ARCH-Prozesse sowie exogene Schocks. Die Korrelation zwischen der Veränderung der Innovationen und der Veränderung der Terminzinssätze zeigt keine Signifikanz. Es bestehen ARCH-Prozesse, jedoch keine exogene Schocks. Die Korrelation zwischen der Veränderung der Innovationen und der Veränderung der Leitzinssätze zeigt keine Signifikanz. Es bestehen ARCH-Prozesse, jedoch keine exogenen Schocks.

Insgesamt besteht eine Validität der Hypothese der Innovationen von Schumpeter insbesondere für die Kapitalmarktzinssätze von zwei Jahren und länger. Die Ergebnisse lassen sich insoweit interpretieren, als dass die Kapitalintensität den langfristig

[405] Die Ergebnisse stammen aus den Berechnungen der 1.550-seitigen Originalversion dieser Arbeit.

wichtigsten Treiber für das Wirtschaftswachstum darstellt und insofern auch das lange Ende der Zinsstruktur beeinflusst.

Die ökonometrische Analyse zur *Kreditnachfrage* erfolgt bei *Schumpeter* insbesondere im Zusammenhang mit der ökonometrischen Analyse der (kreditfinanzierten) *Investitionsnachfrage*. Der gesonderte Test der Kreditnachfrage im Hinblick auf die Zinsstruktur erfolgt in der Zinstheorie von Hayeks. Vorweggenommen sei, dass eine ähnliche Signifikanz der Kreditnachfrage vorliegt, wie sie im Folgenden bei der Investitionsnachfrage festgestellt wird.

Es folgt die ökonometrische Analyse zwischen der Änderung der Investitionsnachfrage und der Veränderung der Zinsen: [406]

Tab. 8: Investitionsgüternachfrage (SCHUMPETER: Investitionsnachfrage).[407]

Independent Variable: 1st Differentiation von: INVESTMENT_GFCFORMATIO											
Dependent Variable: 1st Differentiation der folgenden Zinssätze:											
	i1D	i1M	i3M	i6M	i1Y	i2Y	i5Y	i10Y	TS	FR	ECB
Koeffizient	0.13	0.14	0.17	0.21	0.24	0.24	0.16	0.10	-0.07	-1.15	0.07
R^2-adjusted	0.11	0.16	0.25	0.37	0.40	0.34	0.19	0.10	0.01	0.17	0.00
Probability	0.05	0.02	0.00	0.00	0.00	0.00	0.01	0.06	0.29	0.01	0.32
Durbin-Watson	0.89	0.80	0.93	1.13	1.50	1.59	1.62	1.77	1.33	1.45	0.96
Granger cause	←	←	←	←	←	←	←	-	←	-	→
White	4.62	5.81	4.60	2.48	4.26	3.99	2.56	1.93	2.20	4.87	10.23
ARCH (p-Wert)	0.01	0.06	0.20	0.30	0.71	0.10	0.77	0.06	0.00	0.04	0.00
GARCH (p-Wert)	0.00	0.00	0.00	0.00	0.00	0.00	0.65	0.37	0.00	0.00	0.00
Best Lag:	*2 periods of the dependent variable calculated (Zinssätze)*										
GFCFORMATION:	*= Gross Fixed Capital Formation*										
Zinssätze:	*i1D = Zins 1 Tag, i1M = Zins 1 Monat, (...), i10Y = Zins 10 Jahre*										
	TS = Zins-Spread der Zinsstruktur, FR = EURO-BUND-Future, ECB = Leitzinssatz der EZB										
Granger-Kausalität:	*→ = abhängige Variable (Zinssatz) determiniert grangerkausal; – = keine Grangerkausalität*										
	← = unabhängige Variable determiniert grangerkausal; ↔ = gegenseitige Grangerkausalität										

Die ökonometrischen Tests analysieren die Veränderung der Investitionen (INVESTMENT_GFCFORMATIO) und die Veränderung der Zinssätze mit einem optimalen Lag von zwei Quartalen: Die Ergebnisse sind *signifikant* für Laufzeiten von 1 Jahr bis zu 5 Jahren. Der *Koeffizient* zeigt als höchsten Wert einen positiven, mittelhohen Anstieg von 0,24 Prozent bei den Zinssätzen mit Laufzeiten von 1 Jahr und 2 Jahren als Ursache eines Anstiegs der Investitionen von 1,00 Prozent. Das *korrigierte Bestimmtheitsmaß* zeigt seinen höchsten Wert mit 0,40 auf dem Kreditmarkt bei einer Laufzeit von 1 Jahr. Die Veränderungen der Zinssätze werden innerhalb der signifikanten Laufzeiten *grangerkausal* durch die Veränderungen der Investitionen determiniert. Es bestehen keine *ARCH-Prozesse* mit Ausnahme der Laufzeit von 1 Tag. Exogene

[406] Stellvertretend für die Investitionsnachfrage werden die Bruttoanlageinvestitionen verwendet (Gross Fixed Capital Formation, Quelle: EZB).

[407] Die Ergebnisse stammen aus den Berechnungen der 1.550-seitigen Originalversion dieser Arbeit.

Schocks (*GARCH-Prozesse*) existieren über alle Laufzeiten hinweg mit Ausnahme der Laufzeiten von 5 und 10 Jahren.

Zusätzlich werden die Einflüssse auf den Zinsstruktur-Spread (TS), die Terminzinsen (FR) und die Leitzinsen (ECB) analysiert: Die Korrelationsanalyse der Veränderung der Investitionsnachfrage und der Veränderung des Zinsstruktur-Spreads zeigt einen insignifikanten Wert. Es bestehen ARCH-Prozesse sowie exogene Schocks. Die Korrelation zwischen der Veränderung der Investitionen und der Veränderung der Terminzinssätze zeigt mit -1,15 einen hohen und negativen Koeffizienten. Das korrigierte Bestimmtheitsmaß von 0,17 ist gering. Es liegt keine Grangerkausalität vor. Es bestehen ARCH-Prozesse sowie exogene Schocks. Die Korrelation zwischen der Veränderung der Investitionsnachfrage und der Veränderung der Leitzinssätze zeigt keine Signifikanz. Auch hier existieren ARCH-Prozesse und exogene Schocks.

Insgesamt besteht eine hohe Validität der Hypothese der Investitionen von Schumpeter für die Kreditmarkt- und die Kapitalmarktzinssätze. Die Ergebnisse lassen sich ökonomisch insoweit interpretieren, als die Investitionen, die während der Konjunkturzyklen durchgeführt werden, durch die Kredit- bzw. Kapitalnachfrage finanziert werden.

Der Einfluss der Konjunkturschwankungen auf die Investitionen fällt bei den sehr kurzen und sehr langen Laufzeiten der Zinssätze, da diese nicht so stark mit denselben typischen Durationen schwanken wie die realen Konjunkturschwankungen. Darüber hinaus wird deutlich, dass die EZB mittels des Leitzinssatzes die makroökonomische Investitionsneigung nicht stimulieren kann. Dies widerlegt die entsprechende keynesianische Anschauung.

Es folgt die ökonometrische Analyse der These Schumpeters zum Zusammenhang zwischen veränderten Gewinnerwartungen (stellvertretend wird der European Sentiment Index (ESIN) herangezogen) und den Zinsänderungen.[408]

[408] Quelle des European Sentiment Index: Ecofin, Europäische Union.

Tab. 9: Gewinnerwartungen (SCHUMPETER: Gewinnerwartungen).[409]

Independent Variable: 1st Differentiation von: ESI_EUSENTIINDX											
Dependent Variable: 1st Differentiation der folgenden Zinssätze:											
	i1D	i1M	i3M	i6M	i1Y	i2Y	i5Y	i10Y	TS	FR	ECB
Koeffizient	0.04	0.04	0.04	0.05	0.06	0.07	0.05	0.04	-0.00	-0.36	0.02
R^2-adjusted	0.15	0.17	0.20	0.32	0.44	0.45	0.36	0.28	-0.04	0.25	0.02
Probability	0.02	0.01	0.01	0.00	0.00	0.00	0.00	0.00	0.98	0.00	0.20
Durbin-Watson	0.56	0.47	0.49	0.63	1.03	1.34	1.46	1.54	1.18	1.53	1.17
Granger cause	↔	↔	↔	↔	↔	↔	→	→	←	-	↔
White	3.09	2.14	1.17	1.25	5.40	7.36	4.06	0.49	8.60	0.42	1.56
ARCH (p-Wert)	0.36	0.40	0.40	0.09	0.00	0.53	0.34	0.10	0.27	0.00	0.60
GARCH (p-Wert)	0.01	0.06	0.38	0.00	0.00	0.00	0.45	0.00	0.02	0.00	0.66
Best Lag:	*0 Periods of the dependent variable calculated (Zinssätze)*										
ESI	*= European Sentiment Index*										
Zinssätze:	*i1D = Zins 1 Tag, i1M = Zins 1 Monat, (...), i10Y = Zins 10 Jahre*										
	TS = Zins-Spread der Zinsstruktur, FR = EURO-BUND-Future, ECB = Leitzinssatz der EZB										
Granger-Kausalität:	*→ = abhängige Variable (Zinssatz) determiniert grangerkausal; – = keine Grangerkausalität*										
	← = unabhängige Variable determiniert grangerkausal; ↔ = gegenseitige Grangerkausalität										

Die ökonometrischen Tests analysieren mit einem optimalen Lag von null Quartalen die Veränderung der Gewinnerwartungen (ESI_EUSENTIINDX) und die Veränderung der Zinssätze:[410] Die Ergebnisse sind *signifikant* für Laufzeiten von 2 bis zu 10 Jahren.[411] Der *Koeffizient* zeigt bei seinen höchsten Werten einen nur geringen positiven Anstieg von 0,07 Prozent der Zinssätze bei einer Laufzeit von 2 Jahren als Ursache eines Anstiegs der Gewinnerwartungen von 1,00 Prozent. Das *korrigierte Bestimmtheitsmaß* zeigt eine hohe Korrelation mit einem Maximalwert von 0,45 bei einer Laufzeit von 2 Jahren. Noch relativ hohe Werte von 0,36 und 0,28 existieren bei Laufzeiten von 5 Jahren und 10 Jahren. Innerhalb der signifikanten Laufzeiten determinieren die Zinssätze die Gewinnerwartungen *grangerkausal* mit Ausnahme der Laufzeit von 10 Jahren, bei denen eine gegenseitige Grangerkausalität vorliegt. Es bestehen mit Ausnahme der Laufzeit von 1 Jahr keine *ARCH-Prozesse*. Exogene Schocks (*GARCH-Prozesse*) existieren über alle Laufzeiten hinweg mit Ausnahme der Laufzeiten von 1 Monat, 3 Monaten und der Laufzeit von 5 Jahren.

Zusätzlich werden die Einflüssse auf den Zinsstruktur-Spread (TS), die Terminzinsen (FR) und die Leitzinsen (ECB) analysiert: Die Korrelationsanalyse zu den Veränderungen der Gewinnerwartungen und der Veränderung des Zinsstruktur-Spreads zeigt einen insignifikanten Wert. Es bestehen keine ARCH-Prozesse, jedoch exogene Schocks. Die Korrelation zwischen der Veränderung der Gewinnerwartungen und der Veränderung der Terminzinssätze ergibt einen hohen und negativen Koeffizienten

---

[409] Die Ergebnisse stammen aus den Berechnungen der 1.550-seitigen Originalversion dieser Arbeit.
[410] Die Gewinnerwartungen werden ökonometrisch am besten vom European Sentiment Index repräsentiert.
[411] Als an der Signifikanzgrenze liegend wird der Durbin-Watson-Koeffizient als noch signifikant gewertet.

von -0,36. Das korrigierte Bestimmtheitsmaß von 0,25 ist mittelhoch. Die Ergebnisse sind signifikant, jedoch liegt keine Grangerkausalität vor. Es bestehen ARCH-Prozesse sowie exogene Schocks. Die Korrelation zwischen der Veränderung der Gewinnerwartungen und der Veränderung der Leitzinssätze zeigt keine Signifikanz. Es bestehen weder ARCH-Prozesse, noch exogene Schocks.

Insgesamt besteht eine hohe Validität der Hypothese Schumpeters für die Kapitalmarktzinssätze ab einer Laufzeit von 2 Jahren. Die Ergebnisse lassen sich insoweit interpretieren, als die Zukunftserwartungen einen langfristigen Effekt besitzen. Darüber hinaus besteht kein Hinweis darüber, dass die Geldpolitik der EZB die Gewinnerwartungen beeinflussen kann.

2.4. Die Wertung

Schumpeters Zinstheorie stellt eine vergleichsweise umfassende Erklärung für den Kreditmarkt- und den Kapitalmarktbereich der Zinsstruktur dar, nicht zuletzt, weil die Ursachen des Wirtschaftswachstums und der Kreditnachfrage wie die Innovationen, das Humankapital und die Erwartungen einbezogen werden. Besonders hervorzuheben sind in diesem Zusammenhang die außerordentlich hohen Koeffizienten bei der Kapitalintensität, was auf eine besondere Bedeutung für die Zinsstruktur und gemäß der Theorie Schumpeters auch für das Wachstum schließen lässt, und auf das hohe korrigierte Bestimmtheitsmaß beim Gewinnerwartungs-Index. Zudem werden, aufbauend auf der Theorie von Böhm-Bawerks, die wesentlichen Ansätze zu den dynamischen Schwankungen der Zinssätze geliefert. Überdies formuliert Schumpeter die Erwartungstheorie zutreffend in Form autonomer Gewinnerwartungen. Auf dieser Grundlage lassen sich die von Schumpeter thematisierten, umfassend auf den Kreditmarkt wirkenden Investitionen validieren, die eine für die Zinsstrukturtheorie bedeutsame Erklärung liefern, auch wenn Schumpeter keine vom Kapitalmarktzins gänzlich unabhängige Erklärung der Geldmarktzinsen oder der Zinsstruktur als Ganzes entwickelt.[412]

3. Die Zinstheorie nach v. Hayek: Kreditzyklus- und Überinvestitionstheorie

„Die entscheidende Ursache der Konjunkturschwankungen ist also, dass infolge der Veränderlichkeit der Umlaufsmittelmenge der Zins, den die Banken fordern, nicht notwendig immer gleich dem Gleichgewichtszins ist, sondern in der Bewegung über kurze Fristen tatsächlich von den Liquiditätserwägungen der Banken bestimmt wird (...).“[413]

Das Modell von *Friedrich August v. Hayek* (1899-1992), der die 3. Generation der Österreichischen Schule vertritt, basiert auf den Vorüberlegungen des Wicksell´schen kumulativen Prozesses sowie der Mehrergiebigkeit längerer Produktionsumwege v. Böhm-Bawerks. Das Modell stellt einen Beitrag zur monetären Konjunkturtheorie, aber auch zur Zinstheorie dar. Von Hayek betrachtet den Zins als Preis für

[412] Vgl. Schumpeter, Joseph Alois, Konjunkturzyklen, 1939, S. 629: Die Struktur der Zinssätze ist für Schumpeter lediglich in preistheoretischer Hinsicht von Bedeutung. Er hält es für zulässig, von einem einzigen Satz des reinen Zinses zu sprechen, der von den Elementen des Risikos und der „Gewinnmöglichkeiten“ beeinflusst wird.
[413] Hayek, Friedrich August, Geldtheorie, 1929, S. 103.

die Kapitalnutzung.[414] Seine zinstheoretische Betrachtung analysiert den Kreditzyklus und wird auch als (multi-)sektorale Überinvestitionstheorie bezeichnet.[415] [416] Er entwickelt damit die Grundlagen einer endogenen Krisentheorie.

3.1. Die Prämissen

Es bestehen zwei vollbeschäftigte Sektoren mit Investitions- und Konsumgütern. Darüber hinaus besteht ein zweistufiges Bankensystem mit Geschäftsbanken und einer Zentralbank. Es herrscht der Zustand der Markträumung.[417]

3.2. Das Modell

3.2.1. Der Ricardo-Effekt nach von Hayek

Nach der Theorie von Friedrich August von Hayek haben die sich ändernden Zinsen im Wesentlichen einen *monetären Ausgangspunkt*. Nur wenn sich die Darlehensnachfrage und das Ersparnisangebot ausgleichen, sind der Geldzins sowie der natürliche Zins identisch.[418]

Die Ursprungsform seines Modells gestaltet sich wie folgt: Der Bankensektor senkt durch die Kreditvergabetätigkeit die Kreditzinsen unter den Gleichgewichtszins.[419] [420]

15. These:	Die EZB erhöht die Liquidität, die Zinsen sinken.

Es erfolgt eine höhere Kreditnachfrage der Unternehmen.[421] Aufgrund der gestiegenen Kreditnachfrage der Unternehmen werden vermehrt Kapitalgüter nachgefragt.[422] Dies geschieht zulasten der Nachfrage nach Konsumgütern. Auch bewirken die niedrigeren Geldmarktzinsen und die dadurch bedingte Kreditausweitung eine stärkere Investitionsnachfrage.[423] Diese verstärkte Investitionsnachfrage führt zu Preissteigerungen bei Investitionsgütern.[424] Anschließend steigen die Zinsen für das Kapital sowie der Lohn.[425]

---

414 Hayek, Friedrich August, Geldtheorie, 1966, S. 34.

415 Die Theorie von Hayeks stellt primär eine weit gefasste Konjunkturtheorie dar, auf die aus zinsstrukturtheoretischer Perspektive nur rudimentär eingegangen werden kann.

416 Hayek, Friedrich August, Geldtheorie, 1929, Verwendung des Begriffs der Überinvestitionstheorie s. S. 120.

417 Hayek, Friedrich August, Value, 1931, S. 34.

418 Vgl. Hayek, Friedrich August, Geldtheorie, 1929, S. 118 ff.

419 Vgl. Hayek, Friedrich August, Geldtheorie, 1929, S. 69, S. 60, insbes. S. 77, S. 80 f., S. 103 f.

420 Die These von Hayeks kann auch dynamisch und relativ aufgefasst werden. Denn die Zinssätze müssen im Rahmen der zugrunde gelegten Situation absolut steigen und können nur *relativ* zum gestiegenen Gleichgewichtszinssatz sinken. Somit unterstellt von Hayek zumindest implizit in der absoluten Betrachtung steigende, allerdings degressiv abnehmende Zinsen aufgrund einer erhöhten Liquiditätszuführung bzw. Kreditnachfrage.

421 Die darauf basierende *Wirkungs*hypothese, dass die sinkenden Geldmarktzinsen eine höhere Kreditnachfrage bzw. eine höhere Investitionsnachfrage bewirken, ist nicht primärer Untersuchungsgegenstand dieser Arbeit.

422 Zur These, dass ein erhöhtes Kreditvolumen zu einer erhöhten Güternachfrage führt, entfällt die ökonometrische Untersuchung, da kein direkter zinstheoretischer Bezug besteht.

423 Es wird deutlich, dass von Hayek hinsichtlich des Zusammenhangs der nur *relativ* abgesenkten Geldmarktzinsen und der dadurch steigenden *relativen* Kreditexpansion eine *Wirkungshypothese* formuliert.

424 Vgl. Hayek, Friedrich August, Geldtheorie, 1929, vgl. derselbe, Preise, 1931 (Wiederaufl. 1976), S. 50, vgl. derselbe, Studies, 1978, S. 217.

425 Vgl. Hayek, Friedrich August, Profits, 1939, S. 74, S. 76.

16. These:	Eine höhere Investitionsnachfrage führt zu höheren Kapitalmarktzinsen.

Höhere Zinsen führen zu geringeren Gewinnen bei der Kapitalgüterproduktion sowie zu einer geringeren Nachfrage bei Kapitalgütern. Die Kapitalgüterproduktion wird eingeschränkt, womit ein wirtschaftlicher Abschwung eintritt.

Infolgedessen ergibt sich die Notwendigkeit des Abbaus von Überkapazitäten sowie teilweise erfolgter *Fehlinvestitionen*, die in Investitionsruinen münden. Die noch hohen Kreditzinsen nehmen Neuinvestitionen zunehmend die Renditeaussichten. Insbesondere für Banken werden die sinkenden Kreditzins-Erträge und die zunehmend schwierigere Bedienung der Kredite durch die Unternehmen aufgrund sinkender Unternehmensrenditen zu einer Belastung, die zu weiter sinkenden Zinsen führt.

In dieser Phase werden die mit langer Fristigkeit und noch zu relativ hohen Zinsen ausgeliehenen Kredite aufgrund der relativ dazu für die Unternehmer gesunkenen Absatzmöglichkeiten bei geringeren Renditen relativ teuer sowie zunehmend ausfallbehaftet.[426] Denn erst anschließend sinken aufgrund einer stark gesunkenen Kreditnachfrage die Kreditzinsen.

Das Wesentliche hierbei ist, dass die Wirtschaft auf diese *Datenänderung nicht mit einer sofortigen „Anpassung"* im Sinne Schumpeters, d.h. der Bildung eines neuen Gleichgewichtszustands, reagiert. Vielmehr trägt bereits der wirtschaftliche Aufschwung die Ursachen des „unausweichlichen" Umschwungs in sich. Dies ist jedoch monetären Faktoren, und zwar hauptsächlich dem Auftreten „zusätzlicher Kredite", zuzuschreiben, die dann auch den Umfang und die Dauer der Konjunkturschwankungen maßgeblich beeinflussen.[427]

In diesem Prozess des wirtschaftlichen Abschwungs erfolgt ein Rückgang der Beschäftigung bei der Kapitalgüterproduktion. Dadurch sinken sowohl die Konsumgüternachfrage als auch die Konsumgüterproduktion, was zu einer weiter sinkenden Kapitalgüternachfrage führt. Im Ergebnis erfolgt ein Zusammenbruch des volkswirtschaftlichen Outputs. Die verfügbaren Kredite übersteigen die Kreditnachfrage, sodass die Zinsen weiter fallen und der Zyklus künftig erneut beginnen kann.

Der Ricardo-Effekt im engeren Sinne wird in späteren Ausführungen Hayeks durch eine Neuformulierung des Ursprungsmodells verändert.[428] Hierbei erweitert von Hayek seine Prämissen: Es besteht eine Unterauslastung materieller Ressourcen (im Sinne materieller Produktionsfaktoren) und eine Unterbeschäftigung des Faktors Arbeit. Die Flexibilität der Löhne sowie die Faktormobilität von Arbeit sind begrenzt. Ebenso gilt der Geldzinssatz als konstant.[429] Von Hayek betrachtet nur noch die nominalen statt der realen makroökonomischen Größen.

---

[426] Vgl. Hayek, Friedrich August, Profits, 1939, S. 61: (...) the seeds of future trouble will be sown, long before the actual „critical point" is reached (...).
[427] Vgl. Hayek, Friedrich August, Geldtheorie, 1929, S. 106 f.
[428] Vgl. Hayek, Friedrich August, Profits, 1939, S. 3 ff.
[429] Vgl. Hayek, Friedrich August, Profits, 1939, S. 5: (...) more realistic assumptions: (...) considerable employment of material resources and labour exists. (...) the existing rigidity of money wages and of the limited mobility of labour, (...) in the short run practically no mobility of labour between the main in-

Aufbauend auf diesen Prämissen gestaltet sich der neuformulierte Ricardo-Effekt wie folgt: Bei einem konjunkturellen Aufschwung steigen zunächst die Konsumgüterpreise stärker als die Löhne, womit der relative Preis des Lohns sinkt.[430] Die Gewinnsteigerungen in der Konsumgüterindustrie führen zu erhöhter Kapitalgüternachfrage, was zugleich die Kapitalintensität der Produktion erhöht. Daraus folgt eine Verdrängung von Arbeitskräften aus dem Konsumgüter- in den Investitionsgüterbereich. Die sinkende Nachfrage nach Konsumgütern lässt später auch die Kapitalgüternachfrage sinken, womit die Kapitalgüterindustrie relativ an Bedeutung verliert.[431]

Das Besondere am Ricardo-Effekt ist die Modellierung konjunktureller Phänomene anhand der Verschiebung relativer Preise bei Gütern und Produktionsfaktoren. Dabei zeigt von Hayek Instabilitäten, die aufgrund von Schwankungen des Kreditmarktbereichs entstehen können. Ähnliche Schwankungen können auch durch eine zyklische Geldpolitik ausgelöst werden.[432]

Eine monetär bedingte Senkung der Kreditzinsen erhöht über einen komplexen Prozess der Veränderung der Preise die Nachfrage nach Investitionsgütern. Im Zuge einer „Normalisierung“ der Zinsen erweisen sich dann jene Investitionsgüter als unrentabel, welche durch die künstlich nach unten verzerrten Zinsen induziert werden. Jene Investitionen, welche bei normalen Zinsen nicht mehr genügend rentieren, bleiben im Abschwungprozess als Investitionsruinen stehen. Monetäre Impulse führen damit zu einer Störung des wirtschaftlichen Gleichgewichts und der intertemporalen Allokation von Ressourcen.

3.2.2. Die Geldexpansion als Ursache für Konjunkturschwankungen

Ein *Anstieg der Kreditnachfrage* bewirkt gemäß von Hayeks Darstellung stets einen steigenden natürlichen Zinssatz.[433]

17. These:	Eine höhere Kreditnachfrage führt zu höheren (Kreditmarkt-)Zinsen.

Die Gründe dafür können verschieden sein: Neue Erfindungen oder Entdeckungen, das Auftreten genialer Unternehmer, die nach Schumpeter „neue Kombinationen“ durchsetzen, oder ein Sinken des Lohnniveaus z.B. infolge starker Einwanderung, aber auch die Vernichtung großer Kapitalgütermengen durch eine Elementarkatastrophe und vieles anderes mehr.[434] Als weiteren Grund führt von Hayek die durch die Zentralbank verursachte Geldexpansion an. Keiner dieser Gründe könnte jedoch allein zu der übermäßigen Zunahme der Investitionstätigkeit führen, die die spätere

dustrial groups, (...) money wages cannot be reduced, (...) and finally (...) the money rate of interest is kept constant. Vgl. S. 13.

430 Vgl. Hayek, Friedrich August, Profits, 1939, S. 11: (...) rise in the demand for consumers´ goods will lead to a rise in their prices and a fall in real wages. (...) prices of consumers´ goods do as a rule rise and real wages fall.

431 Vgl. Hayek, Friedrich August, Profits, 1939, S. 11 ff.

432 Die entsprechende These wurde im vorliegenden Kapitel bereits als erste These formuliert.

433 Die These wird durch von Hayek zunächst in relativer Betrachtung und für den Geldmarkt ausgeführt, um den Focus stärker auf den Ricardo-Effekt zu lenken. Schumpeter formuliert die Kredit-These naiver.

434 Vgl. Hayek, Friedrich August, Geldtheorie, 1929, S. 95.

Krise unausweichlich macht. Denn die übermäßige Zunahme der Investitionstätigkeit wird vielmehr wesentlich mittels der Erhöhung der Kreditvolumina durch die Banken bewirkt.[435] Die entscheidende Ursache der *Konjunkturschwankungen* ist damit, dass infolge der Veränderung der Umlaufmittelmenge der von den Banken erhobene *Zins* nicht notwendigerweise stets dem Gleichgewichtszins entspricht, sondern in seiner Entwicklung kurzfristig auch von den *Liquiditätserwägungen* der Banken bestimmt wird.[436]

3.2.3. Die zinstheoretische Relativierung des Ricardo-Effekts

Im Rahmen des Ricardo-Effekts misst von Hayek den Unternehmensgewinnen eine höhere Bedeutung zu als dem Zins.[437] Für die Realität jedoch schätzt von Hayek die Wichtigkeit des Zinssatzes erheblich höher ein, als im Rahmen des Ricardo-Effekts mit der Prämisse eines fixierten Zinssatzes zugrunde gelegt wird.[438] Denn der Zusammenhang zwischen den Unternehmensgewinnen und dem Zinssatz ist nach von Hayek sehr elastisch, sodass der Zinssatz der Entwicklung der Gewinne folgt.[439]

18. These:	Steigende Gewinne erhöhen die Zinsen.

Insoweit gilt auch hier, dass ein Preisanstieg bei den Konsumgütern zu einem Anstieg des Zinssatzes führt.[440] In der Realität wird der Anstieg des Zinssatzes einen Boom beenden, bevor die Gewinne ausreichend steigen.[441] Zwar sind Zinsänderungen nicht von hoher Wichtigkeit für Unternehmer, denn die Investitionen sind stärker abhängig von den Gewinnerwartungen und den Löhnen als vom Zinssatz.[442] Doch die Bewegungen des Zinssatzes folgen in nur geringem zeitlichem Abstand den Bewegungen der Gewinne.[443] Jedoch schwanken die Zinssätze viel weniger als die Gewinne.[444] Auch aufgrund der anderen Variablen, die die Investitionen beeinflussen, hängt der Zinssatz erheblich von zufälligen und arbiträren (Anm. d. Verf.: d.h. auch im Sinne willkürlicher) Faktoren ab.[445] Selbst geldpolitische Beeinflussungen des Zinssatzes, die diesen unter oder über seinem „natürlichen Niveau" festzulegen versuchen, sind nur vorübergehend effektiv.[446] Insgesamt relativiert von Hayek unter Berücksichtigung der zinstheoretischen Aspekte die Wirksamkeit des Ricardo-Effekts, ohne jedoch über die Unternehmensgewinne hinaus weitere Ursachen des Zinsphänomens im Zusammenhang mit dem Ricardo-Effekt zu untersuchen.

[435] Vgl. Hayek, Friedrich August, Geldtheorie, 1929, S. 95 f.
[436] Ebenda, S. 103 ff.
[437] Vgl. Hayek, Friedrich August, Profits, 1939, S. 3: (...) it is the rate of profit rather than a rate of interest (...) which is the dominating factor. S. 4: (...) rate of profit is in many respects much more effective and fundamental than the rate of interest. S. 64: (...) we might get the trade cycle even without changes in the rate of interest. S. 17 f.
[438] Vgl. Hayek, Friedrich August, Profits, 1939, S. 5: (...) the (...) rate of interest is kept constant; S. 65.
[439] Vgl. Hayek, Friedrich August, Profits, 1939, S. 65, S. 66.
[440] Vgl. Hayek, Friedrich August, Profits, 1939, S. 179.
[441] Vgl. Hayek, Friedrich August, Profits, 1939, S. 66.
[442] Vgl. Hayek, Friedrich August, Profits, 1939, S. 66.
[443] Vgl. Hayek, Friedrich August, Profits, 1939, S. 66, S. 67.
[444] Vgl. Hayek, Friedrich August, Profits, 1939, S. 66.
[445] Vgl. Hayek, Friedrich August, Profits, 1939, S. 67.
[446] Vgl. Hayek, Friedrich August, Profits, 1939, S. 67.

3.2.4. Die preisinformationstheoretische Betrachtung des Zinsniveaus

Die *relativen Preise* spiegeln im Rahmen einer *Preis-Informationstheorie* alle in einer Volkswirtschaft verfügbaren *Informationen* sowie das *Wissen über Knappheitsrelationen* wider. Von Hayek vertritt die These, dass in einer Naturalwirtschaft der *Zins ein Preissignal für die proportionelle Entwicklung der Erzeugung von Kapitalgütern und Konsumgütern bildet.* Die Kreditvergabe ermöglicht es den Banken, zusätzliche Kaufkraft zu schaffen.[447] Wesentlich ist auch, dass das Verhalten der Preise im Laufe des Konjunkturzyklus´ monetäre Ursachen besitzt.[448]

Die monetär bedingte *Verzerrung der Kreditzinsen* erhöht über den Ricardoprozess und die Veränderung der relativen Preise (Güterpreise und Löhne) die Investitionen, welche sich nach einer „Normalisierung" der Zinsen als teilweise unrentabel bzw. sich im nachfolgenden Abschwungprozess als Fehlinvestitionen erweisen. Es kommt zu einer übermäßigen Kapitalgütererzeugung. Der Zins erfüllt somit eine *Signalfunktion*, weil er den Aufbau der Produktion, also das *Verhältnis von Kapitalgütern zu Konsumgütern* induziert, indem die *produktivste* Verwendung von Realkapital *zuerst* befriedigt wird.

Darüber hinaus stellt sich die Frage nach den *Wirkungen von Zinsänderungen auf das Preissystem* und danach, ob die Höhe des Zinses von der Menge des jeweils vorhandenen Gesamtkapitals oder nicht nur vom Umfang des jeweiligen Angebotes von für Neuinvestitionen verfügbarem Kapital bestimmt wird. Hierbei wird darauf verwiesen, dass die verbreitete Auffassung unzutreffend ist, dass bei dem Prozess der Zinsbildung auf der Angebotsseite der angesammelte bzw. akkumulierte Kapitalstock als Bestimmungsfaktor wirkt.[449] [450]

Kommt es zu einer *Geldexpansion* durch die Zentralbank oder zu einer *Kreditexpansion* durch die Geschäftsbanken, fällt der Geldzins unter den normalen Zins. Hierdurch jedoch wird die *Signalwirkung* des Zinses als Preis für Realkapital *verfälscht* und die Produktionsstruktur folglich zinsinduziert verzerrt. Indem die Banken *zusätzliche Kredite* zur Befriedigung der verstärkten Kreditnachfrage schaffen, verhindern sie damit, dass eine Ausweitung des Produktionsapparats so schnell durch Zinserhöhungen gebremst würde, wie es der Fall sein müsste, wenn der „Fortschritt" ausschließlich durch *Ersparnisse* finanziert werden müsste. Durch dieses Vorgehen heben die Banken aber auch den automatischen Anpassungsmechanismus auf, der das Gleichgewicht der einzelnen Teile der Wirtschaft erhält, und machen disproportionale Entwicklungen möglich, die später negative Auswirkungen haben.[451] Auch Wicksell und von Mises heben hervor, dass die Wirkung eines durch monetäre Faktoren reduzierten Zinsniveaus entscheidend ist für die *übermäßige Kapitalgüterer-*

---

[447] Hayek, Friedrich August, Geldtheorie, 1929, S. 93 f.
[448] Vgl. Hayek, Friedrich August, Geldtheorie, 1929, S. 106 f.
[449] Vgl. Hayek, Friedrich August, Geldtheorie, 1929, S. 123.
[450] Bei der Wirkung der Zinsen auf die Preise handelt es sich um eine im Rahmen dieser Arbeit nicht betrachtete Wirkungshypothese zur Zinstheorie.
[451] Vgl. Hayek, Friedrich August, Geldtheorie, 1929, S. 102.

zeugung und damit auch für die durch die Kreditzyklen verursachte Wirkung von Konjunkturerscheinungen.[452]

Sobald sich durch den Einfluss des Geldes das Preisgefüge im Vergleich zur reinen, realwirtschaftlichen Theorie auch nur marginal verändert, bewirkt dies eine *Verschiebung im Gesamtaufbau der Produktion*, die sich zwangsläufig nur als Folge des Einflusses des Geldes erklären lässt. Insbesondere wird die nächste Konsequenz der Anpassung der Geldmenge an den „Geldbedarf" diejenige sein, dass die Zinsbremse nicht derart zeitnah direkt wirkt, wie dies in einer kreditlosen Wirtschaft der Fall wäre. Dies bedeutet somit, dass Neuinvestitionen in größerem Umfang erfolgen, für welche schließlich kein ausreichender Bedarf besteht.

Die entstehenden Abweichungen zwischen *Geldzins* und *natürlichem Zins* stellen ein Phänomen dar, welches unter der bestehenden Kreditorganisation immer wieder auftreten muss. Hieraus ergibt sich die von Hayek entwickelte, *endogene Krisentheorie*. „Der Bankier bemerkt eben nicht, dass durch diesen Prozess die Geldmenge vergrößert wird." [453]
Es sind *keine geldpolitischen Maßnahmen denkbar, die diese Schwankungen vollkommen unterdrücken würden.*[454] Eine Stabilität kann nicht dadurch erkauft werden, dass der Zins dauerhaft über seinem realen Niveau steht und der technische Fortschritt verlangsamt wird, weil die Nutzung von Erfindungen und die Herbeiführung neuer Kombinationen erschwert werden und ein ökonomischer Antrieb für die Entwicklung wegfällt.[455] Es ist lediglich eine Abschwächung, keinesfalls jedoch eine Beseitigung von Konjunkturschwankungen erreichbar.[456]
So werden beispielsweise gemäß der reinen Zinstheorie von Gustav Cassel die durch reale Faktoren bestimmten Zinsschwankungen dadurch verursacht, dass *Konjunkturschwankungen in der Überschätzung des Kapitalangebots liegen, und auch eine durch reale Momente bedingte vorübergehende Zinssenkung* in der gleichen Weise zu Überinvestitionen führen kann, wie man dies allein einer monetär bedingten Zinssenkung zugeschrieben hat.[457]

3.3. Die ökonometrischen Analysen

Hinsichtlich der ökonometrischen Analyse des Zusammenhangs zwischen Kapitalmarktzinsänderung und einer Veränderung der *Investitionsnachfrage* wird auf die entsprechenden These Schumpeters verwiesen. Die ökonometrische Untersuchung zur Korrelation der Veränderungen der *Liquiditätszuführung* und der Veränderungen der Zinssätze entspricht der These Wicksells. Die These steigender *Gewinne* wird bereits im Rahmen der Gewinnerwartungs-Hypothese Schumpeters analysiert.

---

[452] Hayek, Friedrich August, Geldtheorie, 1929, S. 69 ff.
[453] Vgl. Hayek, Friedrich August, Geldtheorie, 1929, S. 93.
[454] Vgl. Hayek, Friedrich August, Geldtheorie, 1929, S. 110.
[455] Vgl. Hayek, Friedrich August, Geldtheorie, 1929, S. 112.
[456] Vgl. Hayek, Friedrich August, Geldtheorie, 1929, S. 113.
[457] Vgl. Hayek, Friedrich August, Geldtheorie, 1929, S. 120.

Es erfolgt die einzig verbleibende ökonometrische Analyse hinsichtlich des bereits bei Schumpeter formulierten Zusammenhangs zwischen Kreditvolumenänderung (fest- sowie variabel-verzinslich) und dem Zinsniveau.

Tab. 10: Kreditnachfrage (HAYEK).[458]

Independent Variable: 1st Differentiation von: MFI_LOANS_NMFI_PRIV_GO											
Dependent Variable: 1st Differentiation der folgenden Zinssätze:											
	i1D	i1M	i3M	i6M	i1Y	i2Y	i5Y	i10Y	TS	FR	ECB
Koeffizient (/100)	0.24	0.27	0.27	0.26	0.25	0.24	0.20	0.16	-0.12	-0.83	0.20
R^2-adjusted	0.32	0.40	0.39	0.33	0.27	0.21	0.17	0.15	0.05	0.02	0.15
Probability	0.00	0.00	0.00	0.00	0.00	0.01	0.01	0.02	0.14	0.18	0.01
Durbin-Watson	1.16	1.10	1.29	1.43	1.65	1.76	1.83	1.97	1.41	1.65	1.28
Granger cause	←	←	←	←	←	←	↔	↔	→	-	-
White	2.18	2.16	2.18	2.73	2.70	2.37	1.26	0.10	0.26	0.41	3.40
ARCH (p-Wert)	0.00	0.16	0.00	0.87	0.32	0.00	0.00	0.28	0.15	0.30	0.00
GARCH (p-Wert)	0.00	0.00	0.00	0.01	0.00	0.00	0.00	0.01	0.00	0.00	0.00
Best Lag:	*0 Periods of the dependent variable calculated (interest rate)*										
MFI_LOANS_ NMFI_PRIV_GO	*= Loans of Monetary Financial Institutions (MFI) to Nonmonetary Financial Institutions (NMFI) (Private and Government)*										
Zinssätze:	*i1D = Zins 1 Tag, i1M = Zins 1 Monat, (...), i10Y = Zins 10 Jahre*										
	TS = Zins-Spread der Zinsstruktur, FR = EURO-BUND-Future, ECB = Leitzinssatz der EZB										
Granger-Kausalität:	*→ = abhängige Variable (Zinssatz) determiniert grangerkausal; – = keine Grangerkausalität*										
	← = unabhängige Variable determiniert grangerkausal; ↔ = gegenseitige Grangerkausalität										

Die ökonometrischen Tests präsentieren die Analyse der Veränderungen des Kreditvolumens (MFI_LOANS_NMFI_PRIV_GO) und der Veränderungen der Zinssätze mit einem optimalen Lag von null Quartalen: [459] Die Ergebnisse sind *signifikant* für alle Laufzeiten von inklusive 6 Monaten und länger. Der *Korrelationskoeffizient* besitzt innerhalb dieser Laufzeiten einen geringen Wert (max. 0,26/100) hinsichtlich der Veränderungen der Zinssätze als Effekt eines Anstiegs des Kreditvolumens auf 1,0 Prozent. Das *korrigierte Bestimmtheitsmaß* zeigt innerhalb der signifikanten Laufzeiten eine bereits hohe Korrelation bei 6 Monaten mit einem maximalen Wert von 0,33 sowie kontinuierlich bis auf 0,15 abnehmende Korrelationen bei längeren Laufzeiten. Die Veränderungen der Zinssätze werden *grangerkausal* von den Veränderungen der Kreditvolumina determiniert, mit Ausnahme der Laufzeiten von 5 und 10 Jahren, bei denen eine gegenseitige Grangerkausalität vorliegt. Es existieren mit Ausnahme der Laufzeiten von 1 Monat, 6 Monaten, 1 Jahr und 10 Jahren *ARCH-Prozesse* über alle Laufzeiten hinweg. Exogene Schocks (*GARCH-Prozesse*) liegen bei allen Laufzeiten vor.

Zusätzlich werden die Einflüssse auf den Zinsstruktur-Spread (TS), die Terminzinsen (FR) und die Leitzinsen (ECB) analysiert: Die Korrelationsanalyse hinsichtlich der Veränderungen des Kreditvolumens und der Veränderungen des Zinsstruktur-Spreads zeigt keine Signifikanz. Es bestehen keine ARCH-Prozesse, jedoch exoge-

458 Die Ergebnisse stammen aus den Berechnungen der 1.550-seitigen Originalversion dieser Arbeit.
459 Das absolute Kreditvolumen stellt die ausstehenden Beträge am Ende der jeweiligen Periode dar.

ne Schocks. Die Korrelation zwischen den Veränderungen des Kreditvolumens und den Veränderungen der Terminzinsen ist nicht signifikant. Es existieren keine ARCH-Prozesse, jedoch exogene Schocks im Rahmen der GARCH-Prozesse. Die Korrelation zwischen den Veränderungen des Kreditvolumens und den Änderungen der Leitzinsen ist aufgrund des Vorliegens serieller Korrelation insignifikant. Es liegen ARCH-Prozesse sowie exogene GARCH-Schocks vor.

Insgesamt besteht eine Validität der Hypothese von Hayeks für die Kreditmarktzinsen, d.h. insbesondere für Laufzeiten von 6 Monaten bis zu 2 Jahren, was sich auch grafisch zeigt.

Die Veränderungen von Kreditnachfrage und Zins am Beispiel des 6-Monats-Zinssatzes

In Zeitverlauf zeigt sich ein prägnanter Zusammenhang zwischen den Veränderungen der Kreditnachfrage (Actual) und den Veränderungen des 6-Monats-Zinssatzes (Fitted).

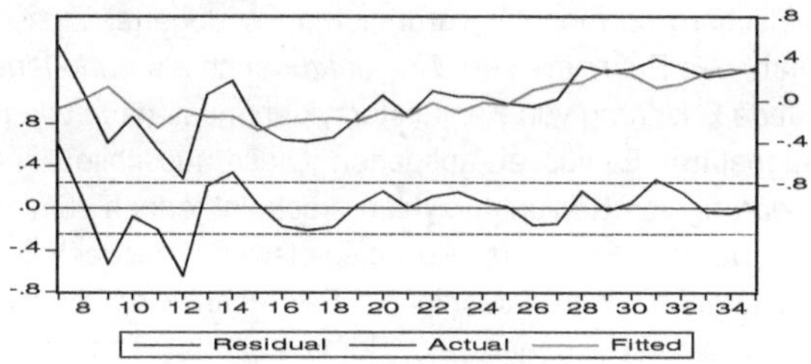

Abb. 16: Veränderungsraten der Kreditnachfrage und der 6-Monats-Zinsen.[460]

Die Ergebnisse lassen sich ökonomisch insoweit interpretieren, als die mittel- und langfristigen Investitionen kreditfinanziert sind und eine Folge des konjunkturellen Wachstums darstellen. Deshalb sind auch die Ergebnisse des Zinsstruktur-Spreads und der langfristigen Terminzinsen insignifikant. Die Ergebnisse für die Leitzinsen zeigen jedenfalls, dass die Geldpolitik der EZB durch eine Veränderung der Leitzinsen kaum die Kreditnachfrage stimulieren kann.

Die Ergebnisse sollen unter Berücksichtigung der Kreditmarktthese und der an anderer Stelle dieser Arbeit getesteten Thesen von Hayeks sowie unter Berücksichtigung des gesamten Ricardo-Effekts beurteilt werden: Die *Liquiditätsnachfrage* determiniert die Zinsen eher im kurzfristigen Bereich, beim Kapitalmarktzins sogar mit (leicht) negativem Koeffizienten. Die *Kreditnachfrage* erhöht die Kreditzinsen bereits ab einer Laufzeit von 6 Monaten erheblich und ohne Lag. Die *Investitionsnachfrage* determiniert die Zinsen eher in einem längerfristigen Bereich (ab 1 Jahr) als die Kreditnachfrage und zudem erst mit einem Lag von zwei Perioden. Die *Gewinnerwartungen* sind langfristig besonders valide und ebenfalls mit einem optimalen Lag von 2 Perioden versehen. Der Ablauf des Ricardo-Effekts würde sich damit zinsstrukturtheoretisch bestätigen lassen.[461]

---

[460] Eigene Darstellung (Quellen: Online-Datenbank, Finanz-Software).

[461] Weiter Hinweise zur Validität des Ricardo-Effekts finden sich im letzten Kapitels der vorliegenden Arbeit (multiples Regressionsmodell mit den Variablen Kredit, Gewinnerwartungen und zusätzlich der Variablen Konsum, die gemäß der Formulierung von Hayeks mit einem negativen Koeffizienten signifikant ist).

Die entscheidende Frage für die zinsstrukturtheoretische Validierung des Ricardo-Effekts ist also, ob die Zentralbank oder die Banken (ggf. infolge einer expansiven Geldpolitik) in der Lage sind, den Zins unter den Gleichgewichtszins zu drücken. Die Praxis zeigt, dass dies zumindest zeitweise der Fall ist. Hayek beschreibt somit exakt die Ursachen und den grundsätzlichen Ablauf der immer wiederkehrenden Finanzkrisen. Insgesamt besteht deshalb aus zinsstrukturtheoretischer Sicht insbesondere für den Kapitalmarkt eine hohe Validität der Hypothesen von Hayeks im Rahmen des Ricardo-Effekts zumindest während der Perioden, in denen der Marktzins durch die Zentralbank oder die Banken unter den Gleichgewichtszinssatz gedrückt wird.

3.4. Die Wertung

Von Hayek geht im Rahmen einer monetären Betrachtung auf wichtige Ursachen mittelfristiger und monetär verursachter, endogener Zinsschwankungen ein. Es gelingt ihm, das Phänomen der *Konjunktur* auch als *endogenes* Phänomen nachzuweisen. Jede Erklärung von Konjunkturzyklen muss nach von Hayek vom Geld und dessen monetären Einflüssen ausgehen. Diese ausschließliche, monetäre und endogene Erklärung von Konjunkturzyklen erscheint jedoch zumindest zum Teil überbetont, da auch andere Faktoren, wie beispielsweise der technische Fortschritt, Ursachen konjunktureller Zyklen darstellen.[462] Der technische Fortschritt jedoch wird im Modell von Hayeks nicht endogenisiert. Somit stellt der Ricardo-Effekt aus zinsstrukturtheoretischer Perspektive eine Krisentheorie (bzw. Überinvestitionstheorie) dar.

Darüber hinaus ist es auch entgegen der Darstellung des Ricardo-Effekts möglich, dass - wie in der ursprünglichen Formulierung von Hayeks angenommen - ein wirtschaftlicher Aufschwung zunächst im Investitionsgüterbereich beginnt und sich erst nachfolgend auch im Konsumgüterbereich fortsetzt. Des Weiteren funktioniert der Ricardo-Effekt nur, wenn die Konsumgüterpreise schneller steigen als die Löhne. Somit gelten für den Ricardo-Effekt insgesamt recht spezifische Annahmen.

Auch von Hayek führt das Phänomen einer *Zinsstruktur* nicht explizit aus, obgleich er der Zinsstruktur einen wichtigen konjunkturtheoretischen Beitrag beimisst.[463]

B. Die Kreditmarkttheorien zur Zinsstruktur

Zwar handeln die Kapitalmarkttheorien zur Zinsstruktur die Frage nach den Krediten mit ab. Die nachfolgenden Kreditmarkttheorien widmen Krediten jedoch ihr zentrales Augenmerk, selbst wenn dies stets in Zusammenhang mit der Analyse anderer Teilmärkte geschieht.

---

[462] Vgl. Kydland, Finn E., Prescott, Edward C., Time, 1982, S. 1345 ff. S. 1368: Die ökonometrischen Untersuchungen für die US-Wirtschaft zeigen, dass der technische Fortschritt den realen Output am besten erklärt.

[463] Vgl. Hayek, Friedrich August, Geldtheorie, 1929, S. 136 f.

1. Die Loanable-Funds-Theorie nach Ohlin, Lindahl und Lerner

"The rate of interest is simply the price of credit, and is therefore governed by the supply of and the demand for credit." [464]

Die von *Bertil Ohlin* sowie *Erik Lindahl* entwickelte Theorie ausleihbarer Fonds (= *Loanable Funds*) der Stockholmer Schule ist den neoklassischen Zinstheorien zuzurechnen und betrachtet den Kreditmarkt als eine Synthese aus dem Geldmarkt und dem Kapitalmarkt.[465] Die Zinsbildung erfolgt in dieser Theorie aufgrund von Angebot und Nachfrage auf den Kreditmärkten.[466] Die Loanable-Funds-Theorie stellt eine vorwiegend preistheoretische Betrachtung des Zinses dar. Hierbei wird auf die neoklassischen Begründungen der Österreichischen Kapitaltheorie wie die Grenzproduktivität des Kapitals für die Höhe des Marktzinses zurückgegriffen.[467] Eine Neuerung ist, dass der Marktzins als Kreditzins unter Annahme von Arbitragegesichtspunkten aus der Kombination von Zinssätzen verschiedener Teilmärkte abgeleitet wird.[468]

1.1. Die Prämissen

Ersparnis (*S*) und Investition (*I*) sind wie beim „klassischen Kapitalmarkt" bzw. und wie in der klassischen Zinstheorie zinsabhängig: [469]

$$I = I\left(\overset{-}{i}\right) \qquad S = S\left(\overset{+}{i}\right) \tag{28}$$

Darüber hinaus wird der Kreditmarkt vom Geldmarkt beeinflusst. Dieser setzt sich aus folgenden Elementen zusammen:

$$H = H\left(\overset{-}{i}\right) \qquad M = \Delta M\,(exogen) \tag{29}$$

Die Geldnachfrage erfolgt aus den Hortungen und ist *invers* zinsabhängig. Die Geldmengenänderung (ΔM) erfolgt exogen durch die Zentralbank [470] Der Kreditmarkt wird damit nicht nur vom Kapitalmarkt, sondern auch vom Geldmarkt beeinflusst. Die Ersparnis (*S*) ist definiert als Überschuss des erhaltenen Gesamteinkommens über die Konsumausgaben. Die Loanable-Funds bestehen im Ergebnis aus freiwilliger, „echter" Ersparnis zuzüglich geliehener Bankmittel sowie aktivierter ungenutzter, „erzwungener" Mittel (*H*).[471] Dabei ist das Horten ein ursprünglich verwendeter Begriff für die zinsabhängige Liquiditätsnachfrage. Annahmegemäß existiert nur ein Wertpapiertypus, ein festverzinsliches Wertpapier mit unendlicher Laufzeit (consol). Der jeweils einzelwirtschaftlich betrachtete Zins ergibt sich aus den zugrunde liegenden zinstragenden Titeln.[472] So wird das Problem der Zinsstruktur vermieden.

---

[464] Vgl. Ohlin, Bertil, Notes, 1937, S. 221.
[465] Vgl. Ohlin, Bertil, Notes, 1937, S. 53-69, S. 221-240, Lindahl, Erik., Studies, 1939, S. 318 ff.
[466] Vgl. Lutz, Friedrich August, Zinstheorie, 1956, S. 144.
[467] Vgl. Ohlin, Bertil, Notes, 1937, S. 223.
[468] Vgl. Ohlin, Bertil, Notes, 1937, S. 223.
[469] Vgl. Ohlin, Bertil, Notes, 1937, S. 222.
[470] Vgl. Issing, Otmar, Geldtheorie, 1995, S. 116.
[471] Vgl. Ohlin, Bertil, Notes, 1937, S. 222.
[472] Vgl. Ohlin, Bertil, Notes, 1937, S. 225.

Die Loanable-Funds-Theorie nach Ohlin-Lindahl-Lerner

Der Kapitalmarkt und der Geldmarkt beeinflussen maßgeblich den Kreditmarkt. Der Kapitalmarkt besteht aus Investitionen (I), Ersparnis (S) und begründet den Kapitalmarktzins (iKm). Der Geldmarkt besteht aus Hortung (H) und Geldmengenänderung (dM); dieser begründet den Geldmarktzins (iGm). Beide Teilmärkte aggregiert ergeben den Kreditmarkt sowie den Kreditmarktzins (iKr).

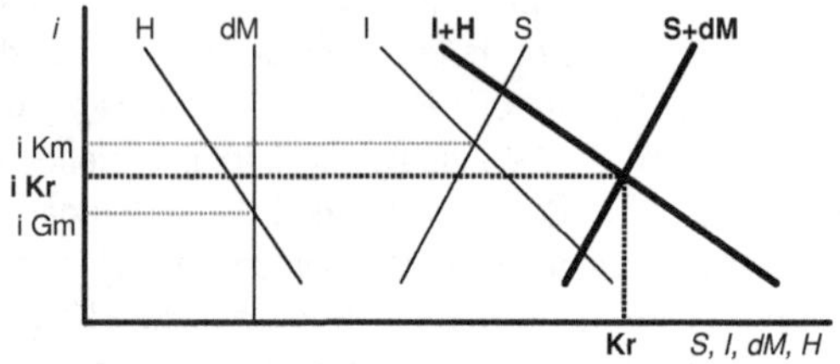

Abb. 17: Loanable-Funds-Theorie nach Ohlin, Lindahl und Lerner.[473]

1.2. Das Modell

Der Kapitalmarktzins (*iKm*) bildet sich im Gleichgewicht zwischen Investition (*I*) und Ersparnis (*S*).[474] Der Geldmarktzins (*iGm*) entsteht im Gleichgewicht zwischen Hortung (*H*) sowie Geldmengenänderungen (*dM*). Beide Teilmärkte, der Kapitalmarkt und der Geldmarkt, bilden aufgrund des in der Loanable-Funds-Theorie dargestellten Prinzips der Mischfinanzierung aggregiert einen Markt für ausleihbare Fonds bzw. Loanable-Funds, welcher sich als Kreditmarkt betrachten lässt. Der im Rahmen der vorliegenden Theorie zu erklärende Kreditmarktzins (*iKr*) ergibt sich deshalb mithilfe der Aggregation des Geldmarkts und des Kapitalmarkts. Dieser Kreditzins liegt somit *zwischen* dem Kapitalmarktzins und dem Geldmarktzins. Für die „ausleihbaren Fonds" bzw. den Kreditmarktzins bildet sich damit ein Marktzins von *i(Kr)*.[475]

19. These:	Die Geld- und Kapitalmarktzinsen beeinflussen die Kreditmarktzinsen.

In einer dynamischen, portfoliotheoretischen Betrachtung ist zu beachten, dass eine Geldmengenerhöhung über Fristentransformation sowohl zur Erhöhung des Kreditangebots als auch zur zinsabhängigen Hortung führt.[476] Hierbei wird die dynamische Alimentierung aller Teilmärkte deutlich.

Die Dynamik des Zinsniveaus auf dem Markt für Loanable-Funds basiert nicht nur aus Veränderungen der Grenzproduktivität des Kapitals, wie von der neoklassischen Theorie angenommen wird, sondern darüber hinaus auch aus den Veränderungen von Erwartungen über das künftige Einkommen.[477] In diesem Sinne wird auch die Anschauung eines statischen Gleichgewichts zurückgewiesen, wie sie beispielsweise in Form des natürlichen Zinses von Wicksell formuliert wurde. Vielmehr besteht ein insgesamt dynamisches Gleichgewicht.[478]

---

[473] Vgl. Issing, Otmar, Geldtheorie, 1995, S. 115, Grundlage ist die Darstellung von A.P. Lerner.
[474] Vgl. Ohlin, Bertil, Notes, 1937, S. 222.
[475] Vgl. Ohlin, Bertil, Notes, 1937, S. 226.
[476] Vgl. Ohlin, Bertil, Notes, 1937, S. 222.
[477] Vgl. Ohlin, Bertil, Notes, 1937, S. 223.
[478] Vgl. Ohlin, Bertil, Notes, 1937, S. 223.

20. These:	Die Kreditnachfrage beeinflusst die Geld- und Kapitalmarktzinsen in gleicher Richtung.

1.3. Die ökonometrischen Analysen

Es erfolgt die ökonometrische Analyse der These, nach welcher die Kreditnachfrage die Geld- und Kapitalmarktzinsen in gleicher Richtung beeinflusst. Die Analyse wird von der korrespondierenden These von Hayeks übernommen. Diese analysiert die Veränderung des Kreditvolumens (D_MFI_KREDITS_NMFI_PRIV_GO) und die Veränderung der Zinssätze mit einem optimalen Lag von null Quartalen. Die Ergebnisse werden nicht erneut kommentiert, jedoch in Bezug auf die Theorie von Ohlin und Lindahl beurteilt. Zwar beeinflusst gemäß der Loanable-Funds-Theorie die Kreditnachfrage sowohl die Geld- als auch die Kapitalmarktzinsen in gleicher Richtung. Doch kann diese These lediglich eingeschränkt bestätigt werden. Denn bei den Geldmarktzinsen liegen zwar serielle Korrelationen vor, jedoch auch höhere adjustierte Bestimmtheitsmaße. Bei den Kapitalmarktzinsen geht die eindeutige, grangerkausale Determinierung durch die Kreditnachfrage mit steigender Laufzeit verloren. Doch kann die *zusammengesetzte* These in der Formulierung durch Ohlin und Lindahl im weiteren Sinne aufgrund der im Wesentlichen ähnlichen Werte bestätigt werden. Bezüglich der ökonomischen Interpretation wird auf jene der folgenden These verwiesen.

Es folgt die ökonometrische Analyse der Veränderungen der Geld- und Kapitalmarktzinsen und der Veränderungen der Kreditmarktzinsen. Hierbei werden stellvertretend für den *Kreditmarkt* jeweils die Zinssätze mit der Laufzeit von 1 Jahr, für den *Geldmarkt* die 3-Monats-Zinssätze (nächste Tabelle) und für den *Kapitalmarkt* die Zinssätze mit der Laufzeit von 5 Jahren analysiert (übernächste Tabelle).

Tab. 11: Geldmarkt- u. Kreditmarktzinsen (OHLIN/LINDAHL: Loan. Funds).[479]

Independent Variable: 1st Differentiation von: *Zins 3 Monate*											
Dependent Variable: 1st Differentiation von: Zins 1 Jahr											
			i3M		i1Y						
Koeffizient					0.89						
R²-adjusted					0.66						
Probability					0.00						
Durbin-Watson					1.65						
Granger cause					→						
White					0.64						
ARCH (p-Wert)					0.94						
GARCH (p-Wert)					0.46						
Best Lag:	*0 Periods of the independent variable calculated (Zinssätze) (per theory)*										
Granger-Kausalität:	*→ = abhängige Variable (Zinssatz) determiniert grangerkausal; – = keine Grangerkausalität*										
	← = unabhängige Variable determiniert grangerkausal; ↔ = gegenseitige Grangerkausalität										

Die Analyse zwischen dem *Geldmarktzinssatz* (3 Monate) und dem *Kreditmarktzinssatz* (1 Jahr) zeigt folgende Zusammenhänge: Der *Koeffizient* ist mit 0,89 als hoch zu

[479] Die Ergebnisse stammen aus den Berechnungen der 1.550-seitigen Originalversion dieser Arbeit.

bezeichnen. Das *korrigierte Bestimmtheitsmaß* besitzt mit 0,66 ebenfalls einen ziemlich hohen Wert. Im Vergleich zu jeweils anderen Werten direkter Nachbarzinssätze stellt dies jedoch nicht allzu hohe Werte dar. Die Korrelation von Geldmarktzinsen (3 Monate) und Kreditmarktzinsen (1 Jahr) ist *signifikant*. *Grangerkausal* determiniert der Kreditmarktzins den Geldmarktzins. Es liegen weder bedeutsame *ARCH-Prozesse* noch *exogene Schocks* aufgrund von GARCH-Prozessen vor.

Tab. 12: Kapitalmarkt- u. Kreditmarktzinsen (OHLIN/LINDAHL: Loan. Funds).[480]

Independent Variable: 1st Differentiation von: *Zins 5 Jahre*											
Dependent Variable: 1st Differentiation von: Zins 1-Jahr											
					i1Y		*i5Y*				
Koeffizient					0.91						
R^2-adjusted					0.71						
Probability					0.00						
Durbin-Watson					1.05						
Granger cause					←						
White					0.16						
ARCH (p-Wert)					0.47						
GARCH (p-Wert)					0.17						
Best Lag:	*0 Periods of the independent variable calculated (Zinssätze) (per theory)*										
Granger-Kausalität:	*→ = abhängige Variable (Zinssatz) determiniert grangerkausal; – = keine Grangerkausalität*										
	← = unabhängige Variable determiniert grangerkausal; ↔ = gegenseitige Grangerkausalität										

Der Zusammenhang zwischen dem *Kapitalmarktsatz* (5 Jahre) und dem *Kreditmarktsatz* (1 Jahr) ist wegen der seriellen Korrelation *nicht signifikant*.[481] Es lässt sich jedoch erkennen, dass *grangerkausal* der Kapitalmarktzins den Kreditmarktzins determiniert. Auch liegen zwischen dem Kapitalmarktzins und dem Kreditmarktzins weder ARCH-Prozesse noch exogene Schocks vor.

Insgesamt bestehen nur signifikante Ergebnisse der Hypothese von Ohlin und Lindahl hinsichtlich des Zusammenhangs zwischen Geldmarktzins und Kreditmarktzins, nicht jedoch zwischen dem Kapitalmarktzins und dem Kreditmarktzins. Zudem liegt keine grangerkausale Determination des Kapitalmarktzinses, wie im Modell hinsichtlich der Feststellung insgesamt paralleler Wirkung formuliert, durch den Kreditmarktzins vor. Somit kann die Kreditmarkttheorie nur teilweise bestätigt werden.

Die Ergebnisse lassen sich insoweit interpretieren, als dass zwar im Allgemeinen eine parallele Entwicklung der Zinssätze vorhanden ist und der Kreditzinssatz überwiegend zwischen dem Kapitalmarktzins und dem Geldmarktzinssatz liegt. Doch weist das Wirtschaftswachstum, welches auch über den Kapitalmarktzins und die Finanzierung durch Kredite einen hohen Einfluss auf die Zinssätze besitzt, eine eher langfristige Wirkung auf.

480 Die Ergebnisse stammen aus den Berechnungen der 1.550-seitigen Originalversion dieser Arbeit.
481 Siehe untere Hälfte der Tabelle.

Die Loanable-Funds-Theorie postuliert darüber hinaus eine Wirkung der Ersparnisse (negative Wirkung) und der sogenannten Hortung (positive Wirkung) auf die Zinsen.

Tab. 13: Ersparnis & Hortung sowie Zinsen (OHLIN/LINDAHL: Loan. Funds).[482] [483]

Independent Variable: 1st Differentiation von: Savings_Gross											
Dependent Variable: 1st Differentiation der folgenden Zinssätze:											
	i1D	i1M	i3M	i6M	i1Y	i2Y	i5Y	i10Y	TS	FR	ECB
Koeffizient (E05)	-0.28	-0.29	-0.43	-0.42	-0.27	-0.07	0.30	0.63	1.06	-3.34	-0.68
R^2-adjusted	-0.03	-0.03	-0.02	-0.03	-0.03	-0.04	-0.03	-0.00	0.05	0.47	0.00
Probability	0.71	0.69	0.56	0.58	0.75	0.93	0.70	0.34	0.14	0.02	0.32
Durbin-Watson	0.58	0.50	0.60	0.80	1.10	1.28	1.38	1.54	1.11	1.66	1.06
Granger cause	→	→	→	→	→	→	→	-	→	-	↔
White	1.84	2.15	2.54	3.84	7.45	7.62	4.24	1.62	3.84	0.53	0.19
ARCH (p-Wert)	0.14	0.01	0.08	0.27	0.61	0.83	0.32	0.01	0.02	0.16	0.54
GARCH (p-Wert)	0.03	0.72	0.54	0.47	0.41	0.75	0.00	0.46	0.00	0.00	0.05
Best Lag:	*0 Periods of the dependent variable calculated (Zinssätze)*										
Zinssätze:	*i1D = Zins 1 Tag, i1M = Zins 1 Monat, (...), i10Y = Zins 10 Jahre*										
	TS = Zins-Spread der Zinsstruktur, FR = EURO-BUND-Future, ECB = Leitzinssatz der EZB										
Granger-Kausalität:	*→ = abhängige Variable (Zinssatz) determiniert grangerkausal; – = keine Grangerkausalität*										
	← = unabhängige Variable determiniert grangerkausal; ↔ = gegenseitige Grangerkausalität										

Die ökonometrischen Tests analysieren die Veränderung der Ersparnis bzw. der Hortung (Savings_Gross) und die Zinssatz-Veränderungen mit einem optimalen Lag von null Quartalen: Die Ergebnisse zeigen bei allen Laufzeiten *insignifikante* Werte. Die *Koeffizienten* besitzen für alle Laufzeiten mit Ausnahme von 5 und 10 Jahren einen geringen und negativen Wert. Es bestehen keine *ARCH-Prozesse* mit Ausnahme der Laufzeiten von 1 Monat und 10 Jahren. Exogene Schocks (*GARCH-Prozesse*) existieren bei Laufzeiten von 1 Tag und 5 Jahren.

Zusätzlich werden die Einflüssse auf den Zinsstruktur-Spread (TS), die Terminzinsen (FR) und die Leitzinsen (ECB) analysiert: Die Korrelationsanalyse der Veränderung der Ersparnis und der Veränderung des Zinsstruktur-Spreads zeigt einen lediglich geringen Koeffizienten. Die Werte sind insignifikant. Es bestehen ARCH-Prozesse und exogene Schocks. Die Korrelation zwischen der Veränderung der Ersparnis und der Veränderung der Terminzinssätze zeigt einen geringen, negativen Koeffizienten. Das korrigierte Bestimmtheitsmaß besitzt einen relativ hohen Wert von 0,47. Es besteht eine Signifikanz der Werte, jedoch keine Grangerkausalität. Es liegen keine ARCH-Prozesse vor, doch es bestehen exogene Schocks. Die Korrelation zwischen der Veränderung der Ersparnis und der Veränderung der Leitzinssätze zeigt keine Signifikanz. Es liegen keine ARCH-Prozesse vor, jedoch exogene Schocks.[484]

---

482 Verwendet wird die gesamtwirtschaftliche Bruttoersparnis (Quelle: EZB).
483 Die Ergebnisse stammen aus den Berechnungen der 1.550-seitigen Originalversion dieser Arbeit.
484 Der ungerundete p-Wert des GARCH-Koeffizienten beträgt 0,0462.

Insgesamt besteht keine Validität der Zinsstruktur hinsichtlich der Hypothese von Ohlin und Lindahl in Bezug auf die Ersparnisse oder die Hortung. Die gilt auch für den Leitzinssatz, jedoch nicht für den langfristigen Terminzinssatz.

Die Ergebnisse lassen sich ökonomisch insoweit interpretieren, als dass die Ersparnis eher sehr langfristiger Natur ist und das Kapitalangebot in Bezug auf die sich verändernde Kapitalnachfrage eher unelastisch reagiert.[485] Das negative Vorzeichen deutet im Beobachtungszeitraum eher auf einen inversen Zusammenhang zwischen Kapitalangebot und Zinsen hin. Bei steigenden Zinsen würden weniger Ersparnisse gebildet und somit die Mittel eher investiert.

Ergänzend ist anzumerken, dass bei keinem Lag oder Lead eine Signifikanz besteht. Bei Lags der Zinsen von zwei Perioden und mehr liegt ein positiver Koeffizient vor (wie mit *S* auf dem Kapitalmarkt), ansonsten ein negativer Koeffizient (wie mit *H* auf dem Geldmarkt). Somit zeigt sich immerhin tendenziell eine kurzfristig inverse Substitutionsbeziehung zwischen Hortung (*H*) und Zins sowie eine langfristig gleichgerichtete Komplementärbeziehung zwischen der Ersparnis (*S*) und den Zinsen.

1.4. Die Wertung

Die Darstellung, dass der Kreditmarktzins sich überwiegend zwischen den Kapitalmarkt- und den Geldmarktzinsen befindet, ist grundsätzlich valide. Auch die Mischfinanzierung der Kredite als makroökonomischer Gesamtgröße über den Geld- und auch den Kapitalmarkt ist eine immanente Feststellung, doch determinieren die Kreditmarktzinsen grangerkausal die Geldmarktzinsen und nicht umgekehrt. Zudem lässt die Theorie - mit Ausnahme der Hortung - zinsstrukturelle Substitutionseffekte sowie Liquiditäts- und Risiko-Spreads unberücksichtigt. Vielmehr geht sie von der komplementären Wirkung betrachteter Zinssätze aus.

Da die Ersparnis mit dem Niveau des disponiblen Einkommens variiert, ändert sich ebenso das Gesamtangebot von Loanable-Funds mit dem Einkommen. Daher ist die Loanable-Funds-Theorie recht unbestimmt. Positiv zu werten ist der Versuch, den Kapitalmarkt und den Geldmarkt mithilfe des Kreditmarkts erklärungstheoretisch zu verbinden. In ihrer Wirkungsrichtung und in ihrer zusammengesetzten Formulierung kann die Gesamt-Theorie somit nicht vollständig bestätigt werden. Es hätte sich angeboten, mit den verwendeten Modell-Faktoren auch zinsstrukturelle Substitutionsprozesse zu erklären, welche die sich verändernden, unterschiedlichen Abstände zwischen den betrachteten Zinssätzen erklären können.

---

[485] Offenbar sind bei der Variablen Ersparnis strukturelle und humankapitaltheoretische Aspekte von Belang. Einflussgrößen könnten hier beispielsweise der Entwicklungsstand einer Volkswirtschaft (Höhe des Bruttoinlandsprodukts), deren Einkommensverteilung und deren Spar-Gewohnheiten sein.

2. Das Kreditmarktmodell des Zinses von Brunner und Meltzer

"The solutions for interest rates on the credit market implicitly define an equilibrium stock of money and bank credit." [486]

Im dem von *Karl Brunner* und *Alan Meltzer* entwickelten Kreditmarktmodell, welches theoriehistorisch dem Monetarismus der Chicago-School angehört, wird der Marktzins durch das Kreditangebot der Banken und die Kreditnachfrage der Nichtbanken am Kreditmarkt bestimmt.[487] Im Gegensatz zur Theorie von Ohlin und Lindahl wird der Kapitalmarkt unter den Kreditmarkt subsumiert, zudem determiniert der Kreditmarkt den Geldmarkt. Somit wird dem Kreditmarkt ein weitaus höheres Gewicht beigemessen als in der Loanable-Funds-Theorie.

2.1. Die Prämissen

Im Rahmen der Kreditmarkttheorie existieren zwei unabhängige, jedoch interdependente Aktivamärkte in Form des Kreditmarkts und des Geldmarkts.[488] Diese beiden Teilmärkte sind im Rahmen der Geld- und der Kreditschöpfung miteinander verbunden. Hierbei reguliert der Zins das Angebot und die Nachfrage auf beiden Teilmärkten.[489] Insofern wird dem Zins im Kreditmarktmodell die Funktion des Preises beigemessen. Dieser wird auf dem Markt für Bankkredite bestimmt, auf welchem die Geldschöpfung und damit verbunden die Geldmengenerhöhungen erfolgen.[490] Marktteilnehmer sind die Banken als Kreditanbieter und die Nichtbanken als Kreditnachfrager sowie die Zentralbank, die unbegrenzt Zentralbankliquidität zum festgelegten Diskontsatz anbietet.[491]

Diese *Kreditkosten* beinhalten: 1. Die Refinanzierungskosten für die Kreditbereitstellung, wobei gilt, dass unbeschränkt Repokredite zum aktuellen Reposatz zur Verfügung stehen. Kreditangebot und Geldangebot der Banken sind damit vollkommen zinselastisch. 2. Die Kreditbearbeitungs- und -überwachungskosten der Kreditinstitute. Die entsprechenden Grenzkosten verlaufen annahmegemäß *u*-förmig. Betrachtet wird nur der ansteigende Kurvenabschnitt der Grenzkosten. Dieser setzt sich aus konstanten Grenzkosten der Refinanzierung und dem Kurvenabschnitt der ansteigenden Grenzkosten der Kreditsachbearbeitung zusammen.[492]

Die Kreditnachfrage und das Kreditangebot werden als zinselastisch betrachtet, sodass sich hieraus der Grenznutzen des Kredits bzw. die Grenzkosten der Kreditbereitstellung ergeben. Die Kreditkosten bestehen aus fixen Kosten, insbesondere dem Reposatz als Refinanzierungskosten der Geschäftsbanken, sowie einer u-förmig verlaufenden Grenzkostenkurve der Kreditbearbeitung. Betrachtet wird nur der ansteigende Teil der Grenzkosten.[493]

---

[486] Brunner, Karl, Meltzer, Allan, Credit, 1974, S. 106.
[487] Vgl. Brunner, Karl, Theorien, 1974, S. 114.
[488] Vgl. Brunner, Karl, Theorien, 1974, S. 115.
[489] Issing, Otmar, Geldtheorie, 1995, S. 81.
[490] Vgl. Anderegg, Ralph, Geldtheorie, 2007, S. 81.
[491] Vgl. Brunner, Karl, Theorien, 1974, S. 127 f.
[492] Vgl. Anderegg, Ralph, Geldtheorie, 2007, S. 81 f.
[493] Vgl. Anderegg, Ralph, Geldtheorie, 2007, S. 81 f.

Die Grenzkosten der Kreditbereitstellung nach Tobin

Die totalen Grenzkosten der Kreditbereitstellung ergeben sich aus dem Reposatz und den Grenzkosten der Kreditbearbeitung (inkl. Kreditüberwachung). Betrachtet wird der ansteigende Abschnitt der totalen Grenzkostenkurve.

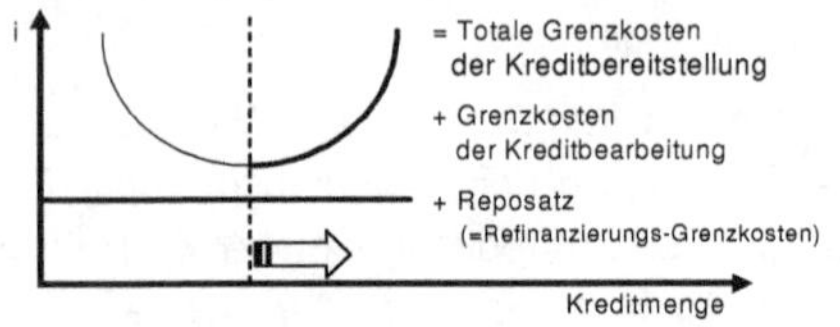

Abb. 18: Grenzkosten der Kreditbereitstellung im Kreditmarktmodell (Tobin).[494]

In einer preistheoretischen Analyse des Kreditmarkts sind sowohl die Kreditnachfrage als auch das Kreditangebot zinselastisch, und der Zins führt zu deren Ausgleich. Die Kreditnachfrage K_N entspricht dem Grenznutzen des Kredits für den Kreditnehmer; das Kreditangebot K_A stimmt mit den Grenzkosten der Geschäftsbanken für die Kreditbereitstellung überein.[495]

$$Kd = Kd\left(\overset{-}{i}\right), \qquad Ks = Ks\left(\overset{+}{i}\right), \qquad Kd(i) = Ks(i). \tag{30}$$

Parallel hierzu existiert ein Geldmarkt, auf welchem sowohl die Geldnachfrage als auch das Geldangebot zinselastisch sind:

$$Md = Md\left(\overset{-}{i}\right), \qquad Ms = Ms\left(\overset{+}{i}\right), \qquad Md(i) = Ms(i). \tag{31}$$

Annahmegemäß werden die von Geschäftsbanken gewährten Kredite vollumfänglich als Geld nachgefragt.

2.2. Das Modell

Der Schnittpunkt der Kreditnachfragekurve *Kd* und der Kreditangebotskurve *Ks* repräsentiert die gleichgewichtige Kreditmenge. Der Schnittpunkt der Geldnachfragekurve *Md* und der Geldangebotskurve *Ms* stellt die gleichgewichtige Geldmenge dar. Alle Kurven verlaufen hierbei spiegelbildlich zur Zinsachse (*i*).[496]

---

[494] Vgl. Anderegg, Ralph, Geldtheorie, 2007, S. 82.
[495] Vgl. Anderegg, Ralph, Geldtheorie, 2007, S. 82.
[496] Anderegg, Ralph, Geldtheorie, 2007, S. 83 f.

Die Änderungen der Kreditnachfrage im Kreditmarktmodell

Eine höhere Kreditnachfrage bewirkt eine höhere Geldnachfrage. Die Änderungen verlaufen in jeweils gleichgerichtet.

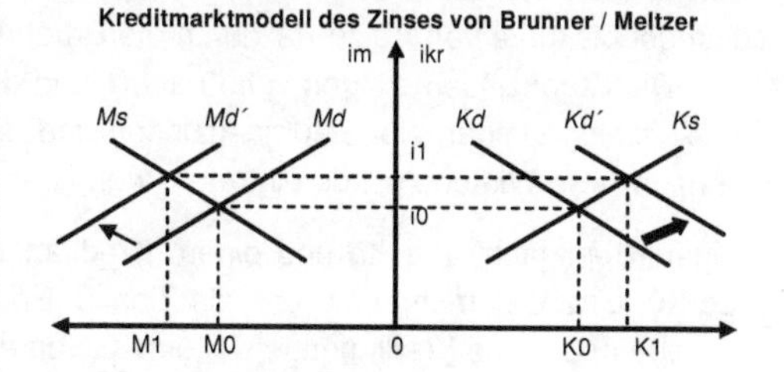

Abb. 19: Änderungen der Kreditnachfrage im Kreditmarktmodell.[497]

Bei einer Kreditnachfrage *Kd* und einem Kreditangebot *Ks* bilden sich die Kreditmenge K0, die Geldmenge M0 sowie der Zins i0. Steigt die Kreditnachfrage auf *Kd'*, ergeben sich eine höhere Kreditmenge K1 *sowie* eine höhere Geldmenge M1 und ein erhöhter Zinssatz i1.[498] Aus einer Erhöhung der Kreditnachfrage werden dementsprechend die gewährten Kredite als Sichtguthaben angelegt, woraus sich die Geldmenge ableiten lässt. Damit besteht ein unmittelbarer Zusammenhang zwischen Kreditmarkt und Geldmarkt.[499]

Die Geldnachfrage entspricht der Kreditnachfrage, und ebenso ist das Geldangebot mit dem Kreditangebot identisch. Die Geldnachfrage sowie das Geldangebot sind wie beim Kreditmarkt zinsabhängig. Der Marktzins bestimmt endogen sowohl das Kreditangebot als auch die Kreditnachfrage.[500] Hiermit beeinflusst er ebenso den Geldmarkt.

21. These:	Mit einer steigenden Kreditnachfrage erhöhen sich die Zinsen.

22. These:	Mit einer steigenden Geldmenge M1 erhöhen sich die Zinsen.

Der Kreditmarkt wird darüber hinaus als ein Markt für Bankkredite angesehen. Denn das Kreditmarktmodell erklärt dabei auch das Kreditangebotsverhalten der Geschäftsbanken (MFI) sowie die Kreditnachfrage der Nichtbanken (NMFI). Das Modell setzt die von den Geschäftsbanken geschaffenen Kredite zur Kreditnachfrage sowie zum Kreditangebot in Beziehung und leitet daraus die Geldmenge ab.[501] Dabei determiniert der *Kreditmarkt* näherungsweise den *Marktzinssatz* und der Geldmarkt das Preisniveau des Realkapitals.[502] Brunner stellt dies explizit als Unterschied zur keynesianischen Analyse heraus, welche die näherungsweise Bestimmung des Marktzinssatzes auf dem Geldmarkt ansiedelt.[503]

[497] Vgl. Brunner, Karl, Meltzer, Allan, Liquidity, 1968, S. 129, Anderegg, Ralph, Geldtheorie, 2007, S. 83, Issing, Otmar, Geldtheorie, 1995, S. 83, Brunner, Karl, Meltzer, Allan, Credit, 1966, S. 107.
[498] Vgl. Brunner, Karl, Meltzer, Allan, Liquidity, 1968, S. 127 f.
[499] Anderegg, Ralph, Geldtheorie, 2007, S. 83 f.
[500] Vgl. Issing, Otmar, Geldtheorie, 1995, S. 81.
[501] Vgl. Brunner, Karl, Meltzer, Allan, Liquidity, 1968, S. 123.
[502] Brunner, Karl, Theorien, 1974, S. 131 u. 133.
[503] Brunner, Karl, Theorien, 1974, S. 133.

<u>*Die Folgen von Änderungen des Diskontsatzes oder des Reposatzes*</u>

Im Beispielfall einer *Erhöhung der Leitzinsen der Zentralbank* verschiebt sich die Kreditangebotskurve von *Ks* zu *Ks'* durch die Erhöhung der Bereitstellungskosten für Kredite. Die Kreditzinsen steigen von i0 auf i1 und die Kreditmenge sinkt von K0 auf K1. Gleichzeitig steigen die Geldmarktzinsen und die Geldmenge sinkt von M0 auf M1. Eine inverse Wirkung würde eintreten, wenn der Diskontsatz gesenkt wird.[504]

Bei einer Kreditnachfrage *Kd* und einem Kreditangebot *Ks* resultieren eine Kreditmenge K0, eine Geldmenge M0 und ein Zins i0. Erhöht sich die Kreditnachfrage auf *Kd'*, ergeben sich eine Kreditmenge K1, eine Geldmenge M1 und ein Zinssatz i1.[505]

Die Diskontsatz- und Reposatz-Erhöhungen im Kreditmarktmodell

Höhere Diskontsätze oder Reposätze können den Zins auf dem Kreditmarkt sowie auf dem Geldmarkt entsprechend verändern. Die Änderungen verlaufen in jeweils gleichen Richtungen.

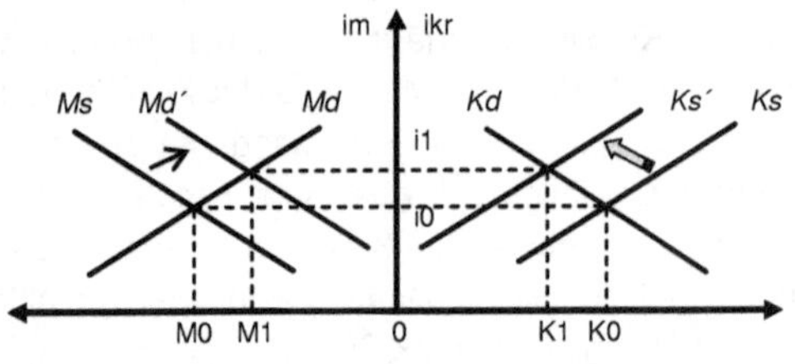

Abb. 20: Diskontsatz- und Reposatzänderungen im Kreditmarktmodell.[506]

Bei Erhöhungen des Diskontsatzes oder Erhöhungen des Reposatzes vermindert sich das Kreditangebot von *Ks* nach *Ks'* und die Geldnachfrage von *Md* nach *Md'*.[507] In gleicher Weise werden sowohl die Geldmenge als auch die Kreditmenge in einem inversen Zusammenhang durch Änderungen der Mindestreserve und des Diskontsatzes beeinflusst.[508] Zunächst steigen dabei die Kreditzinsen, sodass das Kreditvolumen sinkt. Dadurch steigen die Geldmarktzinsen, infolgedessen sinkt auch die Geldnachfrage. Eine inverse Wirkung tritt ein, wenn der Diskontsatz oder der Reposatz gesenkt wird. Aufgrund dieses Modells erscheint eine Veränderung des Reposatzes als wirkungsvolles Instrument, um die Geldmenge zu beeinflussen.[509] Im Zusammenhang mit einer wirtschaftlichen Depression kann allerdings das Gesamtresultat entstehen, dass die Kreditmenge trotz sinkender Zinsen nicht steigt (vertikale *Kd*-Kurve).[510]

---

504 Brunner, Karl, Meltzer, Allan, Liquidity, 1968, S. 127 f.

505 Anderegg, Ralph, Geldtheorie, 2007, S. 84.

506 Vgl. Brunner, Karl, Meltzer, Allan, Liquidity, 1968, S. 127, Brunner, Karl, Meltzer, Allan, Credit, 1966, S. 107, Anderegg, Ralph, Geldtheorie, 2007, S. 83.

507 Vgl. Brunner, Karl, Meltzer, Allan, Credit, 1966, S. 107.

508 Vgl. Brunner, Karl, Meltzer, Allan, Credit, 1966, S. 110.

509 Entsprechende Tests im Rahmen dieser Arbeit zeigen weder hinsichtlich der Geld- noch der Kreditmenge signifikante Ergebnisse. Der Zusammenhang mit Zinssätzen ist jedoch bis zur Laufzeit von 1 Jahr signifikant.

510 Anderegg, Ralph, Geldtheorie, 2007, S. 84.

2.3. Die ökonometrische Analyse

Als grundlegende ökonometrische Untersuchung zum Kreditmarktmodell lassen sich die Erhöhung der Kreditnachfrage und der Geldmenge ökonometrisch analysieren. Hier zeigt sich, ob auch unmittelbar und über den jeweiligen zinsstrukturellen Bezug hinaus ein valider Zusammenhang beider Variablen die Gültigkeit des Modells insgesamt untermauern. Verwendet wird das valideste Geldmengenaggregat M3.

Tab. 14: Kredit- u. Geldnachfrage (M3) (BRUNNER/MELTZER).[511]

Dependent Variable: d(M3)	Independent Variable: d(MFI_LOANS_NMFI_PRIV_GO)							
Coeffct.	R^2-adj.	p-Value	DW	GrC	White	ARCH	GARCH	Lead*
0.47	0.26	0.00	1.35	-	3.46	0.23	0.68	2
** = Lead der abhängigen Variablen (dM3) in Quartelen*								
Grangerkausalität (GrC): determinierend: → = abh. Variable, ← = unabh. Variable, ↔ = gegenseitig; - = keine GrC								

Die ökonometrischen Tests analysieren die Veränderungen der Kreditnachfrage (MFI_LOANS_NMFI_PRIV_GO) und die Veränderungen der Geldmenge (M3) mit einem optimalen Lead von zwei Monaten:[512] Die Ergebnisse sind *signifikant*. Der *Koeffizient* besitzt einen hohen positiven Anstieg von 0,47 der Geldmenge M3 bei einem Anstieg der Kreditnachfrage von 1,0. Das *korrigierte Bestimmtheitsmaß* ist mit einem Wert von 0,26 mittelhoch. Zwischen den Variablen liegt bei Zugrundelegung eines Signifikanzniveaus von 5% keine Grangerkausalität vor. Tendenziell besteht jedoch eine höhere grangerkausale Wirkung durch die Kreditnachfrage. Es liegen weder Einspielprozesse in Form des ARCH-Koeffizienten, noch exogene Schocks in Form des GARCH-Koeffizienten vor. Die Ergebnisse untermauern damit die im Kreditmarktmodell formulierten Zusammenhänge in einer deutlichen Form.[513]

Die ökonometrische Analyse zwischen der Kreditnachfrage und den Zinsen erfolgt bereits in der korrespondierenden Hypothese von Hayeks. Sie analysiert die Veränderung der Kreditnachfrage (D_MFI_KREDITS_NMFI_PRIV_GO) und die Veränderung der Zinssätze mit einem optimalen Lag von null Quartalen. Insgesamt besteht eine Validität der Hypothese zur Kreditnachfrage von Brunner und Meltzer für Laufzeiten von 1 Jahr bis zu 2 Jahren und deshalb auch für die Kreditmarktzinssätze.

Getestet wird zudem der Zusammenhang zwischen der Veränderung der Geldmenge M3 und der Veränderung der Zinssätze mit einem Lag von zwei Perioden.[514]

[511] Die Ergebnisse stammen aus den Berechnungen der 1.550-seitigen Originalversion dieser Arbeit.
[512] Die Nettoliquidität ergibt sich aus liquiditätszuführenden u. -abschöpfenden Faktoren (Quelle: EZB).
[513] Die Signifikanz der Variablen M3 und Kreditnachfrage weist ebenso die Existenz des sog. Kreditkanals nach.
[514] Das Geldmengenaggregat M3 umfasst M1 und M2. M1 umfasst den Bargeldumlauf und die täglich fälligen Einlagen bei Banken und Zentralstaaten. M2 und M3 beinhalten darüber hinaus auch längerfristige Instrumente bis zu 2 Jahren vereinbarter Laufzeit (Quelle: EZB).

Tab. 15: M3 (BRUNNER/METZER).[515 516]

Independent Variable: 1st Differentiation von: M3											
Dependent Variable: 1st Differentiation der folgenden Zinssätze:											
	i1D	i1M	i3M	i6M	i1Y	i2Y	i5Y	i10Y	TS	FR	ECB
Koeffizient/100	0.48	0.45	0.45	0.46	0.44	0.37	0.24	0.15	-0.30	-0.09	0.14
R^2-adjusted	0.59	0.58	0.57	0.55	0.41	0.24	0.12	0.49	0.23	-0.03	0.02
Probability	0.00	0.00	0.00	000	0.00	0.01	0.05	0.14	0.01	0,91	0.20
Durbin-Watson	1.46	1.36	1.49	1.48	1.51	1.51	1.60	1.84	1.71	1.52	1.10
Granger cause	↔	↔	↔	↔	↔	↔	→	-	→	-	→
White	2.79	3.11	2.92	2.26	2.63	2.68	2.02	0.52	0.07	0.16	10.78
ARCH (p-Wert)	0.00	0.09	0.00	0.00	0.93	0.85	0.73	0.00	0.00	0.00	0.79
GARCH (p-Wert)	0.00	0.00	0.00	0.00	0.00	0.00	0.67	0.51	0.00	0.00	0.79
Best Lag:	*2 periods of the dependent variable calculated (Zinssätze)*										
Zinssätze:	*i1D = Zins 1 Tag, i1M = Zins 1 Monat, (...), i10Y = Zins 10 Jahre*										
	TS = Zins-Spread der Zinsstruktur, FR = EURO-BUND-Future, ECB = Leitzinssatz der EZB										
Granger-Kausalität:	*→ = abhängige Variable (Zinssatz) determiniert grangerkausal; – = keine Grangerkausalität*										
	← = unabhängige Variable determiniert grangerkausal; ↔ = gegenseitige Grangerkausalität										

Die ökonometrischen Tests analysieren die Veränderung des Geldmengeaggregats M3 und die Veränderung der Zinssätze mit einem optimalen Lag von zwei Quartalen: Die Ergebnisse sind *signifikant* für Laufzeiten von 1 Tag bis zu Laufzeiten von 5 Jahren.[517] Der *Koeffizient* zeigt nur sehr geringe, positive Veränderungswerte (max. 0,48/100) der Zinssätze als Ursache eines Anstiegs von M3 von 1,00 Prozent. Das *korrigierte Bestimmtheitsmaß* zeigt eine hohe Korrelation insbesondere bei kurzen Laufzeiten, bei denen es einen Wert von 0,59 bei einer Laufzeit von 1 Tag erreicht, und mit einer längeren Laufzeit kontinuierlich bis auf einen Wert von 0,12 bei einer Laufzeit von 5 Jahren absinkt. Der Veränderungen der Zinssätze und diejenigen der unabhängigen Variablen dM3 determinieren sich gegenseitig *grangerkausal* mit Ausnahme der Zinssätze mit einer Laufzeit von 5 Jahren (Zins determiniert) und von 10 Jahren (keine Grangerkausalität). Es bestehen *ARCH-Prozesse* bei Laufzeiten von 1 Tag, 3 und 6 Monaten sowie 10 Jahren. Exogene Schocks (*GARCH-Prozesse*) existieren über alle Laufzeiten hinweg mit Ausnahme bei 5 und 10 Jahren.

Zusätzlich werden die Einflüssse auf den Zinsstruktur-Spread (TS), die Terminzinsen (FR) und die Leitzinsen (ECB) analysiert: Die Korrelationsanalyse der Veränderung der Geldmenge M3 und der Veränderung des Zinsstruktur-Spreads zeigt einen geringen, negativen Koeffizienten. Der Wert des korrigierten Bestimmtheitsmaßes ist mit 0,23 mäßig. Die Veränderung der Zinsstruktur-Spreads determiniert grangerkausal die Veränderung von M3. Es liegen ARCH-Prozesse sowie exogene Schocks vor. Die Korrelation zwischen der Veränderung der Geldmenge M3 und der Veränderung der Terminzinssätze zeigt keine Signifikanz. Es bestehen ARCH-Prozesse sowie exogene Schocks. Auch die Korrelation zwischen der Veränderung der Geldmenge

515 Verwendet werden die Veränderungen des Geldmengenaggregats M3 gegenüber dem Vorjahr (Quelle: EZB).

516 Die Ergebnisse stammen aus den Berechnungen der 1.550-seitigen Originalversion dieser Arbeit.

517 Der ungerundete p-Wert bei der Laufzeit von 5 Jahren beträgt 0.046.

M3 und der Veränderung der Leitzinssätze ist nicht signifikant. Es liegen weder ARCH-Prozesse, noch exogene Schocks vor.

Die Ergebnisse weisen insgesamt eine hohe Validität der Geldmengenthese im Rahmen des Kreditmarktmodells von Brunner und Meltzer insbesondere für den Geldmarkt und auch für den Kreditmarkt bis zu einer Laufzeit der Zinsen von 1 Jahr auf. Geld und Liquidität beinhalten eine schnelle Allokationsmöglichkeit von Geldmitteln zugunsten der mittelfristigen Kredite. Auch durch diesen Sachverhalt ergeben sich bereits für Geldmittel Zinssätze. Tests unter Verwendung des Geldmengenaggregats M1 zeigen zwar ebenfalls signifikante Werte, jedoch lediglich bei Laufzeiten von 1 Jahr bis zu 5 Jahren, d.h. immerhin u.a. auf dem Kreditmarkt, und zudem bei deutlich geringeren Bestimmtheitsmaßen als M3.

2.4. Die Wertung

Das Kreditmarktmodell verdeutlicht aus einer zinsstrukturtheoretisch bedeutsamen Sicht den komplementären Zusammenhang der Kreditmarktzinsen und der Geldmarktzinsen. Jedoch setzt das Modell im Rahmen einer vereinfachten preistheoretischen Analyse nur einen einzigen Zinssatz voraus. Dagegen weicht der Kreditzinssatz vom Geldzinssatz im Rahmen der zinsstrukturellen, substitutiven Betrachtung ab. Gleichwohl verdeutlicht das Kreditmarktmodell die Interdependenz zwischen beiden Zinssätzen, was dazu führt, dass diese selbst unter Berücksichtigung von Substitutionsbeziehungen nahe beieinander liegen und sich tendenziell in eine ähnliche Richtung bewegen. Die gemeinsame Ursache für die Änderung des Kreditzinssatzes und des Geldzinssatzes, nämlich das Wirtschaftswachstum und seine Beeinflussung der gesamten Zinsstruktur, wird im Modell als exogene Größe vorausgesetzt und nicht endogenisiert. Genauso wenig wird der Einfluss der Kapitalmarktzinsen auf den Kreditmarkt und den Geldmarkt dargestellt. Gleichwohl wird der grundlegende Zusammenhang zwischen der Kreditnachfrage und der Geldnachfrage zutreffend formuliert.

Der Kreditmarkt und der Geldmarkt weisen darüber hinaus noch jeweils unterschiedliche zinsstrukturelle Zusammenhänge auf. Hierbei wird u.a. vorausgesetzt, dass für das Geldangebot eine in etwa identische Elastizität vorherrscht wie für das Kreditangebot. Da im Allgemeinen jedoch das Geldangebot durch die geldpolitischen Operationen stärker von der Zentralbank beeinflusst wird als das Kreditangebot, ist es tendenziell unelastischer als das Kreditangebot. Die Betrachtung reicht von einem vollkommen elastischen bis zu einem vollkommen unelastischen Geldangebot bei vollständiger Kontrolle des Geldangebots durch die Notenbank.[518] Hierbei sind beispielsweise die mit dem die Transaktionen dominierenden Aktivum Geld verbundenen Substitutionsbeziehungen nicht auf eine kleine Unterklasse von Aktiva wie Geld oder Bonds beschränkt, sondern sie erstrecken sich auf alle Aktiva.[519]

Positiv ist aus zinsstruktureller Sicht die starke preistheoretische Betonung des Kreditmarktes als ausschlaggebender Wirkungsfaktor für den Zins bzw. das gesamte Zinsniveau zu werten.

[518] Vgl. Issing, Otmar, Geldtheorie, 1995, S. 83 f.
[519] Vgl. Brunner, Karl, Theorien, 1974, S. 131.

C. Die Geldmarkttheorien zur Zinsstruktur

Einen vom Geldmarkt bzw. dessen kurzfristigen Parametern ausgehenden Einfluss zeigen die Geldmarkttheorien zur Zinsstruktur.

1. Der Fisher´sche Preiserwartungseffekt

„Die Zinssätze folgen den Preisänderungen dicht dem Grade nach.“ [520]

Fisher entwickelt die Zinstheorie des Fisher´schen Preiserwartungseffekts, auch als Fisher-Effekt bekannt.[521] Fishers zinstheoretische Untersuchungen erstrecken sich hierbei auf den Zusammenhang zwischen Preisen und Zinsen.[522] Zinsen lassen sich in Nominalzinsen und Realzinsen differenzieren, wobei Realzinsen Zinsen nach Berücksichtigung der Geldwertänderung darstellen.[523] Nach dem Fisher´schen Preiserwartungseffekt schlagen sich *Inflationserwartungen* in den Nominalzinsen nieder, weil der reale Wert der geschuldeten Summe vom realen Wert der künftig zurück zu zahlenden Summe abweicht.[524] Die Idealvorstellung hierbei ist, dass die reale Zinsstruktur sich über alle Laufzeiten hinweg um die Inflationsrate bzw. die erwartete Inflationsrate erhöht und sich damit die nominale Zinsstruktur einstellt.

1.1. Die Prämissen

Es herrscht Inflation. Bei Annahme homogener Erwartungen entspricht die erwartete Inflationsrate π^e der aktuellen Inflationsrate π.[525] Beim Abschluss von Kreditverträgen entrichten Kreditnehmer im Umfang der erwarteten Inflationsrate ein Aufgeld, mit welchem die Kreditgeber den Realwertverlust ihres eingesetzten Kapitals ausgleichen.[526] Für Kredite und Vermögensanlagen bestehen sichere Vereinbarungen über Zahlungen und Rückzahlungen zu festgesetzten Zeitpunkten. Es gibt im Rahmen des Preiserwartungseffekts keine Risikoüberlegungen; die Geld- und Kapitalmärkte funktionieren reibungslos.[527] In einer Abschwächung der Prämissen liegt eine sehr langsame Anpassung von Preisen und Zinsen vor.[528] Darüber hinaus besitzen die Wirtschaftssubjekte eine unvollkommene Voraussicht.[529]

1.2. Das Modell

Fisher stellt eine positive Korrelation von *Zinsen* und *Inflationsrate* fest.[530] [531] Ein solcher Zusammenhang gilt in perfekter Form jedoch nur bei einem konstanten Real-

---

[520] Vgl. Fisher, Irving, Zinstheorie, 1932 (1909), S. 366.
[521] Vgl. Lutz, Friedrich A., Zins, 1965, S. 441 f.
[522] Fisher, Irving, Zinstheorie, 1932 (1909), S. 327 ff.
[523] Vgl. Fisher, Irving, Appreciation, 1896, S. 88.
[524] Vgl. Fisher, Irving, Zinstheorie, 1932 (1909), S. 328 u. S. 365, vgl. derselbe, Appreciation, 1896, S. 360.
[525] Vgl. Fisher, Irving, Zinstheorie, 1932, 1932 (1909), S. 327 f.
[526] Vgl. Fisher, Irving, Kaufkraft, 1922 (1911), S. 46 f.
[527] Vgl. Gebauer, Wolfgang, Realzins, 1976, S. 2.
[528] Vgl. Fisher, Irving, Appreciation, 1896, S. 76; derselbe, Zinstheorie, 1932 (1909), S. 340.
[529] Vgl. Fisher, Irving, Appreciation, 1896, S. 79; derselbe, Zinstheorie, 1932 (1909), S. 338 u. S 365.
[530] Vgl. Fisher, Irving, Appreciation, 1896, S. 75.
[531] Vgl. Fisher, Irving, Theory, 1907, S. 84.

zins.[532] Nach der Hypothese von Fisher bezieht das Wirtschaftssubjekt - bei vollkommener Voraussicht, Freiheit von Geldillusion und klarem Bewusstsein für den Realwert - die gegenwärtige und *künftige* Preissteigerung in die Kalkulation ein.[533]

23. These:	Inflationserwartungen schlagen sich gleichgerichtet im Zinsniveau nieder.

Der Nominalzins ist der in nominalen Geldeinheiten ausgedrückte Zinssatz. Der Realzins dagegen ist definiert als der in realen Gütereinheiten eines bestimmten Warenkorbs ausgedrückte Zinssatz. Dieser ist unabhängig von den Wertveränderungen des Geldes. Darüber hinaus ist bei Vorhandensein von Inflation bzw. bei steigenden Preisen der reale Zinssatz in der Periode *t* gleich der Differenz zwischen dem zur selben Zeit bestehenden Geldzins und der gleichzeitig mit vollkommener Voraussicht erwarteten Inflationsrate des Geldes (= *Fisher-Effekt*).[534]
Denn „besäßen die Menschen vollkommene Voraussicht und keine Geldillusion, würden sie den Geldzinssatz an die Veränderungen des Preisniveaus angleichen.“[535]

Mathematisch lässt sich dies vereinfacht wie folgt darstellen: [536]

$$r_t = i_t - \pi^e \qquad i_t > 0 \tag{32}$$

mit r_t als Realzins (Zins bei Erwartung eines stabilen Preisniveaus), i_t als Nominalzins und π^e als erwartete Inflationsrate des Geldes.

In der vorgenannten Gleichung wird der Geldzins direkt und positiv von den erwarteten Inflationsraten beeinflusst. Bei der antizipierten Preisstabilität ($\pi^e = 0$) sind der Geld- und der Realzins identisch. Bei einer erwarteten konstanten Preissteigerungsrate unterscheiden sich zwar Geld- und Realzins, ihr absoluter Abstand bleibt jedoch unverändert. Steigt oder fällt die erwartete Preissteigerungsrate, so steigt und fällt auch der Zins in gleichem Umfang, der erwartete Realzins jedoch bleibt konstant.[537]

Fisher kommt jedoch in seiner Hypothese unvollkommener Anpassungen zu dem Ergebnis, dass langfristig die nominalen Zinssätze auf die Veränderungsraten des Preisniveaus zwar mit einem recht hohen Korrelationskoeffizienten reagieren.[538] Dafür geschieht dies aufgrund unvollkommener Voraussicht eben nur teilweise, zeitverzögert sowie indirekt, und damit in der Wirkung geringer als in der ursprünglichen Theorie formuliert.[539] Als Folge der partiellen bzw. unvollständigen und mit einem Time-Lag versehenen Anpassung der Zinsen an die Preisentwicklung fluktuieren die realen Zinssätze im Vergleich zu den nominalen Sätzen wesentlich stärker und nehmen zum Teil negative Werte an.[540]

---

532 Vgl. Fisher, Irving, Theory, 1932 (1909), S. 338.
533 Vgl. Fisher, Irving, Theory, 1930, S. 425 ff.
534 Vgl. Gebauer, Wolfgang, Realzins, 1976, S. 2.
535 Vgl. Fisher, Irving, Zinstheorie, 1932, S. 338 f.; Zinstheorie, 1932 (1909), S. 340.
536 Vgl. Gebauer, Wolfgang, Realzins, 1976, S. 2.
537 Vgl. Gebauer, Wolfgang, Realzins, 1976, S. 2.
538 Vgl. Fisher, Irving, Appreciation, 1896, S. 75.
539 Vgl. Fisher, Irving, Zinstheorie, 1932 (1909), S. 339, S. 349 u. S. 365 f.
540 Vgl. Fisher, Irving, Zinstheorie, 1932 (1909), S. 335 f.; derselbe, Purchasing Power, 1911, S. 73.

1.3. Die ökonometrische Analyse

Als Näherungswert für die Änderungen von Preiserwartungen wird der Deflator des Bruttoinlandsprodukts hinsichtlich des Zusammenhangs mit Zinsänderungen analysiert.[541] Berücksichtigt ist hierbei ein Lead von einer Periode in der Zeitreihe des Deflators.[542] [543] Dies ist gleichbedeutend mit einem Lag der Zinssätze von einer Periode gegenüber dem Deflator.

Tab. 16: Inflations- bzw. Preiserwartung (FISHER).[544] [545]

Independent Variable: 1st Differentiation von: GDP_DEFLATOR											
Dependent Variable: 1st Differentiation der folgenden Zinssätze:											
	i1D	i1M	i3M	i6M	i1Y	i2Y	i5Y	i10Y	TS	FR	ECB
Koeffizient	0.08	0.11	0.05	-0.08	-0.27	-0.43	-0.44	-0.29	-0.34	1.57	0.43
R^2-adjusted	0.00	-0.03	-0.04	-0.03	0.01	0.07	0.10	0.04	0.05	-0.00	0.09
Probability	0.72	0.62	0.84	0.73	0.28	0.10	0.06	0.15	0.12	0.34	0.05
Durbin-Watson	0.60	0.52	0.58	0.73	0.98	1.12	1.24	1.50	1.08	1.35	1.18
Granger cause	↔	↔	↔	→	-	-	-	-	←	-	-
White	1.07	0.83	0.55	0.09	0.39	2.12	1.76	2.13	1.52	1.19	1.58
ARCH (p-Wert)	0.08	0.02	0.10	0.35	0.50	0.52	0.39	0.71	0.53	0.03	0.02
GARCH (p-Wert)	0.00	0.69	0.92	0.00	0.66	0.97	0.94	0.62	0.80	0.23	0.54
Best Lead:	*1 period of dGDP_Deflator (= Lag 1 of the interest rates)*										
GDP_DEFLATOR	*= Deflator of the Gross Domestic Product*										
Zinssätze:	*i1D = Zins 1 Tag, i1M = Zins 1 Monat, (...), i10Y = Zins 10 Jahre*										
	TS = Zins-Spread der Zinsstruktur, FR = EURO-BUND-Future, ECB = Leitzinssatz der EZB										
Granger-Kausalität:	*→ = abhängige Variable (Zinssatz) determiniert grangerkausal; – = keine Grangerkausalität*										
	← = unabhängige Variable determiniert grangerkausal; ↔ = gegenseitige Grangerkausalität										

Die ökonometrischen Tests analysieren die Veränderung des Deflators (GDP_DEFLATOR) und die Veränderung der Zinssätze mit einem optimalen Lead des Deflators von einem Quartal: Die Ergebniswerte sind *nicht signifikant*. Zudem zeigen die *Koeffizienten* bei ihren höchsten Werten einen *negativen* und hohen Zusammenhang bis hin zu einem Wert von -0,44 bei einer Laufzeit von 5 Jahren. Bis zu Laufzeiten von 3 Monate sind die Koeffizienten gering und positiv. Es bestehen *ARCH-Prozesse* bei einer Laufzeit von 1 Monat. Exogene Schocks (*GARCH-Prozesse*) existieren bei einer Laufzeit von 1 Tag und 6 Monaten. Auch hinsichtlich des Zinsstruktur-Spreads, des Terminzinssatzes und der Leitzinssätze bestehen (z.T. aufgrund vorliegender serieller Korrelation) keine signifikanten Ergebnisse. ARCH-Prozesse existieren lediglich für den Terminzinssatz und die Leitzinssätze. Exogene Schocks existieren nicht.

[541] Der Deflator repräsentiert die gewichtete Summe der Inflationsrate der Konsumgüterpreise (Harmonisierter Verbraucherpreisindex; HVPI) und der Inflationsrate der Investitionsgüter (Quelle: EZB).

[542] Die Berücksichtigung erfolgt durch Verwendung des Lags von einer Periode bei den Zinssätzen zusammen mit dem Lag von null Perioden beim Deflator (Phasenverschiebung). Es entstehen identische Ergebnisse.

[543] Längere oder kürzere Lags zeigen schlechtere Ergebnisse. Auch Tests zum HVPI zeigen weniger Signifikanz.

[544] Verwendung findet der BIP-Deflator mit Veränderungswerten ggü. dem Vorjahr (Quelle: EZB).

[545] Die Ergebnisse stammen aus den Berechnungen der 1.550-seitigen Originalversion dieser Arbeit.

Die Hypothese Fishers ist zurückzuweisen, auch wenn die insignifikanten Ergebnisse mit längeren Laufzeiten tendenziell signifikanter werden (allerdings mit negativen Koeffizienten). Gleichwohl zeigen die Ergebnisse ökonomisch, dass die nominalen Zinssätze nicht von Preiserwartungen abhängen, sondern von anderen Faktoren. Zudem kann der Fisher-Effekt nur bei Vorhandensein von Inflation wirken. Im Beobachtungszeitraum besteht jedoch mit Einhaltung der Zielinflationsrate von 2% de facto Preisstabilität (Mittelwert Deflator: 1,95; HVPI: 2,06).[546] Darüber hinaus kann angenommen werden, dass die Inflation und ihre Erwartungen langfristig die Investitionen und in der Folge das Wirtschaftswachstum sowie damit auch das Zinsniveau verringern. Der Wirkungszusammenhang einer im Zuge steigenden Wirtschaftswachstums höheren nachfragebedingten Inflationserwartung mit Zinssteigerungseffekt wird somit im Beobachtungszeitraum univariat widerlegt.

1.4. Die Wertung

Selbst Fisher geht von *unvollkommenen Erwartungen* der Wirtschaftssubjekte für die jeweilige Anlagedauer aus. Auch beweist er empirisch, dass in Phasen monetärer Veränderungen größere *Lags* bei den Zinsen in Bezug auf die Preisentwicklung bestehen.[547] Zudem sind diese Lags unterschiedlich lang, womit er erstmals auf Distributed-Lags bei der Umsetzung der Inflationsraten bei den Zinsen hinweist.[548] Hiermit schränkt Fisher die Realitätsnähe des Fisher-Effektes bereits selbst erheblich ein.[549] Der Zusammenhang gilt somit nur, wenn der Realzins konstant ist und Inflation vorliegt. Ein eindeutiger, prognostizierbarer Zusammenhang zwischen Zinsstruktur und Inflationserwartungen kann verneint werden, wenngleich in der langfristigen multivariaten Betrachtung teilweise ein gleichgerichteter Zusammenhang besteht.

2. Das Gibson-Paradoxon

„(..) the course of the yield of consols and the course of commodity prices, generally either both rise together or fall together, a lead of any change in direction usually being given one year in advance by commodity prices."[550]

Über die Analyse von Preisen als Makro-Variable hinaus lassen sich auch Zusammenhänge einzelner Preis*gruppen* wie der Rohstoffpreise (oder von Gold) betrachten, die im Rahmen der Makrovariablen tendenziell unterrepräsentiert sind, jedoch isoliert betrachtet eine hohe Korrelation mit der Zinsstruktur aufweisen können. Der in diesem Zusammenhang von *Keynes* geprägte Begriff des *Gibson-Paradoxons* bezeichnet eine mögliche positive empirische sowie langfristige Abhängigkeit zwischen den *Rohstoffpreisen* und den Renditen von Staatsanleihen und Anleihen erstklassiger Bonität.[551] [552] Als Paradoxon wird dieses Theorem deshalb bezeichnet, da man

---

[546] Andere Leads und Lags zeigen im Beobachtungszeitraum (auch unter Verwendung absoluter Deflatoren oder des HVPI (sowie jeweils von Monatsdaten)) eine noch geringere Signifikanz.
[547] Vgl. Fisher, Irving, Zinstheorie, 1932 (1909), S. 339, S. 349.
[548] Vgl. Fisher, Irving, Zinstheorie, 1932 (1909), S. 339, S. 340.
[549] Vgl. Gebauer, Wolfgang, Realzins, 1976, S. 4.
[550] Vgl. Gibson, A.H., Course. in: Bankers' Magazine, 1923, S. 17.
[551] Vgl. Fisher, Irving, Kaufkraft, 1922 (1911), S. 46 f.
[552] Vgl. Keynes, John M., Treatise, 1930, Bd. 2, S. 198.

zuvor unter anderem angenommen hatte, eine inflatorische Geldmengenausdehnung führe zu einem Sinken des Zinses.[553] [554] Auch Irving Fishers Ausführungen basieren auf den statistischen Untersuchungen des Statistikers *A. H. Gibson*.[555]

2.1. Die Prämissen

Gibsons Betrachtung bezieht sich auf das geldpolitische Regime des klassischen Goldstandards.[556] [557] Gibson beobachtet einen engen Zusammenhang zwischen dem Goldpreis und dem Zinsniveau.[558] Die Prämisse des Goldstandards wird wegen der vorliegenden Untersuchung für das Euro-Währungsgebiet fallengelassen, da es diesem Standard nicht unterliegt.

2.2. Das Modell

Das Gibson-Paradoxon beruht auf statistischen Untersuchungen von A.H. Gibson für Großbritannien innerhalb der Periode von 1820-1926.[559] Gibson sieht die Großhandelspreise für Rohstoffe (Rohstoffpreise) als repräsentativ für die Lebenshaltungskosten an.[560] Er beobachtet die Rohstoffpreise und die durchschnittlichen jährlichen Renditen von Consols sowie Bonds hoher Bonität.[561] Dabei stellte er einen positiven Zusammenhang zwischen den Rohstoffpreisen und den langfristigen Zinsen bzw. eine Parallelbewegung zwischen beiden Größen fest.[562] Hierbei gehen die Änderungen der Rohstoffpreise den Renditeänderungen der Consols um ein Jahr voraus.[563]

24. These:	Die Rohstoffpreise beeinflussen mit einem Lead von einem Jahr die langfristigen Zinsen in gleicher Richtung.

Dies ist nach Gibson auf folgenden Umstand zurückzuführen: Je geringer die Lebenshaltungskosten, desto größer sind die Mittel für Investitionen.[564] Die Rohstoffpreise - als Repräsentanten der Lebenshaltungskosten - wirken sich auf die verfügbaren Einkommen aus, was wiederum die Investitionen beeinflusst. Je höher die Lebenshaltungskosten sind, desto weniger Mittel stehen nach Auffassung Gibsons für

---

[553] Vgl. Issing, Otmar, Geldtheorie, 1995, S. 113.
[554] Gibsons ursprüngliche Hauptabsicht ist die Analyse des Zusammenhangs zwischen Zinsen und Inflation.
[555] Vgl. Gibson, A. H., Course, in: Bankers' Magazine, Jan. 1923, S. 15-34, vgl. ders., Road, in: Bankers' Magazine, Nov. 1926, S. 595-612.
[556] Vgl. Fisher, Irving, Kaufkraft, 1922 (1911), S. 46 f.
[557] Vgl. Keynes, John M., Treatise, 1930, Bd. 2, S. 198.
[558] Auch hier wird die Prämisse des vorliegenden Goldstandards fallengelassen. Auf einen Ausweis der entsprechenden ökonometrischen Untersuchung wird verzichtet. Die Ergebnisse für das EURO-Währungsgebiet stützen theoriekonform - allerdings einen recht geringen - positiven Zusammenhang zwischen *Goldpreis* und Zinsen.
[559] Vgl. Gibson, A.H., Course. in: Bankers' Magazine, 1923, S. 15-34.
[560] Vgl. Gibson, A.H., Course, in: Bankers' Magazine, 1923, S. 16: "Wholesale commodity prices have necessarily to be taken as representative of the cost of living (...)", S. 21: "(...) commodity price index numbers were accurately representative of the cost of living."
[561] Vgl. Gibson, A.H., Course, in: Bankers' Magazine, 1923, S. 17, S. 15.
[562] Vgl. Gibson, A.H., Course, in: Bankers' Magazine, 1923, S. 16: The yield of high-class fixed interest-bearing stocks at market prices is mainly indirectly determined by the cost of living. S. 21; (...) commodity price index numbers were accurately representative of the cost of living. (...) the yields of consols have usually been preceeded by like changes in the direction of the curve representing commodity prices.
[563] Vgl. Gibson, A.H., Course, in: Bankers' Magazine, 1923, S. 17, S. 21.
[564] Vgl. Gibson, A.H., Course, in: Bankers' Magazine, 1923, S. 21.

Investitionen zur Verfügung. Damit seien die Zinsen höher.[565] Dieser empirische Zusammenhang erscheint *paradox*, weil er der klassischen Geldlehre widerspricht, wonach Zinsen als langfristig unabhängig vom Preisniveau anzusehen sind. Der Time-Lag ergibt sich aus der verzögerten Wirkung einer Veränderung der von Gibson untersuchten Großhandelspreise auf die Zinsen, welche wiederum die verfügbaren Einkommen beeinflussen.[566] Überdies führen Produktionsüberschüsse zu sinkenden Preisen.[567]

Keynes geht von *gewinnabhängigen Investitionen* aus. Bei sinkenden Preisen verringern sich auch die Gewinnerwartungen der Unternehmen, was zu geringeren Investitionen, verringerten Einkommen und einer reduzierten Spartätigkeit führt.[568] Insofern wird das Argument von Gibson abgelehnt, Investitionsmittel würden von den Lebenshaltungskosten beeinflusst.

2.3. Die ökonometrische Analyse

Die These Gibsons wird hinsichtlich des Zusammenhangs der Veränderungen der Rohstoffpreise und der Veränderung der Zinsen analysiert:

Tab. 17: Rohstoffpreise (GIBSON-Paradoxon).[569] [570]

Independent Variable: 1st Differentiation von: COMMODITY_PRICE_INDEX											
Dependent Variable: 1st Differentiation der folgenden Zinssätze:											
	i1D	i1M	i3M	i6M	i1Y	i2Y	i5Y	i10Y	TS	FR	ECB
Koeffizient	-0.01	-0.01	-0.02	-0.02	-0.02	-0.03	-0.02	-0.02	-0.00	0.14	0.00
R^2-adjusted	0.13	0.14	0.20	0.32	0.43	0.47	0.45	0.32	-0.04	0.27	0.01
Probability	0.03	0.02	0.01	0.00	0.00	0.00	0.00	0.00	0.84	0.00	0.26
Durbin-Watson	0.76	0.59	0.83	0.82	1.15	1.45	1.71	1.91	1.17	1.82	1.17
Granger cause	↔	↔	↔	↔	↔	↔	→	→	↔	-	↔
White	0.71	1.06	1.76	2.50	4.31	1.26	0.48	1.34	2.00	1.16	0.75
ARCH (p-Wert)	0.00	0.01	0.07	0.37	0.37	0.43	0.44	0.40	0.23	0.00	0.21
GARCH (p-Wert)	0.00	0.39	0.93	0.00	0.00	0.48	0.15	0.00	0.70	0.00	0.40
Best Lead:	*4 periods of the commodity prices (= 4 periods lag of interest rates (Zinssätze)) (per theory)*										
Commodity Price Index:	*= Commodity Price Index (non food) (HWWI)*										
Zinssätze:	*i1D = Zins 1 Tag, i1M = Zins 1 Monat, (...), i10Y = Zins 10 Jahre*										
	TS = Zins-Spread der Zinsstruktur, FR = EURO-BUND-Future, ECB = Leitzinssatz der EZB										
Granger-Kausalität:	*→ = abhängige Variable (Zinssatz) determiniert grangerkausal; – = keine Grangerkausalität*										
	← = unabhängige Variable determiniert grangerkausal; ↔ = gegenseitige Grangerkausalität										

Die ökonometrischen Tests analysieren die Veränderung der Rohstoffpreise (COMMODITY_PRICE_INDEX) mit einem Lead von vier Quartalen (=Lag 4 Quartale Zinssätze) und der Änderung Zinssätze, wie seitens der Theorie vorgegeben: Die Ergebnis-

[565] Vgl. Gibson, A.H., Course, in: Bankers' Magazine, 1923, S. 17.
[566] Vgl. Gibson, A.H., Course, in: Bankers' Magazine, 1923, S. 21.
[567] Vgl. Gibson, A.H., Future Course, in: Bankers' Magazine, 1923, S. 22.
[568] Vgl. Keynes, John M., Gelde, 1930, S. 458, Fußnote 1.
[569] Verwendet werden die Weltmarktpreise für Rohstoffe (non-food) bezogen auf die in EURO ausgedrückten Preise (Quelle: EZB auf Basis HWWI).
[570] Zu den Berechnungen s. Anh.; weitere Berechnungen zeigen: Andere Leads (u. Lags) sind nicht signifikant.

se sind *signifikant* für Laufzeiten von 2 Jahren bis zu 10 Jahren. Die *Koeffizienten* besitzen geringe, *negative* Werte bis zu -0,03 bei einer Laufzeit von 2 Jahren. Damit wird die These Gibsons falsifiziert. Das *korrigierte Bestimmtheitsmaß* zeigt hohe Korrelationen mit einem maximalen Wert von 0,47 bei 2 Jahren. Die Veränderungen der Zinssätze und Rohstoffpreise determinieren sich *grangerkausal*, mit Ausnahme der Laufzeiten von 5 und 10 Jahren, die grangerkausal durch die Zinssätze determiniert werden. Es bestehen keine *ARCH-Prozesse* mit Ausnahme der Laufzeiten von 1 Tag und 1 Monat. Exogene Schocks (*GARCH-Prozesse*) existieren über alle Laufzeiten hinweg mit Ausnahme der Laufzeit von 1 Tag, 6 Monaten, 1 Jahr und 10 Jahren.

Zusätzlich werden die Einflüssse auf den Zinsstruktur-Spread (TS), die Terminzinsen (FR) und die Leitzinsen (ECB) analysiert: Die Korrelationsanalyse der Veränderung der Rohstoffpreise und der des Zinsstruktur-Spreads zeigt einen insignifikanten Wert. Es bestehen weder ARCH-Prozesse, noch exogene Schocks. Die Korrelation zwischen der Veränderung der Rohstoffpreise und jener der Terminzinssätze besitzt einen geringen Koeffizienten von 0,14 und einen mittleren Wert des adjustierten Bestimmtheitsmaßes von 0,27. Die Werte sind signifikant, jedoch liegt keine Grangerkausalität vor. Es bestehen ARCH-Prozesse sowie exogene Schocks. Die Korrelation zwischen der Veränderung der Rohstoffpreise und jener der Leitzinssätze zeigt keine Signifikanz. Es bestehen weder ARCH-Prozesse, noch exogene Schocks.

Insgesamt besteht aufgrund des negativen Vorzeichens keine Validität der Hypothese Gibsons. Unabhängig davon sind die ökonometrischen Ergebnisse für die Laufzeiten von mehr als 1 Jahr sowie für den Terminzinssatz signifikant. Hierbei liegt ein nur geringer und negativer Koeffizient vor. Die Ergebnisse sind dahingehend interpretierbar, als dass in einer substitutiven Perspektive höhere Rohstoffpreise mit Time-Lags eine sinkende Mittelverwendung über geringere Investitionsmöglichkeiten und in der Folge ein geringeres BIP verursachen, was jeweils zu Zinssenkungen führt. Denn Rohstoffe werden überwiegend unter Inkaufnahme von Mittelabflüssen im Währungs-Ausland erworben. Die dadurch c.p. verursachten (Rohstoff-)Preissteigerungen führen i.w.S. zu einem geringeren BIP und dadurch zu einem niedrigeren Zinsniveau. Zudem kann das negative Vorzeichen einen Hinweis auf Rohstoffe als Spekulationsobjekt liefern, da in Phasen geringen Wirtschaftswachstums weniger Mittel in Investitionsprojekte fließen, sondern stattdessen in alternative Anlagen wie Rohstoff-Titel.

2.4. Die Wertung

Die These wird abweichend von Gibsons Formulierung nicht im Rahmen einer Goldwährung, sondern im Rahmen des Euro-Währungsgebiets getestet. Die Abhängigkeit von Volkswirtschaften von den Rohstoffpreisen hat mit dem Wandel von der Industriegesellschaft hin zur Dienstleistungsgesellschaft abgenommen. Aufgrund der (leicht) negativen Koeffizienten kann die These im Euro-Währungsgebiet als falsifiziert angesehen werden. Das Gibson-Paradoxon ist damit vorwiegend als ein Phänomen des damaligen Goldstandards anzusehen, bei welchem zudem ein Großteil der Rohstoffe dem Inland entstammt.

3. Die Zinstheorie von Keynes in Form des ISLM-Modells

"The rate of interest is the price which equilibrates the desire to hold wealth in the form of cash with the available quantity of cash!" [571]

Die keynesianische Zinstheorie, die mit der General-Theory neben der Berücksichtigung des Risikos eine frühe Form der rationalen Erwartungen im Zinsbereich formuliert, erklärt insbesondere das kurze Ende der Zinsstruktur. Denn nach Auffassung von *John Maynard Keynes* (1883-1946) ist der Zinssatz die Belohnung für die Aufgabe von *Liquidität*: „Der Zinsfuß ist nicht der Preis, der die Nachfrage nach Geldmitteln zur Investition mit der Bereitwilligkeit, sich des gegenwärtigen Verbrauchs zu enthalten, ins Gleichgewicht bringt. Sondern er ist der Preis, der das Verlangen, Vermögen in Form von Bargeld zu halten, mit der verfügbaren Menge von Bargeld ins Gleichgewicht bringt." [572]

Der zentrale Unterschied zur klassisch-neoklassischen Theorie, in welcher der Zins nach klassischer Ansicht Ersparnisse und Investitionen zum Ausgleich bringt, besteht dabei in der Zinsabhängigkeit der Geldnachfrage. Nach *Keynes* ist der Zins primär ein *monetäres* Phänomen im Rahmen der sogenannten *Liquiditätspräferenztheorie*.[573] Er betrachtet die Gesamtökonomie und insbesondere den *Geldmarkt* sowie die Kassenhaltung als stark beeinflusst von den kurzfristigen *Erwartungen* der Wirtschaftssubjekte. John Richard Hicks entwickelte das *ISLM*-Modell auf der Grundlage der Keynes´schen Theorie. Das *ISLM*-Modell als Gesamtmodell kann als komparativ-statische Analyse betrachtet werden.

3.1. Die Prämissen

Aufgrund der zahlreichen, teils rigiden Modellannahmen werden diese Annahmen als wesentliche Bestandteile in der Modellbeschreibung abgehandelt. Darüber hinaus existiert für jedes hypothetische *Beschäftigungsniveau* im Sinne eines allgemeinen Gleichgewichts ein unterschiedlicher *natürlicher* Zinssatz.[574]

3.2. Das Modell

Nach Keynes gilt die Liquiditätstheorie des Zinses: Auf dem Geldmarkt und hinsichtlich von Geldangebot und Geldnachfrage ist die *LM-Kurve* relevant. Nach der Liquiditätstheorie befindet sich der Zins im Gleichgewicht, sofern Geldnachfrage und -angebot übereinstimmen.[575] Die Liquiditätspräferenztheorie und die Erwartung über die künftige Zinsentwicklung bestimmen die Geldnachfrage und hierbei die *Kassenhaltung*. Die drei Bestandteile der Liquiditätspräferenz sind das Transaktionsmotiv, das Vorsichtsmotiv sowie insbesondere das Spekulationsmotiv.[576] Gemäß dieser Motive gestaltet sich auch die Kassenhaltung: Die einzelnen Teilkassen bestehen dem-

[571] Keynes, John Maynard, Theory, 1936, S. 167.
[572] Vgl. Keynes, John M., Allgemeine Theorie, 1936, S. 141.
[573] Vgl. Felderer, Bernd, Homburg, Stefan, Makroökonomik, 2003, S. 128.
[574] Vgl. Keynes, John Maynard, Theory, 1936, S. 242.
[575] Vgl. Issing, Otmar, Geldtheorie, 1995, S. 97.
[576] Vgl. Keynes, John Maynard, Theory, 1936, S. 170, S. 195 f.

zufolge aus der Transaktions-, der Spekulations- und der Vorsichtskasse. Letztere ist invers vom Zins sowie positiv vom Volkseinkommen abhängig und kann aufgrund ihrer geringeren Bedeutung im Rahmen der Darstellung vernachlässigt werden.

Die Kassenhaltung kann deshalb alternativ in Form von Transaktionskasse oder Spekulationskasse erfolgen. Somit bestehen im Rahmen der Kassenhaltung die Anlagealternativen, Geld einerseits in Form von Kasse bzw. Liquidität zu halten oder andererseits in sogenannte Consols, d.h. Anleihen bzw. Bonds mit unendlich langer Laufzeit, zu investieren.[577]

Die Transaktionskasse ist positiv abhängig vom Volkseinkommen.[578]

$$L_T = L_T\left(\overset{+}{Y}\right) \tag{33}$$

Die Spekulationskasse dagegen, die von Keynes in die Literatur eingeführt und betont wird, ist invers zinsabhängig.[579] [580]

$$L_S = L_S\left(\overset{-}{i}\right) \tag{34}$$

Die Liquiditätsnachfrage aufgrund des Spekulationsmotivs

Mit hohen Zinsen werden vermehrt Bonds und wenig Spekulationskasse gehalten, da die Wirtschaftssubjekte bei sinkenden Zinsen auf einen Profit durch steigende Bondkurse (Wertpapierkurs-Zins-Mechanismus) spekulieren.

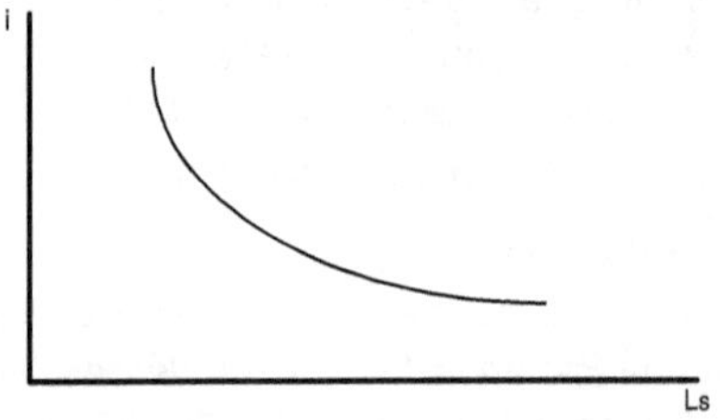

Abb. 21: Liquiditätsnachfrage aufgrund des Spekulationsmotivs.

Für die gesamte Kassenhaltung gilt somit die Gleichung:[581]

$$L = L\left(\overset{-}{i},\overset{+}{Y}\right) \tag{35}$$

Bei sinkenden Zinsen wird Kasse in Ertrag bringende Wertpapiere umgewandelt. Der Wunsch, Geld zu halten, kann durch die Nachfrage nach Geld zum Ausdruck gebracht werden, die das Kassebedürfnis für verschiedene hypothetische Zinssätze widerspiegelt (*liquidity preference* curve).[582] Somit ist der *Zinssatz* nach Keynes im Rahmen der *Liquiditätsbetrachtung* im Wesentlichen der Preis für die Aufgabe von Liquidität sowie der Preis, der den Wunsch, Vermögen in Form von Bargeld bzw.

[577] Vgl. Felderer, Bernhard, Homburg, Stefan, Makroökonomik, 1991, S. 124 ff.
[578] Felderer, Bernhard, Homburg, Stefan, Makroökonomik, 1991, S. 125.
[579] Felderer, Bernhard, Homburg, Stefan, Makroökonomik, 1991, S. 125.
[580] Dies stellt eine Wirkungshypothese zur Zinstheorie dar. Betrachtet werden im Rahmen dieser Arbeit jedoch Ursachenhypothesen. Die vorliegende Spekulationskasse wird im Rahmen von Tests zur LM-Kurve untersucht.
[581] Felderer, Bernhard, Homburg, Stefan, Makroökonomik, 1991, S. 125.
[582] Lutz, Friedrich August, Zinstheorie, 1956, S. 121.

Sichteinlagen zu halten mit der erhältlichen Menge an Bargeld ins Gleichgewicht bringt.[583]

Weiterhin vertritt Keynes in Anlehnung an Fisher die *Grenzeffizienzbetrachtung*. Hiernach ist der Zinssatz abhängig von der Grenzeffizienz von Finanztiteln.[584] Der Zinssatz und die Grenzeffizienz des Kapitals müssen dabei identisch sein:

$$r = y \tag{36}$$

wobei *r* den Grenzeffizienzsatz des Geldes und *y* die Grenzeffizienz eines Finanztitels in Geld ausdrückt.[585]

Der Zins wird nach Keynes in Anlehnung an Irving Fisher ebenfalls durch die Grenzeffizienz des Kapitals repräsentiert, die Keynes unter anderem als die *Erwartung* von Erträgen definiert.[586] Darüber hinaus ist eine notwendige Bedingung für das Spekulationsmotiv und die Existenz der Liquiditätspräferenz als Mittel der Vermögenshaltung die *Unsicherheit über künftige Zinssätze.*[587] Denn der aktuelle Wert des Zinses ist überwiegend durch die Aussicht darüber bestimmt, welchen künftig *erwarteten* Wert der Zins haben wird.[588] Diese Erwartungstheorie von Keynes repräsentiert einen Vorläufer der Theorie rationaler Erwartungen und stellt damit einen wesentlichen Unterschied zur klassischen Theorie dar.

Keynes geht dabei davon aus, dass die Anleger aufgrund ihrer Erfahrungen eine Vorstellung von einem durchschnittlichen, als *„normal" anzusehenden Zinsniveau* bzw. über eine Zinshöhe als absoluter Untergrenze und Erwartungen über einen künftigen Verlauf der Zinsen haben.[589] Deshalb ist der Zinssatz nach Keynes ein höchst psychologisches Phänomen.[590]

Bei einer Abweichung des tatsächlichen Zinses von diesem Zinsniveau rechnet man im Sinne einer sogenannten Mean-Reversion mit einer Annäherung an den als normal empfundenen Zins. Liegt der tatsächliche Zins beispielsweise über dem normalen Niveau, sind aufgrund des *Zins-Wertpapierkurs-Mechanismus* ein Zinsrückgang und damit ein Kursgewinn anzunehmen.[591] Daher ist es aus spekulativen Gründen ertragbringend, Consols zu erwerben statt Liquidität im Rahmen der Spekulationskasse zu halten. Bei einem niedrigen Zinsniveau zeigt sich ein genau inverses Anlegerverhalten. Die Liquiditätspräferenz, die die Geldnachfrage auf den Zinssatz be-

[583] Vgl. Keynes, John Maynard, Theory, 1936, S. 167.
[584] Vgl. Keynes, John Maynard, Lessons, 1937, S. 147.
[585] Vgl. Keynes, John Maynard, Lessons, 1937, S. 146. Im Rahmen der "Allgemeinen Theorie" (dt. Übersetzung) verwendet Keynes synonym den Begriff der Grenzleistungsfähigkeit des Kapitals. Vgl. derselbe, S. 139.
[586] Vgl. Keynes, John Maynard, Theory, 1936, S. 136 u. S. 141.
[587] Vgl. Keynes, John Maynard, Theory, 1936, S. 168.
[588] Vgl. Keynes, John Maynard, Theory, 1936, S. 203.
[589] Vgl. Issing, Otmar, Geldtheorie, 1995, S. 39.
[590] Vgl. Keynes, John Maynard, Theory, S. 202, Chapter 15, The Psychological and Business Incentives to Liquidity; "It is evident that the rate of interest is a highly psychological phenomenon." Keynes präzisiert diese Feststellung wiefolgt: Vgl. S. 203: "It might be more accurate, perhaps to say that the rate of interest is a highly conventional, rather than a highly psychological, phenomenon. For its actual values is largely governed by the prevailing view as to what its values is expected to be."
[591] Vgl. Issing, Otmar, Geldtheorie, 1995, S. 104 ff., Felderer, Bernd, Homburg, Stefan, Makroökonomik, 1991, S. 124 ff., implizite Beschreibung des Wertpapierkurs-Zins-Mechanismus s. S. 121 ff.

zieht, kann durch eine Kurve dargestellt werden, die einen fallenden Zinssatz mit zunehmender Geldmenge darstellt.[592]

Liquiditäts- bzw. Geldnachfrage und Geldangebot

Bei gegebenem Geldangebot bestimmt das Gleichgewicht mit der Liquiditätsnachfrage den Zinssatz.

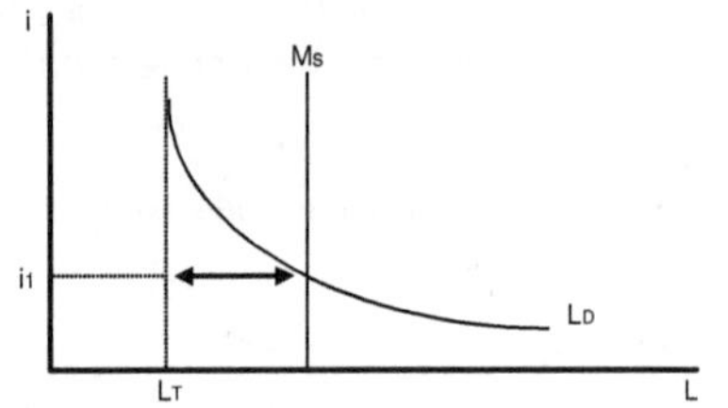

Abb. 22: Liquiditätsnachfrage und Geldangebot im keynesianischen Modell.

Das exogen gegebene *Geldangebot* und damit die Geldmenge ist zusätzlich der andere Faktor, der in Verbindung mit der *Liquiditätspräferenz* den aktuellen Zinssatz unter den gegebenen Umständen bestimmt:[593]

$$M = M(exogen) \tag{37}$$

Für die *LM-Kurve* gelten die Gleichung sowie die o.g. Annahmen für den Geldmarkt.[594]

$$L = L\left(\overset{-}{i}, \overset{+}{Y}\right) = M = M(exogen) \tag{38}$$

Die LM-Kurve stellt somit den geometrischen Ort aller Kombinationen zwischen Volkseinkommen *(Y)* und Zins *(i)* dar, bei denen ein Gleichgewicht zwischen einer exogen gegebenen Geldmenge *(M)* und der Geldnachfrage *(L)* auf dem Geldmarkt besteht.[595]

[592] Vgl. Keynes, John Maynard, Theory, 1936, S. 177.
[593] Vgl. Keynes, John Maynard, Theory, 1936, S. 167 f.
[594] Vgl. Keynes, John Maynard, Theory, 1936, S. 168.
[595] Vgl. Felderer, Bernd, Homburg, Stefan, Makroökonomik, 1991, S. 126.

Die LM-Kurve

Die LM-Kurve besitzt in einem i-Y-Diagramm eine positive Steigung. Denn mit steigendem Einkommen (Y) nimmt die Transaktionskasse zu, sodass eine Überschussnachfrage auf dem Geldmarkt besteht.

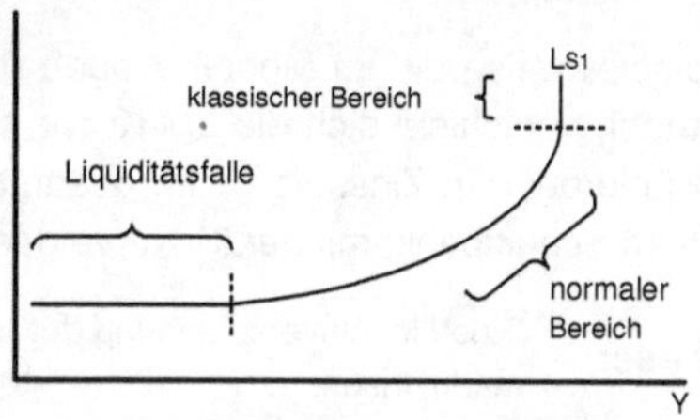

Abb. 23: LM-Kurve.

Die LM-Kurve besitzt in einem i-Y-Diagramm eine positive Steigung:[596] Denn mit steigendem Einkommen *(Y)* nimmt die Transaktionskasse zu, sodass eine Überschussnachfrage auf dem Geldmarkt besteht.

Diese Überschussnachfrage lässt den Zins steigen, worauf die Geldnachfrage aufgrund des invers zinsabhängigen Spekulationsmotivs zurückgeht. Zudem ergeben sich aus dem gestiegenen Zins höhere Opportunitätskosten für das Halten von Spekulationskasse.[597] Die „Entweder-oder-Entscheidung" einzelner Wirtschaftssubjekte bei Überschreiten eines *kritischen Zinssatzes* stellt auf makroökonomischer Ebene angesichts der unterschiedlichen Erwartungen über den „normalen" Zins einen sukzessiven Prozess dar.[598]

Der kritische Zinssatz

Ein individuelles Wirtschaftssubjekt tätigt Geldnachfrage aus Spekulationsgründen, sofern der individuell betrachtete, kritische Zinssatz unterschritten wird.

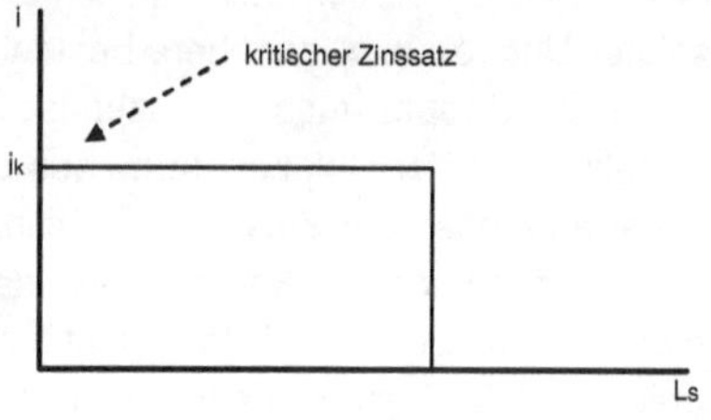

Abb. 24: Kritischer Zinssatz.

Die höheren Geldmarktzinsen führen zu einem Zinsverlust gegenüber der Anlage in Wertpapieren und zudem steigen die Chancen, dass die Zinsen wieder sinken, was zu Kursgewinnen auf Kapitalanlagen führen würde. Beide Einflüsse bewirken eine zusätzliche Nachfrage nach Wertpapieren. Mithilfe der Mittel aus der Spekulationskasse werden Wertpapiere gekauft. Das frei werdende Geld fließt in die Transaktionskasse.[599] Dies wiederum hat einen dämpfenden Einfluss auf den Kapitalmarkt-

---

[596] Vgl. Felderer, Bernd, Homburg, Stefan, Makroökonomik, 1991, S. 121 ff.
[597] Vgl. Felderer, Bernd, Homburg, Stefan, Makroökonomik, 1991, S. 126 f.
[598] Vgl. Anderegg, Ralph, Geldtheorie, 2007, S. 113.
[599] Vgl. Felderer, Bernd, Homburg, Stefan, Makroökonomik, 1991, S. 126 f.

zins, wobei es zu einer Annäherung der Geldmarktzinsen (LM) an die Kapitalmarktzinsen (IS) kommt.

Wird beispielsweise die im Modell exogen gegebene Geldmenge durch die Zentralbank erhöht, verschiebt sich die LM-Kurve nach rechts. Ein Anstieg der Geldmenge reduziert hierbei den Zinssatz.[600] Im gesamtwirtschaftlichen ISLM-Gleichgewicht ergibt sich im Schnittpunkt mit der IS-Kurve dadurch ein geringerer Zinssatz.

25. These:	Eine Rechtsverschiebung der LM-Kurve führt zu einer Senkung der Geldmarktzinsen.

26. These:	Eine Rechtsverschiebung der LM-Kurve führt zu einer Senkung der Kapitalmarktzinsen.

Eine Rechtsverschiebung der LM-Kurve lässt sich grafisch wie folgt darstellen:

Die Rechtsverschiebung der LM-Kurve

Mit steigendem Einkommen ergeben sich eine höhere Liquiditätsnachfrage im Rahmen der Transaktionskasse und ein sinkender Zinssatz.

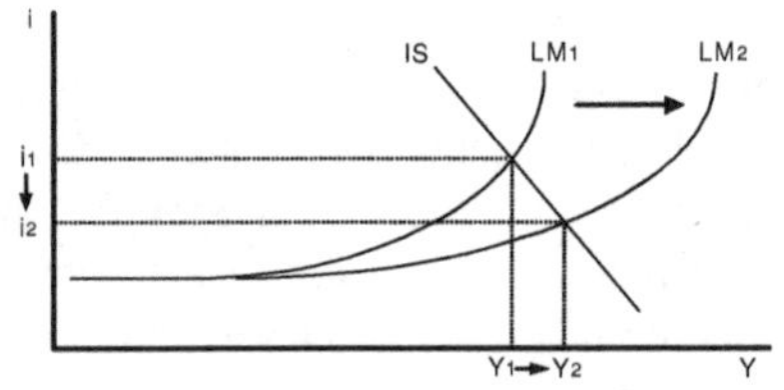

Abb. 25: Rechtsverschiebung der LM-Kurve.

Liegt der Zins jedoch so tief, dass alle Wirtschaftssubjekte diese Zinshöhe als eine Art „absoluter Untergrenze" ansehen, besteht bei der LM-Kurve die Gefahr einer *Liquiditätsfalle*. Bei diesem Ausnahmeszenario, das auch Deflationsfalle genannt wird, ist die Zinselastizität der Geldnachfrage aus dem Spekulationsmotiv unendlich hoch. In der Erwartung, dass der Zins in Zukunft nur steigen kann und damit die Wertpapierkurse nur sinken können, kaufen die Wirtschaftssubjekte keine Wertpapiere. Von einer Keynes´schen Liquiditätsfalle spricht man, weil in dieser Situation alles von der Notenbank zusätzlich geschaffene Geld in der Spekulationskasse verschwinden würde.[601] Bei dieser vollkommen zinselastischen Geldnachfragefunktion ist es in diesem Fall unmöglich, den Marktzins mit Hilfe einer expansiven Zentralbankpolitik zu verändern, da zusätzliches Geld immer von den Wirtschaftssubjekten in der Spekulationskasse gehalten und nicht investiert oder konsumiert wird.[602]

27. These:	Es existiert ein Bereich der LM-Kurve mit einer Liquiditätsfalle.

Keynes hielt diese Situation als „Grenzfall, der in der Zukunft praktisch wichtig werden könnte", ihm sei aber „kein bisheriges Beispiel dafür bekannt." [603] Inzwischen

[600] Vgl. Keynes, John M., Theory, S. 168 ff. (The General Theory of the Rate of Interest, Liquidity Preference).
[601] Vgl. Issing, Otmar, Geldtheorie, 1995, S. 39.
[602] Vgl. Anderegg, Ralph, Geldtheorie, 2007, S. 114.
[603] Vgl. Keynes, John M., Allgemeine Theorie, 1936, S. 173.

zeigt die Situation in Japan seit ca. Mitte der 1990-er Jahre mit der Null-Zins-Politik der Bank of Japan eine in der Realität vorhandene, lang anhaltende Liquiditätsfalle.

Die *IS-Kurve* stellt analog zur klassisch-neoklassischen Auffassung den Kapitalmarkt mit Investition *I* und Ersparnis *S* dar. Beim relevanten Zins des Kapitalmarkts (IS-Bereich) lässt sich der Kapitalmarktzins derart vorstellen, wie dieser für langfristige, festverzinsliche Staatsanleihen zustande kommt.[604]
Die Investitionen *I* sind invers zinsabhängig.[605] [606] Darüber hinaus sind die Investitionen in Anlehnung an das o.g. Konzept von Irving Fisher abhängig von der Grenzleistungsfähigkeit des Kapitals, welche auf der Grundlage diskontierter, erwarteter Gewinne berechnet wird. Sind diese höher als eine Anlage auf dem Kapitalmarkt, wird eine Investition durchgeführt. Vereinfacht lautet deshalb die Investitionsfunktion:[607]

$$I = I\left(\overset{-}{i}\right) \qquad (39)$$

Die gesamtwirtschaftliche Ersparnis *S* steigt mit steigendem Volkseinkommen *Y*.

$$S = S\left(\overset{+}{Y}\right) \qquad (40)$$

Es gilt das Gleichgewicht des IS-LM-Modells aufgrund der zuvor gemachten Annahmen:[608]

$$I(i) = S(Y) \qquad (41)$$

Die IS-Kurve stellt somit den geometrischen Ort aller Kombinationen von *i* und *Y* dar, bei welchem ein Gleichgewicht zwischen invers zinsabhängigen Investitionen *I* und positiv einkommensabhängiger Ersparnis *S* besteht.

Die IS-Kurve

Mit sinkenden Zinsen steigen die Investitionen, welche im Modell über den positiven Multiplikatorprozess mit einem höheren Volkseinkommen einhergehen. Die gesamtwirtschaftlichen Ersparnisse werden im ISLM-Modell als zinsunabhängig angesehen.

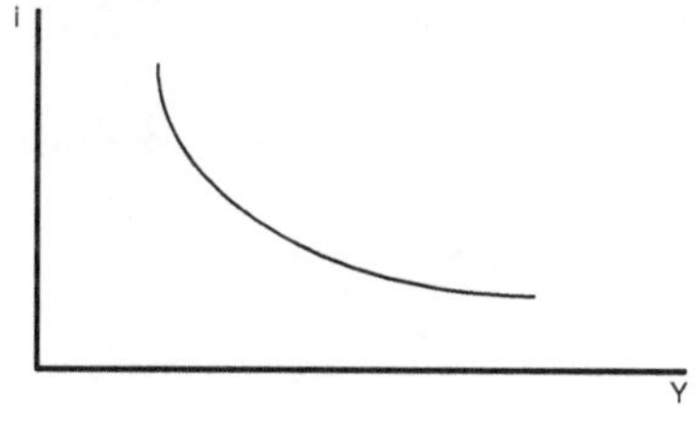

Abb. 26: IS-Kurve.

Die IS-Kurve *verschiebt* sich nach rechts, wenn sich, verstärkt um den Kahn-Keynes´schen *Multiplikatorprozess*, die Investitionen erhöhen oder sich eine höhere

---

[604] Vgl. Anderegg, Ralph, Geldtheorie, 2007, S. 113.
[605] Vgl. Felderer, Bernhard, Homburg, Stefan, Makroökonomik, 1991, S. 129.
[606] Dies stellt eine Wirkungshypothese zur Zinstheorie dar. Betrachtet werden im Rahmen dieser Arbeit jedoch Ursachenhypothesen. Die vorliegende zinsinverse Abhängigkeit von Investitionen wird im Rahmen von Tests zur IS-Kurve untersucht.
[607] Vgl. Felderer, Bernhard, Homburg, Stefan, Makroökonomik, 1991, S. 119 ff.
[608] Vgl. Felderer, Bernhard, Homburg, Stefan, Makroökonomik, 1991, S. 129.

Sparneigung ergibt.[609] Hierbei steigt im Gegensatz zu den als zumindest kurzfristig angesehenen, zinsinversen Investitionen der Zins im Rahmen einer Wirkungshypothese.

Die Rechtsverschiebung der IS-Kurve

Die IS-Kurve verschiebt sich nach rechts, wenn sich, verstärkt um den Kahn-Keynes´schen Multiplikatorprozess, die Investitionen erhöhen oder sich eine höhere Sparneigung ergibt. In der Folge steigt der Zinssatz.

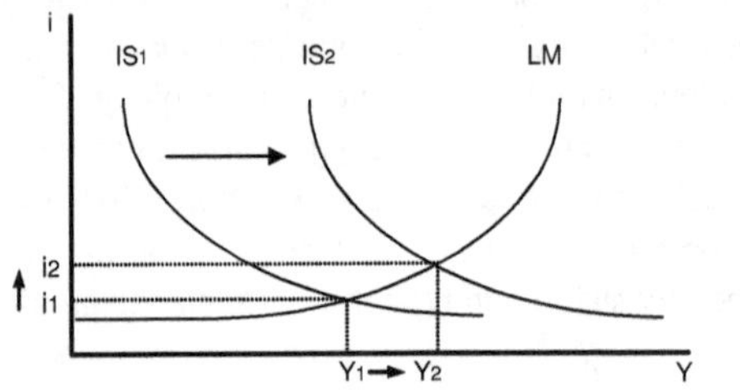

Abb. 27: Rechtsverschiebung der IS-Kurve.

Der elementare bzw. Kahn-Keynes´sche *Investitionsmultiplikator* (1931) zeigt in einer komparativ-statischen Analyse, wie stark das Realeinkommen auf eine spontane Änderung der Investitionsnachfrage reagiert.[610] Betrachtet werden hierbei die Investitionen (I), das Volkseinkommen (Y), der Konsum (K) sowie die marginale Konsumneigung (C´).[611] Der Multiplikator lässt sich über das gesamtwirtschaftliche Gleichgewicht herleiten und ergibt sich aus:[612] [613]

$$m = 1/(1-C') \qquad (42)$$

Der Investitionsmultiplikator gibt an, um wie viele Einheiten sich das Volkseinkommen bei Erhöhung der Investitionen um eine Einheit erhöht.

---

609 Vgl. Issing, Otmar, Geldtheorie, 1995, S. 103 f., vgl. Felderer, Bernhard, Homburg, Stefan, Makroökonomik, 1991, S. 116 ff.

610 Felderer, Bernhard, Homburg, Stefan, Makroökonomie, 1991, S. 116 f.

611 Die Idee des Multiplikators geht nicht auf Keynes zurück, sondern mindestens auf Kahn, R. F.; 1931: The Relation of Home Investment to Unemployment; Economic Journal 41, S. 173-198. Es lassen sich jedoch noch frühere Vorläufer ausmachen, wie beispielsweise der Schumpeter´sche Spiralprozess.

612 Zur vollständigen Herleitung des Multiplikators über das gesamtwirtschaftliche Gleichgewicht vgl. Felderer, Bernhard, Homburg, Stefan, 1991, S. 105 ff.

613 Felderer, Bernhard, Homburg, Stefan, 1991, S. 116 f.

Der Kahn-Keynes´sche Multiplikatorprozess

Gemäß der gesamtwirtschaftlichen Gütermarktgleichung Y=C+I wird alles, was nicht konsumiert wird, investiert. Diese Investitionen schaffen wiederum multiplikativ zusätzliche Konsumnachfrage, welche ihrerseits neue Investitionen in Gang setzt. Dieser Prozess setzt sich mehrfach als eine gegen Null konvergierende Reihe fort, und schafft dadurch für jede Investitionseinheit eine vielfache Menge (d.h. in multiplikativer Form) Einkommenseinheiten.

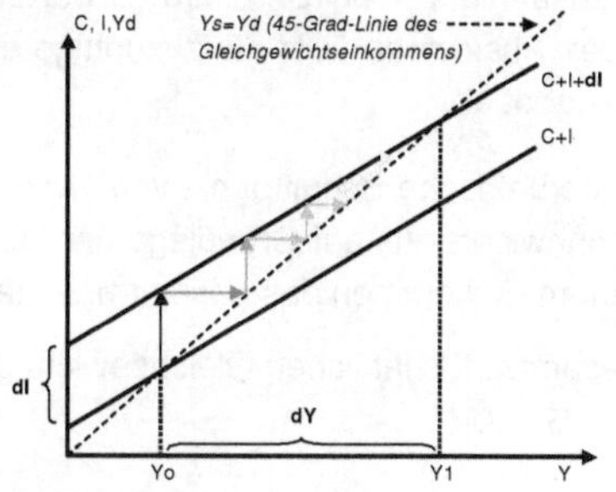

Abb. 28: Kahn-Keynes´scher Multiplikatorprozess.[614]

Die zinstheoretische Bedeutung des Investitionsmultiplikators ergibt sich lediglich mittelbar. Hierbei zeigt sich unter Berücksichtigung des Zeitaspekts, wie Neuinvestitionen diffundieren, sich das Wirtschaftswachstum beschleunigt und damit das Zinsniveau beeinflusst.

Je größer das Volkseinkommen ist, desto größer sind bei einer gegebenen IS-Kurve die Investitionen. Je geringer andererseits das Zinsniveau ist, desto höher sind die invers zinsabhängigen Investitionen. Die IS-Kurve spiegelt das Gleichgewicht auf dem Kapitalmarkt wider.[615]

28. These:	Eine Rechtsverschiebung der IS-Kurve führt zu steigenden Geldmarktzinsen.

29. These:	Die Rechtsverschiebung der IS-Kurve bewirkt steigende Kapitalmarktzinsen.

Erhöht sich die Investitionsneigung oder sinkt die Sparneigung, kommt es zu einer Rechtsverschiebung der IS-Kurve, wobei das Volkseinkommen und der Bedarf an Transaktionskasse steigen. Steigen die Kapitalmarktzinsen, erfolgt die Anlage von Spekulationskasse in Consols. Dabei kommt es zu Verschiebungen im Schnittpunkt zwischen der IS- und der LM-Kurve. Auf diese Weise wird der Anstieg der Kapitalmarktzinsen gedämpft.

Das Ausnahmeszenario einer *Investitionsfalle* (vertikale IS-Kurve) stellt eine Situation dar, in der die Investitionsnachfrage vollkommen zinsunelastisch ist und der Zins sich nur auf dem Geldmarkt bildet. Zu dieser Konstellation kann es kommen, wenn die Erwartungen der Investoren überaus pessimistisch werden. Dann bestehen nur noch geringe autonome Investitionen. Die Erwartungsbildung über künftige Erträge am Kapitalmarkt ist nach Keynes ein explizit zu berücksichtigender Faktor.[616] Der aktuel-

[614] Felderer, Bernhard, Homburg, Stefan, Makroökonomie, 1991, S. 119.
[615] Vgl. Felderer, Bernhard, Homburg, Stefan, Makroökonomik, 1991, S. 128 f.
[616] Vgl. Keynes, John M., Theory, 1936, S. 154 ff.

le Wert künftiger Erträge wird überwiegend von der Erwartung darüber bestimmt, wie sein zukünftiger Wert sein wird. Erwartete Erträge wiederum hängen überwiegend von den Aussichten über die zukünftige effektive Nachfrage in Bezug auf das künftige Angebot ab.[617]

Der geometrische Schnittpunkt von *LM*-Kurve und *IS*-Kurve stellt mit dem relevanten Gleichgewichtszins auf Grundlage der Liquiditätspräferenztheorie des Zinses bei gegebenem Einkommen das gesamtwirtschaftliche Gleichgewicht im *ISLM-Modell* dar.

Im gesamtwirtschaftlichen Gleichgewicht gilt:

$$IS = LM \tag{43}$$

Das ISLM-Modell

Es besteht ein gesamtwirtschaftliches Gleichgewicht auf dem Geld- und Kapitalmarkt im Schnittpunkt der LM-Kurve mit der IS-Kurve. Die LM-Kurve repräsentiert den keynesianischen Geldmarkt, die IS-Kurve den keynesianischen Kapitalmarkt. Im klassischen Bereich der LM-Kurve ist die Geldnachfrage zinsunelastisch. Ausnahmeszenarien stellen die Liquiditätsfalle (unendlich zinselastische Geldnachfrage) sowie die Investitionsfalle (zinsunelastische Investitionen) dar.

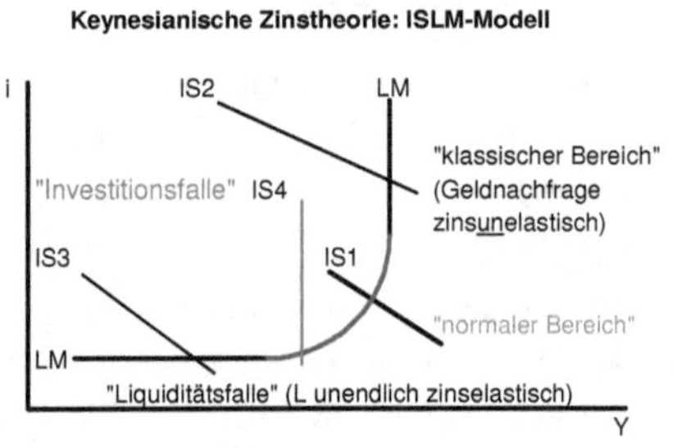

Abb. 29: ISLM-Modell.[618]

Im keynesianischen Gesamtsystem werden die anderen Teilmärkte wie der Gütermarkt und der Kapitalmarkt in Form des ISLM-Systems und der Gütermarkt in einer erweiterten Betrachtung vom Arbeitsmarkt her determiniert.[619] Nicht zuletzt aus Gründen der Vollständigkeit wird darauf hingewiesen, dass auf Grundlage der keynesianischen Theorie übergeordnet ein zumindest indirekter Zusammenhang zwischen dem Zinsniveau und dem *Arbeitsmarkt* besteht, ohne dass dies theoretisch ausführlicher erläutert wird.[620] [621]

30. These:	Der Arbeitsmarkt determiniert die Teilmärkte im keynesianischen Gesamtsystem. Somit determiniert der Arbeitsmarkt auch das Zinsniveau.

617 Vgl. Keynes, John M., Theory, S. 203, "Psychological and Business Incentives to Liquidity."
618 Felderer, Bernhard, Homburg, Stefan, Makroökonomik, 1991, S. 140 ff.
619 Vgl. Keynes, John Maynard, Theorie, 1936, S 206: „Das Volkseinkommen hängt von der Menge der Beschäftigung ab."
620 Vgl. Keynes, John Maynard, Theory, 1936, S. 242.
621 Den ökonometrischen Ergebnissen sei vorweggenommen, dass keine grangerkausale Determination zwischen dem Zinsniveau und der Beschäftigung vorliegt. Stattdessen wird das Beschäftigungsniveau grangerkausal u.a. vom Wirtschaftswachstum determiniert.

3.3. Die ökonometrischen Analysen

Als Testgröße für die Verschiebung der LM-Kurve wurde die Veränderung des Produkts aus Liquiditätszuführung (L) und der Geldmenge M3 verwendet.[622]

Tab. 18: LM-Kurve & Geldmarkt- sowie Kapitalmarktzinsen (KEYNES: LM).[623] [624]

Independent Variable: 1st Differentiation von: M3_PER_LIQUIDITY											
Dependent Variable: 1st Differentiation der folgenden Zinssätze:											
	i1D	i1M	i3M	i6M	i1Y	i2Y	i5Y	i10Y	TS	FR	ECB
Koeffizient	-0.18	-0.19	-0.22	-0.24	-0.26	-0.27	-0.23	-0.20	0.01	1.58	-0.23
R^2-adjusted	0.13	0.16	0.20	0.23	0.24	0.23	0.21	0.23	-0.04	0.16	0.13
Probability	0.03	0.02	0.01	0.00	0.00	0.01	0.01	0.00	0.86	0.01	0.02
Durbin-Watson	0.86	0.80	0.87	1.03	1.43	1.71	1.89	2.05	1.21	1.53	1.20
Granger cause	→	↔	↔	↔	↔	→	-	-	→	-	-
White	1.02	0.85	0.38	2.06	5.04	4.38	3.84	1.64	1.68	1.25	1.58
ARCH (p-Wert)	0.83	0.33	0.29	0.43	0.41	0.48	0.02	0.08	0.00	0.00	0.46
GARCH (p-Wert)	0.52	0.46	0.04	0.00	0.00	0.00	0.00	0.00	0.00	0.00	0.94
Best Lag:	*0 Periods of the dependent variable calculated (Zinssätze)*										
M3 per Liquidity:	*= M3 per Liquidity Allotment (European Monetary System)*										
Zinssätze:	*i1D = Zins 1 Tag, i1M = Zins 1 Monat, (...), i10Y = Zins 10 Jahre*										
	TS = Zins-Spread der Zinsstruktur, FR = EURO-BUND-Future, ECB = Leitzinssatz der EZB										
Granger-Kausalität:	*→ = abhängige Variable (Zinssatz) determiniert grangerkausal; – = keine Grangerkausalität*										
	← = unabhängige Variable determiniert grangerkausal; ↔ = gegenseitige Grangerkausalität										

Die ökonometrischen Tests analysieren die Veränderung der LM-Kurve (M3_PER_LIQUIDITY) und die Veränderung der Zinssätze mit einem optimalen Lag von null Quartalen: Die Ergebnisse sind für die Laufzeiten von 1 Jahr bis zu 10 Jahren *signifikant*. Die *Koeffizienten* spiegeln bei ihren höchsten Werten einen mittelhohen und negativen Wert von -0,27 Prozent der Zinssätze mit Laufzeiten von 2 Jahren als Ursache eines Anstiegs der LM-Kurve von 1,00 Prozent wider. Bei den anderen signifikanten Laufzeiten sind die Koeffizienten etwas geringer. Das *korrigierte Bestimmtheitsmaß* zeigt eine mittelhohe Korrelation bei allen Laufzeiten über 3 Monaten. Der höchste Wert des adjustierten Bestimmtheitsmaßes von 0,24 existiert bei einer Laufzeit von 1 Jahr. Bei den signifikanten Laufzeiten von 1 Jahr besteht eine gegenseitige *Grangerkausalität*. Die Zinssätze determinieren grangerkausal die LM-Kurve bei der Laufzeit von 2 Jahren. Bei von 5 Jahren liegt keine Grangerkausalität vor. Es bestehen keine *ARCH-Prozesse* mit Ausnahme der Laufzeit von 5 Jahren. Exogene Schocks (*GARCH-Prozesse*) existieren über alle Laufzeiten hinweg mit Ausnahme der Laufzeiten von 1 Tag und 1 Monat.

Zusätzlich werden die Einflüssse auf den Zinsstruktur-Spread (TS), die Terminzinsen (FR) und die Leitzinsen (ECB) analysiert: Die Korrelationsanalyse der Veränderung

[622] Die Verwendung von L-M1 führt zu ähnlichen Ergebnissen, allerdings bei geringeren Werten für den Durbin-Watson-Koeffizienten.

[623] Die signifikantesten Zusammenhänge ergeben sich bei Verwendung der Zeitreihe des Koeffizienten von M3 pro Liquidity.

[624] Die Ergebnisse stammen aus den Berechnungen der 1.550-seitigen Originalversion dieser Arbeit.

der LM-Kurve und der Veränderung des Zinsstruktur-Spreads zeigt einen insignifikanten Wert. Es bestehen ARCH-Prozesse und exogene Schocks. Die Korrelation zwischen der Veränderung der LM-Kurve und der Veränderung des Terminzinssatzes zeigt einen sehr hohen und positiven Koeffizienten von 1,58. Das korrigierte Bestimmtheitsmaß hat einen geringen Wert von 0,16. Die Ergebnisse sind signifikant. Es liegt keine Grangerkausalität vor. Es bestehen ARCH-Prozesse sowie exogene Schocks. Die Korrelation zwischen der Veränderung der LM-Kurve und der Veränderung der Leitzinssätze zeigt keine Signifikanz aufgrund der seriellen Korrelation. Es bestehen weder ARCH-Prozesse, noch exogene Schocks.

Insgesamt besteht lediglich eine Validität der Hypothese der LM-Kurve für die Kapitalmarktzinssätze, jedoch kaum für die Geldmarktzinssätze.[625] Die Ergebnisse lassen sich ökonomisch insoweit interpretieren, als eine relativ zur Geldmenge höhere Liquiditätszuführung die Knappheit von Kapital zugunsten langfristiger Investitionen senkt. Die von Keynes formulierten Korrelationen für den Geldmarkt und die LM-Kurve werden von anderen Größen mitbeeinflusst und überlagert.

Als Testgröße für die Verschiebung der IS-Kurve wurde die Veränderung des Quotienten aus Bruttoanlageinvestitionen (I) und Ersparnis (S) verwendet:

Tab. 19: IS-Kurve & Geldmarkt- oder Kapitalmarktzinsen (KEYNES: IS).[626 627]

Independent Variable: 1st Differentiation von: I_TIMES_S											
Dependent Variable: 1st Differentiation der folgenden Zinssätze:											
	i1D	i1M	i3M	i6M	i1Y	i2Y	i5Y	i10Y	TS	FR	ECB
Koeffizient	0.02	0.02	0.02	0.02	0.02	0.01	0.01	0.04	-0.01	-0.03	0.01
R²-adjusted	0.46	0.48	0.44	0.45	0.33	0.20	0.08	0.01	0.22	-0.01	0.16
Probability	0.00	0.00	0.00	0.00	0.00	0.01	0.08	0.25	0.00	0.39	0.02
Durbin-Watson	1.28	1.11	1.05	1.17	1.44	1.56	1.63	1.78	1.41	1.79	1.69
Granger cause	↔	↔	↔	↔	↔	↔	↔	↔	←	-	→
White	5.31	5.57	4.14	5.21	3.51	1.88	2.20	2.07	1.61	1.39	0.04
ARCH (p-Wert)	0.20	0.30	0.51	0.60	0.72	0.85	0.58	0.48	0.37	0.48	0.77
GARCH (p-Wert)	0.66	0.43	0.38	0.32	0.00	0.01	0.60	0.44	0.00	0.51	0.78
Best Lead:	*2 Periods of the dependent variable calculated (Zinssätze)*										
I_TIMES_S:	*= Investment times Saving*										
Zinssätze:	*i1D = Zins 1 Tag, i1M = Zins 1 Monat, (...), i10Y = Zins 10 Jahre*										
	TS = Zins-Spread der Zinsstruktur, FR = EURO-BUND-Future, ECB = Leitzinssatz der EZB										
Granger-Kausalität:	*→ = abhängige Variable (Zinssatz) determiniert grangerkausal; – = keine Grangerkausalität*										
	← = unabhängige Variable determiniert grangerkausal; ↔ = gegenseitige Grangerkausalität										

Die ökonometrischen Tests analysieren die Veränderung der IS-Kurve (I_TIMES_S) und die Veränderung der Zinssätze mit einem optimalen Lag von zwei Monaten: [628]

[625] Ähnliche Ergebnisse ergeben sich bei Werten für die L-M2 und L-M1-Kurve.

[626] Die signifikantesten Werte ergeben sich bei Verwendung der Zeitreihe des Produkts aus Bruttoanlageinvestitionen und Brutto-Ersparnis.

[627] Die Ergebnisse stammen aus den Berechnungen der 1.550-seitigen Originalversion dieser Arbeit.

[628] Ergebnisse ohne Lead bzw. mit einem Lag zeigen entweder eine zu geringe Signifikanz oder einen zu geringen Durbin-Watson-Koeffizienten.

Die Ergebnisse sind lediglich *signifikant* für die Laufzeiten von 1 und 2 Jahren. Hierbei zeigt bei einer Laufzeit von 1 Jahr der *Koeffizient* einen maximalen Wert von 0,03 Prozent der Zinssätze als Ursache eines Anstiegs der IS-Kurve von 1,00 Prozent. Das *korrigierte Bestimmtheitsmaß* besitzt bei der gleichen Laufzeit mit einem Wert von 0,33 eine hohe Korrelation. Innerhalb der signifikanten Laufzeiten liegt eine gegenseitige *grangerkausale* Determination vor. Es bestehen keine *ARCH-Prozesse*. Exogene Schocks (*GARCH-Prozesse*) existieren ebenfalls bei Laufzeiten von 1 und 2 Jahren.

Zusätzlich werden die Einflüssse auf den Zinsstruktur-Spread (TS), die Terminzinsen (FR) und die Leitzinsen (ECB) analysiert: Die Korrelationsanalyse der Veränderung der IS-Kurve und die Veränderung des Zinsstruktur-Spreads zeigt einen geringen und negativen Koeffizienten von -0,01. Das korrigierte Bestimmtheitsmaß besitzt einen mittelhohen Wert von 0,22. Die Ergebnisse sind signifikant. Die Zinssätze werden grangerkausal vom Zinsstruktur-Spread determiniert. Es bestehen keine ARCH-Prozesse, jedoch exogene Schocks. Die Korrelation zwischen der Veränderung der IS-Kurve und der Veränderung der Terminzinssätze zeigt keine Signifikanz. Es bestehen weder ARCH-Prozesse, noch exogene Schocks. Die Korrelation zwischen der Veränderung der IS-Kurve und der Veränderung der Leitzinssätze hat einen geringen Koeffizienten von 0,01. Das korrigierte Bestimmtheitsmaß besitzt einen geringen Wert von 0,16. Der Leitzinssatz wird grangerkausal durch die IS-Kurve determiniert. Die Ergebnisse sind signifikant. Es bestehen weder ARCH-Prozesse, noch exogene Schocks.

Insgesamt besteht lediglich eine Validität der Hypothese der IS-Kurve für die 1-Jahres- und 2-Jahres Zinssätze sowie für die Zinsstruktur und die Leitzinssätze. Die Ergebnisse lassen sich insoweit interpretieren, als Investitionen, die relativ zu Ersparnissen ansteigen, mit steigenden Zinssätzen einhergehen. Investitionen werden kreditfinanziert und steigen mit höheren Zinssätzen am Kreditmarkt. Die von Keynes formulierten Korrelationen für den Geldmarkt und die IS-Kurve werden von anderen Größen mitbeeinflusst und überlagert. Dies gilt ebenso für den Kapitalmarkt, der eher indirekt von den Ersparnissen beeinflusst wird.

Es folgt die ökonometrische Analyse des keynesianischen Gesamtsystems hinsichtlich der Determinierung durch das Beschäftigungsniveau.

Tab. 20: Beschäftigung (KEYNES).[629] [630]

Independent Variable: 1st Differentiation von: EMPLOYMENT											
Dependent Variable: 1st Differentiation der folgenden Zinssätze:											
	i1D	i1M	i3M	i6M	i1Y	i2Y	i5Y	i10Y	TS	FR	ECB
Koeffizient	0.59	0.64	0.67	0.69	0.69	0.70	0.65	0.58	-0.11	-4.47	0.58
R²-adjusted	0.23	0.29	0.30	0.30	0.26	0.24	0.27	0.28	-0.03	0.26	0.16
Probability	0.01	0.00	0.00	0.00	0.00	0.00	0.00	0.00	0.63	0.00	0.01
Durbin-Watson	1.06	0.97	1.05	1.19	1.46	1.64	1.72	1.87	1.28	1.67	1.26
Granger cause	-	-	-	-	-	-	-	-	-	-	←
White	2.69	2.08	1.99	1.73	1.42	0.58	0.13	0.15	3.55	6.78	1.40
ARCH (p-Wert)	0.13	0.03	0.27	0.36	0.00	0.93	0.90	0.00	0.00	0.59	0.00
GARCH (p-Wert)	0.70	0.01	0.91	0.47	0.02	0.00	0.01	0.00	0.00	0.00	0.00
Best Lag:	*0 periods of the dependent variable calculated (Zinssätze)*										
Zinssätze:	*i1D = Zins 1 Tag, i1M = Zins 1 Monat, (...), i10Y = Zins 10 Jahre*										
	TS = Zins-Spread der Zinsstruktur, FR = EURO-BUND-Future, ECB = Leitzinssatz der EZB										
Granger-Kausalität:	*→ = abhängige Variable (Zinssatz) determiniert grangerkausal; – = keine Grangerkausalität*										
	← = unabhängige Variable determiniert grangerkausal; ↔ = gegenseitige Grangerkausalität										

Die ökonometrischen Tests analysieren die Veränderung der Beschäftigung (EMPLOYMENT) und die Veränderung der Zinssätze mit einem optimalen Lag von null Quartalen: Die Ergebnisse sind *signifikant* für Laufzeiten von 1 Jahr bis zu 10 Jahren. Der *Koeffizient* zeigt bei seinen höchsten Werten einen hohen, positiven Anstieg von 0,70 Prozent der Zinssätze mit Laufzeiten von zwei Jahren als Ursache eines Anstiegs der Beschäftigung von 1,00 Prozent. Die anderen signifikanten Laufzeiten beinhalten geringere, jedoch immer hohe Koeffizienten, die bis hinab auf Werte von 0,58 bei einer Laufzeit von 10 Jahren reichen. Das *korrigierte Bestimmtheitsmaß* zeigt innerhalb der signifikanten Laufzeiten mit bis zu 0,27 mittelhohe Werte. Es besteht keine *Grangerkausalität*. Es liegen *ARCH-Prozesse* bei Laufzeiten von 1 Monat, 1 Jahr und 10 Jahren vor. Exogene Schocks (*GARCH-Prozesse*) existieren über alle Laufzeiten mit Ausnahme der Laufzeiten von 1 Tag, 3 Monaten und 6 Monaten.

Zusätzlich werden die Einflüssse auf den Zinsstruktur-Spread (TS), die Terminzinsen (FR) und die Leitzinsen (ECB) analysiert: Die Korrelationsanalyse der Veränderung der Beschäftigung und der Veränderung des Zinsstruktur-Spreads zeigt keine Signifikanz. Es bestehen ARCH-Prozesse und exogene Schocks. Die Korrelation zwischen der Veränderung der Beschäftigung und der Veränderung der Terminzinssätze ist signifikant. Der Koeffizient ist sehr hoch und negativ mit einem Wert von -4,47. Das korrigierte Bestimmtheitsmaß von 0,26 ist mittelhoch. Es liegen keine Grangerkausalität vor und auch keine ARCH-Prozesse, dafür jedoch exogene Schocks. Die Korrelation zwischen der Veränderung der Beschäftigung und der Veränderung der

[629] Verwendet wird die Anzahl der Beschäftigten (saisonbereinigt) auf Grundlage der ESVG 95 (Quelle: EZB auf Basis von Eurostat).
[630] Die Ergebnisse stammen aus den Berechnungen der 1.550-seitigen Originalversion dieser Arbeit.

Leitzinssätze zeigt keine Signifikanz. Es liegen ARCH-Prozesse sowie exogene Schocks vor.

Insgesamt besteht keine Validität der Beschäftigungshypothese von Keynes aufgrund der geforderten, jedoch insignifikanten Grangerkausalität durch die Beschäftigung.[631] Jedoch zeigt sich abgesehen von dieser Hypothese und der fehlenden Grangerkausalität eine valide Korrelation zwischen Beschäftigung und Zinssätzen für die Kapitalmarktzinssätze mit Laufzeiten von 1 Jahr und länger. Allerdings besteht ein eher geringes korrigiertes Bestimmtheitsmaß.

3.4. Die Wertung

Zwar betrachtet Keynes sowohl den kurzfristigen Zins, der sich aus Angebot und Nachfrage nach Liquidität ergibt, als auch den langfristigen Zins, der sich an der Grenzeffizienz des Kapitals orientiert.[632] Er unterlässt es jedoch, die Beziehung dieser beiden Zinssätze und damit die Zinsstruktur als Ganzes zu analysieren.[633] Der Widerspruch zwischen den zinsinversen Investitionen im Rahmen einer Wirkungshypothese und der Erhöhung der Zinsen bei einer Rechtsverschiebung der IS-Kurve bei steigenden Investitionen wird somit in Keynes´ Zinstheorie nicht explizit gelöst.[634] Umso bemerkenswerter ist es dagegen, dass sowohl die LM- als auch die IS-Kurve für die langfristigen Kapitalmarktzinsen validiert werden konnten.

Es bedeutet zudem einen zinstheoretischen Beitrag von Keynes, den „normalen" Zins in Abhängigkeit von den Erwartungen bzw. der Spekulation der Wirtschaftsubjekte zu betrachten.[635] Gleichwohl stellt dies nur einen von mehreren Einflussfaktoren auf den kurzfristigen Zins dar.[636] Kritisch ist deshalb anzumerken, dass in der Realität im Gegensatz zur keynesianischen Darstellung sowohl der Geldmarktzins als auch das Volkseinkommen erheblich vom (langfristigen) Kapitalmarktzins beeinflusst wird. Ein Mangel der General Theory liegt somit in ihrer Negierung des Einflusses von Kapital auf das Verhalten der Wirtschaftssubjekte.[637]

Der Zins als Belohnung für die Eigentümer von Liquidität ist im Rahmen die Liquiditätspräferenztheorie erst dann gerechtfertigt, wenn die aus Gründen der Liquidität

---

[631] Die von Keynes unterstellte Grangerkausalität ist nicht signifikant und besteht nur tendenziell. Im Rahmen des unterstellten Signifikanzniveaus stellt sich eine Grangerkausalität erst bei Lags von 2 und höher ein. Bei diesen Lags zeigen jedoch die jeweiligen Korrelationsanalysen eine schlechtere bzw. keine Signifikanz.

[632] Lutz, Friedrich August, Zinstheorie, 1956, S. 123: Keynes´ Theorie ist (...) keine reine monetäre Theorie.

[633] Vgl. Lutz, Friedrich August, Zinstheorie, 1956, S. 152 ff. Nach Lutz setzt Keynes damit voraus, dass es nur einen Zinssatz für das Geld gibt.

[634] Es hätte sich angeboten, aus diesem Sachverhalt eine vom Geldmarktzins ausgehende, zusätzliche Erklärung einer inversen Zinsstruktur zu entwickeln.

[635] So betrachtet John Richard Hicks die Anwendung der keynesianischen Erwartungstheorie als den vielleicht revolutionierendsten Aspekt der General Theory.

[636] Keynes hätte den spekulativen Aspekt realitätsgetreuer mit den Aktienkäufen und dem Börsenboom wie er für das Jahr 1929 im Gegensatz zu Bonds typisch war im Zusammenhang mit dem Zinsniveau erklären können, wäre hierbei jedoch noch stärker von einer reinen Geldmarktzinsbetrachtung abgekommen und in die Nähe der Erklärungen Schumpeters und von Hayeks geraten.
Auch ist die Geldmenge nicht einfach exogen gegeben, sondern diese steigt in der Realität mit steigendem Zinsniveau. Im ISLM-Modell sinkt dagegen bei einer Rechtsverschiebung der LM-Kurve das Zinsniveau.

[637] Vgl. Johnson, Harry G., Money, 1961, S. 147.

gehorteten Zahlungsmittel einer Verwendung, einer Investition, zugeführt werden, aus der sie dann künftig wieder dem Eigentümer frei zur Verfügung stehen.[638] Keynes formuliert insofern eine zu isolierte Betrachtung, die von anderen Größen im Normalfall überlagert wird, wie beispielsweise der Liquiditätsnachfrage aus dem Transaktionsmotiv oder den autonomen Investitionen am Kapitalmarkt, welche die invers zinsabhängigen Investitionen überlagern.[639] Insofern lassen sich zinsstrukturtheoretisch weder die LM-Kurve noch die IS-Kurve auf dem Geldmarkt validieren, sondern vielmehr sind beide Kurven für den Kapitalmarkt valide. Insbesondere hinsichtlich der LM-Kurve widerspricht dies der Formulierung der Keynes´schen Theorie, die die Zinshöhe gerade über den Geldmarkt zu erklären versucht. In Extremsituationen wie derjenigen der Liquiditätsfalle jedoch, bei denen normale Einflussfaktoren außer Kraft gesetzt sind, können die von Keynes formulierten Zusammenhänge auch für den Geldmarkt Gültigkeit erlangen, so wie dies das vorgenannte Beispiel Japans zeigt.

Keynes formuliert in Abhängigkeit vom kurzfristigen Zinsniveau eine spekulative Erwartungstheorie. Die Wirtschaftssubjekte investieren bei steigenden Zinsen in Erwartung künftig wieder fallender Zinsen keinesfalls nur in Bonds, sondern auch in andere Aktiva wie reale Investitionen und Aktien.[640] Er versucht damit, die Verstärkung der zyklischen Schwankungen mit adaptivem, zyklischem Verhalten der Wirtschaftssubjekte zu erklären, wogegen er denselben Wirtschaftssubjekten andererseits hinsichtlich ihrer Zinserwartungen ein rationales, antizyklisches Verhalten unterstellt. Hierin liegt der eigentliche Widerspruch in Keynes´ Zinstheorie für den Geldmarkt. Die Hauptschwäche der Theorie erwächst deshalb aus den komplizierten Annahmen über die Erwartungen der Wirtschaftssubjekte.[641] Das Liquiditätsbedürfnis allein kann den Zins auch kurzfristig nicht bestimmen.[642] Denn bei Zugrundelegung derartiger rationaler, künftiger Zinserwartungen müssen diese in einer Ausnahmesituation wie der Liquiditätsfalle außer Kraft gesetzt sein. Erst in diesem Ausnahmefall der Liquiditätsfalle erhält die kurzfristige Zinstheorie von Keynes eine Gültigkeit.

[638] Vgl. Issing, Otmar, Geldtheorie, 1995, S. 97.

[639] So zeigen die empirischen Ergebnisse anderer Zinstheorien, dass das Zinsniveau mit steigender Gesamt-Liquidität zunimmt. Dieser Zusammenhang gilt auch hinsichtlich der Investitionen und des Zinsniveaus. Dies falsifiziert die Zinstheorie von Keynes, die diesbezüglich jeweils einen inversen Zusammenhang formuliert.

[640] Diese zinstheoretisch bedeutsamen Faktoren lässt Keynes wohl bewusst außer acht, da er damit in die Nähe der neoklassischen Zinsbegründung wie derer Schumpeters und von Hayeks gelangt. Weitaus rationaler wäre es zudem, bis zu einem Zins-Höchststand Aktien zu kaufen, und erst dann Mittel in Bonds umzuschichten.

[641] Vgl. Conard, Joseph W., Theory, 1959, S. 349, "The Structure of Rates and the General Theory of Interest."

[642] Lutz, Friedrich August, Zinstheorie, 1956, S. 148.

4. Die zinsstrukturelle Bedeutung der Taylor-Regel im Euro-Währungsgebiet

„Simple, algebraic formulations of such rules cannot and should not be mechanically followed by policymakers."[643]

Die neukeynesianische Lehre potentialorientierter Zinsen von *John B. Taylor* stellt eine Politikregel dar, aus der sich der *Leitzinssatz* ergibt.[644] Taylor untersucht Politikregeln im Rahmen der Geldpolitik und verwendet dabei ein empirisches Modell, welches auf rationalen Erwartungen basiert und die G7-Staaten unter Verwendung diverser geldpolitischer Regeln hinsichtlich der Erreichung geldpolitischer Ziele untersucht.[645] Dabei werden die Politikregeln hinsichtlich ihres Erfolges zur Erreichung von Preisstabilität und Outputstabilität geordnet.[646] Sofern vorstellbar ist, dass sich das kurze Ende der Zinsstruktur nach dieser Regel verhält, die sich aus dem Outputgap und dem Inflationgap ergibt, kann auch ein Einfluss dieser Faktoren auf die *gesamte* Zinsstruktur angenommen und analysiert werden. Der ebenfalls erwartungsorientierte Ansatz Taylors lässt sich somit zinsstrukturtheoretisch anwenden bzw. erweitern.

4.1. Die Prämissen

Richard Clarida et al. formulieren die Annahmen des Modellrahmens der komplexeren Taylor-Regeln hinsichtlich der potentialorientierten Leitzinsen wie folgt:[647]
Auf den Gütermärkten herrscht, wettbewerbstheoretisch betrachtet, *monopolistische Konkurrenz* mit einer verzögerten Preisanpassung bzw. einer kurzfristigen Starrheit der Nominalpreise. Das steigende Güterangebot bei höheren Preisen lässt sich mit dieser monopolistischen Konkurrenz begründen. In der Ausgangslage liegen deshalb die Güterpreise im Gegensatz zum polypolistischen Markt über den Grenzkosten. Es werden auch einige keynesianische Aspekte *fehlender Markvollkommenheit* gelten gelassen, wie eine fehlende Markträumung sowie die Starrheiten bei Güterpreisen und Löhnen, die zu trägen Lohn- und Preisreaktionen führen. Aufgrund der kurzfristigen Starrheiten der Nominalpreise entstehen vorübergehende, reale Wirkungen der Geldpolitik.[648] Somit können auch Auswirkungen über das kurze Ende der Zinsstruktur hinaus auf die mittleren Laufzeiten und das lange Ende der Zinsstruktur vermutet werden.

Außerdem wird ein allgemeines *langfristiges Gleichgewicht* angenommen, in dessen Rahmen eine Volkswirtschaft immer wieder zum Gleichgewicht zurückkehrt. Langfristig gilt im Rahmen der Prämissen die Geldpolitik als neutral. Überdies wird eine *geschlossene Volkswirtschaft* ohne Außenhandel betrachtet.[649] Zudem findet keine Be-

[643] Vgl. Taylor, John B., Discretion, 1993, S. 213.
[644] Im weiteren Sinne umfassen nach Taylor die Politikregeln: (1) Die Ausgestaltung der Politikregel, (2) den Übergang zu einer neu gestalteten Politikregel, (3) die tägliche Handhabung einer implementierten Politikregel. Vgl. hierzu: Taylor, John B., Discretion, 1993, S. 199. Im Wesentlichen formuliert Taylor den Punkt 1 und bezieht sich teilweise auf Punkt 2, sodass sich die Ausführungen dieser Arbeit daran orientieren.
[645] Vgl. Taylor, John B., Discretion, 1993, S. 200.
[646] Vgl. Taylor, John B., Discretion, 1993, S. 200.
[647] Vgl. Clarida, Richard, Galí, Jordi, Gertler, Mark, Science, 1999, S. 1664 ff.
[648] Vgl. Clarida, Richard, Galí, Jordi, Gertler, Mark, Science, 1999, S. 1665.
[649] Vgl. Clarida, Richard, Galí, Jordi, Gertler, Mark, Science, 1999, S. 1702.

rücksichtigung der kurzfristigen Investitionen sowie der Kapitalakkumulation statt.[650] Es sind *rationale Erwartungen* vorauszusetzen, da das Verhalten der Wirtschaftssubjekte von der aktuellen und erwarteten Geldpolitik abhängt.[651] Dabei hat die Zentralbank einen Zeitvorsprung gegenüber den privaten Wirtschaftssubjekten, deren Erwartungen sowie Verhalten erheblich von der Reputation der Zentralbank beeinflusst wird. Eine implizite Voraussetzung ist darüber hinaus, dass die Zentralbank den Marktzins in Form des kurzfristigen Geldmarktzinses überhaupt beeinflussen kann. Hierzu ist die Annahme erforderlich, dass die Zentralbank über perfekte Informationen verfügt, um die Anpassungspfade der Schlüsselvariablen zu kontrollieren.[652]

4.2. Das Modell

a) Die ursprüngliche Formulierung der Taylor-Regel

Das Ziel der potentialorientierten, geldpolitischen Entscheidungen besteht in einer Minimierung der Verlustfunktion, welche den Inflationgap $(\pi - \pi^*)$ und den Outputgap $(y - y^*)$ umfasst.[653] Der Ansatz der neukeynesianischen Geldpolitik lässt sich z.B. um Wechselkurse $(e - e^*)$ oder andere *Factor-Gaps* erweitern.[654] Von zentraler Bedeutung sind die verzögerten Preis- und Lohnanpassungen bei der Existenz von Schocks im Rahmen der Mengenanpassung, weshalb es bei den Arbeits- und Kapitalmärkten zum Tausch im Ungleichgewicht kommt. Offen bleibt die Frage, ob diese Ungleichgewichte langfristig bestehen bleiben. Mit der Anwendung der Taylor-Regel soll versucht werden, die Mengenanpassungen durch eine antizyklische Geldpolitik zu erleichtern.[655]

Das geldpolitische Instrument der neukeynesianischen Geldpolitik ist der Leitzins der Zentralbank.[656] Diesen kann man am zutreffendsten auch als den „Taylor-Zins" bezeichnen. Dabei stellt sich die Frage, wie die Geldpolitik den wirtschaftlichen Gegebenheiten angepasst werden kann. Gleichzeitig ergibt sich die Frage, wie die Geldpolitik auf Schocks reagieren soll und wie glaubwürdig die Ankündigungen der Zentralbank sein sollen.[657]

Eine ursprüngliche Taylor-Regel lautet:[658]

$$r = p + 0{,}5y + 0{,}5(p - 2) + 2\,, \tag{44}$$

---

[650] Vgl. Clarida, Richard, Galí, Jordi, Gertler, Mark, Science, 1999, S. 1665.

[651] Vgl. hierzu auch: Taylor, John B., Discretion, 1993, S. 200.

[652] Vgl. Clarida, Richard, Galí, Jordi, Gertler, Mark, Science, 1999, S. 1683.

[653] Vgl. Taylor, John B., Discretion, 1993, S. 200: "(...) monetary policy rules in which the short-term interest rate instrument is raised by the monetary authorities if the price level and real income are above target, seem to work well." Vgl. Ebenda, S. 201: "(...) placing a positive weight on both, the price level and real output in the interest rate rule is preferable in most countries."

[654] Vgl. Taylor, John B., Mechanism, 1999, S. 14; Clarida, R., Galí, J., Gertler, M., Science, 1999, S. 1700.

[655] Vgl. Clarida, Richard, Galí, Jordi, Gertler, Mark, Science, 1999, S. 1696.

[656] Vgl. Taylor, John B., Discretion, 1993, S. 195, S. 200, S. 202, ausdrücklich oder implizit gemeint ist jeweils die Federal Funds Rate, so auch in: Clarida, Richard, Galí, Jordi, Gertler, Mark, Science, 1999, S. 1662, S. 1667.

[657] Vgl. Taylor, John B., Discretion, 1993, S. 207; Clarida, R., Galí, J., Gertler, M., Science, 1999, S. 1670.

[658] Vgl. Taylor, John B., Discretion, 1993, S. 202.

mit *r* als Leitzinssatz, *p* als Inflationsrate der vergangenen vier Quartale sowie *y* als prozentuale Abweichung des realen Bruttoinlandsprodukts (BIP) vom Ziel bzw. als Outputgap. Dabei repräsentiert *p* die Inflationsrate der vergangenen vier Quartale (gelaggte Inflationsrate) und impliziert die Erwartung, dass die gelaggte Inflationsrate einen guter Schätzer der künftigen Inflationsrate darstellt.[659] Hierbei stellt der Betrag in Höhe von 2 jeweils die *Zielinflationsrate* von 2% dar. Darüber hinaus gilt: $y = 100(Y-Y^*)/Y^*$, wobei *Y* das reale BIP darstellt und Y^* das reale Trend-BIP repräsentiert. Vereinfacht werden die Koeffizienten gerundet.[660]

Die Politikregel hat die Eigenschaft, dass der Leitzinssatz steigt, wenn die Inflation auf über eine Zielinflationsrate von zwei Prozent ansteigt und wenn das aktuelle Bruttoinlandsprodukt über das Trend-Bruttoinlandsprodukt steigt. Die Taylor-Regel spiegelt die durch die Zentralbank gesteuerten, kurzfristigen Geldmarktzinsen wider. Die im vorliegenden Beispiel beigemessenen Koeffizienten repräsentieren zur vereinfachten Darstellung gerundete Werte.[661]

Der Leitzinssatz wird dann erhöht, wenn die aktuelle Inflationsrate die Zielinflationsrate von 2% übersteigt und der aktuelle Output über dem potentiellen Output liegt, die Kapazitätsauslastung also hoch ist. Entsprechen sowohl die Inflationsrate als auch der Outputgap dem Zielwert, beträgt der adäquate Diskontsatz nach der Taylor-Regel 4%.[662]

b) Eine allgemeine Form der Taylor-Regel
Eine allgemeine Form der Taylor-Regel lautet:[663]

$$i = r + \pi_t + \alpha(\pi_t - \pi^*) + \beta(y - y^*), \tag{45}$$

mit *i* als dem sich ergebenden, kurzfristigen Geldmarktsatz, *r* als dem realen Gleichgewichtszinssatz, π_t als der aktuellen Inflationsrate, π^* als der Zielinflationsrate, $(\pi - \pi^*)$ als Inflationgap, sowie $(y - y^*)$ als Outputgap bzw. prozentuale Differenz zwischen dem aktuellen und dem potenziellen Bruttoinlandsprodukt.[664]

31. These:	Der Leitzins der EZB ist abhängig vom Inflation- sowie vom Outputgap.[665]

In Abhängigkeit von der Gewichtung der Inflations- bzw. der Wachstumskomponente können unterschiedliche Politik-Reaktions-Parameter entwickelt werden. Gewichtet man die Inflationskomponente stark, wird in diesem Zusammenhang ein Koeffizient α in Höhe von 1,5 vorgeschlagen. Die Gewichtung der möglichen Faktoren α und β hängt davon ab, welche Prioritäten dem Outputgap bzw. dem Inflationgap jeweils

[659] Vgl. Taylor, John B., Discretion, 1993, S. 202.
[660] Vgl. Taylor, John B., Discretion, 1993, S. 202: Taylor legt hier einen Wert von 2,2% p.a. zugrunde als Durchschnitt der Quartale von 1984.1 bis 1992.3.
[661] Vgl. Taylor, John B., 1993, S. 202.
[662] Vgl. Taylor, John B., 1993, S. 202.
[663] Vgl. Taylor, John B., Historical Analysis, 1998, S. 11; vgl. Taylor, John B., Monetary Transmission Mechanism, 1999, S. 14.
[664] Vgl. Taylor, John B., Monetary Transmission Mechanism, 1999, S. 14.
[665] Die ökonometrische Analyse der bivariaten Taylor-Regel ist im Anhang der vorliegenden Arbeit dargestellt.

beigemessen werden.[666] Zudem sind weitere Terme möglich, welche beispielsweise noch die Wechselkurse oder andere ökonomische Parameter im Rahmen einer individuellen Taylor-Regel berücksichtigen.[667]

Ist der *Outputgap* gering (d.h. die aktuelle Kapazitätsauslastung ist gering und somit das Wachstumspotential hoch), ergibt sich ein negativer Term, welcher eine Zinssenkung ermöglicht. Es liegt die keynesianische, kurzfristige Vorstellung zugrunde, dass sich die Investitionen und dadurch mittelbar das Wirtschaftswachstum invers zinsabhängig verhalten bzw. sich die Leitzinsen überproportional stark auf den Produktivzins hinbewegen und damit *zukunftsorientiert* sein sollen.

Ist der *Inflationgap* hoch, d.h. die aktuelle, gelaggte Inflation im Vergleich zum Inflationsziel gering, so kann analog zum Outputgap der Leitzins ceteris paribus sinken. Mit π als Inflationsrate der vergangenen vier Quartale wird die Erwartung impliziert, dass die zukünftige Inflationsrate der vergangenen entspricht. Der reale Diskontsatz soll Steady-State-Eigenschaften aufweisen und ein konstantes Wachstum gewährleisten.[668]

Die *Gewichtung der möglichen Koeffizienten a* und *b* hängt von der geldpolitischen Meinung der jeweiligen Zentralbank ab.[669] Je nach *Gewichtung* der Inflationskomponente und der Wachstumskomponente lassen sich die Koeffizienten als unterschiedliche geldpolitische *Reaktions-Parameter* anwenden. Bei einer starken Gewichtung der Inflationskomponente wird beispielsweise ein diesbezüglicher Koeffizient von 1,5 vorgeschlagen, wobei der Outputkoeffizient in diesem Fall nach wie vor 0,5 betragen könnte.

Eine vereinfachte Politikregel (einfache Zinsregel), die ausschließlich den Inflationgap betrachtet, lässt sich nach Taylor wie folgt darstellten:

Die grafische Darstellung einer einfachen Politikregel nach Taylor

Die Grafik stellt eine einfache Zinsregel Taylors dar. Insoweit wird von der Berücksichtigung von Outputgaps sowie Factor-Gaps abstrahiert.

In der von Taylor zugrunde gelegten geldpolitischen Regel (1987-1997) kann bspw. bei einer Inflationsrate von 1,5% (d.h. Inflationgap 0,5%) der Leitzinssatz (Federal Funds Rate) auf 3% sinken.

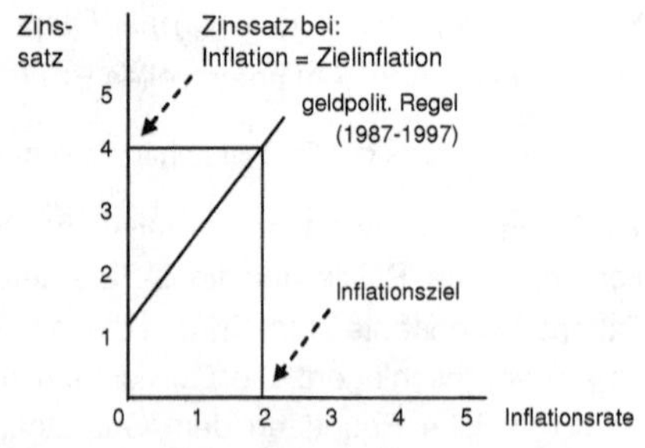

Abb. 30: Grafische Darstellung einer einfachen Politikregel nach Taylor.[670]

[666] Vgl. Taylor, John B., Discretion, 1993, S. 202: "Placing some weight on real output, works better than a simple price rule, but it is not clear whether the weight on output should be greater or less than the weight on the price level."

[667] Vgl. Taylor, John B., Monetary Transmission Mechanism, 1999, S. 14.

[668] Vgl. Taylor, John B., Monetary Transmission Mechanism an Evaluation of Monetary Policy Rules; 1999; S. 15 f.; vgl. Nelson, Edward, Monetary Policy, 2000, S. 9 ff.

[669] Vgl. Taylor, John B., Monetary Transmission Mechanism, 1999, S. 14.

[670] Vgl. Taylor, John B., Analysis, An Historical Analysis of Monetary Policy Rules, 1998, S. 50.

c) Die Anwendungen der Taylor-Regel für das Euro-Währungsgebiet [671]

Auf Grundlage einer Analyse aus dem Jahr 1999 entwickelt die *Bank für Internationalen Zahlungsausgleich* (*BIZ*) eine Gleichung für die Länder des Euro-Währungsgebiets:[672] [673]

$$i_t = r^{eq} + \pi_t + 0{,}5\left(y_t + \left(\pi^* - \pi^{ob}\right)\right) \tag{46}$$

mit i_t als nominellen Zinssatz, r^{eq} als Gleichgewichtszinssatz, der als konstant angenommen wird, π_t als die Inflationsrate (Veränderungsrate gegenüber dem Vorjahr), y_t als den Outputgap, π^* als die Zielinflationsrate mit derzeit zwei Prozent, und π^{ob} als die aktuelle Inflationsrate.

Auch die *Europäische Zentralbank* (*EZB)* hat die Taylor-Regel hinsichtlich ihrer Verwendungsmöglichkeit im Rahmen ihrer geldpolitischen Ziele untersucht.[674] Auf dieser Grundlage wurde ein dynamisches Gleichgewichtsmodell entwickelt, welches aus zahlreichen Gleichungen besteht sowie Schocks und Erwartungen berücksichtigt:

Die Gleichung für den *Output* lautet:[675]

$$Y_T = \gamma_0 - \gamma_1\left(i_t - E_t\pi_{t+1}\right) + E_tY_{t+1} + v_t \tag{47}$$

Die vorgenannte Gleichung repräsentiert die Angebotsseite. Die Produktionsentscheidungen y_t korrelieren invers mit dem Realzinssatz $(i_t - E_t\pi_{t+1})$, der sich aus dem nominellen Zins i_t minus der erwarteten Inflationsrate $E_t\pi_{t+1}$ für die kommende Periode ergibt. Die Erwartungen dagegen beeinflussen die künftigen Produktionsbedingungen $E_t\pi_{t+1}$ positiv und enthalten zudem einen stochastischen Fehlerterm v_t. Insbesondere die Kreditkosten werden im Rahmen eines Transmissionsmechanismus´ betrachtet, da sie sich in Abhängigkeit von der realen Größe positiv oder negativ auf die Produktionsentscheidungen auswirken. Sowohl der Parameter γ_0 als auch γ_1 sind größer null. Die Gleichung verkörpert die Entwicklung der gesamtwirtschaftlichen Nachfrage bei einer gegebenen geldpolitischen Strategie.

Die Gleichung für die *Inflationsrate* lautet: [676]

$$\pi_t = \delta_0 E_t\pi_{t+1} + \delta\left(y_t - y^*\right) + u_t \tag{48}$$

Die aktuelle Inflationsrate π_t setzt sich aus den Preisanpassungen, die aufgrund der Erwartungen für die künftige Inflationsrate vorgenommen werden und dem aktuellen Kapazitätsauslastungsgrad zusammen, der in etwa der Produktionslücke $y_t - y^*$ zuzüglich eines Störterms u_t entspricht. Die Koeffizienten δ_0 und δ_1 liegen zwischen 0 und 1. Für die verzögerten Variablen für y_t und π_t wird eine komplexe Struktur nicht

[671] Vgl. Taylor, John B., Robustness, 1998, S. 1 ff.
[672] Vgl. Bank for International Settlements: BIS; Basel, Switzerland (www.bis.org).
[673] Gerlach, Stefan, Schnabel, Gerd, Taylor Rule, 1999, S. 2.
[674] Vgl. European Central Bank (ECB), Frankfurt am Main, Germany (www.ecb.int).
[675] Vgl. EZB, Monatsbericht Oktober 2001, S. 43.
[676] Vgl. EZB, Monatsbericht Oktober 2001, S. 43.

dargestellt. Um beide Gleichungen nach y_t und π_t aufzulösen, lässt sich eine Form der Taylor-Regel verwenden:[677]

$$i_t = r + \pi^* + a(E_t\pi_{t+k} - \pi^*) \tag{49}$$

Die vorgenannte Taylor-Gleichung enthält für die kurzfristigen Zinsen in der aktuellen Periode den Steady-State-Wert r^*, die Zielinflationsrate π^* sowie einen Inflationgap, der sich auf die Abweichung der künftig erwarteten Inflationsrate $E_t\pi_{t+k}$ von der Zielinflationsrate π^* bezieht, gewichtet mit dem Faktor a.

Die EZB betrachtet jedoch die Ergebnisse der Anwendung dieser Formeln als nicht ermutigend. Ihre Anwendung kann zu Instabilitäten und unberechenbaren Erwartungen führen. Mit der Länge des gewählten Prognosezeitraums k steigt die Gefahr von Stabilitätsproblemen. Diese möglichen Instabilitäten lassen sich nach Meinung der EZB auf die Prognoseunsicherheiten zurückführen, wobei Prognosefehler angesichts der großen Sensitivität der Geldpolitik zu extremen Schwankungen der Ergebnisse bei der Inflation und der Produktion führen können. So ist nach Auffassung der EZB ein Transmissions-Lag derartiger makroökonomischer Modelle bei der Inflationsrate π_{t+k} von bis zu zwei Jahren möglich. Damit gingen die stabilisierenden Eigenschaften der Taylor-Regel verloren.[678]

Auch können plötzliche *Erwartungsänderungen* zu unterschiedlichen, potentiellen Beurteilungen über die konjunkturellen Entwicklungen führen. Hierbei ist es für die Wirtschaftssubjekte nicht klar, wie das geldpolitische System auf exogene Schocks wie e_t und u_t reagiert.[679]

Gleichwohl hält die EZB die Taylor-Regel für eine potentielle *Orientierungshilfe* zur Erreichung ihrer geldpolitischen Ziele. Nach ihrer Meinung bietet die Taylor-Regel jedoch keine Möglichkeit einer geldpolitischen Anker-Wirkung.[680] Indessen veröffentlicht die EZB im Laufe der fortschreitenden Integration der Finanzmärkte des Euro-Währungsgebiets erstmals in ihrem Monatsbericht vom Dezember 2007 zumindest Inflationsziele.[681]

Die Taylor-Regel lässt sich entweder in einer Form anwenden, welche auf die spezifischen Verhältnisse adaptiert wird, oder sie dient als Grundlage der geldpolitischen Entscheidungen. Hierbei fügt sie sich in eine *Reihe weiterer Indikatoren* ein, worunter beispielsweise die Zinsstrukturkurve, Voraussagen anhand ökonometrischer Modelle und auch Frühindikatoren subsumiert werden. Die Taylor-Regel macht darüber hinaus Aussagen über mögliche Anpassungen der kurzfristigen Zinsen. Überdies sind auch Modellrechnungen zur Variation der Koeffizienten für die Gewichtung der erwarteten Inflationsrate und des Outputgaps möglich.[682]

[677] Vgl. EZB, Monatsbericht Oktober 2001, S. 44.
[678] Vgl. EZB, Monatsbericht Oktober 2001, S. 44.
[679] Vgl. EZB, Monatsbericht Oktober 2001, S. 44.
[680] Vgl. EZB, Monatsbericht Oktober 2001, S. 44.
[681] Vgl. EZB, Monatsbericht Dezember 2007, S. 55.
[682] Vgl. Taylor, John B., Robustness, 1999, S. 13 ff.

d) Der Einfluss der Taylor-Regel auf die gesamte Zinsstrukturkurve

Die Faktoren der Taylor-Regel werden hinsichtlich der Zinsstruktur als Einzelfaktoren (univariat) analysiert, um einen ökonometrischen Vergleich mit den anderen untersuchten Faktoren zu ermöglichen.[683] [684] Der Outputgap stellt einen in hohem Maße wirkenden realen Faktor auf die Zinsstruktur dar. Der Inflationgap hat hinsichtlich der Zinsstruktur eine vergleichweise geringe Wirkung. Das jeweilige Potential kann in gewisser Weise auch als eine Prognose von Output und Inflation betrachtet werden. Insofern orientieren sich die potentialorientierten Faktoren damit an der künftig *erwarteten* Zinsstruktur. Infolgedessen werden die Erwartungen hinsichtlich des künftigen BIP-Wachstums und des künftigen Inflationswachstums in die Zinsstruktur eingepreist. Aus dieser Perspektive scheint die geldpolitische Taylor-Regel lediglich einen Teilbereich und eine kausal determinierte Größe der Leitzinsen durch die gesamte Zinsstruktur darzustellen. Dies gilt nicht zuletzt deshalb, weil der langfristige Zins den kurzfristigen Zins grangerkausal determiniert.

32. These:	Die Zinsstruktur ist abhängig vom Inflationgap sowie vom Outputgap.

Die gegenüber den realen ökonomischen Faktoren höheren Schwankungen am kurzen Ende der Zinsstruktur können eine Ursache für inflationäre Tendenzen darstellen. Diese könnten dadurch stärker zudem im langfristigen Bereich gedämpft werden, dass die Wirtschaftssubjekte sich unter Zugrundelegung rationalen Verhaltens an einer auch für die gesamte Zinsstruktur gültigen Taylor-Regel oder einer entsprechenden Erwartung hinsichtlich der Wirkungsweise einzelner potentialorientierter Größen auf die Zinsstruktur orientieren.

4.3. Die ökonometrische Analyse

Zur Analyse hinsichtlich der Zinsstruktur und zur Generierung relevanter Einflussfaktoren werden der Outputgap und der Inflationgap analog zu allen anderen getesteten Variablen in einer *univariaten* Form getestet. Die ökonometrischen Analysen zur *bivariaten* Taylor-Regel hinsichtlich der einzelnen Zinssätze und des Leitzinssatzes der EZB befinden sich im Anhang.

[683] Die im Anhang dieser Arbeit dargestellten Testergebnisse zur bivariaten Analyse der Taylor-Regel zeigen eine leichte Einschränkung in der Signifikanz beim Inflationgap.

[684] Ein statistischer Vergleich von Einfaktoren-Modellen mit Mehrfaktoren-Modellen ist mit hohen Einschränkungen verbunden, da mit zunehmender Anzahl von Faktoren das Bestimmtheitsmaß in den meisten Fällen höher ist (und nicht geringer sein kann), als beim Vorliegen nur eines Faktors.

Tab. 21: Outputgaps (Y) & Marktzinsen (TAYLOR: Outputgap-Hypothese).[685 686]

Independent Variable: 1st Differentiation von: GAP_GDP_Y_MEAN											
Dependent Variable: 1st Differentiation der folgenden Zinssätze:											
	i1D	i1M	i3M	i6M	i1Y	i2Y	i5Y	i10Y	TS	FR	ECB
Koeffizient	0.02	0.02	0.02	0.03	0.04	0.04	0.03	0.02	-0.01	-0.16	0.01
R^2-adjusted	0.07	0.14	0.24	0.37	0.44	0.41	0.28	0.19	-0.02	0.14	-0.01
Probability	0.10	0.03	0.01	0.00	0.00	0.00	0.00	0.02	0.50	0.02	0.38
Durbin-Watson	0.93	0.83	0.94	1.04	1.35	1.58	1.73	1.91	1.24	1.61	1.04
Granger cause	↔	↔	↔	←	←	←	↔	↔	↔	←	↔
White	0.89	1.05	1.02	1.11	1.16	0.67	0.77	0.80	0.43	3.57	1.48
ARCH (p-Wert)	0.11	0.00	0.02	0.21	0.74	0.14	0.00	0.42	0.23	0.00	0.55
GARCH (p-Wert)	0.00	0.00	0.00	0.00	0.00	0.00	0.00	0.25	0.00	0.00	0.15
Best Lag:	*2 period´s lag of the dependent variable calculated (Zinssätze)*										
GDP_Y_MEAN::	*= Bruttoinlandsprodukt: Arithmetisches MIttel der Beobachtungsperiode*										
Zinssätze:	*i1D = Zins 1 Tag, i1M = Zins 1 Monat, (...), i10Y = Zins 10 Jahre*										
	TS = Zins-Spread der Zinsstruktur, FR = EURO-BUND-Future, ECB = Leitzinssatz der EZB										
Granger-Kausalität:	*→ = abhängige Variable (Zinssatz) determiniert grangerkausal; – = keine Grangerkausalität*										
	← = unabhängige Variable determiniert grangerkausal; ↔ = gegenseitige Grangerkausalität										

Die ökonometrischen Tests analysieren die Veränderung des Outputgaps „Y" (GAP_GDP_Y_MEAN) im Vergleich zur Veränderung der Zinssätze mit einem optimalen Lag von zwei Quartalen. Die Ergebnisse sind *signifikant* für Laufzeiten von 1 Jahr bis zu 10 Jahren. Die *Koeffizienten* des Outputgaps spiegeln bei ihren höchsten Werten einen hohen positiven Anstieg von 0,04 Prozent bei einer Laufzeit von 1 und 2 Jahren als Ursache eines Anstiegs des Outputgaps von 1,00 Prozent wider. Das *korrigierte Bestimmtheitsmaß* zeigt eine hohe Korrelation bei mittleren Laufzeiten. Der höchste Wert des korrigierten Bestimmtheitsmaßes von 0,44 existiert bei einer Laufzeit von 1 Jahr. Die Zinssätze und der Outputgap zeigen bei Laufzeiten von 1 Jahr bis zu 2 Jahren eine *grangerkausale Determination* durch den Outputgap, bei den anderen Laufzeiten liegt eine gegenseitige Grangerkausalität vor. Es bestehen keine *ARCH-Prozesse* mit Ausnahme der Laufzeiten von 1 Monat, 3 Monaten und 5 Jahren. Exogene Schocks (*GARCH-Prozesse*) liegen bei allen Laufzeiten vor mit Ausnahme der Laufzeit von 10 Jahren.

Zudem werden die Einflüssse auf den Zinsstruktur-Spread (TS), die Terminzinsen (FR) und die Leitzinsen (ECB) analysiert: Die Korrelationsanalyse der Veränderung des Outputgaps und der Veränderung des Zinsstruktur-Spreads zeigt einen insignifikanten Wert. Es bestehen keine ARCH-Prozesse, jedoch exogene Schocks. Die Korrelation zwischen der Veränderung des Outputgaps und der Veränderung der Terminzinssätze ist signifikant. Der Koeffizient des Outputgaps besitzt mit -0,16 einen geringen, negativen Wert. Das korrigierte Bestimmtheitsmaß ist mit 0,14 ebenfalls gering. Es liegt eine grangerkausale Wirkung des Terminzinses vor. Zudem bestehen

---

685 Verwendet werden die Abweichungen des aktuellen BIP-Wachstums (Quelle: EZB) vom Durchschnittswachstum des Beobachtungszeitraums.
686 Die Ergebnisse stammen aus den Berechnungen der 1.550-seitigen Originalversion dieser Arbeit.

ARCH-Prozesse und exogene Schocks. Die Korrelation zwischen dem Outputgap und der Veränderung der Leitzinssätze zeigt keine Signifikanz. Es bestehen weder ARCH-Prozesse, noch exogene Schocks.

Insgesamt zeigt sich eine hohe Wirkung des Outputgaps auf die Kreditmarktzinsen und die Zinssätze mit mittleren Laufzeiten. Ökonomisch lässt sich dies dadurch erklären, dass die Wirtschaftssubjekte, die ein Wachstumspotential sehen, dieses mittels kreditfinanzierter Investitionen nutzen, indem sie besonders auf dem Kreditmarkt Kapital nachfragen.

Tab. 22: Inflationgaps (P) & Marktzinsen (TAYLOR: Inflationgap-Hypothese).[687] [688]

Independent Variable: 1st Differentiation von: GAP_DP_HICP_2PRCT											
Dependent Variable: 1st Differentiation der folgenden Zinssätze:											
	i1D	i1M	i3M	i6M	i1Y	i2Y	i5Y	i10Y	TS	FR	ECB
Koeffizient	-0.08	-0.11	-0.14	0.04	-0.25	-0.29	-0.31	-0.33	-0.18	2.84	-0.18
R^2-adjusted	0.01	-0.02	-0.01	0.01	0.03	0.05	0.08	0.15	0.01	0.16	-0.01
Probability	0.64	0.51	0.39	0.28	0.18	0.12	0.07	0.02	0.26	0.01	0.40
Durbin-Watson	0.57	0.49	0.52	0.66	0.99	1,22	1.38	1.52	1.14	1.41	1.08
Granger cause	↔	↔	↔	↔	↔	↔	↔	↔	↔	←	←
White	9.06	9.63	8.64	6.73	1.87	0.48	0.72	1.00	10.33	1.06	2.74
ARCH (p-Wert)	0.13	0.02	0.09	0.36	0.73	0.61	0.53	0.74	0.00	0.00	0.78
GARCH (p-Wert)	0.00	0.68	0.90	0.44	0.00	0.68	0.99	0.56	0.00	0.00	0.84
Best Lead:	*2 periods lead of the dependent variable (Zinssätze)*										
DP_HICP_2PRCT:	*= Inlationsrate (Harmonized Index of Consumer Prices) abzüglich Zielinflation (2%)*										
Zinssätze:	*i1D = Zins 1 Tag, i1M = Zins 1 Monat, (...), i10Y = Zins 10 Jahre*										
	TS = Zins-Spread der Zinsstruktur, FR = EURO-BUND-Future, ECB = Leitzinssatz der EZB										
Granger-Kausalität:	*→ = abhängige Variable (Zinssatz) determiniert grangerkausal; – = keine Grangerkausalität*										
	← = unabhängige Variable determiniert grangerkausal; ↔ = gegenseitige Grangerkausalität										

Die ökonometrischen Tests analysieren die Veränderung des Inflationgaps „P" (GAP_DP_HICP_2PRCT) im Vergleich zur Veränderung der Zinssätze mit einem optimalen Lead von zwei Quartalen. Die Ergebnisse sind lediglich für die Laufzeit von 10 Jahren *signifikant*. Die *Koeffizienten* des Inflationgaps sind überwiegend negativ, was wiederum nicht den Erwartungen des Fisher´schen Preiserwartungseffekts entspricht, und zeigen eine deutliche sowie negative Veränderung von -0,33 Prozent der Zinssätze mit einer Laufzeit von 10 Jahren als Ursache eines Anstiegs des Outputgaps von 1,00 Prozent. Das *korrigierte Bestimmtheitsmaß* ist mit einem Wert von 0,15 gering. Die Zinssätze und der Inflationgap zeigen eine gegenseitige Grangerkausalität. *ARCH-Prozesse* bestehen lediglich bei der Laufzeit von 1 Monat. Exogene Schocks (*GARCH-Prozesse*) existieren bei Laufzeiten von 1 Tag sowie 1 Jahr.

Zusätzlich werden die Einflüssse auf den Zinsstruktur-Spread (TS), die Terminzinsen (FR) und die Leitzinsen (ECB) analysiert: Die Korrelationsanalyse zur Veränderung des Inflationgaps „P" und jener des Zinsstruktur-Spreads zeigt keine Signifikanz. Es

[687] Verwendet werden Abweichungen aktueller Inflationsraten von der Zielinflationsrate (2%) (Quelle: EZB).

[688] Die Ergebnisse stammen aus den Berechnungen der 1.550-seitigen Originalversion dieser Arbeit.

bestehen ARCH-Prozesse sowie exogene Schocks. Die Korrelation hinsichtlich der Veränderung des Inflationgaps und jener der Terminzinssätze ist signifikant. Der Koeffizient des Inflationgaps besitzt einen hohen Wert von 2,84. Das korrigierte Bestimmtheitsmaß ist mit 0,16 gering. Der Inflationgap determiniert grangerkausal den Terminzins. Zudem bestehen ARCH-Prozesse und exogene Schocks. Die Korrelation zwischen der Änderung des Inflationgaps und jener der Leitzinssätze ist insignifikant. Es bestehen weder ARCH-Prozesse, noch exogene Schocks.

Insgesamt falsifizieren die Daten zum Inflationgap ökonomisch diesen in der univariaten Form untersuchten Faktor der Taylor-Rule, da trotz der meist positiven Zeitreihenwerte ein negativer Koeffizient vorliegt. Mit jedem Übersteigen der Zielinflationsrate von 2% müssten stattdessen gleichgerichtet auch die Zinssätze steigen. Andere Lags zeigen teilweise positive Koeffizienten, die jedoch keinesfalls signifikant sind. Die negativen Koeffizienten lassen sich ökonomisch dadurch erklären, dass es insbesondere bei der Berücksichtigung von Lags dazu kommen kann, dass eine Inflation bzw. die Inflationserwartungen zu geringeren Investitionen und deshalb zu einem geringeren Output bei einem niedrigeren Zinsniveau führt. Dies würde den Effekt der nachfragebedingten Inflation zumindest überkompensieren.[689] Zu berücksichtigen sind darüber hinaus die Ergebnisse der bivariaten Taylor-Regel, in denen der Inflationgap in der unmittelbaren ökonometrischen Verbindung mit der Wachstumsgröße des Outputgaps einen positiven Koeffizienten besitzt. In experimentell eigens durchgeführten multivariaten Tests zur Erklärung der Marktzinsen u.a. mithilfe des Inflationgaps wiederum ergibt sich hingegen ebenfalls ein negativer Koeffizient. Die Ergebnisse deuten zumindest auf eine eingeschränkte Verwendbarkeit des Koeffizienten des Inflationgaps der Taylor-Regel hin.

4.4. Die Wertung

Zwar ist der Inflationgap u.a. aufgrund des negativen Koeffizienten falsifiziert.[690] Jedoch liefert die Taylor-Regel in der univariaten Betrachtung mit dem Outputgap einen recht validen Faktor insbesondere für die mittleren Laufzeiten. Im Rahmen des Outputgaps wird die Dichotomie zwischen dem monetären Mean-Reversion-Effekt und den realwirtschaftlichen Schwankungen um den Steady-State herum deutlich, die im Outputgap ihren unmittelbaren Niederschlag findet. Hinsichtlich einer ergänzenden, geldpolitischen Beurteilung ist zu beachten, dass die Taylor-Regel im Wesentlichen ein nützliches Denkmodell darstellt.

---

[689] Zur weiteren Analyse und Beurteilung der geldpolitischen, bivariaten Taylor-Regel s. Anhang dieser Arbeit

[690] In diesem Zusammenhang stellen aus der Perspektive der Theorie der ´Signalfunktion der Preise´ von Hayeks insbesondere die unerwarteten Preisveränderungen ein inflationsverursachendes Preisverfälschungssignal dar.

5. Die monetaristische Zinstheorie nach Friedman

" 'The' rate of interest expresses the relation between the stock which is wealth and the flow which is income."[691]

Die Neuformulierung der Quantitätstheorie als Neo-Quantitätstheorie von Milton Friedman (*1912-2006*) stellt in erster Linie eine Theorie der Geldnachfrage dar.[692] Diese basiert im Gegensatz zu Keynes´ Theorie nicht nur auf einer kurzfristigen, sondern alle Laufzeiten umfassenden Geldnachfragefunktion. Zudem formuliert Friedman eine *Zins*theorie. Friedman gilt als der Hauptbegründer des Monetarismus und somit der sogenannten keynesianischen Gegenrevolution, womit der Monetarismus zumindest zum Teil der Neoklassik zugeordnet wird.

5.1. Die Prämissen

Friedman betrachtet die reale Geldmenge als eine endogene, nachfrageorientierte und in ihrer Entwicklung stabile Variable. Nichtsdestotrotz wird die *nominale* Geldmenge von öffentlichen Institutionen wie der Zentralbank determiniert. Im Gegensatz dazu wird die *reale* Geldmenge insbesondere vom Verhalten der Wirtschaftssubjekte beeinflusst. Denn für die Wirtschaftssubjekte stellt Geld nur eine der möglichen Vermögensarten dar.[693]

5.2. Das Modell

Zentrale Relevanz für die Zinstheorie nach Friedman hat das Konzept des permanenten Einkommens.[694] Dieses entspringt allen Einkommensquellen des gesamten Vermögens.[695] Das permanente Einkommen repräsentiert den Barwert des zukünftigen Einkommens aus den unterschiedlichen Vermögensquellen.[696] Es ist zudem definierbar als ein gewichteter Durchschnitt des aktuellen und des vergangenen Einkommens; darüber hinaus ist es trendbereinigt und mit exponentiell fallenden Gewichten versehen.[697]

In der Quantitätstheorie von Friedman drückt „der" Zinssatz (r) die Relation zwischen dem Vermögensbestand (W) und dem Einkommensstrom (Y) aus, sodass, wenn Y der Gesamteinkommensstrom und r „der" Zinssatz sind, das gesamte Vermögen gleich

$$W = \frac{Y}{r}$$

ist.[698] Nach Umformung ergibt sich:

$$r = \frac{Y}{W}. \tag{50}$$

---

[691] Vgl. Friedman, Milton, Theory, 1956, S. 4.

[692] Vgl. Friedman, M., Theory, 1956, S. 4. It is not a theory of output, or of money income, or of the price level.

[693] Vgl. Friedman, Milton, Quantitätstheorie, 1970 (1956), S. 78.

[694] Vgl. Friedman, Milton, Quantitätstheorie, 1970 (1956), S. 78 f.: Die Geldnachfrage vergleicht Friedman mit der Nachfrage nach Konsumgütern.

[695] Vgl. Friedman, Milton, Quantitätstheorie, 1956, S. 79.

[696] Issing, Otmar, Geldtheorie, 1995, S. 36 f.

[697] Vgl. Tobin, James, Money, 1970, S. 310.

[698] Vgl. Friedman, Milton, Quantity Theory, 1956, S. 4.

Es lässt sich argumentieren, dass der vorgenannte Satz *r* der gesuchte Zinssatz dieser vorliegenden Untersuchung ist. Dies mag innerhalb einer komplementären Sicht aller Arten des Vermögens und des Einkommens praktikabel sein. Jedoch sollten insbesondere in einer substitutiven Betrachtung der unterschiedlichen Formen von Vermögen die beobachtbaren Zinssätze des Kapitalmarkts betrachtet werden, auch wenn diese in der monetaristischen Anschauung lediglich eine der Arten der *relativen Preise* darstellen.[699]

Die unterschiedlichen *Formen*, in denen Geld gehalten werden kann, bestehen aus *Geld, Anleihen, Aktien, Realgütern und Humankapital.* Diese unterschiedlichen Formen von Vermögen werden so lange von einer Form in eine andere transferiert, bis das Nutzenmaximum erreicht ist.[700] Zur vollständigen Beschreibung der für ein Individuum möglichen alternativen Kombinationen der Vermögensformen müssen nicht nur die Marktpreise berücksichtigt werden, die mit Ausnahme des Humankapitals einfach in Geldeinheiten ausgedrückt werden können, sondern ebenso die Form und die Größe des durch sie bedingten Einkommensstroms.[701] Das Nutzenmaximum und die optimale Vermögensstruktur sind dann erreicht, wenn die Substitution von einer Vermögensform in eine andere nicht zu weiteren Erträgen führte.[702] [703] Dabei entspricht der jeweilige Grenzertrag dem Quotienten aus Grenzertrag und Preis des Aktivums. Ebenso entspricht die Nutzenmaximierung aus der Vermögensanlage dann der erwarteten Ertragsmaximierung.[704] Die Erträge jeder unterschiedlichen Vermögensform können wie folgt charakterisierte werden:

Geld erbringt keinen Ertrag in Form eines Zinses, jedoch einen Ertrag in Höhe der Inflation.

Dieser Ertrag wird invers vom makroökonomischen Preisniveau *P* beeinflusst.

Es wird angenommen, dass Geld seine Erträge nur als Naturalien in der üblichen Form der Bequemlichkeit, Sicherheit usw. erbringt.[705]

$$r_m = f(1/P) \tag{51}$$

Der nominale Einkommensstrom von *Anleihen* R_b kann vereinfacht durch die folgende Gleichung approximiert werden:[706]

$$R_b = r_b - \frac{1}{r_b} \cdot \frac{dr_b}{d_t} \tag{52}$$

Der Ertrag R_b besteht aus dem jährlich zufließenden Betrag (dem “Coupon”) und den Veränderungen des Anleihekurses im Zeitverlauf, ein Ertrag, der positiv oder negativ sein kann.

---

[699] “Some forms of wealth, e.g. human capital, do not directly bear any capital market interest rate.”
[700] Vgl. Friedman, Milton, Quantity Theory, 1956, S. 5.
[701] Vgl. Friedman, Milton, Quantity Theory, 1956, S. 5.
[702] Vgl. Friedman, Milton, Quantity Theory, 1956, S. 5.
[703] Vgl. Friedman, Milton, Quantitätstheorie, 1970 (1956), S. 79.
[704] Vgl. Friedman, Milton, Quantitätstheorie, 1970 (1956), S. 79.
[705] Vgl. Friedman, Milton, Quantity Theory, 1956, S. 5 f.
[706] Vgl. Friedman, Milton, Quantity Theory, 1956, S. 6.

Die Zeit wird repräsentiert durch *t*. Die Variable r_b stellt den Marktzinssatz der Anleihe dar. Der reale Ertrag wird errechnet, indem der Ertrag mit dem Preisniveau in Relation gesetzt wird. Mit der gesonderten Betrachtung von Anleihen als Bestandteil des Gesamtvermögens wird der kurz- bis mittelfristige Geldmarktzins im Rahmen der Zinsstruktur berücksichtigt.

Der Einkommensstrom von *Eigenkapital* bzw. *Aktien* kann analog zu dem von Anleihen analysiert werden und repräsentiert einen Anspruch auf einen permanenten Einkommensstrom in realen Beträgen.[707] Die Variable r_e stellt den *Marktzinssatz auf Aktien* dar, korrigiert durch die Inflationsrate.[708] Konstante reale Erträge unterliegen als Äquivalent einer Kaufkraftgleitklausel. Darüber hinaus werden die erwarteten Veränderungen beim Aktienkurs und den jährlichen Dividenden wie folgt festgestellt: [709]

$$R_e = r_e + \frac{1}{P} \cdot \frac{dP}{dt} - \frac{1}{r_e} \cdot \frac{dr_e}{dt} \tag{53}$$

Diese ändern sich mit einer ähnlichen Schwankungshäufigkeit wie Konjunkturzyklen. Mit der Betrachtung von Aktien als Bestandteil des Gesamtvermögens wird der mittel- bis langfristige Kredit- bzw. Kapitalmarktzins entlang der Zinsstruktur berücksichtigt.

Der Ertrag auf reale (physische) *Güter* gleicht denen bei Eigenkapital mit der Ausnahme, dass der jährlich anfallende Ertrag mehr aus Naturalien als aus Geld besteht. Der Nutzen wird von r_g repräsentiert und der Wert dieser physischen Güter $r_g \cdot P$ gleicht einer Geldeinheit.[710] Somit ergibt sich der Gesamtertrag physischer Güter aus: [711]

$$R_g = (r_g \cdot P) \cdot \left(\frac{dP}{dt} \cdot \frac{1}{P} \right) \tag{54}$$

Das *Humankapital* besteht aus allen menschlichen Fähigkeiten, die zur Produktivität führen.[712] Der Ertrag des Humankapitals (*w*) repräsentiert in einer vereinfachten Form das Verhältnis von Sachkapital K_{NH} zu Humankapital K_H :[713]

$$w = \frac{K_{NH}}{K_H} \tag{55}$$

Dies entspricht dem Verhältnis von Vermögen zu Einkommen: [714] $w = K / Y$ (56)

Erhöhungen oder Verminderungen im Wert des Humankapitals resultieren aus Investitionen in die menschliche Arbeitsproduktivität.[715]

[707] Vgl. Friedman, Milton, Quantity Theory, 1956, S. 5.
[708] Vgl. Friedman, Milton, Quantity Theory, 1956, S. 6.
[709] Vgl. Friedman, Milton, Quantity Theory, 1956, S. 7.
[710] Vgl. Friedman, Milton, Quantity Theory, 1956, S. 7.
[711] Vgl. Friedman, Milton, Quantity Theory, 1956, S. 7 f.
[712] Vgl. Anderegg, Ralph, Geldtheorie, 2007, S. 61.
[713] Vgl. Friedman, Milton, Quantity Theory, 1956, S. 8.
[714] Vgl. Friedman, Milton, Quantity Theory, 1956, S. 8.

Wirtschaftssubjekte mit einem höheren spezifischen Wert ihres Humankapitals halten einen höheren Anteil ihres Vermögens in Form von Geld, da sie sich einem höheren Risiko hinsichtlich einer potentiellen Suche (auch in geografischer Hinsicht) nach einem hochspezialisierten Arbeitsplatz ausgesetzt sehen.[716] Zudem besitzt das Humankapital eine sehr illiquide Form. Zum Ausgleich hierfür wird eine höhere Liquidität vorgehalten, welche sich in einer höheren Geldnachfrage niederschlägt. Damit halten die Wirtschaftssubjekte einen umso höheren Anteil in Geld, je größer das Verhältnis von Humankapital zum Gesamtvermögen ist, um die fehlende Markgängigkeit auszugleichen.[717]

Die Präferenzstruktur *u* bezeichnet die Gesamtheit aller „nutzenbestimmenden" Variablen, von denen ein Einfluss auf Neigungen und *Präferenzen* erwartet werden kann, und welche die Geldnachfrage mit ihren spezifischen Anlageformen zusätzlich beeinflusst.[718] Diese Präferenzen werden als gegeben und als nur langfristig veränderlich angesehen. Der Nutzen der Liquidität und die Erwartung über die zukünftige ökonomische Lage bestimmen wesentlich die Präferenzen der Geldhaltung. Die Präferenzstruktur lässt sich erfassen, soweit sich diese an objektiven Faktoren orientiert.[719]

Dieses System unterschiedlicher Erträge, welches alle Vermögensformen enthält, dient der Ableitung der Geldnachfragefunktion mit sieben verschiedenen Einflussfaktoren.[720] Das Preisniveau ist hierbei vernachlässigbar, da das Geldmengenaggregat deflationiert ist.[721]

Die gesamte Geldnachfragefunktion ergibt sich aus: [722]

$$M = f\left(P, r_b - \frac{1}{r_b}\frac{dr_b}{dt}, r_e + \frac{1}{P}\frac{dP}{dt} - \frac{1}{r_e}\frac{dr_e}{d_t}, \frac{1}{P}\frac{dP}{dt}; w; \frac{Y}{r}; u \right) \tag{57}$$

In der Geldnachfragefunktion Friedmans stellt der Zins zunächst eine unabhängige Variable dar. Aus dieser Perspektive stellt der Zins das permanente Einkommen aus den unterschiedlichen Vermögensformen dar. Die Geldnachfragefunktion beinhaltet drei Zinssätze: Zwei Zinssätze für die spezifischen Vermögensarten r_b *und* r_e, sowie einen Zinssatz, der auf alle Vermögensarten anwendbar ist.[723]

Zur zinsstrukturellen Betrachtung sind lediglich die zinstragenden Vermögensarten dieser Gleichung von Bedeutung. Somit kann in einer vereinfachten Form formuliert werden:

---

715 Vgl. Friedman, Milton, Quantity Theory, 1956, S. 8.
716 Vgl. Friedman, Milton, Quantity Theory, 1956, S. 8.
717 Vgl. Friedman, Milton, Quantity Theory, 1956, S. 9.
718 Vgl. Friedman, Milton, Quantity Theory, 1956, S. 9.
719 Vgl. Anderegg, Ralph, Geldtheorie, 2001, S. 61.
720 Bei diesen Einflussfaktoren handelt es sich um: (1) Preisniveau, (2) Erträge aus der Haltung festverzinslicher Wertpapiere, (3) Erträge aus der Haltung von Aktien, (4) Inflationsrate, (5) Verhältnis von nicht-menschlichem zu menschlichem Kapital, (6) das permanente Einkommen über die erwartete Lebenszeit eines betrachteten Wirtschaftssubjekts, sowie (7) Präferenzen.
721 Vgl. Friedman, Milton, Theory, 1956, S. 53 ff.
722 Vgl. Friedman, Milton, Quantity Theory, 1956, S. 9.
723 Vgl. Friedman, Milton, Quantity Theory, 1956, S. 9.

$$M \approx f(r_b, r_e, r) \qquad \text{oder:} \qquad M \approx f(r) \tag{58}$$

Bezüglich der Geldmenge als unabhängige Variable lässt sich folgende Hypothese ableiten: [724]

33. These:	Eine höhere Geldnachfrage (Geldmenge M3) erhöht das Zinsniveau.

Der allgemeine Zinssatz *r* ist als ein in etwa gewichteter Durchschnitt der zwei speziellen Zinssätze zu interpretieren, zuzüglich der Zinssätze, die auf Humankapital und Realgüter anwendbar sind.[725] Da die beiden Letzteren nicht direkt beobachtbar sind, können sie als sich zusammen mit r_b und r_e ändernd angenommen werden. Mit dieser Annahme kann *r* als zusätzliche explizite Variable fallengelassen werden, denn ihr Einfluss wird durch den Einschluss von r_b and r_e voll berücksichtigt.[726] Falls keine Meinungsunterschiede über Preisbewegungen und Zinsbewegungen vorlägen und Anleihen sowie Aktien äquivalent wären, mit der Annahme, dass die ersteren in Nominaleinheiten ausgedrückt werden, würde Arbitrage bewirken, dass gilt: [727]

$$r_b - \frac{1}{r_b}\frac{dr_b}{dt} = r_e + \frac{1}{P}\frac{dP}{dt} - \frac{1}{r_e}\frac{dr_e}{dt}, \tag{59}$$

oder, falls die Zinssätze als stabil oder sich mit dem gleichen Prozentsatz verändernd angenommen werden: [728]

$$r_b = r_e + \frac{1}{P}\frac{dP}{dt} \tag{60}$$

Dieser relevante Ausdruck der Geldnachfragefunktion basiert auf der Tatsache, dass er zinstheoretisch reduziert werden kann auf: $M_r = f(r_b, r_e)$.

Die folgende Hypothese wird gemäß Gleichung (11) formuliert, da dies zum Zwecke eines Vergleichs der relevanten, einzelnen Faktoren nötig ist und die Anleihezinssätze bereits die unabhängigen (Zerobond-) Zinssätze repräsentieren.[729]

34. These:	Steigende Aktienkurse bewirken ein höheres Zinsniveau.

Da die Veränderungsrate des Preisniveaus als separat betrachtet werden kann, können die Variablen zur Bestimmung des nominalen Betrags der Bonds und der Aktien einfach durch r_b und r_e ersetzt werden: [730]

[724] For the empirical tests arises the necessity to choice the appropriate monetary aggregate of *M*. The far-ranging aggregate M3 represents best the wealth-theoretical aspects, since also the money demand function of Friedman shall represent a stable function.
[725] Vgl. Friedman, Milton, Quantity Theory, 1956, S. 9.
[726] Vgl. Friedman, Milton, Quantity Theory, 1956, S. 9.
[727] Vgl. Friedman, Milton, Quantity Theory, 1956, S. 9.
[728] Vgl. Friedman, Milton, Quantity Theory, 1956, S. 9.
[729] Vgl. Friedman, Milton, Optimale Geldmenge, 1970 (1969), S. 58: Ein schwieriges Problem liegt in der Existenz vieler unterschiedlicher Anteilspapiere und Zinssätze, sodass der „Wert von r_b" nicht eindeutig bestimmbar ist. Dies stellt ein weiteres Argument dafür dar, r_b nicht als unabhängige Variable zu untersuchen, sondern als abhängige Variable, die von den unterschiedlichen Zerobond-Zinssätzen repräsentiert wird.
[730] Vgl. Friedman, Milton, Quantity Theory, 1956, S. 10.

$$M = \lambda \cdot f\left(P, r_b, r_e, \frac{1}{P}\frac{dP}{dt}; w; Y; u\right) \tag{61}$$

Für eine permanente Geldnachfragefunktion ist es notwendig, dass diese unabhängig von Preisen und Einkommen ist.[731] Die Geldnachfrage wird in Bezug auf die Variablen *M, Y,* und *P* als homogen vom Grade 1 (= linear steigend) betrachtet. Die Variablen *M, Y,* and *P* können innerhalb der Gleichung mit dem Proportionalitätsfaktor λ multipliziert werden[732] Sofern dieser Proportionalitätsfaktor in Korrelation zu den Preisen gesetzt wird,

$$\lambda = 1/P, \tag{62}$$

ergibt sich die reale Geldnachfrage aus: [733] $$M = \lambda \cdot f\left(r_b, r_e, \frac{1}{P}\frac{dP}{dt}; w; Y; u\right) \tag{63}$$

Die Geldnachfrage ist ceteris paribus umso höher, je höher das permanente Einkommen *Y* und *w* (dem Quotienten aus Realgütern und Humankapital) ist. Die Geldnachfrage sinkt mit höheren Ertragserwartungen hinsichtlich der Anleihen r_b und Aktien r_e sowie mit steigenden Erwartungen hinsichtlich der Preisniveauveränderung.[734]

35. These:	Ein steigendes Preisniveau führt zu einem höheren Zinsniveau.

Falls der Proportionalitätsfaktor $\lambda = 1/Y$ mit dem Einkommen in Relation gesetzt wird, resultiert folgende Funktion:[735]

$$\frac{M}{Y} = f\left(r_b, r_e, \frac{1}{P}\frac{dP}{dt}, w, \frac{P}{Y}, u\right) \tag{64}$$

Aufgelöst nach *Y* ergibt sich: [736]

$$Y = v\left(r_b, r_e, \frac{1}{P}\frac{dP}{dt}, w, \frac{Y}{P}, u\right) \cdot M \qquad v = \text{Einkommensgeschwindigkeit} \tag{65}$$

Das Einkommen *Y* kann als eine Größe interpretiert werden, die den Ertrag aller Vermögensformen umfasst.[737] Nach Friedman besitzt die Geldnachfrage eine positive Einkommenselastizität und steigt disproportional mit steigendem Einkommen. In diesem Zusammenhang kann Geld als ein superiores Gut mit positiver Einkommenselastizität angesehen werden. λ repräsentiert die Einkommenselastizität der Geldnachfrage und wird auf Grundlage dieser Funktion für die USA von 1870 bis 1954 mit einem Wert von 1,8 ermittelt. Mit einem steigenden Realeinkommen erzielen die Wirtschaftssubjekte langfristig den Luxus einer höheren Liquiditätshaltung des superioren Gutes Geld.[738] In der langfristigen Betrachtung führt jedes Geldmengenwachs-

[731] Vgl. Friedman, Milton, Quantity Theory, 1956, S. 10.
[732] Vgl. Friedman, Milton, Quantity Theory, 1956, S. 11.
[733] Vgl. Friedman, Milton, Quantity Theory, 1956, S. 11.
[734] Vgl. Anderegg, Ralph, Geldtheorie, 2007, S. 62.
[735] Vgl. Friedman, Milton, Quantity Theory, 1956, S. 11.
[736] Vgl. Friedman, Milton, Quantity Theory, 1956, S. 11.
[737] Vgl. Friedman, Milton, Quantity Theory, 1956, S. 10.
[738] Vgl. Anderegg, Ralph, Geldtheorie, 2007, S. 63.

tum, welches das Produktionspotential übersteigt, zu Inflation.[739] Die Variablen r_b, r_e, P und die Inflationsrate können dazu verwendet werden, um die Unternehmenskosten der Geldhaltung widerzuspiegeln.[740] Um ein komplettes Modell der Bestimmung des Geldeinkommens zu erhalten, würde es notwendig sein, die Zinsstruktur, das Realeinkommen und die Preisniveauentwicklung zu bestimmen. Selbst wenn die Zinssätze als unabhängig durch z.B. die Produktion und die Ersparnis determiniert angesehen werden, und wenn das Realeinkommen als von anderen Faktoren beeinflusst gilt, so bestimmt die vorgenannte Einkommensgleichung dann ein einziges Gleichgewichtsniveau des Geldeinkommens, wenn darunter das Niveau zu verstehen ist, bei welchem Preisstabilität herrscht.[741]

Während die keynesianische Geldnachfrage spontanen Änderungen unterliegt, ist die Geldnachfrage nach Friedman mit dem permanenten Einkommen gegen derartige Schwankungen nahezu immun.[742] Die Geldnachfragefunktion in der Formulierung Friedmans stellt eine langfristige Geldnachfragefunktion dar, die insbesondere den Zusammenhang zwischen der *realen Geldnachfrage* und dem *realen permanenten Einkommen* beschreibt.[743]

$$\frac{M}{NP^P} = \lambda\left(\frac{Y^P}{NP^P}\right)^\delta \tag{66}$$

M bezeichnet die Geldmenge, *N* die Bevölkerungsgröße, Y^P das permanente Einkommen, P^P das permanente Preisniveau; λ und δ stellen einzelne Parameter dar.

Somit basiert diese Geldnachfragefunktion auf einer langfristigen, quantitätstheoretischen Sichtweise. Diese zentrale Feststellung schließt somit die *Voraussetzung eines stabilen Geldangebots* mit ein. Das permanente Einkommen spiegelt einen stabilen Wachstumsfaktor für die reale Geldnachfrage wider. Die einzelnen Einflussfaktoren sind das permanente Preisniveau und das permanente Volkseinkommen, indem die Wirtschaftssubjekte zu stabilen Erwartungen hinsichtlich der Preis- und Einkommensentwicklung tendieren. Dies schlägt sich auch in einer stabilen Geldnachfrage nieder.[744]

Somit wird die monetaristische Geldnachfrage als stabiler dargestellt, was immanent für die Effizienz der Geldpolitik ist. Die monetaristische Transmission stellt fest, dass Veränderungen in der Geldpolitik grundlegende Veränderungen in der Realwirtschaft verursachen und dass monetäre Impulse stets die Realwirtschaft überlagern. Deshalb lässt die monetaristische Quantitätsgleichung die Geldmenge proportional zum Wirtschaftswachstum ansteigen.[745]

---

[739] Vgl. Cezanne, Wolfgang, Volkswirtschaftslehre, 1999, S. 380 f.
[740] Vgl. Friedman, Milton, Quantity Theory, 1956, S. 11 f.
[741] Vgl. Friedman, Milton, Quantity Theory, 1956, S. 15.
[742] Vgl. Anderegg, Ralph, Geldtheorie, 2007, S. 62.
[743] Vgl. Friedman, Milton, Optimum Quantity, 1969, S. 122.
[744] Vgl. Anderegg, Ralph, Geldtheorie, 2007, S. 63.
[745] Vgl. Duwendag, Dieter, et al., Geldtheorie, 1974, S. 98.

5.3. Die ökonometrische Analyse

Die These der Veränderungen von M3 in Bezug auf die Zinsänderungen wird bereits im Kreditmarktmodell von Brunner und Meltzer analysiert. Es erfolgt deshalb über diese detaillierte Darstellung hinaus eine hinsichtlich des Models von Friedman spezifische Gesamtdarstellung. Aus dieser Perspektive zeigen die Ergebnisse insgesamt eine hohe Validität der M3-These von Friedman über den Geldmarkt hinaus auch in Form signifikanter und etwas abnehmender Werte für den Kapitalmarkt bzw. längere Laufzeiten. Nach Friedmans Theorie der Geldnachfrage bestätigen sich zudem auch die langfristigen Effekte der Geldnachfrage M3 in Richtung auf die Kapitalmarktzinssätze der Zinsstruktur. Hierdurch verdeutlicht sich die Allokation selbst des langfristigen Kapitals mithilfe kurzfristiger Mittel des Geldmarkts.

Darüber hinaus erfolgt die Analyse der Veränderungen des Aktienkurse und der Veränderungen der Zinsstruktur.

Tab. 23: Aktienkurse (FRIEDMAN).[746][747]

Independent Variable: 1st Differentiation von: EUROSTOXX50											
Dependent Variable: 1st Differentiation der folgenden Zinssätze:											
	i1D	i1M	i3M	i6M	i1Y	i2Y	i5Y	i10Y	TS	FR	ECB
Koeffizient (/100)	0.04	0.03	0.04	0.05	0.07	0.08	0.06	0.04	-0.00	-0.31	0.01
R²-adjusted	0.07	0.07	0.10	0.18	0.30	0.32	0.22	0.11	0.00	0.13	-0.02
Probability	0.08	0.09	0.05	0.01	0.00	0.00	0.00	0.04	0.85	0.02	0.52
Durbin-Watson	0.65	0.68	0.82	1.07	1.52	1.82	1.82	1.82	1.19	1.71	1.32
Granger cause	↔	↔	↔	↔	↔	↔	↔	↔	-	-	↔
White	1.06	1.72	2.78	2.97	3.86	2.88	1.83	0.52	0.67	1.17	0.81
ARCH (p-Wert)	0.08	0.00	0.13	0.05	0.53	0.43	0.39	0.50	0.37	0.00	0.27
GARCH (p-Wert)	0.00	0.00	0.00	0.42	0.68	0.00	0.00	0.66	0.00	0.00	0.67
Best Lag:	*0 periods of the dependent variable calculated (Zinssätze)*										
Zinssätze:	*i1D = Zins 1 Tag, i1M = Zins 1 Monat, (...), i10Y = Zins 10 Jahre*										
	TS = Zins-Spread der Zinsstruktur, FR = EURO-BUND-Future, ECB = Leitzinssatz der EZB										
Granger-Kausalität:	*→ = abhängige Variable (Zinssatz) determiniert grangerkausal; – = keine Grangerkausalität*										
	← = unabhängige Variable determiniert grangerkausal; ↔ = gegenseitige Grangerkausalität										

Die ökonometrischen Tests analysieren die Veränderung des Aktienkurs-Index (EUROSTOXX50) und die Zinssatz-Änderung mit einem optimalen Lag von null Quartalen: Die Ergebnisse sind *signifikant* für Laufzeiten von 1 Jahr bis zu 10 Jahren. Die *Koeffizienten* haben geringe, positive Werte (max. 0,08/100). Das *korrigierte Bestimmtheitsmaß* zeigt eine vergleichsweise hohe Korrelation bei Laufzeiten von 1 Jahr (0,30) und 2 Jahren (0,32), einen mittleren Wert bei 5 Jahren (0,22) und einen geringen Wert bei 10 Jahren (0,11). Die Veränderungen der Zinssätze und die Veränderungen der Aktienkurse determinieren sich *grangerkausal* gegenseitig. Es bestehen

[746] Verwendet wird die Veränderung des Börsenindex Dow Jones Euro STOXX mit einem Indexstand in Punkten unter Verwendung der Durchschnittswerte des Berichtszeitraums (Quelle: EZB).
[747] Die Ergebnisse stammen aus den Berechnungen der 1.550-seitigen Originalversion dieser Arbeit.

keine *ARCH-Prozesse* mit Ausnahme der Laufzeiten von 1 Monat und 6 Monaten.[748] Exogene Schocks (*GARCH-Prozesse*) existieren über alle Laufzeiten hinweg mit Ausnahme der Laufzeiten von 6 Monaten, 1 Jahr und 10 Jahren.

Zusätzlich werden die Einflüssse auf den Zinsstruktur-Spread (TS), die Terminzinsen (FR) und die Leitzinsen (ECB) analysiert: Die Korrelationsanalyse der Veränderung der Aktienkurse und der Veränderung des Zinsstruktur-Spreads zeigt einen insignifikanten Wert. Es bestehen keine ARCH-Prozesse, jedoch exogene Schocks. Die Korrelation zwischen der Veränderung der Aktienkurse und der Veränderung der Terminzinssätze hat lediglich einen geringen, negativen Koeffizienten, ist jedoch signifikant. Das korrigierte Bestimmtheitsmaß zeigt einen geringen Wert von 0,13. Es existiert keine Grangerkausalität. Dagegen bestehen ARCH-Prozesse sowie exogene Schocks. Die Korrelation zwischen der Veränderung der Aktienkurse und der Veränderung der Leitzinssätze zeigt wegen der seriellen Korrelation keine Signifikanz. Es bestehen weder ARCH-Prozesse, noch exogene Schocks.

Insgesamt besteht eine Validität der Hypothese hinsichtlich der Korrelation zwischen den Veränderungen der Aktienkurse und den Veränderungen der Zinssätze am Kapitalmarkt. Die Ergebnisse lassen sich insoweit interpretieren, als das Wirtschaftswachstum und die Gewinne sowohl mit einem Anstieg jeweils der Zinssätze als auch der Aktienkurse einhergehen. Auf dem Geldmarkt verursachen Liquiditätsaspekte eine Substitutionsbeziehung mit den Aktienkursen, jedoch eine komplementäre Korrelation mit den Geldmarktzinsen.

Es erfolgt die ökonometrische Analyse eines veränderten *Preisniveaus* hinsichtlich veränderter Zinsen: Diese ökonometrische Analyse entspricht derjenigen mit derselben Variablen von Irving Fisher.[749] Zwar wurde die Hypothese umfassend widerlegt, doch wird dies kompensiert durch eine spezielle, vermögenstheoretische Perspektive. Die ökonometrischen Ergebnisse zeigen insbesondere für den langfristigen Zinssatz eine inverse Wirkung des Preisniveaus, welches in der mathematischen Formulierung von Friedmans Geldnachfrage-Formel folgerichtig im Nenner steht. Ein Anstieg der Preise bzw. eine Inflation im Rahmen des gesamtwirtschaftlichen Vermögens und permanenten Einkommens gehen einher mit einem Absinken des langfristigen Zinsniveaus. Jedoch beinhaltet dieser Prozess aufgrund der nachfrageinduzierten Inflation auch eine gleichzeitige Wirkung steigender Zinssätze; beides hat eine gemeinsame Ursache im Wirtschaftswachstum.

5.4. Die Wertung

Obwohl Friedman das Phänomen der Zins*struktur* nicht abhandelt, enthält seine monetaristische Theorie zahlreiche zinsstrukturtheoretische Aspekte: Der Vergleich des Zinses mit dem permanenten Einkommen, welches den unterschiedlichen Vermögensarten entspringt, bildet eine Grundlage dafür, die Zinsstruktur als eine Resultierende der Veränderungen im Kapitalwert zu betrachten.

---

[748] Der ungerundete p-Wert des ARCH-Koeffizienten bei einer Laufzeit von 6 Monaten beträgt 0,0452.
[749] Der Lead von 1 Periode in der Analyse Fishers ist auch der optimale in der Hypothese Friedmans.

Geld hat in Form des Geldmengenaggregats M3 seine höchste Korrelation bei kurzen Laufzeiten der Zinsstruktur, doch wird das Geld nach Friedman auch als eine langfristige Vermögensart betrachtet, welches dem permanenten Einkommen entspringt und das Zinsniveau beeinflusst. Deshalb besteht eine signifikante Korrelation zwischen dem Geldmengenaggregat M3 und den langfristigen Zinssätzen. Der Aktienkursindex hat lediglich einen Effekt auf den Kapitalmarktzins. Der Einfluss des Preisniveaus ist eher gering, doch ist auch hier der vermögenstheoretische Aspekt sichtbar.[750]

Jedoch muss einschränkend festgestellt werden, dass die Bezüge zur Zinstheorie kaum in direkter, sondern in einer lediglich abstrakten Form dargestellt werden, da hauptsächlich eine Theorie der Geldnachfrage entwickelt wird. Die gleichen Determinanten für die Geldmenge anzunehmen wie für den Zinssatz, stellt eine konzeptionelle Vereinfachung dar, welche die Laufzeitaspekte der Zinssätze und der Geldnachfrage unberücksichtig lässt.

Auch ist kritisch festzustellen, dass Aggregationsprobleme bezüglich der makroökonomischen Formulierung des Modells resultieren.[751] Ein weiteres Problem ist die Tatsache, dass das Marktgleichgewicht nicht operationalisierbar ist. Die *Zeitstruktur im Aufbau der Produktion und zusätzlicher Kredite* werden von Friedman nicht beachtet. Stattdessen verwendet er den Nettogewinn der Produktion. Dieser Mangel einer zutreffenden Analyse des Investitionsprozesses macht die Theorie Friedmans letztlich unkompatibel. So vermag seine Theorie zudem die *Schwankungen* des makroökonomischen Vermögens, des permanenten Einkommens und auch des Zinsniveaus sowie damit der Zinsstruktur kaum erklären.[752]

Der Einfluss der weiteren Faktoren als jener des Zinses und des Einkommens in der gesamten Geldnachfragefunktion gilt als kontrovers. Analysen kommen zum Ergebnis, dass die Erwartungen der Preisniveauveränderungen eine signifikante Bedeutung für die Geldnachfrage haben, falls *substantielle Erhöhungen des Preisniveaus* vorliegen.[753]

Trotz der gerechtfertigten Kritikpunkte beinhaltet die Quantitätstheorie Friedmans auch für die Zinsstrukturtheorie valide Aspekte, die von der Geldnachfrage abgeleitet sind. Seine Theorie ermöglicht eine monetäre und vermögenstheoretische Annäherung an die Zinsstrukturtheorie, da sie an einer Quantitätstheorie des Geldes auf Basis einer langfristigen Betrachtung von Vermögen und permanentem Einkommen orientiert ist. Im Wesentlichen stellt der Zusammenhang mit den Aktienkursen einen

---

[750] Einen weiteren Aspekt stellt die zinsstrukturelle Beurteilung der monetaristischen Geldmengenregel dar. Diese erlangt bei einer vergleichenden Einzelbetrachtung der Faktoren M3 und BIP nominal hinsichtlich der Zinsstruktur insbesondere bei Laufzeiten von 6 Monaten bis zu 5 Jahren jeweils eine ähnliche statistische Wirkung und kann demnach in diesem Laufzeitbereich auch zinstheoretisch bestätigt werden.

[751] Vgl. Anderegg, Ralph, Geldtheorie, 2007, S. 64.

[752] Möglicherweise ist dies nicht unbeabsichtigt, um eine Antithese zur Theorie von Keynes zu formulieren.

[753] Vgl. Issing, Otmar, Geldtheorie, 1995, S. 43 f.

immanenten Faktor für das lange Ende der Zinsstruktur auch und insbesondere für die multivariaten Prognosemodelle dar.

D. Der Zusammenhang von Risiken und Zinsstruktur

1. Die Portefeuilletheorie der Zinsstruktur

„Die Zinsstruktur wird in erster Linie von Ertrag und Risiko determiniert." [754]

Die Portfoliotheorie des Zinses, die theoriegeschichtlich u.a. eine (neoklassische) grundlegende Finanzmarkttheorie darstellt, lässt sich in mehreren Aspekten betrachten: Zunächst kann das CAPM im Rahmen einer makroökonomischen Betrachtung auf die Zinsstruktur transferiert werden. Hierbei lässt sich ein CAPM für Bonds berücksichtigen.[755] Auf den Grundlagen der Portefeuille-Theorie wird die Korrelation zwischen den Zinsen und dem ***Risiko*** betrachtet. Das Risiko stellt einen immanenten Einflussfaktor für die Zinsstruktur und deren deterministische sowie stochastische Schwankungen dar. Dies gilt weniger für den Produktivzins.

Aufbauend auf der *Tobin-Separation* sowie den Grundlagen der von *Markowitz* (1952) entwickelten *Portfolio-Selection* geht die Portefeuilletheorie vom *μ-σ-Prinzip* aus, d.h. vom Risiko-Ertrags-Zusammenhang einer jeden Kapitalanlage.

Die Tobin-Separation

Die Tobin-Separation beschreibt die Differenzierung der Renditestruktur eines beliebigen Finanztitels bzw. einer bestimmten Struktur eines Marktzinses und eines fiktiven risikolosen Zinssatzes. Häufig wird für den risikolosen Zinssatz die Rendite von Staatsanleihen herangezogen.

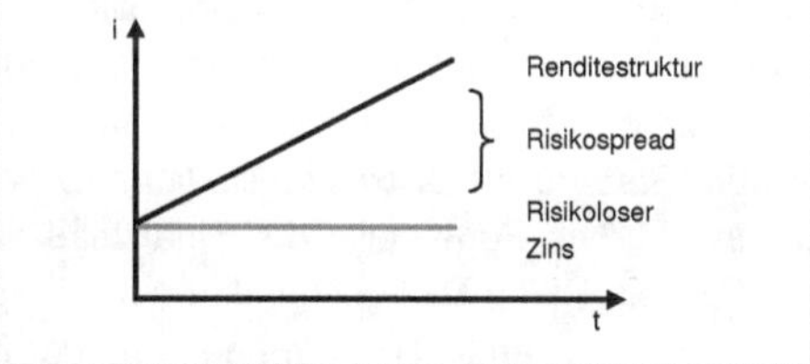

Abb. 31: Tobin-Separation.[756]

Da die Portefeuilletheorie von *risikoaversen Wirtschaftssubjekten* ausgeht, muss ein größeres Risiko demzufolge durch einen höheren Ertrag abgegolten werden. Das darauf basierende CAPM (Capital Asset Pricing Model) und wurde von *Sharpe* (1964), *Lintner* und *Mossin* Mitte der 1960er Jahre unabhängig voneinander entwickelt.[757] Es stellt ein Bewertungsmodell für die Preisbildung auf dem Kapitalmarkt und zur Erklärung der Marktpreise von Anwartschaften auf unsichere Zahlungen dar. Diese makroökonomische Theorie des Kapitalmarktgleichgewichts resultiert aus der Übertragung der mikroökonomischen Theorie der Wertpapiermischung auf konkur-

[754] Vgl. Franke, Günter, Hax, Herbert, Finanzwirtschaft, 1994, S. 382.

[755] Als weiterer Teilbereich lässt sich aufgrund der hohen Substitutionsbeziehung zwischen dem Bond-Markt und dem Aktien-Markt auch ein darauf basierendes Gesamtmodell aus beiden CAPM´s entwickeln. Ergänzen ließen sich in zusätzlichen Aspekten noch die Einflüsse der Zinsstruktur auf Realkapital, Sachkapital, Kredite und gar Humankapital. Aufgrund der Komplexität und des Nichtvorliegens von Marktdaten wird in dieser Ausführung davon abgesehen.

[756] Eigene Darstellung.

[757] Häufig wird hierzu ebenso *Treynor* hinzugezählt.

renzmarktgleichgewichtigen Märkten und versucht, die Preise auf dem Kapitalmarkt durch das Zusammenwirken von rationalen Entscheidungen von Kapitalanlegern und -nachfragern nachzuvollziehen.[758]

1.1. Die Prämissen

Die Annahmen über die Marktbedingungen beinhalten die Zugrundelegung eines *vollkommenen Kapitalmarkts*. Hierbei müssen jedoch aus zinsstrukturtheoretischer Sicht rigide Annahmen hinsichtlich der Zinsen fallengelassen werden: Normalerweise existiert ein *risikoloser Zinssatz*, zu welchem Kapital angelegt und ausgeliehen werden kann.[759] Zudem existieren im Normalfall weder *Zinsänderungen* noch *Inflation*. Diese Annahmen sind gerade für Zinstitel äußerst restriktiv, da die Kursgewinne durch eine Senkungen des Zinsniveaus und die Kursverluste durch eine Erhöhung des Zinsniveaus ausgeschlossen werden. Bei Änderungen des Zinsniveaus ergeben sich andere Barwerte von *Aktien*. Zudem kommt es zu Substitutionsbeziehungen zwischen dem Aktien- und dem Bondmarkt: Bei Kursrückgängen am Aktienmarkt fliehen die Anleger tendenziell in die Bond-Märkte und umgekehrt. Diese Arbitragebewegungen, die als zusätzlicher Risikofaktor sowohl für das Aktienmarkt-CAPM als auch das Bond-CAPM zu beachten sind, werden in der vorliegenden Untersuchung ausgeschlossen.[760]

Das Prinzip des vollkommenen Kapitalmarkts umfasst darüber hinaus weitere Annahmen, die zu berücksichtigen sind: Die *Kapitalmärkte sind arbitragefrei und damit geräumt*. Es gilt das Phänomen der Wertadditivität.[761] Auf dem Kapitalmarkt ist zudem *unbegrenzt Liquidität* unter Berücksichtigung der aktuellen Zinsen *vorhanden*. Sowohl *Steuern als auch Transaktions- bzw. Insolvenzkosten* gelten als *nicht vorhanden*.[762] Das Portefeuille der Finanztitel enthält Aktiva unterschiedlicher Erträge und Risiken. Diese Titel gelten als *börsenfähig* und börsengängig; Leerverkäufe sind zulässig.[763] Es herrscht die strenge Form der Informationseffizienz nach Fama.[764] Für Zinstitel bzw. Anleihen bedeutet dies die Prämisse eines eindeutigen kontinuierlichen und korrekten Ratings.

Darüber hinaus existieren Annahmen über das Verhalten der Marktteilnehmer: Diese besitzen *adaptive* sowie *homogene Erwartungen*. Es gilt das *Pricetakerverhalten*, in-

---

[758] Vgl. Ulschmid, Christian, Validierung, 1994, S. 1.

[759] Vgl. Sharpe, William F., Capital, 1964, S. 433, Franke, Günter, Hax, Herbert, Finanzwirtschaft, 1994, S. 337.

[760] Vgl. Viceira, Luis M., Bond, 2007, S. 1.

[761] Bei Addition zweier Positionen zu einer dritten Position ist der Marktwert dieser dritten Position gleich der Summe der Marktwerte der beiden ersten Positionen. Mit dem vollkommenen Kapitalmarkt herrscht Wertadditivität. Vgl. Franke, Günter, Hax, Herbert, Finanzwirtschaft, 1994, S. 327.

[762] Vgl. Franke, Günter, Hax, Herbert, Finanzwirtschaft, 1994, S. 339.

[763] Vgl. Franke, Günter, Hax, Herbert, Finanzwirtschaft, 1994, S. 314.

[764] Die strenge Form der Informationseffizienz nach Fama existiert dann, wenn die Kurse stets alle verfügbaren Informationen vollständig widerspiegeln. Grundsätzlich gelten die ff. drei Stufen der Informationseffizienz: Die schwache Form, in der alle historischen Wertpapierpreise in den momentanen Preisen verarbeitet sind, die halbstrenge Form, in der öffentlich verfügbare Informationen verarbeitet sind, und die vorgenannte strenge Form, in der zusätzlich auch die nicht veröffentlichten und monopolisierten Informationen verarbeitet sind.

sofern liegt eine atomistische Marktstruktur vor.[765] Die Wirtschaftssubjekte, die als risikoavers gelten, betreiben *Nutzen-* bzw. *Ertragswertmaximierung*. Sie treffen ihre alternativen Investitionsentscheidungen nach dem sogenannten *(μ-σ)-Prinzip*, d.h. dem Erwartungswert und der Standardabweichung ihres erwarteten Ertrags.[766] Das (μ-σ)-Prinzip baut auf dem Bernoulli-Prinzip auf und ist mit diesem vereinbar, sofern alle Wahrscheinlichkeitsverteilungen einer Klasse angehören, die durch μ und σ vollständig beschrieben werden und die Nutzenfunktion so beschaffen ist, dass die Ergebnisgrößen bei jeder der Handlungsalternativen normalverteilt ist.[767] Das *Bernoulli-Prinzip* erlaubt bei Entscheidungen unter Risiko die Wahl zwischen Wahrscheinlichkeitsverteilungen von Ergebnissen, die vom individuellen Erwartungsnutzen des Entscheidenden und nicht von seinem finanziellen Erwartungswert abhängen. Eine theoretische Basis zur Beschreibung und Erfassung derartiger Präferenzen bietet das Konzept des *Risiko-Nutzens*, auf welchem das Bernoulli-Prinzip beruht. Das Bernoulli-Prinzip basiert auf einer vollständigen, transitiven Präferenzordnung des Entscheidenden und dessen Entscheidungen unter Risiko, dem Dominanzprinzip, dem Stetigkeitsprinzip, dem Reduktionsprinzip und dem Substitutionsprinzip.[768]

Nach dem Bernoulli-Prinzip kann jeder Investor für sich eine eigene individuelle Risikonutzenfunktion aufstellen, mit der jedem Ergebnis *(x)* ein bestimmter Nutzen *(U)* zugeordnet wird. Die Alternative *(U)=U(x)* mit dem größten Erwartungswert wird präferiert und ist dann optimal, wenn die mathematische Erwartung ein Maximum erreicht.[769]

$$\sum_{i=1}^{n} q_i \cdot U(x_i) \rightarrow \max. \tag{67}$$

Mit dem Bernoulli-Prinzip lässt sich das Entscheidungsproblem des Risiko-Nutzens in zwei Stufen lösen: Mit einer für den Entscheidungsträger individuell zu bestimmenden Risikonutzenfunktion ist jedem möglichen Ergebniswert einer Alternative ein Nutzenwert zuzuordnen. Anschließend werden die Nutzenwerte mit der Eintrittswahrscheinlichkeit der Situation gewichtet und zum Erwartungswert des Nutzens einer Entscheidungsalternative subsumiert. Es wird diejenige Alternative mit dem höchsten Erwartungswert eines Nutzens gewählt.

1.2. Das CAPM aus Sicht der Zinsstrukturtheorie

Vor einer Betrachtung des CAPM aus Sicht der Zinsstruktur wird das klassische Aktienmarkt-CAPM abgeleitet: Sofern die Renditen der Finanztitel nicht vollständig miteinander korrelieren, kann ein dem (μ-σ)-Prinzip folgender Investor ein höheres Nutzenniveau durch *Diversifikation* der Kapitalanlagen erzielen, da sich dadurch die Risiken bei einem gleichen erwarteten Ertrag reduzieren lassen.[770] Der *Entscheidungsprozess* eines Investors beinhaltet zwei Schritte: Zunächst ermittelt er sämtli-

---

[765] Vgl. Sharpe, William F., Capital, 1964, S. 429, S. 433 f.
[766] Vgl. Franke, Günter, Hax, Herbert, Finanzwirtschaft, 1994, S. 309 ff.
[767] Vgl. Franke, Günter, Hax, Herbert, Finanzwirtschaft, 1994, S. 300.
[768] Vgl. Franke, Günter, Hax, Herbert, Finanzwirtschaft, 1994, S. 292 ff.
[769] Vgl. Perridon, Louis, Steiner, Manfred, Finanzwirtschaft, 1997, S. 112.
[770] Vgl. Franke, Günter, Hax, Herbert, Finanzwirtschaft, 1994, S. 312 ff.

che *effizienten Portefeuilles.* Diese dominieren alle anderen hinsichtlich Ertrag und Risiko. Alle effizienten Portefeuilles sind dadurch gekennzeichnet, dass die Standardabweichung der Portefeuillerendite linear mit der erwarteten Portefeuillerendite wächst. Danach wählt er gemäß seiner *individuellen Risikopräferenz* das für ihn *optimale Portefeuille* aus.[771] Bei Annahme eines sicheren Zinssatzes stellen alle effizienten Portefeuilles für den Investor eine Mischung aus risikofreier Geldanlage oder -aufnahme sowie dem *Marktportefeuille* dar.[772] Die Zusammensetzung des *individuellen Tangentialportefeuilles* ist unabhängig vom Grad der Risikoscheu des Investors.[773] Im *Marktgleichgewicht* stimmt das Tangentialportefeuille als optimale Kombination unsicherer Wertpapiere für jeden Anleger mit dem Marktportefeuille überein. Daraus folgt, dass im Marktgleichgewicht die effizienten Portefeuilles jeweils *Kombinationen* aus dem Marktportefeuille sowie der Anlage bzw. Verschuldung zu einem möglichst sicheren Zinssatz darstellen.[774] Dieser Sachverhalt wird als *Separationstheorem* bezeichnet.[775] Als Ersatzgröße für den quasi-sicheren Zinssatz werden in der Literatur häufig Staatsanleihen herangezogen, die dem Wertpapierkurs-Zins-Mechanismus unterliegen, und somit in der Praxis u.a. auch dem Risiko.

Existieren Marktwerte für unsichere Zahlungsströme, so kann als *optimale Entscheidung* jene mit dem *höchsten Marktwert* herangezogen werden. Man bedient sich einer Bewertungsfunktion, die es ermöglicht, den Marktwert unsicherer Zahlungen zu bestimmen.[776]
Unter Annahme des vollkommenen bzw. *perfekten Kapitalmarkts* wird im CAPM die *positive Risiko-Ertragsbeziehung* von Kapitalanlagen beobachtet.[777] Bei der Auswahl *effizienter Portefeuilles* aus mehreren Investitionsalternativen setzt sich deren Risiko nicht aus den Risiken der Einzelanlagen zusammen, sondern aus ihren Varianzen sowie sämtlichen Kovarianzen.[778]

Bei Vorliegen von Wertadditivität folgt auch, dass man das CAPM grundsätzlich zur Beurteilung von Investitionsprojekten verwenden kann. Voraussetzung ist hierbei u.a., dass sich die Bewertungsfunktion durch das zusätzliche Investitionsprojekt nicht ändert.[779]
Der Marktwert eines Projekts lässt sich berechnen, indem man die erwarteten Einzahlungsüberschüsse mit einem risikoangepassten *Kalkulationszinsfuß* diskontiert. Die Risikoprämie im Kalkulationszinsfuß ist positiv, sofern die Einzahlungsüber-

[771] Vgl. Sharpe, William, Capital, 1964, S. 429 f., S. 435 f.
[772] Vgl. Franke, Günter, Hax, Herbert, Finanzwirtschaft, 1994, S. 316.
[773] Vgl. Franke, Günter, Hax, Herbert, Finanzwirtschaft, 1994, S. 318.
[774] Vgl. Franke, Günter, Hax, Herbert, Finanzwirtschaft, 1994, S. 318. Die Annahme des sicheren Zinssatzes wird hier abgeschwächt.
[775] Franke, Günter, Hax, Herbert, Finanzwirtschaft, 1994, S. 323.
[776] Vgl. Franke, Günter, Hax, Herbert, Finanzwirtschaft, 1994, S. 323 f.
[777] Vgl. Franke, Günter, Hax, Herbert, Finanzwirtschaft, 1994, S. 337.
[778] Vgl. Franke, Günter, Hax, Herbert, Finanzwirtschaft, 1994, S. 310 ff., S. 323.
[779] Vgl. Franke, Günter, Hax, Herbert, Finanzwirtschaft, 1994, S. 350.

schüsse der Anlage positiv mit denen aller Investitionen korreliert sind. Dies wird auch im CAPM deutlich:[780]

Das für die Beurteilung einer Anlage relevante Risikomaß ist die Kovarianz zwischen der Rendite des Projekts sowie der des Marktportefeuilles, die durch die *Kapitalmarktgerade* (KML) repräsentiert wird, oder das sogenannte Beta *(β)*.[781]

Die Kapitalmarktlinie im CAPM

Unter den Prämissen des CAPM lassen sich Anlagen in jeder beliebigen Kombination zwischen sicherem Zinssatz und Marktportfolio auf der Kapitalmarktlinie kombinieren. Anleger erreichen dadurch ein höheres Nutzenniveau entsprechend ihrem individuellen Nutzenkalkül als bei Anlage nur auf der Effizienzkurve oder zum sicheren Zinssatz.

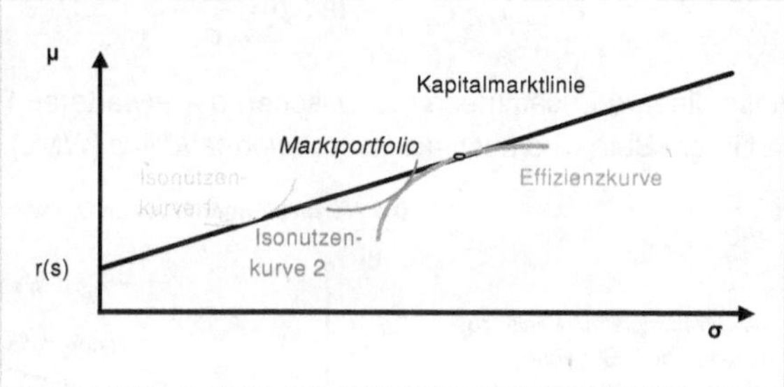

Abb. 32: Kapitalmarktlinie im CAPM.[782]

$$\beta_{xy} = \frac{s_{xy}}{s_x^2} = \frac{\rho_{xy} \cdot s_y}{s_x} \qquad (=\textit{Beta}) \tag{68}$$

Dadurch, dass die Anlage zum quasi-sicheren Zinssatz einem Zinsänderungsrisiko unterliegt, erhält die Kapitalmarktlinie einen höheren Ordinatenabschnitt. Dadurch ergibt sich auch ein anderes Tangentialportfolio als Marktportfolio auf der Effizienzkurve, welches ein höheres Risiko, aber auch einen höheren Ertrag beinhaltet.

Beim Beta-Faktor handelt es sich um ein *relatives Risikomaß*. Beta lässt sich als Sensitivität eines Wertpapiers relativ zum Marktportfolio bezeichnen. Das Marktportfolio besitzt stets den Beta-Faktor von 1.[783]

$$\beta_M = \frac{Cov(R_M, R_M)}{Var(R_M)} = \frac{\rho \cdot \sigma_M \cdot \sigma_M}{\sigma_M^2} = \frac{\sigma_M^2}{\sigma_M^2} = 1 \tag{69}$$

Die Interpretation des Betas lässt sich noch weiter fassen: Da das *Marktportfolio* sämtliche Kapitalanlagen einer Ökonomie, gewichtet mit ihrem relativen Marktwerten, enthält, ist bei diesem das gesamte Diversifikationspotential ausgeschöpft. Insofern handelt es sich bei der Varianz des Marktportfolios in vollem Umfang um das *systematische Risiko*.[784]

[780] Vgl. Franke, Günter, Hax, Herbert, Finanzwirtschaft, 1994, S. 224 f.
[781] Vgl. Sharpe, W., Capital, 1964, S. 440 f., vgl. Franke, Günter, Hax, Herbert, Finanzwirtschaft, 1994, S. 351.
[782] Vgl. Sharpe, W., Capital, 1964, S. 426.
[783] Vgl. Brealey, Richard, Myers, Steward, Finance, 1991, S. 161.
[784] Vgl. Sharpe, W., Capital, 1964, S. 436 ff.

Dieses systematische Risiko kann im Gegensatz zum unsystematischen bzw. einzelwirtschaftlichen Risiko durch Diversifikation nicht weiter vermindert werden. Das CAPM wird in zahlreichen abgewandelten Formen verwendet, darunter auch dynamische, internationale Modelle sowie Konsum-Modelle. Nachfolgend wird die Grundform näher erläutert.

Aus dem Marktgleichgewicht folgt die *Bewertungsgleichung des CAPM*: [785]

$$\mu_I = r_f + (\mu_M - r_f) \cdot \beta_i \qquad \text{mit } \beta_i = \frac{\sigma_{i,M}}{\sigma_M^2} \tag{70}$$

Dieser lineare Zusammenhang zwischen der erwarteten Rendite einer Kapitalanlage und ihrem Beta wird auch als *Wertpapiermarktlinie* (WML) bezeichnet.[786]

Die Wertpapiermarktlinie im CAPM

Die Wertpapiermarktlinie beschreibt die Beziehung zwischen der erwarteten Rendite μ des Wertpapiers und der Kovarianz bzw. dem Risikomaß β.

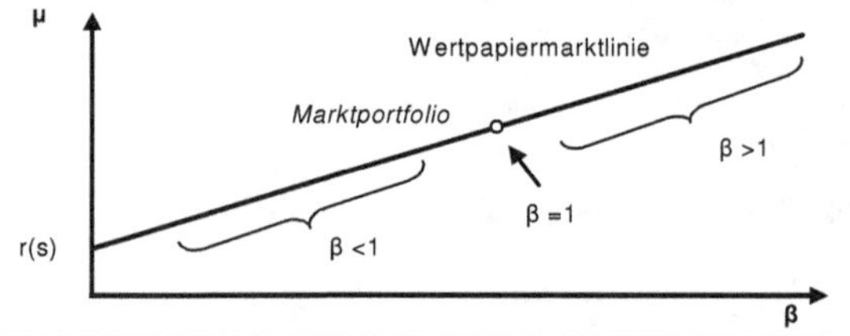

Abb. 33: Wertpapiermarktlinie im CAPM.[787]

Bei der Beurteilung einzelner Investitionsprojekte kommt es damit nicht auf die Varianz der Rendite, sondern auf die *Kovarianz oder das Beta in Bezug auf die Rendite des Gesamtprogramms* an. Auch die erwartete Rendite sowie die darin enthaltene Risikoprämie hängen davon ab, wie groß das mittels Beta gemessene Risiko ist.[788] [789] Die Risikoprämie hängt nicht von der Varianz der Rendite des einzelnen Wertpapiers ab, sondern von dem durch die Kovarianz oder das Beta gemessenen Beitrag dieses Wertpapiers zum Risiko des Marktportefeuilles.[790] Aus der Wertpapiermarktlinie lässt sich nun die Bewertungsfunktion ableiten. Sie bezieht sich allerdings nur auf einen *einperiodigen* Betrachtungszeitraum, an dessen Ende unsichere Zahlungen erfolgen. Die Formel stellt die erwartete Risikoprämie einer Anlage dar: [791]

$$r - r_f = \beta(r_m - r_f) \tag{71}$$

Danach ergibt sich die Risikoprämie als der mit dem Wert des Beta-Faktors multiplizierten Differenz aus der Rendite des Marktportfolios abzüglich der Rendite der sicheren Anlage.

[785] Vgl. Franke, Günter, Hax, Herbert, Finanzwirtschaft, 1994, S. 346.
[786] Vgl. Sharpe, W., Capital, 1964, S. 440 f.
[787] Vgl. Sharpe, W., Capital, 1964, S. 440.
[788] Vgl. Franke, Günter, Hax, Herbert, Finanzwirtschaft, 1994, S. 350 f.
[789] Hinsichtlich der mikroökonomischen Risikobetrachtung bei Bonds existieren z.B. die Risikomaße der Duration, der modifizierten Duration oder der Konvexität.
[790] Vgl. Franke, Günter, Hax, Herbert, Finanzwirtschaft, 1994, S. 347.
[791] Vgl. Brealey, Richard, Myers, Steward, Finance, 1991, S. 162.

In aus der Bewertungsgleichung abgewandelter Form kann das CAPM als *lineares Regressionsmodell* formuliert werden:

$$R_{i,t} = \alpha_i + \beta_i R_{M,t} + \varepsilon_{i,t} \qquad (72)$$

Hierbei ist für die Zwecke der Zinstheorie im nachfolgenden ökonometrischen Test der Zusammenhang zwischen Zinsänderungen in Form der Änderung der Erträge (μ) und Änderungen der Risiken (σ) zu untersuchen.

Beta gibt dabei die Steigung einer Geraden an, die die paarweisen Beobachtungen der Marktrendite $R_{M,t}$ und der Rendite eines Wertpapiers mit dem Index *i* $(R_{i,t})$ möglichst gut approximiert. Das Beta misst, wie sensitiv die Rendite eines Wertpapiers auf Renditeänderungen des Marktes reagiert und ist damit genauso definiert wie der relative Portfolio-Risikobetrag.

Zinstheoretisch wird der Ertrag des CAPM durch das Zinsniveau repräsentiert. Dieses korreliert im CAPM positiv mit dem Risiko. Betrachtet man das CAPM danach vereinfacht in einer zinsstrukturellen Sicht und unabhängig von der Art der Finanztitel, lässt sich die Wertpapiermarktlinie im weiteren Sinne als eine dynamische Zinsstruktur betrachten.[792] Insofern erhält man bei dieser Betrachtung auch ein dynamisiertes CAPM für alle Kapitalanlagen.[793]

36. These:	Mit steigendem Risiko (bzw. -Spread) steigt der Zins.

Mit dieser Betrachtung gelangt man zumindest makroökonomisch zu einer umfassenderen Berücksichtigung aller Kapitalgüter im Rahmen des nicht direkt beobachtbaren Marktportefeuilles aus der Perspektive der Zinsstruktur. Hierdurch wird ein wesentlicher Kritikpunkt der Standard-CAPM´s zumindest teilweise entkräftet.
In einer erweiterten Analyse lässt sich neben dem Aktien-CAPM das CAPM in Bezug auf Bonds betrachten. Die Modelle werden hinsichtlich ihrer Relevanz zur Zinsstrukturtheorie ausschließlich aus der makroökonomischen Perspektive beobachtet. Insofern ist das einzelwirtschaftliche, unsystematische Risiko voll diversifiziert und nicht mehr existent. Beim Bond-CAPM ergibt sich das unsystematische Risiko aus den individuellen Risikofaktoren des Emittenten und des Finanztitels. Im Rahmen der in der makroökonomischen Betrachtung verbleibenden Risiken geht jede Änderung der Zinsstruktur mit einer Kursänderung der Bonds einher.[794] [795] Aus diesem Sachverhalt ergibt sich das systematische Markt-(zins-) Risiko bzw. das Zinsänderungsrisiko. Dieses lässt sich im Gegensatz zum Aktienmarkt-CAPM zumindest teilweise diversifizieren, indem unterschiedliche Laufzeiten einzelner Teilportefeuilles entlang der

[792] Hinsichtlich der Zinsstruktur ergibt sich eine analoge Handlungsempfehlung wie beim CAPM, bei der eine Investition stattfindet, sofern die Kosten unterhalb der aktuell als „normal angesehenen" Zinsstruktur liegen.
[793] Dieser vereinfachten Betrachtung wirken beispielsweise die zinsinversen Kursveränderungen von Bonds tendenziell entgegen. Dies wird jedoch wiederum kompensiert durch die bis zur Restlaufzeit ansteigenden Renditen.
[794] Ein weiterer Risikoaspekt stellt die Kursänderung aufgrund einer Bonitäts- bzw. Rating-Änderung dar.
[795] Der Barwert von Bonds wird dabei anhand der Zerobond-Zinsstruktur durch Diskontierung ermittelt.

Zinsstruktur eingegangen werden.[796] Einen ergänzenden Risikoaspekt bilden hierbei die unterschiedlichen Laufzeiten der Bonds, die mit einer höheren Liquiditäts- bzw. Risikoprämie entgolten werden. Auch werden Bonds im Gegensatz zu Aktien am Laufzeit-Ende zu pari zurückgezahlt, wodurch das Kursrisiko geringer ist als bei Aktien.[797] [798] Der Ertrag von Bonds ergibt sich aus den erwarteten Kursgewinnen und den laufenden Coupon-Zahlungen. Im Gegensatz zu Dividenden stellen Coupon-Zahlungen einen fixen Ertrag dar.

1.3. Ökonometrische Analyse und Ableitung des Risiko-Akzelerator-Modells

Die Risiken hinsichtlich der Zinsstruktur sind im Rahmen des CAPM nur mit kurzfristigen stochastischen Berechnungen modellkonform abbildbar. Hierbei gelangt grundsätzlich das *GARCH-M-Modell* zur Anwendung, welches die bedingten Einspielprozesse und exogenen Schocks auf die einzelnen Zinssätze zeigt.[799] [800] Das GARCH-M-Modell stellt eine Erweiterung der (G)ARCH-Modelle dar, bei der die bedingte Varianz und damit das Risiko als zusätzliche Erklärungsvariable in einer Regressionsgleichung verwendet wird. Damit kann die bedingte Varianz das Niveau der abhängigen Variablen mitbestimmen.[801] Verwendet wird das durch den GARCH-Term gemessene Risiko. Der errechnete *GARCH-Koeffizient* stellt hierbei nach herrschender Meinung ein Maß für den Risiko-Ertrags-Zusammenhang dar.[802]

Tab. 24: Stochastische Zinsvolatilitäten & Zinssätze (PORTFOLIO-Theorie).[803]

ARCH-M-Test of the following Zinssätze:											
	i1D	i1M	i3M	i6M	i1Y	i2Y	i5Y	i10Y	TS	FR	ECB
Prob. GARCH	n.a.	0.00	0.00	0.00	0.00	0.00	0.00	0.00	0.00	0.00	0.70
Coeff. GARCH	n.a.	0.06	0.84	0.94	1.00	1.00	1.05	-0.88	1.87	1.09	0.53
Zinssätze:	*i1D = Zins 1 Tag (...); TS = Zins-Spread Zinsstruktur, FR = BUND-Future, ECB = Leitzinssatz*										

Die Ergebnisse zeigen in Übereinstimmung mit dem CAPM, dass aufgrund des positiven Koeffizienten in der kurzfristigen Betrachtung ein steigender Zinssatz (Ertrag) mit einem steigenden Risiko einhergeht.[804] [805] Zudem ist ersichtlich, dass mit einer zunehmenden Laufzeit der Zinsen (und damit deren Ertrag) die Risiken (Spread der Volatilität) steigen. Dies stellt einen der Gründe für den normalen, mit einer positiven Steigung versehenen Verlauf der Zinsstrukturkurve dar. Die GARCH-Koeffizienten

---

[796] Nach dem klassischen CAPM müsste hierfür jedoch die Prämisse der Arbitragefreiheit eingeschränkt werden, da das Marktrisiko nicht diversifizierbar ist. Im Kapitel zur Arbitrage Pricing Theory (APT), für welche das CAPM hinsichtlich seiner Faktoren und Prämissen einen Spezialfall darstellt, wird die Aufhebung der Prämisse der Arbitragefreiheit eingehender diskutiert.

[797] Zu berücksichtigen ist auch, dass das Zinsniveau einem Mean-Reversion-Effekt unterliegt.

[798] Allerdings besteht ein Anschlussfinanzierungsrisiko.

[799] Vgl. EViews 4, 2000, S. 383: Das ARCH-M-Modell wird häufig bei Finanzmarktmodellen verwendet, wenn der erwarteten Ertrag auf die erwartete Rendite bezogen wird.

[800] Die Ergebnisse stammen aus den Berechnungen der 1.550-seitigen Originalversion dieser Arbeit.

[801] Vgl. Eckey, H., Kosfeld, R., Dreger, C., Ökonometrie, 1995, S. 256.

[802] Vgl. EViews 4, 2000, S. 383.

[803] Die Ergebnisse stammen aus den Berechnungen der 1.550-seitigen Originalversion dieser Arbeit.

[804] Ausnahmen stellen der 1-Tages-Zinssatz und der 10-Jahres-Zinssatz dar.

[805] Die Berechnung der Summe aus GARCH- und ARCH-Koeffizienten bestätigen den Zusammenhang: Bei Summen der jeweiligen ARCH- und GARCH-Koeffizienten in Höhe von etwa 1 gelten stochastische Schwankungen als vorhanden. Vgl. EViews 4, Guide, 1994, S. 388.

reichen hierbei von 0,06 bei einer Laufzeit von 1 Monat bis zu einem GARCH-Koeffizienten von 1,05 bei einer Laufzeit von 5 Jahren.[806]

Die Zinsrisiken lassen sich überdies mit der (längerfristigen) *Standardabweichung* messen:

Tab. 25: Standardabweichung der Zinssätze (RISIKO: Volatilitätsthese).[807] [808]

	i1D	i1M	i3M	i6M	i1Y	i2Y	i5Y	i10Y	TS	FR	ECB
Std. Dev.	1.01	1.01	1.04	1.03	1.02	0.94	0.79	0.72	0.70	5.05	0.99
Zinssätze:	*i1D = Zins 1 Tag (...); TS = Zins-Spread Zinsstruktur, FR = BUND-Future, ECB = Leitzinssatz*										

Auch hier besteht eine positive Korrelation zwischen den Zinssätzen und dem Risiko, das im Gegensatz zum kurzfristigen, stochastischen Risiko jedoch mit zunehmender Laufzeit sinkt.

Dieser Unterschied lässt sich dadurch erklären, dass die Standardabweichung im Rahmen der nicht-stochastischen, langfristigen Risikoperspektive zeigt, dass Marktteilnehmer mit steigenden Zinssätzen längere Laufzeiten nachfragen. Hierbei steigen die Risiken nur *unterproportional*, d.h. deren Veränderungsraten sinken tendenziell, da bei einem konjunkturellen Aufschwung die Ausfallwahrscheinlichkeit der Kredite bzw. Finanzinstrumente sinkt und dementsprechend die Kapitalanbieter und Banken den Risiko- bzw. Credit-Spread senken. Dies gilt im konjunkturellen Abschwung in umgekehrter Weise, sodass selbst die sinkenden Zinsen für die verminderte Zahl geplanter Investitionsprojekte noch zu hoch sind. Dadurch beschleunigen sich der Abschwung und somit auch das weitere Absinken des Zinsniveaus. Dies lässt sich in einem (auch konjunkturtheoretisch) neu formulierten Akzelerator-Modell darstellen:

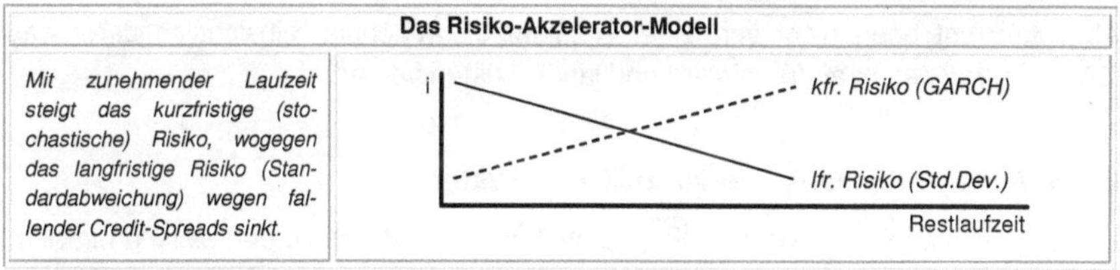

Abb. 34: Risiko-Akzelerator-Modell.[809]

1.4. Die Wertung

Die Modellprämissen des CAPM bieten manche Ansatzpunkte zur Kritik. Angreifbar ist neben der Problematik des (μ-σ)-Prinzips aus entscheidungstheoretischer Sicht vor allem die Annahme homogener Erwartungen, die für alle Kapitalanleger den gleichen Informationsstand voraussetzt. Diese Annahme steht in engem Zusammenhang mit der offensichtlich der Realität widersprechenden Implikation, dass alle An-

[806] Die Volatilitätsschocks zeigen sich zudem mit einem besonders hohen Koeffizienten von 1,87 beim Zinsstruktur-Spread. Beim Leitzins dagegen liegen keine Volatilitätsschocks vor.

[807] Die Ergebnisse stammen aus den Berechnungen der 1.550-seitigen Originalversion dieser Arbeit.

[808] Vom Laufzeitrisiko wird abstrahiert, da dies bereits i. R. der Liquiditätsprämie berechnet wird. Regressionsanalytisch stellt die jeweilige Laufzeit (im jeweiligen Laufzeitband) eine nicht aussagekräftige Konstante dar.

[809] Eigene Darstellung. Vgl. hierzu auch das Spread-Modell in Kapitel VIII.B.4. dieser Arbeit.

leger ein in gleicher Weise zusammengesetztes Teil-Portefeuille aus unsicheren Wertpapieren halten.[810] Auch die Annahme arbitragefreier Märkte entspricht nicht der Realität. Insbesondere die Teil-Annahme, dass Anleger nur Aktien halten, verkennt, dass ein hoher Zusammenhang zwischen Aktienportfolios und Anleiheportfolios besteht. Darüber hinaus ist sich bereits Irving Fisher bewusst, dass, wenn die Annahme *vollständiger Voraussicht* fallen gelassen wird, neben dem Risiko weitere Faktoren auf den Zins einwirken, wie z.B. die *Liquidität.*[811] [812] Es ist zudem schwierig, die Portefeuilleauswahl auf riskante Investitionen zu übertragen, die keine Wertpapiere darstellen.[813]

Risiken, insbesondere auch Zinsänderungsrisiken, sind, isoliert betrachtet, schwerer zu prognostizieren als andere Variablen. Beispielsweise bleiben auch Inflationsrisiken unberücksichtigt. Beim CAPM handelt es sich zudem lediglich um eine Fiktion in einem *einperiodigen* Ex-post-Modell, da sich der Marktzinssatz ändern kann und damit auch der diskontierte Wert der jeweiligen Anlagen zum risikolosen Zinssatz. Dieser Mangel lässt sich durch die hier dargestellte zinsstrukturtheoretische Sichtweise besser umgehen.

Die Erträge von Wertpapieren werden zu einseitig lediglich nach erwarteten Ertrags-Risiko-Beziehungen interkorreliert.[814] Auch deshalb sind im Rahmen von einzelnen Finanzanlagen Ex-ante-Zusammenhänge nicht ohne weiteres auf Ex-post-Zusammenhänge sowie damit nicht auf die künftige Performance von Wertpapieren oder gar den Verlauf von Zinsstrukturkurven übertragbar. Somit gilt das kurzfristige, komparativ-statisches Modell des CAPM hinsichtlich eines dynamischen Phänomens wie der Zinsstruktur nur kurzfristig-stochastisch und hinsichtlich des Vorzeichens. Der Aktienkurs ist eben nicht von einer Restlaufzeit abhängig, hinsichtlich derer das CAMP an Aussagekraft für mittlere und lange Fristen verliert.

E. Die Außenwirtschaftstheorien zur Zinsstruktur

Das Zinsniveau einer offenen Volkswirtschaft wird zusätzlich zu den bislang betrachteten Faktoren einer geschlossenen Volkswirtschaft auch von außenwirtschaftlichen Faktoren beeinflusst. Die zugehörigen Theorien besitzen im Rahmen der Zinsstrukturtheorien theoriehistorisch keinen direkten Zusammenhang zu den anderen Makro- bzw. Kapitaltheorien.

Vorausgesetzt werden jeweils das Regime flexibler Wechselkurse sowie die Annahme fehlender Transaktionskosten. Zudem wird eine *monetäre* und zusätzlich *reale* Kapitalmobilität angenommen, sodass Zölle und Kapitalverkehrsbeschränkungen entfallen. Nachfolgend werden in Bezug auf die Zinsstruktur die immanenten Außenwirtschaftstheorien, die insbesondere auch der Erklärung von Wechselkursen

---

[810] Franke, Günter, Hax, Herbert, Finanzwirtschaft, 1994, S. 350.

[811] Lutz, Friedrich August, Zinstheorie, 1956, S. 87.

[812] Aus der Kritik an dieser engen Sicht des CAPM entwickelte sich die Arbitrage-Pricing-Theory (APT), die mehr Faktoren als nur das Risiko in Bezug auf den Ertrag betrachtet.

[813] Vgl. Franke, Günter, Hax, Herbert, Finanzwirtschaft, 1994, S. 345 ff.

[814] Vgl. Markowitz, Harry M., Portfolio Selection, 1952, S. 79.

dienen, zinsstrukturtheoretisch analysiert.[815] Zunächst wird als monetäre Außenwirtschaftstheorie die Zinsparitätentheorie untersucht, anschließend die eher reale Theorie der Direktinvestitionen.[816]

1. Die Zinsparitätentheorie

1.1. Die Prämissen

In- und ausländische Zinstitel gelten als perfekte Substitute. Es herrschen die Bedingungen des perfekten Kapitalmarkts.[817] Für die *ungedeckte* Zinsparitätentheorie gilt zudem, dass das Verlangen der Anleger für das Wechselkursrisiko eine zusätzliche Risikoprämie oder ein zusätzliches Absicherungsgeschäft durch Swaps erfordert, und die in- und ausländischen Zinstitel perfekte Substitute darstellen. Reale Faktoren werden nicht explizit betrachtet.

1.2. Das Modell

Die *ungedeckte Zinsparitätentheorie* besagt, dass das Zinsniveau im Ausland das inländische Zinsniveau kurz bis mittelfristig aufgrund von lokalen Arbitragebewegungen beeinflusst.[818] Hierbei gilt:

$$z_i + \hat{\pi}_i = z_a + \frac{w_e - w}{w} + \hat{\pi}_a \tag{73}$$

wobei z_i den Inlandszins, z_a den Auslandszins, w_e den erwarteten Wechselkurs, $\hat{\pi}_i$ die inländische erwartete Inflationsrate und $\hat{\pi}_a$ die ausländische erwartete Inflationsrate darstellen. Der Wechselkurs *w* ist als Preis der Fremdwährung (z.B. US-Dollar), in Inlandswährung (EURO) ausgedrückt, definiert.[819] [820] Eine Zunahme der US-Zinsen bewirkt danach ceteris paribus eine Erhöhung des US-Dollar-Kurses.[821]

37. These:	Die ungedeckten Zinsparitäten beeinflussen das Zinsniveau.

Vorausgesetzt werden bei der ungedeckten Zinsparitätentheorie insbesondere rationale Erwartungen und zusätzlich die Risikoneutralität der Wirtschaftssubjekte.

Bei der *gedeckten Zinsparitätentheorie* dagegen gelten die Marktteilnehmer als risikoavers. Deshalb werden zur Absicherung des Wechselkursrisikos Termingeschäfte (z.B. Swapgeschäfte, Puts, Shorts, etc.) abgeschlossen, sodass Wechselkursrisiken

[815] Vgl. etwa: Jarchow, Hans-Joachim, Rühmann, Peter, Außenwirtschaft, 2000; Rose, Klaus, Sauernheimer, Karlhans, Außenwirtschaft, 1992, S. 214 ff.; S. 84 ff.; Spahn, Heinz-Peter, Geldpolitik, 2006, S. 77 ff.

[816] Im Anhang wird zusätzlich die Kaufkraftparitätentheorie mittels der effektiven Wechselkurse ((EWK) Effective Exchange Rates (EER 42)) in Bezug auf den Euro hinsichtlich der Zinsstruktur ökonometrisch und theoretisch analysiert. Die Ergebnisse zeigen keine Signifikanz.

[817] Vgl. Rose, Klaus, Sauernheimer, Karlhans, Außenwirtschaft, 1992, S. 214. Die Anleger gelten als risikoneutral und vergleichen Anlagen anhand der homogenen Renditeerwartungen. Hierbei besteht eine vollständige Informationseffizienz.

[818] Vgl. Rose, Klaus, Sauernheimer, Karlhans, Außenwirtschaft, 1992, S. 214.

[819] Vgl. Rose, Klaus, Sauernheimer, Karlhans, Außenwirtschaft, 1992, S. 40.

[820] Ergänzt wird der Vollständigkeit halber jeweils die erwartete Inflationsrate, für welche jeweils die effektive Inflationsrate in Form des BIP-Deflators mit quartalsbezogenen Veränderungsraten verwendet wird.

[821] Vgl. Rose, Klaus, Sauernheimer, Karlhans, Außenwirtschaft, 1992, S. 214 f.

aufgrund der Laufzeit dieser derivativen Geschäfte zumindest kurzfristig vermieden werden können.[822] [823]

$$z_i + \hat{\pi}_i = z_a + \frac{w_t - w}{w} + \hat{\pi}_a \qquad (74)$$

Im Vergleich zur ungedeckten Zinsparitätentheorie wird hier der erwartete Wechselkurs w_e durch den Terminkurs w_t ersetzt.[824] Da das (Wechselkurs-)Risiko durch das Termingeschäft ausgeschaltet („gedeckt") ist und von Transaktionskosten abgesehen wird, führt der Marktmechanismus zur Beseitigung der Ertragsunterschiede zwischen In- und Auslandsanlagen.

38. These:	Die gedeckten Zinsparitäten beeinflussen das Zinsniveau.

Aufgrund der relativ kurzen Laufzeit von Terminmärkten für Devisenkontrakte gilt im Rahmen der Wechselkurstheorie die gedeckte Zinsparitätentheorie eher kurzfristig, wogegen die ungedeckte Zinsparitätentheorie eher längerfristig gilt.[825] [826]

1.3. Die ökonometrische Analyse

Verglichen werden Euro-Daten und US-Dollar-Daten. Es werden jeweils Devisenkassakurse berücksichtigt.[827] Mit den letzteren Variablen wird vereinfacht die der Theorie zugrundeliegende Variable der Devisenterminkurse bei Wechselkurserwartungen ersetzt, die als statistische Größe insbesondere für längere Laufzeiten nicht vorliegt. Somit ergibt sich zwischen allen Laufzeiten der Zinsstruktur eine bessere Vergleichbarkeit. Zudem sind beide Zinsparitätentheorien in ihrer strengen Form nur erfüllt, wenn der Terminkurs dem Kassakurs entspricht, also der erwartete und der tatsächliche Wechselkurs übereinstimmen.[828] Die ökonometrische Analyse zeigt folgende Ergebnisse:

[822] Vgl. Jarchow, Hans-Joachim, Rühmann, Peter, Außenwirtschaft, 2000, S. 86.
[823] Analog zur ungedeckten Zinsparitätentheorie wird ebenfalls das Inflationsrisiko berücksichtigt, welches sich zusätzlich zum Wechselkursrisiko über die Terminmärkte zumindest implizit absichern lässt.
[824] Vgl. Jarchow, Hans-Joachim, Rühmann, Peter, Außenwirtschaft, 2000, S. 85 ff.
[825] Vgl. Spahn, Heinz-Peter, Geldpolitik, 2006, S. 80.
[826] Im Rahmen statistischer Untersuchungen werden für die gedeckte Zinsparitätentheorie häufig Laufzeiten von drei Monaten bei den Geldmarktzinsen zugrunde gelegt. Vgl. hierzu: Jaenicke, Johannes, Broll, Udo, Ungedeckte Zinsparität, 1995, S. 5.
[827] Quelle: Online-Datenbank. Als korrespondierender Satz des BUND-Futures gilt die Chicago Board of Trade (CBOT) US Treasury 10 Years Note.
[828] Vgl. Rose, Klaus, Sauernheimer, Karlhans, Außenwirtschaft, 1992, S. 214.

Tab. 26: USD- & EUR-Zinsparitäten (AUßENWIRTSCHAFT).[829] [830]

Independent Variable: 1st Differenziation des US-Zinsparitäten-Terms mit folgendem Zinssätzen:											
Dependent Variable: 1st Differenziation des EURO-Zinsparitäten-Terms mit folgendem Zinssätzen:											
	i1D	i1M	i3M	i6M	i1Y	i2Y	i5Y	i10Y	TS	FR	ECB
Koeffizient	0.17	0.18	0.20	0.21	0.25	0.29	0.25	0.17	0.16	0.40	0.00
R^2-adjusted	0.05	0.09	0.07	0.12	0.12	0.15	0.10	0.03	0.04	0.24	-0.04
Probability	0.12	0.11	0.09	0.06	0.04	0.02	0.06	0.19	0.16	0.00	0.99
Durbin-Watson	1.80	1.71	1.68	1.61	1.51	1.50	1.55	1.72	1.59	2.73	1.66
Granger cause	-	-	-	-	-	-	↔	↔	←	↔	-
White	5.80	5.22	5.16	6.04	4.54	1.82	0.03	0.41	5.99	0.34	10.99
ARCH (p-Wert)	0.81	0.62	0.71	0.33	0.43	0.36	0.00	0.68	0.11	0.25	0.21
GARCH (p-Wert)	0.68	0.45	0.52	0.00	0.00	0.00	0.00	0.01	0.00	0.00	0.74
Best Lag:	*0 Periods of the dependent variable calculated (Zinssätze)*										
Zinssätze:	*i1D = Zins 1 Tag, i1M = Zins 1 Monat, (...), i10Y = Zins 10 Jahre*										
	TS = Zins-Spread der Zinsstruktur, FR = EURO-BUND-Future, ECB = Leitzinssatz der EZB										
Granger-Kausalität:	*→ = abhängige Variable (Zinssatz) determiniert grangerkausal; – = keine Grangerkausalität*										
	← = unabhängige Variable determiniert grangerkausal; ↔ = gegenseitige Grangerkausalität										

Die ökonometrischen Tests analysieren die Veränderung der US-Dollar-Zinsparitäten in Bezug auf die Veränderungen der korrespondierenden EURO-Zinsparitäten mit einem optimalen Lag von null Perioden: Die Ergebnisse sind für die Laufzeiten von 1 und 2 Jahren *signifikant*. Der *Koeffizient* zeigt bei seinem höchsten Wert einen positiven Anstieg von 0,29 Prozent der Zinssätze bei einer Laufzeit von 2 Jahren aufgrund eines Anstiegs der korrespondierenden US-Zinsparitäten von 1,00 Prozent. Das korrigierte Bestimmtheitsmaß besitzt hierbei eine hohe Korrelation mit einem Wert von 0,15. Bei der Laufzeit von 1 Jahr beträgt der Wert 0,12. Bei den signifikanten Laufzeiten liegt keine *Grangerkausalität* vor, jedoch überwiegt die Wirkung der US-Zinsparitäten leicht.[831] Es bestehen *ARCH-Prozesse* bei einer Laufzeit von 5 Jahren. Exogene Schocks (*GARCH-Prozesse*) existieren bei allen Laufzeiten außer bei jenen von bis zu 3 Monaten.

Zusätzlich werden die Einflüssse auf den Zinsstruktur-Spread (TS), die Terminzinsen (FR) und die Leitzinsen (ECB) analysiert: Die Korrelation der Veränderung der US-Zinsstrukturspread-Paritäten und der Veränderung der korrespondierenden Euro-Zinsstukturspread-Paritäten ist insignifikant. Es bestehen keine ARCH-Prozesse, jedoch exogene Schocks. Die Korrelation zwischen der Veränderung der US-Terminzins-Paritäten und der Veränderung der Euro-Terminzins-Paritäten zeigt aufgrund einer zu hohen seriellen Korrelation keine Signifikanz. Es bestehen keine ARCH-Prozesse, jedoch exogene Schocks. Die Korrelation zwischen der Verände-

[829] Verwendet werden die Euro- und US-Dollar-Zerobond-Zinssätze (Quelle: Online-Datenbank), der US-BIP-Deflator (Quelle: Online-Datenbank) und der Wechselkurs des Euro gegenüber dem US-Dollar (Quelle: EZB).

[830] Die Ergebnisse stammen aus den Berechnungen der 1.550-seitigen Originalversion dieser Arbeit.

[831] Bei einer Laufzeit von 5 Jahren liegt eine eindeutige Grangerkausalität durch die US-Zinsparität vor, allen bei einer Laufzeit von 10 Jahren besteht eine tendenzielle Granagerkauslität durch die Euro-Zinsparitäten.

rung der US-Leitzins-Paritäten und der Veränderung der korrespondierenden Euro-Leitzins-Paritäten ist nicht signifikant. Es bestehen weder ARCH-Prozesse, noch exogene Schocks.

Insgesamt liegt eine Validität der Zinsparitätentheorie für die mittleren Laufzeitbereiche von 1 und 2 Jahren der Zinsstruktur vor.[832] [833] Im Gegensatz zur kurzfristigen, gedeckten Zinsparitätentheorie kann die längerfristige, ungedeckte Zinsparitätentheorie für diese mittleren Laufzeiten validiert werden. Die Ergebnisse lassen sich ökonomisch insoweit interpretieren, als dass die gedeckte Zinsparitätentheorie aufgrund der kurzfristigen gehedgten („gedeckten") Finanztransaktionen den abgeschlossenen Zinssatz für kurze Zeit, d.h. bis zu einer Dauer von ca. 6 Monaten, fixiert und deshalb die Schwankungen mit dem überwiegenden Teil der Marktzinsen unterdrückt werden. Bei Laufzeiten von 1 und 2 Jahren, also insbesondere auf dem Kreditmarkt, entfaltet die Zinsparitätentheorie ihre größte Wirkung, indem zum Teil im jeweils anderen Währungsgebiet Kredite aufgenommen werden, um günstige Zinskonditionen und einen gewissen Portfolioeffekt bei der Aufnahme in verschiedenen Währungen zu erzielen. Mit längeren Laufzeiten, bei denen zunehmend reale Faktoren die Finanzmärkte überlagern, geht die Signifikanz der Zinsparitäten hinsichtlich der Zinsstruktur verloren.

Zudem ist zugunsten einer möglichen, etwas höheren Validität der Theorie anzumerken, dass diese lediglich mit einer Einschränkung testbar ist. Denn auch im Rahmen der Zinsparitätentheorie müsste man analog zur Kaufkraftparitätentheorie unter Verwendung effektiver Wechselkurse zumindest mit den Währungen der 42 wichtigsten Handelspartner des Euro-Währungsgebiets auch deren Zinssätze gewichtet berücksichtigen.[834]

1.4. Die Wertung

Der Einfluss von Auslandszinsen, -inflationsraten und Wechselkursen auf die Zinsstruktur ist eher mittelfristiger Natur. Kurzfristige Wirkungen werden durch Termingeschäfte deutlich abgeschwächt, sodass sich selbst der zumindest bestmögliche insignifikante Einfluss nur mit Lags zeigt. Bei langen Laufzeiten dagegen drängen andere Einflussfaktoren die betrachteten Wirkungsfaktoren -Auslandszinsen, -inflationsraten und Wechselkurse- in den Hintergrund. Somit liegen die zinstheoretischen Einflüsse zeitlich am ehesten für die relativ kürzeren Laufzeiten der *un*gedeck-

---

[832] Die im Anhang vorgenommene, zusätzliche Berechnung unter ausschließlicher Verwendung der jeweiligen Zerobond-Zinssätze kommt zu den gleichen Ergebnissen, allerdings bei einer höheren Signifikanz.

[833] Erweiterte ökonometrische Analysen *aller* jeweiligen US-Zinssätze auf *alle* einzelnen EURO-Zinssätze sind im Anhang dargestellt. Hierbei zeigt sich, dass alle US-Dollar-Zinssätze bis inklusive zu einer Laufzeit von 6 Monaten eine hohe Korrelation insbesondere mit den 2-Jahres-Zinssätzen, aber auch mit dem 1-Jahres-Zinssatz und dem 5-Jahres-Zinssatz im Euro-Währungsgebiet aufweisen. Zudem besteht eine Korrelation der 5- und 10-Jahres-US-Zinsen mit den EURO-Terminzinsen. Hinsichtlich eines Einflusses der US-Leitzinsen besteht keine Signifikanz, auch nicht in Bezug auf den EZB-Hauptrefinanzierungssatz. Insbesondere hinsichtlich des EURO-Bund-Futures aber auch hinsichtlich der EURO-Zinsstruktur bestehen Einspielprozesse und exogene Schocks.

[834] Beispielsweise wären über die Zinsparitäten des US-Dollars (USD) hinaus diejenigen zum Britischen Pfund (GBP), zum Schweizer Franken (CHF) und zum Japanischen Yen (JPY) zu berücksichtigen.

ten Zinsparitätentheorie vor, d.h. für Laufzeiten ab 6 Monaten. Die gedeckte Zinsparitätentheorie sowie die längerfristige ungedeckte Zinsparitätentheorie wurden falsifiziert. Es lassen sich die sehr langfristigen Wirkungen der Zinsparitäten auf die Zinsstruktur bzw. dauerhafte Abweichungen der Wechselkurse sowie Overshootings weder mit der gedeckten noch mit der ungedeckten Zinsparitätentheorie erklären.[835]

2. Die Theorie der Direktinvestitionen

2.1. Die Prämissen

Die *Theorie der Direktinvestitionen* beinhaltet folgende Prämissen, die u.a. aus den Property-Rights-Ansätzen hergeleitet werden können: Direktinvestitionen sind unbeschränkt möglich. Es herrscht ein freier Kapital- und Güterverkehr.[836] Darüber hinaus besteht Niederlassungs- und Marktfreiheit. Es gilt der Schutz geistigen Eigentums.

2.2. Das Modell

Direktinvestitionen werden in einer engen Definition als grenzüberschreitende Investitionen charakterisiert, die das Ziel haben, eine langfristige Beteiligung an einem in einer anderen Volkswirtschaft ansässigen Unternehmen zu erwerben. Bei den Direktinvestitionen wird der Saldo des Nettoerwerbs von Finanzaktiva durch Ansässige außerhalb des Euroraums und des Nettoerwerbs ausländischer Finanzaktiva durch Gebietsfremde im Euro-Währungsgebiet erfasst.[837] Der Saldo ist positiv, was bedeutet, dass per saldo Direktinvestitionen aus dem Euro-Währungsgebiet hinausfließen. Nach der Definition der EZB umfassen Direktinvestitionen Beteiligungskapital, reinvestierte Gewinne und sonstige Anlagen im Zusammenhang mit Transaktionen zwischen verbundenen Unternehmen.[838]

Im Rahmen der Wechselkurstheorie wird davon ausgegangen, dass steigende Direktinvestitionen den Wechselkurs der Währung des Ziellandes erhöhen. In einer zinstheoretischen Interpretation erhöhen Direktinvestitionen das Zinsniveau der Fremdwährung, was im Rahmen eines portfoliotheoretischen Zusammenhangs mit einer Senkung des inländischen Zinsniveaus einhergeht.

Grundlage der Theorie der Direktinvestitionen ist die reale Außenhandelstheorie. Diese lässt sich durch eine Vielzahl von Modellen herleiten. Die Grundlegendsten werden kurz erwähnt:

Nach *Adam Smith* kommt der reale Außenhandel durch absolute Kostenvorteile bei der Güterherstellung der beteiligten Länder zustande. Die Theorie der komparativen Kosten von *David Ricardo* besagt darüber hinaus, dass trotz absoluter Kostenunterschiede in der Herstellung von Gütern der Außenhandel zustande kommt, wenn das jeweilige Land dasjenige Gut produziert, bei dem es einen relativen Kostenvorteil be-

---

[835] Vgl. Spahn, Heinz-Peter, Geldpolitik, 2006, S. 80 ff.

[836] Dies umfasst überwiegend Kapitaltransfers. Teilweise kommt es auch zu Transfers realer Güter in Form von Werksteilen, Produktionsanlagen, Maschinen und Ausrüstungsgegenständen in ausländische Zweigbetriebe.

[837] EZB, Monatsbericht, März 2004, S. XIV.

[838] EZB, Monatsbericht, März 2004, S. XIV.

sitzt.[839] Dies führt zu einem höheren Output beider Länder im Vergleich zum Autarkie-Fall, wenn die Überschüsse des hergestellten Gutes gegen andere, nur mit komparativen Kostennachteilen der zu produzierenden Güter getauscht werden. Ricardo ließ offen, in welchem Verhältnis Export- und Importgüter getauscht werden. So wies beispielsweise *John Stuart Mill* nach, dass dieses Austauschverhältnis sich durch das Verhältnis von Weltnachfrage und -angebot ergibt.[840]
Unter Zugrundelegung von drei Produktionsfaktoren, von denen zwei sektorspezifisch bzw. immobil sind und einer, die Arbeit, insbesondere intersektoral mobil ist, zeigt sich im *Ricardo-Viner-Modell* ein konvexer Transformationskurvenverlauf, der im Gegensatz zur linearen Transformationskurve des Ricardo-Modells, welches nur den einen mobilen Produktionsfaktor Arbeit besitzt, bei einem gleichen Faktoreinsatz einen höheren Output ermöglicht.[841]

Das Modell der *Ownership-Local-Interest (OLI)* erklärt, warum eine Unternehmung Märkte durch eine Auslandsproduktion statt durch eine Inlandsproduktion bedient.[842] Das OLI basiert auf dem Internalisierungsansatz, der sich auf die Transaktionskostentheorie und der Existenz von Marktunvollkommenheiten stützt.[843] Direktinvestitionen werden dann getätigt, wenn die Transaktionskosten bei der Bedienung eines Exportmarkts durch das Inland höher sind als die internen Kosten. Die Bedingungen für Direktinvestitionen ergeben sich im Einzelnen aus Net-Ownership-Specific-Advantages (trademark, production technique, entrepreneurial skills, return to scale), Location-Specific-Advantages (existence of raw materials, low wages, special taxes or tariffs) sowie Internalization-Incentive-Advantages (advantages by producing through a partnership arrangement such as licensing or a joint venture).

2.3. Die ökonometrische Analyse

Zur ökonometrischen Analyse wird der laufende Netto-Saldo der Direktinvestitionen herangezogen und der Zusammenhang mit der Zinsstruktur untersucht.[844]

---

[839] Vgl. Ricardo, David, Grundsätze, 1994, S. 109 ff.
[840] Rose, Klaus, Sauernheimer, Karlhans, Außenwirtschaft, 1992, S. 347.
[841] Rose, Klaus, Sauernheimer, Karlhans, Außenwirtschaft, 1992, S. 416 ff.
[842] Vgl. Dunning, John H., Theory, 1980, S. 9 ff.
[843] Hierzu existieren zahlreiche Modelle der Direktinvestitionen, z.B. das Modell von Wilfred J. Ethier (1986), in welchem die Direktinvestitionen aus der Internalisierung von Informationsasymmetrien hergeleitet werden.
[844] Die Ergebnisse stammen aus den Berechnungen der 1.550-seitigen Originalversion dieser Arbeit.

Tab. 27: Direktinvestitionen & Zinssätze (AUßENWIRTSCHAFT).[845] [846]

Independent Variable: 1st Differentiation von: BOP_DIRECT_INVESTMENTS											
Dependent Variable: 1st Differentiation der folgenden Zinssätze:											
	i1D	i1M	i3M	i6M	i1Y	i2Y	i5Y	i10Y	TS	FR	ECB
Koeffizient (/100)	-0.47	-0.31	-0.22	-0.37	-0.42	-0.31	-0.04	0.01	0.32	-2.50	-0.06
R^2-adjusted	0.00	-0.02	-0.03	-0.01	-0.01	-0.02	-0.04	-0.03	-0.01	0.01	-0.03
Probability	0.30	0.49	0.64	0.43	0.41	0.56	0.93	0.81	0.49	0.26	0.87
Durbin-Watson	0.63	0.57	0.60	0.77	1.09	1.32	1.46	1.63	1.20	1.48	1.20
Granger cause	-	←	←	-	-	-	-	-	-	-	-
White	0.21	0.87	2.01	3.65	4.20	1.13	0.33	1.77	1.54	1.11	0.33
ARCH (p-Wert)	0.20	0.04	0.02	0.20	0.23	0.91	0.32	0.00	0.00	0.00	0.00
GARCH (p-Wert)	0.19	0.00	0.97	0.40	0.00	0.00	0.00	0.46	0.00	0.00	0.70
Best Lag:	*0 periods of the independent variable calculated (Zinssätze)*										
BOP_Direct-_Investments:	*= Direct Investments, Source: Balance of Payments*										
Zinssätze:	*i1D = Zins 1 Tag, i1M = Zins 1 Monat, (...), i10Y = Zins 10 Jahre*										
	TS = Zins-Spread der Zinsstruktur, FR = EURO-BUND-Future, ECB = Leitzinssatz der EZB										
Granger-Kausalität:	*→ = abhängige Variable (Zinssatz) determiniert grangerkausal; – = keine Grangerkausalität*										
	← = unabhängige Variable determiniert grangerkausal; ↔ = gegenseitige Grangerkausalität										

Die ökonometrischen Tests analysieren die Veränderung der Direktinvestitionen (BOP_DIRECT_INVESTMENTS) und die Veränderung der Zinssätze mit einem optimalen Lag von null Quartalen: Bei *keiner* Laufzeit besteht eine *Signifikanz*. Die *Koeffizienten* zeigen insgesamt lediglich sehr geringe und negative Werte (max. -0,47/100). Auch das adjustierte Bestimmtheitsmaß ist jeweils sehr gering und negativ. Es liegen *ARCH-Prozesse* bei den Laufzeiten von 1 und 3 Monaten sowie von 10 Jahren vor. Exogene Schocks (*GARCH-Prozesse*) existieren bei einer Laufzeit von 1 Monat und bei 1, 2, und 5 Jahren.

Zusätzlich werden die Einflüssse auf den Zinsstruktur-Spread (TS), die Terminzinsen (FR) und die Leitzinsen (ECB) analysiert: Die Korrelationsanalyse der Veränderung der Direktinvestitionen und der Veränderung des Zinsstruktur-Spreads zeigt einen insignifikanten Wert. Es bestehen ARCH-Prozesse und exogene Schocks. Die Korrelation zwischen der Veränderung der Direktinvestitionen und der Veränderung der Terminzinssätze zeigt keine Signifikanz. Es bestehen ARCH-Prozesse sowie exogene Schocks. Die Korrelation zwischen der Veränderung der Direktinvestitionen und der Veränderung der Leitzinssätze besitzt ebenfalls keine Signifikanz. Es liegen ARCH-Prozesse vor, jedoch keine exogenen Schocks.

Insgesamt besteht keine Validität der Hypothese der Direktinvestitionen im Rahmen der Zinsstrukturtheorie. Direktinvestitionen scheinen eine unelastische und realwirtschaftliche Größe darzustellen, die eher unabhängig von den vergleichsweise kurzfristigen Schwankungen der Zinsstruktur verlaufen.

---

[845] Verwendet werden die Veränderungen des Saldos der Direktinvestitionen des Euro-Währungsgebiets in das Nicht-Euro-Währungsgebiet im Rahmen der Kapitalbilanz (Quelle: EZB).
[846] Die Ergebnisse stammen aus den Berechnungen der 1.550-seitigen Originalversion dieser Arbeit.

2.4. Die Wertung

Es zeigen sich entlang der gesamten Laufzeit der Zinsstruktur keine signifikanten Werte. Die Theorie der Direktinvestitionen stellt eher eine realwirtschaftliche Theorie zur Erklärung von Wechselkursen, Preisen und Güterströmen dar. Selbst eine langfristig signifikante Wirkung hinsichtlich möglicher zinsstrukturtheoretischer Erklärungsansätze ist nicht beobachtbar.

VI. DIE SUBSTITUTIVEN ARBITRAGEPROZESSE ZUR ZINSSTRUKTUR

"The money rate of interest depends largely on accidental and arbitrary factors." [847]

Im bisherigen Untersuchungsgang wurden die Einflussfaktoren als exogener Einfluss auf die Zinsstruktur oder deren Segmente anhand deterministischer Einflussfaktoren untersucht. Allein durch diese Faktoren jedoch lässt sich die Bewegung der Zinsstruktur noch nicht hinreichend erklären. Denn die Zinsstruktur als Ganzes wird auch im Rahmen *endogener* Einflüsse von den einzelnen Laufzeiten der Zinsen *innerhalb* der Zinsstruktur *selbst* beeinflusst. Diese Einflüsse wirken in Form von Arbitragebewegungen bzw. Substitutionsprozessen.

Nachfolgend werden die substitutiven Arbitrageprozesse eingehender untersucht.

A. Die Arbitrage-Effekte: Die Glättung der Zinsstrukturkurve

Das Prinzip der Arbitrage zählt zu den grundlegendsten Prinzipien der Finanztheorie.[848] Auf dem perfekten Kapitalmarkt gilt das Prinzip der Arbitragefreiheit. In einer engen Definition stellt die Arbitrage eine risikolose Möglichkeit des gleichzeitigen Kaufs und Verkaufs eines Vermögensgegenstands zu zwei unterschiedlichen Preisen auf zwei unterschiedlichen Märkten dar.[849] [850] In einer weit gefassten Definition stellt die Arbitrage im Rahmen der sogenannten Zeitarbitrage die mit dem Einsatz von Kapital mögliche risikobehaftete Ausnutzung von erwarteten Preisdifferenzen zu unterschiedlichen Fälligkeitsterminen dar. Das sogenannte Gesetz des einheitlichen Preises (law of one price) wird somit aufgehoben.[851] [852]

Sind Arbitragemöglichkeiten vorhanden, so existiert kein Trade-Off zwischen Risiko und Ertrag, da es möglich ist, risikolose Gewinne zu erzielen.[853] Im Gegensatz dazu gilt ein Markt im engeren Sinne als arbitragefrei, wenn es nicht möglich ist, durch den Abschluss eines Geschäfts oder gleichzeitig mehrerer Geschäfte einen Gewinn zu erzielen. Ein Gleichgewicht auf dem Kapitalmarkt setzt Arbitragefreiheit voraus. Der vollkommene Kapitalmarkt ist genau dann arbitragefrei, wenn es nichtnegative Preise für zustandsbedingte Ansprüche gibt, sodass der Preis jedes Wertpapiers errechnet werden kann als das Produkt aus dem zustandsbedingten Einzahlungsüberschuss und dem Preis für zustandsbedingte Ansprüche, addiert über alle Zustände. Damit besteht auch Wertadditivität.[854] [855] Das Prinzip der Arbitragefreiheit lässt sich sogar auf die Bewertung stochastischer Zahlungsströme anwenden.[856]

---

[847] Vgl. Hayek, Friedrich August von, Profits, 1939, S. 67.

[848] Der Begriff Arbitrage ist abgeleitet vom lateinischen Wort „arbitratus" (= Gutdünken, freie Wahl, freies Ermessen).

[849] Vgl. Focardi, Sergio, Fabozzi, Frank, Investment, 2004, S. 393.

[850] Im Gegensatz dazu versteht man unter Spekulation die Ausnutzung von Preisdifferenzen bei Handelsobjekten an zeitlich getrennten Märkten durch Kauf und Verkaufstransaktionen zu verschiedenen Zeitpunkten.

[851] Vgl. Focardi, Sergio, Fabozzi, Frank, Investment, 2004, S. 394.

[852] Vgl. Giegold, Uwe, Zins- und Devisenarbitrage, 2004, S. 67.

[853] Vgl. Focardi, Sergio, Fabozzi, Frank, Mathematics, 2004, S. 393.

[854] Vgl. Franke, Günter, Hax, Herbert, Finanzwirtschaft, 1994, S. 375.

Bei der Zinsstrukturkurve erfolgen aufgrund des Vorhandenseins von Arbitragemöglichkeiten *Substitutionsprozesse* zwischen den einzelnen Laufzeitsegmenten teils in Form einer durchgehenden Substitutionskette, wobei die jeweils benachbarten Laufzeitensegmente die stärksten Einflüsse besitzen. Diese Substitutionsprozesse führen zur Ausprägung der Zinsstrukturkurve, bis diese den Liquiditätspräferenzen im Rahmen der einzelnen Laufzeitsegmenten entspricht. Die Substitutionsprozesse beinhalten zudem Fristentransformationsprozesse. Im Rahmen dieses Arbitrageprozesses tritt zudem eine Glättung der Zinsstruktur ein.[857]

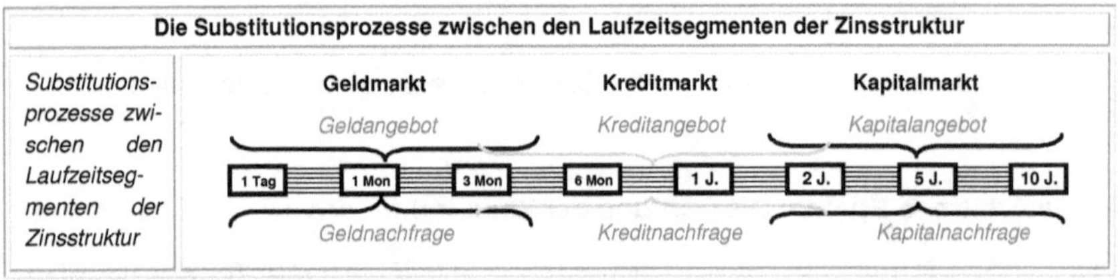

Abb. 35: Substitutionsprozesse zwischen den Laufzeitsegmenten.[858]

B. Die Zinsbewegungen bei Modellen mit Arbitrage

Wird Arbitrage zugelassen, finden *Substitutionsprozesse* zwischen den einzelnen Zinsinstrumenten unterschiedlicher Laufzeit statt. Liegen die betrachteten Zinssätze über der Zinsstrukturkurve, lohnen sich Transaktionen zur Arbitrage innerhalb der einzelnen Fristen. Es werden Finanzaktiva mit überdurchschnittlichen Renditen erworben, bei welchen die Verzinsung über der aktuellen oder erwarteten Zinskurve liegt. Andererseits werden Kredite bzw. Refinanzierungsmittel zu unterdurchschnittlich hohen Zinsen auch bei Nichtübereinstimmung mit der gewünschten Laufzeit aufgenommen, da diese wegen des Prinzips der Wertadditivität bzw. der Möglichkeit der *Mischfinanzierung* synthetisiert hergestellt werden kann. Zu diesen Prozessen tragen auch die volumenstarken *Zinsterminmärkte* bei. Auf diese Weise findet eine kontinuierliche Angleichung der Renditen an jene der hypothetischen Zinsstrukturkurve statt, und es ergibt sich damit eine tendenzielle Glättung der Zinsstruktur.[859]

In der Praxis sind die Zinsbewegungen solange durch stochastische, bedingte Einspielprozesse und Substitutionseffekte zwischen den einzelnen Laufzeitbereichen gekennzeichnet, bis die Arbitragefreiheit erreicht ist. Im Falle großer Portefeuilles kann es für die Wirtschaftssubjekte sinnvoll sein, sich in einem günstigen Laufzeitbereich zu verschulden und in anderen Laufzeitbereichen Mittel anzulegen.[860]

---

[855] Vgl. Franke, Günter, Hax, Herbert, Finanzwirtschaft, 1994, S. 351: Bei Wertadditivität gilt: Wird ein Zahlungsstrom in mehrere Teilströme additiv zerlegt, ist der Marktwert des Zahlungsstroms gleich der Summe der Marktwerte der Teilströme. Bei vollkommenem Kapitalmarkt besteht Wertadditivität.
[856] Franke, Günter, Hax, Herbert, Finanzwirtschaft, 1994, S. 361.
[857] Vgl. Anderegg, Ralph, Geldtheorie, 2007, S. 144 f.
[858] In Anlehnung an: Anderegg, Ralph, Geldtheorie, 2007, S. 143.
[859] Vgl. Anderegg, Ralph, Geldtheorie, 2007, S. 141 f.
[860] Vgl. Anderegg, Ralph, Geldtheorie, 2007, S. 142.

Bei den stochastischen, bedingten Einspielprozessen unterliegen die Zinsbewegungen nichtbedingten Varianzen, auch wenn keine exogenen Schocks auf die Zinsen wirken. Die Substitutionsprozesse bewirken eine Arbitrage zwischen einzelnen Laufzeitensegmenten, die infolgedessen Fristentransformationsprozesse auslösen, wodurch ebenfalls eine Glättung der Zinsstrukturkurve stattfindet:[861] „Zwischen Zinssätzen auf kurzfristige und langfristige Anleihen besteht ein ständiges Schwanken. (...) Die langfristigen setzen also eine grobe Norm für die kurzfristigen Zinssätze, die ihrerseits viel veränderlicher sind."[862]

Die Glättung der Zinsstrukturkurve durch Arbitrage

Arbitrage bewirkt als zeitliche und räumliche Ausnutzung von Preisdifferenzen eine Nivellierung bzw. Glättung der Zinsstrukturkurven.

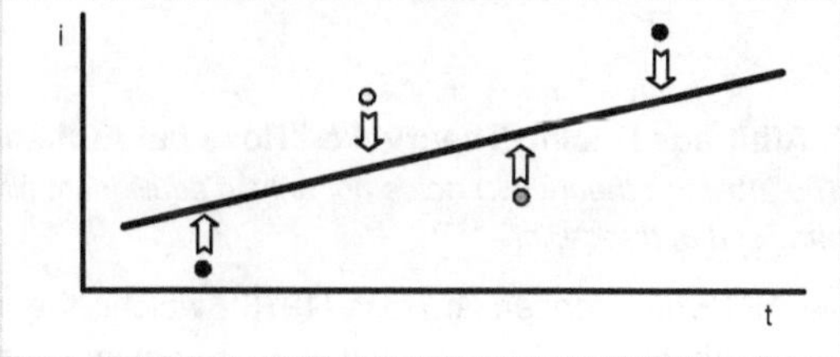

Abb. 36: Glättung der Zinsstrukturkurve durch Arbitrage.[863]

Arbitrageure nutzen somit im Zinsbereich zumindest langfristig im Wesentlichen eine Art von Mean-Reversion-Effekt. Hierbei wird angenommen, dass das Zinsniveau langfristig um ein Durchschnittsniveau schwankt. Der Mean-Reversion-Effekt bewirkt einen Drift der kurzfristigen Zinsstruktur (short rate) hin zu diesem Durchschnittsniveau: Bei einem (relativ) hohem Zinsniveau besteht ein negativer Drift hin zum langfristig niedrigen Niveau, bei niedrigem Zinsniveau dagegen ein positiver Drift.[864]

Der Mean-Reversion-Effekt

Ein niedriger Zinssatz bewirkt einen positiven Drift der kurzfristigen Zinsstruktur (short rate) hin auf das langfristige Zinsniveau, ein hoher Zinssatz dagegen einen negativen Drift.

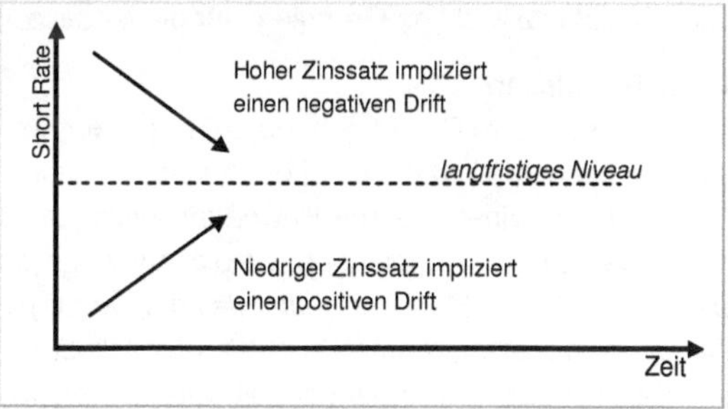

Abb. 37: Mean-Reversion-Effekt im Zinsbereich.[865]

[861] Vgl. Anderegg, Ralph, Geldtheorie, 2007, S. 142.
[862] Vgl. Fisher, Irving, Theory, 1930, S. 175.
[863] In Anlehnung an: Anderegg, Ralph, Geldtheorie, 2007, S. 142.
[864] Vgl. Hull, John C., Options, 2006, S. 651.
[865] Vgl. Hull, John C., Options, 2006, S. 651, Nawalkha, Sanjay, Beliaeva, Natalia, Soto, Gloria, Term Structure, 2007, S. 121.

Auf Bondmärkten ist das Fundamentalrisiko für Arbitrageure gering, da Anleihen bei Laufzeitende zu pari, d.h. zu ihrem Fundamentalwert, zurückgezahlt werden. Gleichwohl erfordern Arbitragehandlungen eine gewinnbringende und risikoreiche Ausnutzung von Zinsbewegungen aufgrund von deterministischen Einflüssen, welche sich unterschiedlich auf die Laufzeitsegmente auswirken. Hierbei werden auch Krümmungen bzw. Dellen auf der Zinsstrukturkurve sowie Drehungen und Niveauveränderungen derselben genutzt.
Im Rahmen der mit den Arbitragehandlungen und Marktbedingungen verbundenen Implikationen sollen stellvertretend für die zutreffenden Arbitragemodelle die Modelle von Ross sowie anschließend von Shleifer und Vishny beschrieben werden.

C. Arbitrage Pricing Theory von Ross bei Aufhebung der Arbitragefreiheit

"The arbitrage theory (...) holds not only in equilibrium situations, but in all but the most profound sort of disequilibria"[866]

Die APT von *Stephen A. Ross* (1976), welche theoriehistorisch der neoklassischen Schule angehört, wird zunächst in ihrer komparativ-statischen Grundform dargestellt und anschließend unter Aufgabe der Prämisse der Arbitragefreiheit auf die Zinsstruktur angewendet.
Mithilfe des APT lassen sich unter der Maßgabe der Arbitragefreiheit *alle* beobachtbaren Einflussfaktoren auf die betreffenden Zinssätze der Zinsstruktur aufzeigen.[867] Dies gilt ebenso im Zeitverlauf, sofern eine vorübergehende Abweichung von den Zusammenhängen entsteht und sofern diese später wieder eintreten. Das Modell kann hinsichtlich der einzelnen Zinssätze der Zinsstruktur deren Abhängigkeiten im Zeitverlauf umfassender darstellen als das CAPM, das lediglich den Faktor „Risiko" beinhaltet und zudem rigide Prämissen enthält. Die APT dient in dieser Darstellung ebenso als eine wichtige Grundlage für die Modelle zur Zeitarbitrage.

1. Die Prämissen

Im Gegensatz zum CAPM geht die APT von weit weniger restriktiven Prämissen aus. Insbesondere verzichtet sie auf die Annahme, dass alle Investoren das Marktportfolio halten. Um zu einer linearen Bewertungsgleichung ähnlich der Wertpapiermarktgleichung des CAPM zu gelangen, ist die Annahme der *Arbitragefreiheit* notwendig.[868] Die APT stellt ein *Mehrfaktorenmodell* dar, wogegen das CAPM lediglich auf einem Faktor, dem Risiko, beruht. Durch das Modell ist nicht konkret vorgegeben, um welche Faktoren es sich dabei handelt. Sie gibt lediglich vor, dass jene das systematische, nicht diversifizierbare Risiko halten.[869]

---

[866] Vgl. Ross, Stephen A., Arbitrage, 1976, S. 342.
[867] Ein entsprechendes Mehrfaktorenmodell wird als Prognosemodell im Kapitel VIII.B.3. entwickelt. Zur Thesenformulierung s. Modell von Shleifer u. Vishny.
[868] Vgl. Garz, Hendrik, Günther, Stefan, Moriabadi, Cyrus, Portfolio-Management, 2004, S. 73.
[869] Vgl. Ross, Stephen A., Arbitrage, 1976, S. 347.

2. Das Modell

Diese Prämissen reichen dazu aus, die sogenannte Wertpapiermarktebene abzuleiten.[870]

$$\tilde{x}_i = E_i + \beta_{i1}\tilde{\delta}_1 + \ldots + \beta_{ik}\tilde{\delta}_k + \tilde{\varepsilon}_i \qquad \text{mit} \qquad E\{\tilde{\delta}_l\} = E\{\tilde{\varepsilon}_i\} = 0 \qquad (75)$$

Der Faktor $\tilde{x}$ stellt den erwarteten Ertrag, die Parameter $\tilde{\delta}$ die erwarteten Faktorprämien und $\tilde{\varepsilon}_i$ den erwarteten Noise-Term dar.

Eine arbitragefreie Marktbewertung ist im vorliegenden Fall nur dann gegeben, falls sich sämtliche Wertpapiere auf einer Geraden befinden, die ihren Ursprung in r_f hat.[871]

Die arbitragefreie Bewertung im APT bei Gültigkeit des Zwei-Faktoren-Modells

Die arbitragefreie Marktbewertung ist im APT nur dann gegeben, wenn sich sämtliche Wertpapiere auf einer Geraden (beim Ein-Faktor-Modell) oder einer Wertpapiermarktebene (im Falle des hier dargestellten Zwei-Faktor-Modells) befinden, die ihren Ursprung in r_f hat.

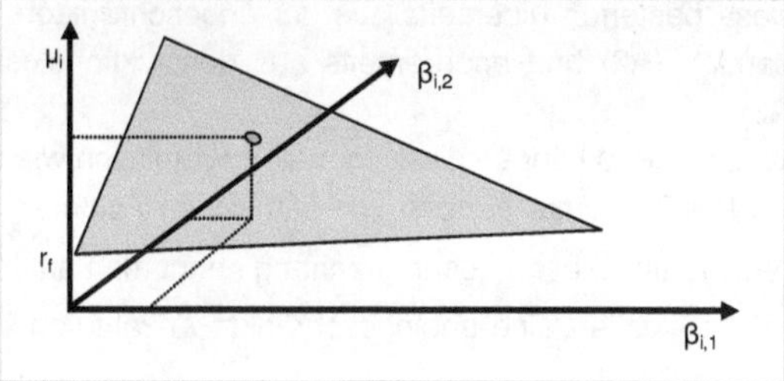

Abb. 38: APT bei Gültigkeit des Zwei-Faktoren-Modells.[872]

Die Kovarianzen zwischen den erwarteten Zinssätzen können dabei auf die Tatsache bezogen werden, dass die einzelnen Zinssätze entlang der Zinsstrukturkurve in unterschiedlichem Ausmaß auf die Faktorveränderungen reagieren. Die Höhe der Zinssätze hängt linear von den relevanten Faktorausprägungen ab. Die Abhängigkeit für den Zinssatz *i* entspricht der Abhängigkeit bei anderen Mehrfaktorenmodellen und lässt sich mit der Formel zur Wertpapiermarktebene der APT beschreiben.

Es wird angenommen, dass die Anzahl der Faktoren, die einen signifikanten Einfluss auf den einzelnen Zinssatz haben, auf *m* beschränkt ist. Zusätzlich ist die Annahme notwendig, dass die Anzahl der gehandelten Wertpapiere *n* die der Faktoren übersteigt ($n > m$). Zudem sollten die Faktoren sowie auch die Residuen untereinander möglichst unkorreliert sein.[873] [874]

[870] Vgl. Ross, Stephen A., Arbitrage, 1976, S. 347.
[871] Vgl. Garz, Hendrik, Günther, Stefan, Moriabadi, Cyrus, Portfolio-Management, 2004, S. 72 f.
[872] Vgl. Garz, Hendrik, Günther, Stefan, Moriabadi, Cyrus, Portfolio-Management, 2004, S. 75.
[873] Vgl. Garz, Hendrik, Günther, Stefan, Moriabadi, Cyrus, Portfolio-Management, 2004, S. 72 f.
[874] Die Residuen sind genau wie im CAPM als unsystematische, diversifizierbare Risiken interpretierbar.

Zudem wird angenommen, dass alle Kovarianzen zwischen den Zinssätzen aus den Einflüssen der Faktoren resultieren. Daher ist der residuale Term ε_i unkorreliert mit den einzelnen Faktorausprägungen. Es gelten:
$E(\tilde{\varepsilon}_i) = 0 \quad \forall l \neq k$; $\quad \mathrm{cov}(\tilde{\varepsilon}_i, \tilde{\varepsilon}_j) = 0 \; \forall i \neq j$; $\mathrm{cov}(\tilde{F}_k, \tilde{\varepsilon}_i) = 0 \;\; \forall k, i$; und $\mathrm{cov}(\tilde{F}_l, \tilde{F}_k) = 0 \; \forall l \neq k$. Daraus lässt sich folgende Abhängigkeit ableiten:

$$\mathrm{var}(\varepsilon_P) = \sum_{i=1}^{n} w_i^2 \, \mathrm{var}(\varepsilon_i) \tag{76}$$

Darüber hinaus gilt für die Varianz der Zinssätze folgende Abhängigkeit:[875]

$$\mathrm{var}(\tilde{r}_P) = \beta_{1,P}^2 \, \mathrm{var}(\tilde{F}_1) + \beta_{2,P}^2 \, \mathrm{var}(\tilde{F}_2) + ... + \beta_{n,P}^2 \, \mathrm{var}(\tilde{F}_n) + \mathrm{var}(\tilde{\varepsilon}_P) \tag{77}$$

Nachdem die Beschränkungen des Prozesses der Zinssatzbildung definiert wurden, lassen sich die weiteren Annahmen beschreiben:
Diese bestehen einerseits aus der unbeschränkten Anzahl von Zinssätzen auf den Märkten (A2) und andererseits aus den friktionslosen und arbitragefreien Märkten (A3).
Abschließend können diese formalen Prämissen wie folgt zusammengefasst werden:
A1) Die Zinssätze hängen von sämtlichen Faktoren F_i und dem residualen „Noise" Term ε_i ab. Diesen Zusammenhang nennt man auch Bewegungsgleichung.
A2) Es existiert eine uneingeschränkte Anzahl von Zinssätzen auf den Kapitalmärkten (n = groß)
A3) Leerverkäufe sind zulässig und werden auf den Kapitalmärkten auch durchgeführt.
A4) Es gilt die Nicht-Sättigungs-These der Anleger, d.h. diese ziehen größere Vermögen kleineren Vermögen vor.
Im Gegensatz zum CAPM benötigt die APT keine restriktiven Verhaltensannahmen über die Marktteilnehmer, sondern es existiert lediglich die Nicht-Sättigungs-Annahme (A4), die die sofortige Ausnutzung der Arbitragemöglichkeiten garantiert und das Gleichgewicht hält. Zusätzlich benötigt die APT restriktive Annahmen bezüglich der Wertpapiermärkte. Diese bestehen aus den fehlenden Marktrestriktionen, insbesondere der fehlenden Leerverkaufsbeschränkungen, der unendlichen Zahl der Wertpapiere und der Linearität des Prozesses der Generierung von Wertpapierrenditen; (A2, A3).

Die erste Annäherung geht intuitiv davon aus, dass im Gleichgewicht alle Portfolios aus Gruppen von Zinssätzen konstruiert werden, wobei folgende Bedingungen Gültigkeit besitzen: 1. Es wird kein Kapitaleinsatz benötigt (Selbstfinanzierung). 2. Eine risikolose Anlagestrategie muss eine Rendite von Null erzielen. Solche Portfolios werden als „Arbitrage-Portfolios" bezeichnet. Eine Strategie ist selbstfinanzierend,

[875] Vgl. Ross, Stephen A., Arbitrage, 1976, S. 347.

wenn zu keinem Zeitpunkt ein Mittelzufluss erforderlich ist:[876] $\sum_{i=1}^{n} w_i = 0$, d.h., dass über den gesamten Zeitraum die Summe aller Zahlungen ausgeglichen ist und w_t den Anteil des Investitionsvolumens *W* darstellt, welches zum Zinssatz *i* mit der Höhe S_i investiert wird.

$$\left(w_i = \frac{x_i \cdot S_i}{W} \right). \tag{78}$$

Das Portfolio beinhaltet *n* Zinssätze und es besteht folgende Abhängigkeit zwischen Renditen und Risiko (abgeleitet von Prämisse A1 für *n* Zinssätze):[877]

$$\tilde{r}_P = \sum_i \beta_{i,1} \tilde{F}_1 + \sum_i \beta_{i,2} \tilde{F}_{i,2} + ... + \sum_i \beta_{i,n} \tilde{F}_{i,n} + \sum_i \tilde{\varepsilon}_i \tag{79}$$

Es wird ein risikoloses Portfolio angestrebt, bei dem sowohl das unsystematische (diversifizierbare) als auch das systematische (nicht-diversifizierbare) Risiko eliminiert sind:

$$\operatorname{var}(\tilde{r}_P) = \underbrace{\operatorname{var}\left(\sum_{j=1}^{m} \sum_{i=1}^{n} w_i \beta_{i,j} \tilde{F}_j \right)}_{\text{systematisches Risiko}} + \underbrace{\operatorname{var}\left(\sum_{i=1}^{n} w_i \tilde{\varepsilon}_i \right)}_{\text{unsystematisches Risiko}} \overset{!}{=} 0 \tag{80}$$

Dies ist der Fall, wenn folgende drei Bedingungen erfüllt sind: 1. Die gewählten Anteile der Investitionsanteile w_i sind klein. 2. Es wird mittels einer großen Anzahl Wertpapiere diversifiziert (d.h. *n* ist ausreichend groß). 3. w_i wird so gewählt, dass die Summe der systematischen Risikokomponenten β_k gleich Null ist: $w_i \approx 1/n$, wobei *n* als eine große Zahl definiert ist. Somit gilt $\sum_i w_i \beta_{i,k} = 0$ für alle Faktoren.[878]

Nach dem Gesetz der großen Zahlen und aufgrund der Unabhängigkeit des Terms $\varepsilon_{J,t}$ konvergiert deren gewichteter Durchschnitt gegen Null:

$$\lim_{n \to 0} \operatorname{var}\left(\sum w_i \tilde{\varepsilon}_i \right) = 0 \tag{81}$$

In der Gleichung (3.2.) ist der letzte Term demnach gleich Null, d.h. das unsystematische Risiko wird für große *n* eliminiert.

Die dritte Bedingung verlangt, dass für jede Quelle des systematischen Risikos, d.h. für jeden Faktor, folgendes gilt:

$$\sum_{i=1}^{n} w_i \beta_{ij} = 0 \qquad \text{mit} \quad j = 1, \ldots, m \tag{82}$$

[876] Vgl. Ross, Stephen A., Arbitrage, 1976, S. 350.
[877] Vgl. Ross, Stephen A., Arbitrage, 1976, S. 353.
[878] Vgl. Ross, Stephen A., Arbitrage, 1976, S. 342.

Dies bedeutet, dass das Portfolio zusätzlich kein systematisches Risiko mehr beinhaltet, wenn die richtige Gewichtung der einzelnen Zinssätze für das Portfolio gewählt wird (richtige w_t).

Eine Situation, in welcher die Rendite des Arbitrage-Portfolios ungleich Null ist, würde die Möglichkeit zulassen, mit der entsprechenden Arbitragestrategie eine unendlich hohe Rendite zu erzielen. Dies ist in einem Gleichgewicht komplett ausgeschlossen. Daraus folgt, dass, wenn die einzelnen Arbitrageure im Gleichgewicht sind, die Renditen aller Arbitrage-Portfolios gleich Null wären. Mit anderen Worten erzielt ein Arbitrageportfolio, das kein Risiko enthält, auch keine Rendite. Aus der o.g. Selbstfinanzierungsbedingung folgt:

$\sum_{i=1}^{n} w_i \alpha_i = 0$. Die Gleichung 3.1. erhält die folgende Form:

$$E(\tilde{r}_P) = \sum_{i=1}^{n} w_i \alpha_i + \underbrace{\sum_{j=1}^{m} \sum_{i=1}^{n} w_i \beta_{i,j}}_{=0} E(\tilde{F}_j) + \sum_{i=1}^{n} w_i \underbrace{E(\tilde{\varepsilon}_i)}_{=0} = 0 \tag{83}$$

Mittels eines Theorems der linearen Algebra lässt sich zeigen, dass dies nur gelten kann, wenn es einen linearen Zusammenhang zwischen der erwarteten Rendite und dem Risiko gibt:

$$E(\tilde{r}_i) = \lambda_0 + \sum_{j=1}^{m} \lambda_i \beta_{ij} \text{, für } m \text{ relevante Faktoren} \tag{84}$$

$$\text{mit:} \quad \lambda_0 = r \; ; \qquad \lambda_j = E(\tilde{F}_j) - r \; ; \qquad \beta_{ij} = \frac{\operatorname{cov}(\tilde{r}_i, \tilde{F}_j)}{\operatorname{var}(\tilde{F}_j)}$$

Die Sensitivität β_{ij} wird analog zum CAPM als die Kovarianz der Rendite des Zinssatzes *i* und der „linearen Transformation“ des Faktors *j* durch die Varianz der linearen Transformation des Faktors *j*.

Für den Sonderfall eines Einflussfaktors kann dieser Zusammenhang grafisch veranschaulicht werden. Zunächst ist anzunehmen, dass dieser nicht linear wäre. So lässt sich zeigen, dass die-ser Fall bei Arbitragefreiheit, wie oben vorausgesetzt, nicht möglich ist. Dies erfolgt in mehreren Schritten. Als Ziel existiert ein Portfolio aus zwei Zinssätzen *j* und *k*, das kein systematisches Risiko besitzt $(\beta_P = 0)$. Dessen erwartete Rendite wird mit μ_P bezeichnet. Daraus folgt:[879]

$$\tilde{\mu}_P = w_j \tilde{\mu}_j + w_k \tilde{\mu}_k \text{ sowie } \beta_P = w_j \beta_j + w_k \beta_k . \tag{85}$$

Es lässt sich zeigen, dass unendlich viele kleine Portfolios P_i existieren (jeweils aus zwei Zinssätzen bestehend, die zu $(\beta_P = 0)$ und $\tilde{\mu}_P$ führen. Wenn jedes einzelne Portfolio diese Eigenschaften besitzt, dann würde ein sogenanntes „Mega-Portfolio“, wel-

[879] Vgl. Ross, Stephen A., Arbitrage, 1976, S. 350.

ches selbst aus unendlich vielen kleinen Portfolios P_i besteht, per Konstruktion kein systematisches Risiko besitzen. Es wäre voll diversifiziert und damit risikolos.[880]

$$\operatorname{var}(\varepsilon_P) = \sum_{t=1}^{\infty} w_i^2 \operatorname{var}(\varepsilon_i) \approx 0 \text{ diversifiziert und } \beta_P = 0 \text{ (per Konstruktion).} \quad (86)$$

Dieses Portfolio wird dann die Rendite einer risikolosen Anlage erzielen. Zusätzlich lässt sich noch ein „Mega-Portfolio“ konstruieren, welches jedoch eine andere erwartete Rendite erzielt, z.B. $\tilde{\mu}_P' > \mu_P$. Folglich sind beide Portfolios risikolos, erzielen jedoch unterschiedliche Renditen.

In diesem Fall lassen sich durch den Kauf des einen und den Verkauf des anderen Portfolios Arbitragegewinne erzielen. Dies ist per Annahme ausgeschlossen, deswegen ist nur ein linearer Zusammenhang zwischen der Rendite und dem Risiko möglich.

$$E(\tilde{r}_i) = \lambda_0 + (\lambda_0 + \lambda_k \beta_{ik}). \quad (87)$$

Diese Bewertungsgleichung lässt sich umformen zu:[881]

$$E(\tilde{r}_i) = \lambda_0 + (\tilde{\mu}_k - r)\beta_{ik} \quad (88)$$

Mit $\tilde{\mu}_k$ als erwartete Rendite für das Portfolio „k“ bei Sensitivität von einer Einheit zum Faktor *k* und Null-Sensitivität zu allen anderen Faktoren bezeichnend und $\lambda_k = \tilde{\mu}_k - r$, wobei die Risikoprämie λ_k die Differenz zwischen 1) der erwarteten Rendite des „*k*“-Portfolios und 2) der risikolosen Rendite *r* darstellt.

Die APT lässt sich als Mehrfaktorenmodell (Multifaktoren-APT) darstellen. Hierbei existieren mehrere Makro-Faktoren, welche die Wertpapierrenditen bestimmen.[882]

$$E(\tilde{r}_i) = r + \left(E(\tilde{F}_1) - r\right)\beta_{i1} + \left(E(\tilde{F}_2) - r\right)\beta_{i2} + \ldots + \left(E(\tilde{F}_m) - r\right)\beta_{im}. \quad (89)$$

mit: $\beta_{ij} = \dfrac{\operatorname{cov}(\tilde{r}_i, \tilde{F}_j)}{\operatorname{var}(\tilde{F}_j)}$ und r = risikolose Anlage

Bei mehr als drei Faktoren lassen sich *Arbitragegewinne* erzielen, falls der Zusammenhang zwischen erwarteter Rendite und Risiko nicht (approximativ) linear ist. Dies stellt die zentrale Aussage der APT dar, die auch im Fall von *m* Faktoren Gültigkeit besitzt. Danach wäre es unmöglich, zwei Portfolios mit einer Varianz von Null in einer arbitragefreien Welt zu konstruieren, die unterschiedliche erwartete Renditen erzielen. Dies ist nur der Fall, wenn der Zusammenhang zwischen den Faktorenbetas und der erwarteten Rendite (unabhängig von der Anzahl der Faktoren) linear wäre.

Abweichungen von der Wertpapiermarktebene, bzw. im Falle eines Ein-Faktor-Modells von der Wertpapiermarktlinie, erlauben Arbitrage-Möglichkeiten aufgrund der vorliegenden Über- oder Unterbewertungen, die in einem kompetitiven Markt zu Preisanpassungen führen, bis sich der Markt theoretisch wieder in einem Gleichge-

---

880 Vgl. Ross, Stephen A., Arbitrage, 1976, S. 350 f.

881 Vgl. Garz, Hendrik, Günther, Stefan, Moriabadi, Cyrus, Portfolio-Management, 2004, S. 74.

882 Vgl. Ross, Stephen A., Arbitrage, 1976, S. 350.

wichtszustand befindet.[883] Hebt man die Annahme der Arbitragefreiheit auf, wie nachfolgend im Falle einer konkaven Funktion des bewerteten Faktorrisikos, lassen sich ohne den Einsatz von Kapital Gewinne erzielen. Ein Arbitrageur könnte ein Portfolio der beiden betrachteten Wertpapiere konstruieren, bei welchem er die Anlage 2 leerverkauft, um die Investition in Anlage 1 zu finanzieren.[884] Mit diesem risikolosen Portfolio lässt sich ein erwarteter Ertrag von r_a erzielen, der deutlich über dem Ertrag des risikolosen Zinssatzes r_f liegt. Der Arbitrageur kann somit zum risikolosen Zinssatz Geld aufnehmen und es dann in das Null-Beta-Portfolio investieren. Dieser Vorgang wirft solange Arbitragegewinne ab, bis der daraus resultierende Preisdruck bewirkt, dass der Markt zum Gleichgewicht zurückkehrt und alle Punkte wieder auf einer Geraden liegen.[885]

Das Arbitrage-Ungleichgewicht und die Rückkehr zum Arbitrage-Gleichgewicht im APT

Ein Portfolio der beiden Wertpapiere, bei welchem die Anlage 2 leerverkauft wird, um die Investition in Anlage 1 zu finanzieren, erzielt einen erwarteten Ertrag von r_a, der über dem Ertrag des risikolosen Zinssatzes r_f liegt. Es kann zum risikolosen Zinssatz Geld aufgenommen und dann in das Null-Beta-Portfolio investiert werden. Dieser Vorgang ermöglicht solange Arbitragegewinne, bis der daraus resultierende Preisdruck den Markt zum Gleichgewicht zurückbewegt und alle Punkte wieder auf einer Geraden liegen.

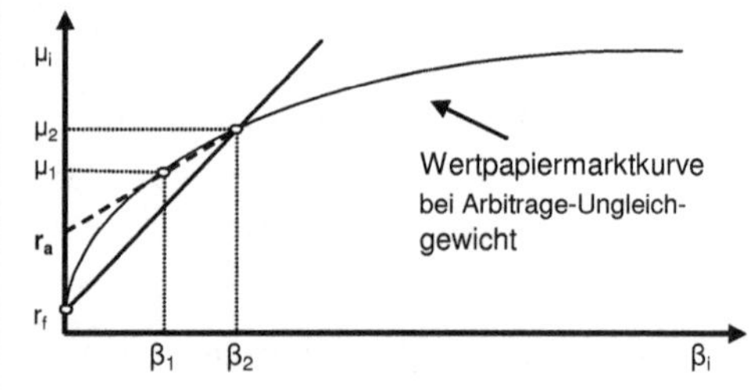

Abb. 39: Arbitrage-Ungleichgewicht u. Rückkehr zum Arbitrage-Gleichgewicht.[886]

Auf die Zinsstrukturkurve bezogen bedeutet dies sowohl eine Glättung der Kurve, die Herstellung einer kontinuierlichen Biegung und eine Orientierung am durchschnittlichen Zinsniveau hinsichtlich der Lage und der Steilheit der Zinskurve.

3. Die ökonometrischen Analysen

3.1. Ökonometr. Analyse deterministischer Wechselwirkungen der Zinsen

Die ökonometrische Analyse erstreckt sich auf die Substitutionsbeziehungen aller laufzeitabhängigen Zinssätze untereinander. Um die zeitlichen Unterschiede in den Laufzeitabständen der einzelnen Zinssätze in ihrer Wirkung zu verringern, werden in diesem Kapitel logarithmisch differenzierte Variablen verwendet.[887] Grundsätzlich liegt eine Signifikanz bei Korrelation der (ungelaggten) Zinssätze untereinander vor.

---

[883] Vgl. Garz, Hendrik, Günther, Stefan, Moriabadi, Cyrus, Portfolio-Management, 2004, S. 72 f.
[884] Vgl. Brealey, Richard A., Myers, Stewart C., Corporate Finance, 1991, S. 170.
[885] Vgl. Garz, Hendrik, Günther, Stefan, Moriabadi, Cyrus, Portfolio-Management, 2004, S. 76 f.
[886] Vgl. Garz, Hendrik, Günther, Stefan, Moriabadi, Cyrus, Portfolio-Management, 2004, S. 76.
[887] Im Rahmen des zusammenfassenden Vergleichs (Kapitel VIII) werden dagegen im Hinblick auf die Vergleichbarkeit mit anderen Faktoren bei den Substitutionsbeziehungen die differenzierten Zinssätze ohne Logarithmierung verwendet.

Tab. 28: Zinssätze untereinander (Substitution z. Zinsstruktur) (ROSS: APT).[888]

Koeffizient								
Independent Variable: 1st Differentiation der folgenden Zinssätze:								
Dependent Variable: 1st Differentiation der folgenden Zinssätze:								
	i1D	i1M	i3M	i6M	i1Y	i2Y	i5Y	i10Y
i1D	-	0.92	0.92	0.86	0.58	0.54	0.34	0.27
i1M	-	-	1.01	0.95	0.83	0.64	0.43	0.34
i3M	-	-	-	0.97	0.89	0.73	0.51	0.40
i6M	-	-	-	-	1.02	0.92	0.68	0.50
i1Y	-	-	-	-	-	1.00	0.79	0.59
i2Y	-	-	-	-	-	-	0.85	0.64
i5Y	-	-	-	-	-	-	-	0.81
Zinssätze:	*i1D = Zins 1 Tag, i1M = Zins 1 Monat, (...), i10Y = Zins 10 Jahre*							

Die Koeffizienten von benachbarten Zinssätzen sind jeweils am höchsten. Die Werte bewegen sich von 0,81 bis zu 1,02. Die höchsten Werte liegen zwischen dem 1- und dem 3-Monats-Zinssatz, dem 6-Monats- und 1-Jahres-Zinssatz sowie dem 1- und 2-Jahres-Zinssatz vor. Bei längeren Laufzeiten sind die Werte der Koeffizienten tendenziell niedriger. Die von der Laufzeit am weitesten auseinander liegenden Zinssätze besitzen die geringsten Koeffizienten. Diese reichen hinunter bis zu einem Wert von 0,27.[889]

Tab. 29: Adjustiertes Bestimmtheitsmaß der Zinssätze untereinander.[890]

Adjustiertes Bestimmtheitsmaß								
Independent Variable: 1st Differentiation der folgenden Zinssätze:								
Dependent Variable: 1st Differentiation der folgenden Zinssätze:								
	i1D	i1M	i3M	i6M	i1Y	i2Y	i5Y	i10Y
i1D	-	0.91	0.80	0.67	0.40	0.18	0.07	0.06
i1M	-	-	0.95	0.81	0.52	0.27	0.14	0.11
i3M	-	-	-	0.92	0.66	0.39	0.23	0.18
i6M	-	-	-	-	0.88	0.64	0.43	0.33
i1Y	-	-	-	-	-	0.91	0.71	0.53
i2Y	-	-	-	-	-	-	0.91	0.70
i5Y	-	-	-	-	-	-	-	0.90
Zinssätze:	*i1D = Zins 1 Tag, i1M = Zins 1 Monat, (...), i10Y = Zins 10 Jahre*							

Das korrigierte Bestimmtheitsmaß nimmt bei benachbarten Zinssätzen den jeweils höchsten Wert an und bei weit auseinander liegenden Zinssätzen die jeweils niedrigsten Werte. Bei den benachbarten Zinssätzen ist festzustellen, dass die korrigierten Bestimmtheitsmaße bei mittleren Laufzeitbereichen jeweils etwas niedriger liegen als insbesondere bei den kurzen und auch bei den langen Laufzeiten. Die Werte rei-

[888] Die Ergebnisse stammen aus den Berechnungen der 1.550-seitigen Originalversion dieser Arbeit.
[889] Die Ergebnisse stammen aus den Berechnungen der 1.550-seitigen Originalversion dieser Arbeit.
[890] Die Ergebnisse stammen aus den Berechnungen der 1.550-seitigen Originalversion dieser Arbeit.

chen von 0,06 für die Korrelation des 1-Tages- und 10-Jahres-Zinssatz bis zu einem Wert von 0,95 für die jeweilige Korrelation des 1-Monats- und 3-Monats-Zinssatzes.[891]

Grundsätzlich liegt eine hohe *Signifikanz* aufgrund des *p-Wertes* vor. Zwischen dem 1-Tages-Zinssatz und den 10- sowie 5-Jahres-Zinsen ist die Signifikanz jedoch nicht gegeben. Je weiter die Zinsen von der Laufzeit her auseinander liegen, desto geringer ist die Signifikanz der jeweiligen Korrelation.[892] Auf Basis des *Durbin-Watson-Tests* liegt zwischen den einzelnen Zinssätzen grundsätzlich keine serielle Korrelation vor. Ausnahmen bestehen im Rahmen einer vorliegenden seriellen Korrelation zwischen dem 1-Monats-Zinssatz und dem 3-Monats-Zinssatz. Grundsätzlich ist die Tendenz zu einer seriellen Korrelation jeweils zwischen Laufzeiten im mittleren Bereich und bei den jeweils benachbarten Zinssätzen am höchsten.[893]

Tab. 30: Grangerkausalitäten der Zinssätze untereinander.[894]

Granger Causality								
Independent Variable: 1st Differentiation der folgenden Zinssätze:								
Dependent Variable: 1st Differentiation der folgenden Zinssätze:								
	i1D	i1M	i3M	i6M	i1Y	i2Y	i5Y	i10Y
i1D		-	↔	→	→	→	-	-
i1M			↔	↔	→	→	-	-
i3M				↔	→	→	-	→
i6M					→	→	-	→
i1Y						-	→	→
i2Y							→	→
i5Y								→
Zinssätze:	*i1D = Zins 1 Tag, i1M = Zins 1 Monat, (...), i10Y = Zins 10 Jahre*							
Granger-Kausalität:	*→ = abhängige Variable (Zinssatz) determiniert grangerkausal; – = keine Grangerkausalität* *← = unabhängige Variable determiniert grangerkausal; ↔ = gegenseitige Grangerkausalität*							

Überwiegend *determiniert grangerkausal der langfristige Zinssatz den jeweils kurzfristigen Zinssatz.* Zwischen weit auseinander liegenden Zinssätzen, wie z.B. dem 1-Monats- und 10-Jahres-Zinssatz besteht keine Grangerkausalität mehr. Zwischen den kurzfristigen Zinssätzen besteht dagegen teilweise eine gegenseitige Grangerkausalität, sofern die Zinssätze nicht weiter als zwei Laufzeitbänder auseinander liegen, z.B. zwischen dem 3-Monats- und dem 1-Tages-Zinssatz. Eine Ausnahme stellt die Korrelation zwischen dem 1-Tages- und dem 1-Monats-Zinssatz dar, die keine grangerkausale Determination beinhaltet. Eine grangerkausale Determination eines längerfristigen Zinssatzes durch einen vergleichsweise kurzfristigen Zinssatz existiert in keinem Fall. Die durch reale Wachstumsfaktoren wie das Wirtschaftswachstum

---

[891] Die Ergebnisse stammen aus den Berechnungen der 1.550-seitigen Originalversion dieser Arbeit.
[892] Zu der zugehörigen Ergebnis-Tabelle siehe Anhang.
[893] Zu der zugehörigen Ergebnis-Tabelle siehe Anhang.
[894] Die Ergebnisse stammen aus den Berechnungen der 1.550-seitigen Originalversion dieser Arbeit.

beeinflussten, langfristigen Zinssätze determinieren damit auf dem Kapitalmarkt und dem Kreditmarkt.

3.2. Ökonometr. Analyse stochastischer Substitutionseffekte zw. Zinssätzen

3.2.1. Die nichtbedingten, stochastischen Schwankungen

Es werden Einspielprozesse der Korrelationen zwischen den Zinssätzen in Form bedingter Varianzen als Heteroskedastizität durch den White-Test getestet.[895]

Tab. 31: White-Wert der Zinssätze untereinander.[896]

Bedingte Varianzen bzw. Heteroskedastizität: White-Test der Zinssätze untereinander								
Abhängige Variable oben, unabhängige Variable links, d-Werte								
	i1T	i1M	i3M	i6M	i1J	i2J	i5J	i10J
i1T	-	-	-	-	-	-	-	-
i1M	2.31	-	-	-	-	-	-	-
i3M	1.91	1.99	-	-	-	-	-	-
i6M	4.24	8.88	1.19	-	-	-	-	-
i1J	6.25	9.96	6.42	9.62	-	-	-	-
i2J	1.47	2.43	4.51	6.30	8.64	-	-	-
i5J	0.91	0.47	0.37	1.19	1.34	1.59	-	-
i10J	0.76	0.33	0.11	1.46	2.03	2.20	7.94	-
Zinssätze:	*i1D = Zins 1 Tag, i1M = Zins 1 Monat, (...), i10Y = Zins 10 Jahre*							

Abb. 40: White-Wert der Zinsen untereinander.[897]

Bei einem Wert für den White-Test von über 3,84 gelten Störterme als heteroskedastisch, d.h. es liegen Varianzen der Störterme vor, die sich im Zeitablauf unterscheiden. Die Varianzen auf Basis des White-Tests sind zwar uneinheitlich, finden sich jedoch häufig zwischen den Laufzeitbereichen von 6 Monaten bis zu 2 Jahren statt, insbesondere durch die kurzfristigen Zinssätze (Geldmarktzinsen) hin auf die mittelfristigen Zinssätze (Kreditmarktzinsen).[898]

---

[895] Die Ergebnisse stammen aus den Berechnungen der 1.550-seitigen Originalversion dieser Arbeit.
[896] Die Ergebnisse stammen aus den Berechnungen der 1.550-seitigen Originalversion dieser Arbeit.
[897] Berechnungen auf Datenbasis des Euro-Währungsgebiets von Dezember 1998 bis Januar 2008.
[898] Die Ergebnisse stammen aus den Berechnungen der 1.550-seitigen Originalversion dieser Arbeit.

Tab. 32: White-Wert der Zinssätze untereinander (inverse Betrachtung).[899]

Bedingte Varianzen bzw. Heteroskedastizität: White-Tests der Zinssätze untereinander								
Inverse Betrachtung: Unabhängige Variable oben, abhängige Variable links, d-Werte								
	i1T	i1M	i3M	i6M	i1J	i2J	i5J	i10J
i1T	-	-	-	-	-	-	-	-
i1M	4.14	-	-	-	-	-	-	-
i3M	2.51	5.43	-	-	-	-	-	-
i6M	1.62	1.52	9.03	-	-	-	-	-
i1J	6.26	0.29	4.84	0.01	-	-	-	-
i2J	0.10	0.81	0.98	2.36	4.91	-	-	-
i5J	0.45	1.16	0.80	4.53	3.68	0.91	-	-
i10J	1.38	1.90	0.78	4.03	0.82	1.22	1.12	-
Zinssätze:	*i1D = Zins 1 Tag, i1M = Zins 1 Monat, (...), i10Y = Zins 10 Jahre*							

Abb. 41: White-Wert der Zinsen untereinander: Inverse Betrachtung.[900]

Bei inverser Betrachtung der Variablen im Rahmen des White-Tests erfolg ein ähnliches Ergebnis, allerdings nicht durchgehend stringent. In einem dritten Schritt lassen sich die Werte der gleichen Felder der obigen beiden Tabellen vergleichen. Im Rahmen dieser komparativen Betrachtung ist erkennbar, dass auf dem Kapitalmarkt und auf dem Kreditmarkt die jeweils längerfristigen, auf dem Geldmarkt dagegen eher die jeweils kurzfristigen Sätze im Rahmen der Einspielprozesse eine jeweils relativ höhere Wirkung ausüben.

Die ökonomische Bedeutung der ökonometrischen Analyse lässt sich wie folgt erklären: Die langfristigen Zinssätze unterliegen in der Regel geringeren stochastischen Schwankungen, da die Zinsen sich am Steady-State des Wirtschaftswachstums orientieren. Mit zunehmender Laufzeit spielen die konjunkturellen Schwankungen eine immer geringere Rolle.

3.2.2. (G)ARCH-Modelle bedingter Einspielprozesse zwischen den Zinssätzen[901]

Zur Untersuchung darüber, wie symmetrische, bedingte Varianzen im Rahmen von Substitutionseffekten wirken, werden wechselseitige ARCH- bzw. GARCH (1,1)-Tests der jeweils benachbarten Zinssätze durchgeführt. Um Anhaltspunkte über die *Wirkungsrichtung* der stochastischen Volatilitäten zwischen den benachbarten Zinssätzen zu erhalten, stellt zunächst der jeweils längerfristige der beiden Zinssätze die unabhängige Variable dar. Anschließend wird die inverse Gleichung getestet, in denen dann der jeweils kurzfristige Zinssatz die unabhängige Variable darstellt.[902]

---

[899] Die Ergebnisse stammen aus den Berechnungen der 1.550-seitigen Originalversion dieser Arbeit.
[900] Berechnungen auf Datenbasis des Euro-Währungsgebiets von Dezember 1998 bis Januar 2008.
[901] Die Ergebnisse stammen aus den Berechnungen der 1.550-seitigen Originalversion dieser Arbeit.
[902] Die Ergebnisse stammen aus den Berechnungen der 1.550-seitigen Originalversion dieser Arbeit.

Tab. 33: ARCH-Koeffizient der Zinssätze untereinander.[903]

ARCH-Tests der Zinsen untereinander								
Unabhängige Variable (Wirkung) (links): Langfristiger Zins; Abhängige Variable: Kürzerfristiger Zins (oben)								
		ZB1D	ZB1M	ZB3M	ZB6M	ZB1Y	ZB2Y	ZB5Y
ZB1M	ARCH	1.52						
ZB3M	ARCH	0.83	0.51					
ZB6M	ARCH	0.66	0.45	0.03				
ZB1Y	ARCH	0.33	-0.05	-0.06	0.06			
ZB2Y	ARCH	0.19	-0.05	-0.01	0.10	0.22		
ZB5Y	ARCH	0.10	-0.06	0.01	0.12	-0.06	-0.24	
ZB10Y	ARCH	0.16	-0.07	1.26	0.02	-0.06	-0.22	-0.17
Zinssätze:	*i1D = Zins 1 Tag, i1M = Zins 1 Monat, (...), i10Y = Zins 10 Jahre*							

In inverser Betrachtung lässt sich die umgekehrte Wirkung zwischen den Zinssätzen erfassen.

Tab. 34: ARCH-Koeffizient der Zinssätze untereinander (inverse Betrachtung).[904]

ARCH-Tests der Zinsen untereinander								
Unabh. Variable (Wirkung): Kürzerfristiger Zins; Abh. Variable: Längerfristiger Zins (links); (inverse Betrachtung)								
		ZB1D	ZB1M	ZB3M	ZB6M	ZB1Y	ZB2Y	ZB5Y
ZB1M	ARCH	1.26						
ZB3M	ARCH	0.42	-0.11					
ZB6M	ARCH	-0.10	0.29	0.18				
ZB1Y	ARCH	0.15	0.08	-0.11	0.09			
ZB2Y	ARCH	0.13	0.09	0.03	0.11	0.23		
ZB5Y	ARCH	0.10	0.10	-0.09	0.01	-0.08	-0.12	
ZB10Y	ARCH	-0.05	-0.05	-0.09	-0.12	-0.12	-0.03	-0.12
Zinssätze:	*i1D = Zins 1 Tag, i1M = Zins 1 Monat, (...), i10Y = Zins 10 Jahre*							

Die ARCH-Prozesse liegen insbesondere bei den kurzfristigen Geldmarktzinsen vor, wobei diese Prozesse mit kürzerer Laufzeit der Zinsen zusätzlich verstärkt auftreten. Die Wirkungsrichtung verläuft in einer relativen Betrachtung tendenziell stets von den längerfristigen Zinssätzen aus in Richtung des 1-Tages-Zinssatzes und innerhalb des Geldmarkts zusätzlich auf den 1-Monats-Zinssatz hin. Die weiteren relativen Vergleiche ergeben ein uneinheitliches Bild. Ökonomisch lässt sich das Phänomen in Bezug auf den 1-Tages-Zinssatz dadurch erklären, dass die Einspielprozesse aufgrund vergangener Schocks sich tendenziell bei den nachfolgenden Veränderungen und kurzfristigen Anlageentscheidungen in Bezug auf Tagesgeldkonten oder Overnight-Fazilitäten einstellen.

[903] Die Ergebnisse stammen aus den Berechnungen der 1.550-seitigen Originalversion dieser Arbeit.
[904] Die Ergebnisse stammen aus den Berechnungen der 1.550-seitigen Originalversion dieser Arbeit.

3.2.3. Das GARCH-Modell exogener Schocks zwischen den Zinssätzen [905]

Entsprechend werden die zwischen den Zinssätzen wirkenden GARCH-Effekte erfasst.

Tab. 35: GARCH-Koeffizient der Zinssätze untereinander.[906]

GARCH-Tests der Zinsen untereinander								
Unabhängige Variable: Längerfristiger Zins								
		ZB1D	ZB1M	ZB3M	ZB6M	ZB1Y	ZB2Y	ZB5Y
ZB1M	GARCH	0.57						
ZB3M	GARCH	0.49	0.26					
ZB6M	GARCH	0.49	0.39	0.62				
ZB1Y	GARCH	0.57	1.00	0.54	0.44			
ZB2Y	GARCH	0.61	1.03	0.60	0.55	0.60		
ZB5Y	GARCH	0.60	0.07	0.57	0.54	0.39	1.03	
ZB10Y	GARCH	0.58	0.37	-0.03	0.55	0.54	1.04	1.06
Zinssätze:	*i1D = Zins 1 Tag, i1M = Zins 1 Monat, (...), i10Y = Zins 10 Jahre*							

In inverser Betrachtung lässt sich die umgekehrte Wirkung zwischen den Zinssätzen erfassen:

Tab. 36: GARCH-Koeffizient der Zinssätze untereinander (inv. Betrachtung).[907]

GARCH-Tests der Zinsen untereinander								
Unabhängige Variable: Kürzerfristiger Zins (inverse Betrachtung)								
		ZB1D	ZB1M	ZB3M	ZB6M	ZB1Y	ZB2Y	ZB5Y
ZB1M	GARCH	0.01						
ZB3M	GARCH	-0.13	0.67					
ZB6M	GARCH	0.77	0.17	0.08				
ZB1Y	GARCH	0.67	0.69	0.75	0.27			
ZB2Y	GARCH	0.79	0.81	0.89	0.76	0.50		
ZB5Y	GARCH	0.70	0.65	1.06	0.90	1.07	0.62	
ZB10Y	GARCH	1.03	1.05	1.05	1.04	1.05	1.03	1.05
Zinssätze:	*i1D = Zins 1 Tag, i1M = Zins 1 Monat, (...), i10Y = Zins 10 Jahre*							

Die GARCH-Prozesse existieren verstärkt bei den mittel- und langfristigen Zinssätzen. Bei benachbarten Zinssätzen hat der GARCH-Effekt des relativ längerfristigen Zinssatzes grundsätzlich eine höhere Wirkung als der relativ kürzerfristige Zinssatz. Bei fast allen anderen relativen Vergleichslaufzeiten jedoch überwiegt die Schockwirkung des kürzerfristigen Zinssatzes auf den längerfristigen Zinssatz. In diesem Zusammenhang liegen besonders starke GARCH-Effekte aller kürzerfristigen Zinssätze in Richtung auf den 10-Jahres-Zinssatz vor.

[905] Die Ergebnisse stammen aus den Berechnungen der 1.550-seitigen Originalversion dieser Arbeit.
[906] Die Ergebnisse stammen aus den Berechnungen der 1.550-seitigen Originalversion dieser Arbeit.
[907] Die Ergebnisse stammen aus den Berechnungen der 1.550-seitigen Originalversion dieser Arbeit.

Somit verlaufen die GARCH-Effekte überwiegend in die entgegengesetzte Richtung wie die ARCH-Effekte. Zudem können exogene Schocks im Gegensatz zu Einspielprozessen die langfristigen Zinssätze erheblich beeinflussen.

Ökonomisch lassen sich die größeren Schockwirkungen im mittelfristigen und langfristigen Bereich damit erklären, dass sich die Erwartungen und dadurch die längerfristigen Anlageentscheidungen der Marktteilnehmer ändern. Die Schockwirkung bei den jeweils benachbarten Sätzen hin zum relativ kürzerfristigen Zinssatz zeigt eine sinkende positive Zeitpräferenz der Investoren, die zunehmend weniger bereit sind, sich längerfristig zu binden. Dieses Phänomen wirkt durchgehend entlang der gesamten Zinsstruktur. Die allgemeine Schockwirkung hin auf die relativ langen Zinssätze, insbesondere den 10-Jahres-Zinssatz, zeigt die Auswirkung auf die langfristigen Zukunfts- und Gewinnerwartungen der Wirtschaftsubjekte.

4. Die Wertung

Das APT erlaubt eine hohe Anzahl zu berücksichtigender Einflussfaktoren zur Erklärung erwarteter Zinssätze. Insoweit lassen sich im Vergleich zu anderen Theorien umfassende Gesamtdarstellungen abbilden und genauere Wirkungszusammenhänge darstellen. Auch wenn die Suche nach entsprechenden Faktoren für die Zinsstrukturtheorie im Verlauf der vorliegenden Arbeit durchgeführt wird, so ist die APT selbst noch nicht dazu in der Lage, diese Faktoren zu identifizieren.[908] Zudem birgt der große Spielraum bei der Auswahl der Faktoren die Gefahr von Scheinzusammenhängen.[909] Ein starres Zinsprognosemodell allein wird immer unzureichend bleiben, da sich die Zusammenhänge im Zeitablauf ändern.[910] Derartige Änderungen, die zum Teil bedingte Veränderungswerte darstellen, sind schwer zu prognostizieren, weshalb immer ein Vorhersagefehler bzw. Störterm vorhanden bleiben wird, der teils höher, teils geringer ausfällt. Zudem werden Substitutionseffekte auf der Zinsstruktur durch das Modell nur unzureichend erfasst. Die Zukunft lässt sich aufgrund von Random-Walk-Prozessen eben nur unvollkommen vorhersagen, selbst wenn eine Vielzahl von Faktoren evaluiert werden konnte und sich auf Basis historischer Daten oder Simulationen durchschnittlich gute Prognosen ergeben können. Deshalb wird auch die APT als letztlich nicht vollkommen valide testbar angesehen.[911] Gleichwohl ist das Modell aufgrund einer nicht erforderlichen Beobachtung eines Marktportfolios empirisch besser testbar als das CAPM, und es erzielt zudem bessere empirische Ergebnisse.[912]

---

[908] Vgl. Foccardi, Sergio, Fabozzi, Frank, Financial Modelling, 2004, S. 436; Brealey, Richard A., Myers, Stewart C., Corporate Finance, 1991, S. 171.

[909] Vgl. Garz, Hendrik, Günther, Stefan, Moriabadi, Cyrus, Portfolio-Management, 2004, S. 78.

[910] Vgl. Lucas, Robert E, Critique, 1976, S. 41. Die gilt auch für eine adaptive Modellkalibrierung, da sich das rationale Verhalten der Wirtschaftssubjekte in Bezug auf die Modellparamter verändert. So schlägt Lucas eine am rationalen Verhalten der Wirtschaftssubjekte orientierte statt einer adaptiven Modellveränderung vor.

[911] Vgl. Foccardi, Sergio, Fabozzi, Frank, Financial Modelling, 2004, S. 436.

[912] Vgl. Garz, Hendrik, Günther, Stefan, Moriabadi, Cyrus, Portfolio-Management, 2004, S. 77.

D. Arbitragemodell von Shleifer/Vishny und seine zinsstrukturelle Bedeutung

„In the bond market, (...) there is almost no fundamental risk in arbitrage."[913]

Andrei Shleifer und Robert Vishny (Harvard School) entwickeln in ihrem Aufsatz „The Limits of Arbitrage" (Die Arbitragegrenzen) (1997) ein verhaltenstheoretisches und unternehmensbezogenes Arbitragemodell für imperfekte Kapitalmärkte, hinsichtlich derer die strenge Form der Effizienzmarkthypothese fallengelassen wird.[914] Die volkswirtschaftliche Funktion der Arbitrage besteht nach Auffassung der Autoren darin, Preise wieder ihrem Fundamentalwert zuzuführen und damit Märkte effizient zu halten. Aufbauend auf den Grundlagen der APT stellt das Modell von Shleifer und Vishny ein Modell der *Zeitarbitrage* dar, welches eine *langfristige* Betrachtung von Arbitragemöglichkeiten zulässt. Die Theorie wird im Rahmen dieser Arbeit hinsichtlich der Zinsstruktur sowie aller zinsabhängigen Finanztitel betrachtet: Hierzu gehören Bonds, Kredite und Investitionen, sowie alle anderen Arten zinsabhängiger Kapitalanlagen. Der Fundamentalwert kann zinsstrukturtheoretisch als eine „durchschnittliche Zinsstrukturkurve" betrachtet werden, die sich langfristig am Steady-State orientiert.

1. Die Prämissen

Im vorliegenden Modell gilt die Arbitrage als risikobehaftet. Darüber hinaus erfordert sie den Einsatz von Kapital. Betrachtet wird die Arbitrage auf Unternehmensebene, die von relativ wenigen professionellen, hochspezialisierten Arbitrageuren durchgeführt wird, die gegenüber anderen Marktteilnehmern über einen Informationsvorsprung verfügen. Insofern bestehen Informationsasymmetrien und eine lediglich halbstrenge Form der Informationseffizienz. Arbitrageure verwenden auf Basis einer zugrunde liegenden Principal-Agent-Beziehung zur Investition in umfangreiche Arbitrage-Positionen auf verschiedenen Märkten die Finanzmittel (außenstehender) Investoren (bzw. Outsider), welche diese Mittel auf die Arbitrageure in Abhängigkeit von deren Performance aufteilen.[915] Weitere Prämissen werden aufgrund der hohen Verzweigung des Modells in der Darstellung angeführt.

Da die Arbitrage den Einsatz von Kapital erfordert, können Arbitrageure gerade dann an Investitionen gehindert werden, wenn die besten Arbitragemöglichkeiten bestehen, z.B. wenn das Mispricing noch zunimmt, gegen das sie gewettet haben. Diese Eigenschaft der Arbitrage kann ihre Effektivität hinsichtlich des Erreichens der Markteffizienz begrenzen.[916] Das Modell bezieht sich auf den Fall, bei dem das Mispricing sich kurzfristig verstärkt, auch wenn es kein langfristiges Mispricing gibt.[917]

---

913 Vgl. Shleifer, Andrei, Vishny, Robert, Limits, 1997, S. 50.
914 Vgl. Shleifer, Andrei, Vishny, Robert, Limits, 1997, S. 35.
915 Vgl. Shleifer, Andrei, Vishny, Robert, Limits, 1997, S. 36.
916 Vgl. Shleifer, Andrei, Vishny, Robert, Limits, 1997, S. 37.
917 Vgl. Shleifer, Andrei, Vishny, Robert, Limits, 1997, S. 38.

2. Das Modell

2.1. Die Grundlagen des Modells von Shleifer/Vishny [918]

Das Modell begrenzter Arbitrage stellt ein Agency-Modell dar.[919] Auf einem Markt für zinsabhängige Finanztitel agieren drei Gruppen von Marktteilnehmern: Die primär betrachteten Arbitrageure, Störanleger (noise traders) und Investoren, die in Arbitrage-Fonds investieren und nicht selber handeln. Arbitrageure spezialisieren sich im Handeln nur auf einen Markt, wogegen Investoren ihre Finanzmittel auf mehrere Arbitrageure verteilen, die jeweils auf unterschiedlichen Märkten handeln.[920] Den Fundamentalwert *V* eines Finanztitels kennen zwar die Arbitrageure, nicht jedoch die Investoren.[921] Es existieren drei Perioden *t1* bis *t3*. Im Zeitpunkt *t3* wird der Wert *V* den Arbitrageuren und den Störanlagern bekannt, und der Preis entspricht wieder dem Fundamentalwert. Hierbei besteht kein Fundamentalrisiko und somit besteht diesbezüglich auch keine Möglichkeit der Risikoarbitrage. Störanleger, die in den ersten beiden Perioden *t1* bzw. *t2* tätig werden, lösen durch ihre Investitionen einen Pessimismus-Schock S_t aus. Die Gesamtnachfrage nach Wertpapieren lautet dann wie folgt: [922]

$$QN(t) = [V - S_t]/p_t \tag{90}$$

Im Zeitpunkt $t = 1$ ist der Störanleger-Schock S_1 den Arbitrageuren bekannt, in Periode 2 ist der Schock S_2 dagegen ungewiss. Es besteht gar die Chance, dass $S_2 > S_1$ ist, d.h., dass sich die Fehleinschätzungen der Störanleger noch verstärken, bevor sie sich in $t = 3$ korrigieren.

Sowohl Arbitrageure als auch Investoren gelten als vollständig rational. Arbitrageure bauen Positionen gegen die Fehleinschätzung auf, die von Störanlegern verursacht wird. In jeder Periode verwalten Arbitrageure ein kumuliertes Vermögen in Höhe von F_t. Dieses Vermögen gilt als begrenzt. F_1 gilt als exogen gegeben, die Bestimmung von F_2 erfolgt nachfolgend.

Im Zeitpunkt $t = 2$ kehrt der Kurs des Wertpapiers (bzw. Finanztitels oder der Preis des Investitionsobjekts bzw. Assets) entweder zu *V* zurück oder er tut dies nicht. Falls er dies tut, investieren Arbitrageure in Liquidität. Sofern die Störanleger weiterhin Fehleinschätzungen unterliegen, investieren Arbitrageure das ganze Vermögen F_2 ins unterbewertete Wertpapier, da dessen Kurs zum Zeitpunkt $t = 3$ sicher auf *V* zurück steigt. In diesem Fall muss die Arbitrageur-Nachfrage nach dem Wertpapier

[918] Vgl. Shleifer, Andrei, Vishny, Robert, Limits, 1997, S. 38.
[919] Vgl. Shleifer, Andrei, Vishny, Robert, Limits, 1997, S. 38.
[920] Vgl. Shleifer, Andrei, Vishny, Robert, Limits, 1997, S. 38.
[921] Den Begriff „Fundamentalwert" verwenden Shleifer und Vishny abweichend vom herrschenden Sprachgebrauch, der den tiefstmöglichen Firmenwert bzw. den Sachwert einer Firma bezeichnet, als den „fairen" Ausgangswert eines Finanztitels.
[922] Vgl. Shleifer, Andrei, Vishny, Robert, Limits, 1997, S. 38.

$QA(2) = F_2 / p_2$ dem fondsgebundenen Angebot gleichen, dessen Preis sich wie folgt ergibt:[923]

$$p_2 = V - S_2 + F_2 \tag{91}$$

Es ist anzunehmen, dass $F_2 < S_2$ ist, sodass die Arbitrage-Ressourcen nicht ausreichen, um in Periode 2 den Kurs wieder dem Fundamentalwert zuzuführen. Es sei denn, dass sich die Störanleger-Schocks selbst korrigiert haben. In Periode 1 wollen Investoren nicht unbedingt das ganze Fondsvolumen *F*1 in zinsabhängige Finanztitel investieren, sondern sie halten einen Teil in Form von Liquidität für den Fall, dass der zinsabhängige Finanztitel im Zeitpunkt $t = 2$ noch stärker unterbewertet wird als in $t = 1$. Hierbei bezeichnet D_1 den Betrag, den Arbitrageure in den Asset $t = 1$ investieren. In diesem Fall gilt $QA(1) = D_1 / p_1$, und [924]

$$p_1 = V - S_1 + D_1 . \tag{92}$$

Erneut wird angenommen, dass die Arbitrageressourcen nicht ausreichen, um alle Preise zu ihren Fundamentalwerten zurückzuführen, somit gilt $F_1 < S_1$.

Zur Vervollständigung muss die Bestimmung von F_2 durchgeführt werden. Hierzu ist die Beziehung zwischen Arbitrageuren und ihren Investoren sowie der Arbitrage-Organisation zu klären. Dabei wird ein bestimmtes, enges Marktsegment mit einer gegebenen Anzahl spezialisierter Arbitrageure betrachtet. Ein „Segment" bedeutet hier eine besondere Arbitrage-Strategie. Es wird angenommen, dass es viele solcher Segmente mit jeweils vielen Arbitrageuren gibt, die als Pricetaker gelten.[925]

Die Kosten der Arbitrage werden als konstant angenommen. Zwischen den Arbitrageuren herrscht ein substitutiver Bertrand-Wettbewerb, sodass die Preise den Marginalkosten entsprechen. Die Investoren gelten als Bayesianer und vergeben ihre Mittel an die Arbitrageure mit dem höchsten erwarteten Ertrag.[926] Hierbei haben Investoren jeweils unterschiedliche Ansichten über die Fähigkeiten der Arbitrageure, sodass nicht ein einzelner Arbitrageur alle Mittel erhält. Auch wird angenommen, dass die Arbitrageure im Durchschnitt den Index schlagen und somit die Investoren davon zu überzeugen, bei ihnen zu investieren statt in Indizes.[927]

Die Schlüsselfrage ist, wie die Investoren ihre Auffassung über die künftig erwartete Performance eines Arbitrageurs aktualisieren, d.h. wie sie ihr Vermögen in Periode 2

---

923 Vgl. Shleifer, Andrei, Vishny, Robert, Limits, 1997, S. 39.
924 Vgl. Shleifer, Andrei, Vishny, Robert, Limits, 1997, S. 39.
925 Vgl. Shleifer, Andrei, Vishny, Robert, Limits, 1997, S. 39.
926 Bayesianer (Thomas Bayes) nehmen im Gegensatz zur klassischen Ökonometrie an, dass die Koeffizienten in einem Modell eine Zufallsverteilung besitzen. Die Anleger haben somit a priori eine feste Überzeugung über die erwarteten Renditen der einzelnen Arbitrageure. In diesem Rahmen seien A und B zwei Ereignisse eines Zufallsexperiments. Der Satz von Bayes lautet p(A/B) = a(B/A) p(A); wobei p(.../...) die bedingte Wahrscheinlichkeit bezeichnet. Der Satz kann dazu benutzt werden, um aus Beobachtungsdaten auf die Natur des zugrundeliegenden Zufallsexperiments zu schließen.
927 Vgl. Shleifer, Andrei, Vishny, Robert, Limits, 1997, S. 39 f.

auf die Arbitrageure aufteilen. Die Investoren haben keine Information über die Zinsstruktur und kennen die Handelsstrategie der Arbitrageure nicht. Annahmegemäß unterliegen die Investoren hinsichtlich der auszuwählenden Arbitragestrategien und des hierfür notwendigen Spezialwissens Informationsasymmetrien. Dies geht zumindest teilweise damit einher, dass Arbitrageure, die zudem einen Zeitvorsprung besitzen, ihr Wissen nicht mit Investoren teilen und sich vor Nachahmung schützen. Investoren können deshalb nur auf Grundlage einfacher Regeln und vergangener Performance Aktualisierungen ihrer Anlageentscheidungen bei den Arbitrageuren vornehmen. Arbitrageure mit schlechter Performance verlieren damit Marktanteile.

Das Mittelangebot der Investoren gegenüber Arbitrageuren zum Zeitpunkt t = 2 stellt eine steigende Funktion des Bruttoertrags der Arbitrageure zwischen Zeitpunkt t = 1 und t = 2 dar. Dieses ertragsabhängige Mittelangebot wird als „performanced based arbitrage" (PBA) bezeichnet. Diese Funktion wird durch die Größe *G* repräsentiert. Die Rendite eines Finanztitels ergibt sich aus p_2 / p_1. Somit lautet das Mittelangebot der Arbitrageure im Zeitpunkt $t = 2$:[928]

$$F_2 = F_1 * G\{(D_1 / F_1) * (p_2 / p_1) + (F_1 - D_1) / F_1\} \qquad (93)$$

mit $G(1) = 1$, $G' \geq 1$, und $G'' \leq 0$

Da die Ergebnisse nicht von der Konkavität der Funktion *G* abhängen, wird diese durch eine lineare Funktion zu *G* ersetzt:[929]

$$G(x) = ax + 1 - \alpha, \qquad \text{mit } \alpha \geq 1 \qquad (94)$$

Hierbei stellt *x* den Bruttoertrag und damit die Performance des Arbitrageurs dar. In diesem Fall wird Gleichung (4) zu F_2 umgeformt:[930]

$$F_2 = a\{D_1 * (p_2 / p_1) + (F_1 - D_1)\} + (1 - a)F_1 = F_1 - aD_1(1 - p_2 / p_1) \qquad (95)$$

Falls hierbei $p_2 = p_1$ ist, besteht weder ein Gewinn noch ein Verlust im verwalteten Vermögen. Sofern jedoch $p_2 > p_1$ ist, gewinnt er Mittel, und bei $p_2 < p_1$ verliert er Mittel. Je höher hierbei der Parameter *a* ist, desto elastischer schwanken die verwalteten Vermögenswerte. Im Falle von *a* = 1 erhält der Arbitrageur keine weiteren Mittel im Falle von Verlusten, wogegen im Falle von $a > 1$ Mittel aufgrund schlechter Performance abgezogen werden.[931]

Zur Vervollständigung des Modells wird das Optimierungskalkül des Arbitrageurs dargestellt. Vereinfacht wird angenommen, dass diese den erwarteten Gewinn in *t* = 3 maximieren. Da Arbitrageure Pricetaker sind und die Grenzkosten konstant sind, ist

[928] Vgl. Shleifer, Andrei, Vishny, Robert, Limits, 1997, S. 40.
[929] Vgl. Shleifer, Andrei, Vishny, Robert, Limits, 1997, S. 40.
[930] Vgl. Shleifer, Andrei, Vishny, Robert, Limits, 1997, S. 40.
[931] Vgl. Shleifer, Vishny, Arbitrage, 1997, S. 41 f. Auch Anreizverträge eliminieren keinesfalls den Effekt der vergangenen Performance auf den Marktanteil der Arbitrageure. Denn empirisch entwickeln sich nach Shleifer/Vishny die Tantiemen proportional zum Fondsvolumen und nicht zur Performance.

der maximal erwartete Ertrag in $t = 3$ äquivalent zum verwalteten Fondsvolumen zum Zeitpunkt $t = 3$. S_2 wird dagegen als unsicher angenommen. Überdies wird vorausgesetzt, dass mit der Wahrscheinlichkeit q gilt: $S_2 = S > S_1$. Dies bedeutet, dass sich die Fehleinschätzungen der Störanleger verstärken. Mit einer Gegenwahrscheinlichkeit von $1-q$ erfassen dagegen die Störanleger den wahren Wert des Wertpapiers in $t = 2$, sodass $S_2 = 0$ und $p_2 = V$ sind. Bei $S_2 = 0$ liquidieren die Arbitrageure ihre Positionen mit Gewinn in $t = 2$ und halten Liquidität bis $t = 3$. In diesem Fall gilt:

$$W = a(D_1 * V / p_1 + F_1 - D_1) + (1-a)F_1 . \tag{96}$$

Ist dagegen $S_2 = S$, beträgt das Fondsvermögen:

$$W = (V / p_2) * [a\{D_1 * p_2 / p_1 + F_1 - D_1\} + (1-a)F_1]_1 . \tag{97}$$

Arbitrageure maximieren demnach den folgenden Term: [932]

$$EW = (1-q)\left\{a\left(\frac{D_1 * V}{p_1} + F_1 - D_1\right) + (1-a)F_1\right\} + q\left(\frac{V}{p_2}\right) * \left\{a\left(\frac{D_1 * p_2}{p_1} + F_1 - D_1\right) + (1-a)F_1\right\} \tag{98}$$

2.2. Die Zinsstruktur-Wirkungen der PBA und die Markteffizienz [933]

Bestandteil des modellspezifischen Preisbildungsprozesses sind zwei Benchmarks: Die erste wird durch effiziente Märkte repräsentiert, auf denen Arbitrageure Zugang zum gesamten benötigten Kapital haben. Hier gilt, dass Störanleger-Schocks von Arbitrageuren sofort korrigiert werden: $p_1 = p_2 = V$. Die zweite ist der Fall $a = 1$. Hierbei können Arbitrageure verlorene Mittel nicht wiederaufstocken, sie erleiden jedoch auch keine Abzüge über ihre Verluste hinaus. Im späteren Verlauf dieser Ausführungen wird dieser Spezialfall wieder aufgegriffen.

Die Bedingung erster Ordnung für das Optimierungskalkül des Arbitrageurs lautet: [934]

$$(1-q)\left(\frac{V}{p_1} - 1\right) + q\left(\frac{p_2}{p_1} - 1\right)\frac{V}{p_2} \geq 0 \tag{99}$$

Diese Ungleichung gilt nur dann, wenn $D_1 = F_1$, sie gilt dagegen als Gleichung, sofern $D_1 < F_1$. Der erste Term der Gleichung (8) ist der marginale Gewinn des Arbitrageurs pro investierte Geldeinheit, falls der Markt in $t = 2$ zum Ursprungsniveau zurückkehrt. Der zweite Term stellt den marginalen Verlust dar, falls der Preis in $t = 2$ fällt, bevor er in $t = 3$ wieder auf V zurückkehrt, sodass in diesem Fall die Arbitrageure die Gelegenheit verpasst haben, mehr in $t = 2$ zu investieren. Bedingung (8) gilt nicht mehr als Ungleichung, sondern als Gleichung, falls das Risiko eines Preisrück-

[932] Vgl. Shleifer, Andrei, Vishny, Robert, Limits, 1997, S. 43.
[933] Vgl. Shleifer, Andrei, Vishny, Robert, Limits, 1997, S. 43.
[934] Vgl. Shleifer, Andrei, Vishny, Robert, Limits, 1997, S. 43.

gangs hoch genug ist und dieser Preisrückgang zusätzlich stark genug ist, damit Arbitrageure zunächst einen gewissen Teil des Vermögens mit der Option halten, mehr in $t = 2$ zu investieren.

Andererseits bleibt Gleichung (8) eine strikte Ungleichung, wenn q gering ist, wenn p_1 relativ gering im Vergleich zu V ist (S_1 ist dann hoch), und wenn p_2 nicht zu gering im Vergleich zu p_1 ist (S ist in diesem Falle nicht zu groß im Vergleich zu S_1). Dies bedeutet, dass die ursprüngliche Preisabweichung sehr groß sein muss, und erwartet wird, dass die Preise sich mit hoher Wahrscheinlichkeit eher erholen als noch weiter zu fallen. Unter diesen Umständen investieren Arbitrageure eher das ganze Vermögen in $t = 1$ als Kapitalreserven für $t = 2$ zurückzuhalten. Dieser Fall stellt eine Situation dar, in der das Mispricing so schwerwiegend ist, dass dies als „außergewöhnlicher Umstand" bezeichnet wird.

Theorem 1: [935] *Für gegebene V, S_1, S, F_1 und a gibt es ein q^*, sodass gilt: bei $q > q^*$, $D_1 < F_1$ und bei $q < q^*$, $D_1 = F_1$.* Sofern Gleichung (8) keine Ungleichung darstellt, wird das Gleichgewicht durch die Gleichungen (2), (3), (6) und (8) repräsentiert. Wenn Gleichung (8) dagegen eine strikte Ungleichung darstellt, gilt: $D_1 = F_1$, $p_1 = V - S_1 + F_1$ sowie Gleichungen (2) und (6). In diesem einfachen Modell lässt sich zeigen, dass *mit größeren Preisschocks auch die Abweichungen der Wertpapierpreise von ihren Fundamentalwerten zunehmen.*

Dies gilt ebenso für das Niveau der Zinsstrukturkurve. Dabei wirkt dies stärker auf die kurzfristigen als auf die langfristigen Zinsen, die sich eher am Steady-State orientieren. Die Dellen auf der Zinsstrukturkurve können sich dagegen eher zurückbilden, da der Mean-Reversion-Drift die Wirkung der Arbitragehandlungen unterstützt und zusätzlich die Arbitrage bei benachbarten Laufzeiten einen Preisschock in einem Laufzeitsegment ausgleicht.

Theorem 2: [936] *Für die Ecklösung $(D_1 = F_1)$ gilt: $dp_1/dS_1 < 0$, $dp_2/dS < 0$ und $dp_1/dS = 0$. Für die innere Lösung gilt: $dp_1/dS_1 < 0$, $dp_2/dS < 0$ und $dp_1/dS < 0$.*

Hiernach ist die *Fähigkeit der Arbitrageure begrenzt, dem Mispricing entgegenzuwirken. Große Störanlager-Schocks führen zu einer weniger effizienten Preisbildung.* Darüber hinaus *tragen die Arbitrageure mit der inneren Lösung selber dazu bei, die Preisabweichung in t = 2 zu verstärken, indem sie in t = 1 mehr Bargeld halten und somit zulassen, dass die Preise noch stärker fallen als in t = 1. Im Ergebnis haben sie jedoch in t = 2 mehr Finanzmittel zur Verfügung, um dieser Preisabweichung wieder entgegenzuwirken.* Dies bedeutet, dass sich die Zinsstruktur wieder zu ihrem fundamentalen Wert zurückbewegen kann.

Es kann leider nicht beurteilt werden, ob sich die Ex-ante-Markteffizienz (z.B. gemessen durch die Volatilität) erhöht, sofern sich die PBA intensiviert. Die Entwicklung der Preise in $t = 1$ und $t = 2$ in Bezug auf a verhält sich sehr elastisch gegenüber der Ver-

[935] Vgl. Shleifer, Andrei, Vishny, Robert, Limits, 1997, S. 44.
[936] Vgl. Shleifer, Andrei, Vishny, Robert, Limits, 1997, S. 44.

teilung der Störanlegerschocks. Deshalb soll nach einer hinreichenden Bedingung für die Liquidierung der Position in $t = 2$ gesucht werden, *falls sich der Störanlegerschock verstärkt und die Arbitrageure in t = 1 ihr ganzes Vermögen investiert haben.*

Theorem 3: [937] *Falls Arbitrageure in t = 1 vollständig investiert sind und sich gleichzeitig der Störanlegerschock in t = 2 verstärkt, gilt* $a > 1$, $F_2 < D_1$ und $F_2/p_2 < D_1/p_1$.
Dieses Theorem beschreibt die Situation *„außergewöhnlicher Umstände“*, in welcher die voll investierten Arbitrageure einen (*adversen) Preisschock* erleiden und *Mittelabzügen der Investoren* ausgesetzt sind. Deshalb müssen die Arbitrageure ihre Anlagen in den extrem unterbewerteten *Finanztiteln liquidieren.* Arbitrageure werden somit dann aus dem Markt gedrängt, wenn die Arbitragemöglichkeiten am besten sind. Hierdurch entsteht eine noch weitere Entfernung der Zinsstruktur von ihrem Fundamentalwert.
Für dieses Gleichgewicht führt eine einfache Ableitung zu folgendem Ergebnis:

Theorem 4: [938] *Im Gleichgewicht bei voller Investition in t =* 1 *gilt:* $dp_2/dS < -1$ *und* $d^2 p_2/dadS < 0$.
Dieses Theorem zeigt die *Situation, in der Arbitrageure in t = 1 voll investiert sind und gleichzeitig die Preise durch den Störanlegerschock in t = 2 stark fallen.* Genau dann, wenn Preise am weitesten von ihrem Fundamentalwert entfernt sind, bauen Arbitrageure also die kleinste Position auf. Darüber hinaus wird mit steigender PBA auch *a* größer, sodass zusätzlich der prozentuale Preisabschlag bei Erhöhung von *S* um eine Einheit steigt.
Sofern dp_2/dS als Maß für die Marktelastizität angenommen wird (welche in einem effizienten Markt die Höhe von Null annimmt, und den Wert von -1 besitzt, wenn $a = 0$ und keine PBA existieren) bedeutet Theorem 4, dass *ein durch PBA getriebener Markt im Falle außergewöhnlicher Umstände seine vorgenannte Elastizität einbüßt.*[939] Dieses Ergebnis widerspricht anderen Modellen, in denen Arbitrageure dann am aggressivsten sind, wenn die Preise am weitesten von ihren Fundamentalwerten entfernt liegen.[940] Allerdings stellen sich die Erträge nur im *Durchschnitt* der Arbitragehandlungen ein. Im Modell verlieren die Arbitrageure Geld genau dann Geld, wenn Preise weit von ihren Fundamentalwerten entfernt liegen, und wenn die Handelsaktivitäten der Arbitrageure den geringsten Stabilisierungseffekt besitzen.[941]

Diese Ergebnisse entsprechen empirischen Studien zur Marktliquidität aus den 90er Jahren (Shleifer/Vishny (1992), Stein (1995)). Danach muss ein *Finanztitel genau dann unfreiwillig liquidiert werden, wenn die besten potentiellen Käufer, nämlich andere Arbitrageure dieses Finanztitels, beschränkte Finanzmittel besitzen und ihnen*

---

[937] Vgl. Shleifer, Andrei, Vishny, Robert, Limits, 1997, S. 45.
[938] Vgl. Shleifer, Andrei, Vishny, Robert, Limits, 1997, S. 46.
[939] Vgl. Shleifer, Andrei, Vishny, Robert, Limits, 1997, S. 46.
[940] Vgl. Shleifer, Andrei, Vishny, Robert, Limits, 1997, S. 46: "This point relates to Friedman´s (1953) famous observation that "to say that arbitrage is destabilizing is equivalent to saying that arbitrageurs lose money in average," which is implausible.
[941] Vgl. Shleifer, Andrei, Vishny, Robert, Limits, 1997, S. 46.

externes Kapital nicht weiter zufließt. Als Ergebnis solcher Notverkäufe fallen die Preise noch weiter unter ihren Fundamentalwert und halten den Störanlegerschock aufrecht.[942] Die Schwankungen der Zinsstruktur bzw. der Segmente der Zinsstruktur verstärken sich damit, denn die Arbitrageure werden aus dem Markt gedrängt, wenn die Arbitragemöglichkeiten am besten sind.
Begleiterscheinung der begrenzten Elastizität für die Arbitrage ist also, dass die *Arbitrage unter außergewöhnlichen Umständen die Kurse nicht zum Fundamentalwert zurückführt.*

Die vier Theoreme lassen sich grafisch vereinfacht wie folgt abbilden:

Modell der Performance-Based-Arbitrage (PBA) von Schleifer / Vishny bezogen auf die Zinsstruktur

Basis: „Fundamentale" Zinsstruktur
Theorem 1: Größere Preisschocks bedingen größere Abweichungen von den Fundamentalwerten.
Theorem 2: Bargeldhaltung in t1 verstärkt den Preisschock, dem jedoch in t2 mit Barmitteln entgegengewirkt wird.
Theorem 3: „Außergewöhnliche Umstände" und Mittelabzüge.
Theorem 4: „Außergewöhnliche Umstände" und Einbüßung der PBA (Performance-Based-Arbitrage)

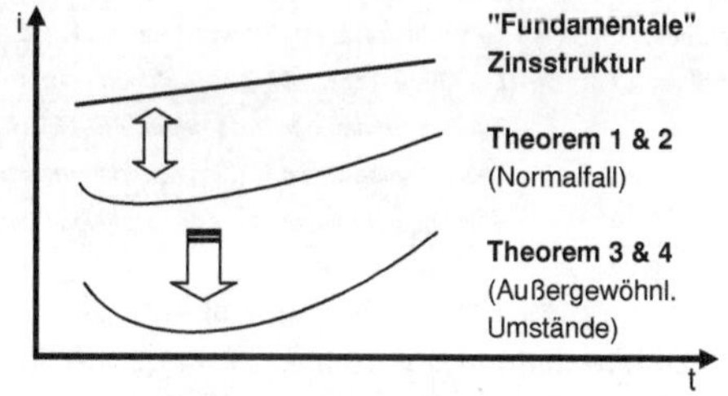

Abb. 42: PBA von Schleifer/Vishny und die Zinsstruktur.[943]

Insgesamt ist festzustellen, dass im Arbitragemodell von Shleifer und Vishny die Arbitrageure im Durchschnitt Gewinne erzielen. Sie haben deshalb einen stabilisierenden Effekt auf den Markt bzw. die Preise, da diese zu ihren Fundamentalwerten zurückgeführt werden.

3. Die ökonometrische Analyse

Der im Arbitragemodell von Shleifer und Vishny dargestellte Normalfall lässt ich in Form des Mean-Reversion-Effekts als die zweite Ableitung des Zusammenhangs zwischen den Zinssätzen mit ihren jeweils entsprechenden Zinssätzen der künftigen Periode (Lead 1) interpretieren. Bei einem negativen Koeffizienten bilden sich sowohl Steigungen als auch Absenkungen der betrachteten Segmente der Zinsstruktur im Zeitablauf wieder zurück.[944] Hiermit würden sich der Mean-Reversion-Effekt und damit die Rückbewegung zur „fundamentalen" Zinsstruktur, der in der Arbitragetheorie als der Normalfall dargestellt wird, bestätigen.

---

[942] Vgl. Shleifer, Andrei, Vishny, Robert, Limits, 1997, S. 46 f.
[943] Eigene Darstellung.
[944] Zu berücksichtigen ist hierbei, dass bei einer Regression mit absoluten Werten der Zinssätze eine grundsätzlich positive Korrelation zwischen diesen Sätzen vorliegt. Eine Rückbildung (negative Veränderung) dieser positiven Korrelation im Zeitablauf hat eine negative Steigung der 1. Ableitung zur Folge. Damit besitzt die 2. Ableitung (eine negative Konstante bzw.) einen negativen Koeffizienten, wie in den Ergebnissen vorliegend.

Tab. 37: 2. Ableitg. u. 2. Ableitg(Lag1) (SHLEIFER/VISHNY: Mean-Reversion).[945]

Independent Variable: 2nd Differentiation der folgenden Zinssätze (jew. identische Laufzeit wie abh. Variable)											
Dependent Variable: 2nd Differentiation von: the following Zinssätze mit Lead 1											
	i1D	i1M	i3M	i6M	i1Y	i2Y	i5Y	i10Y	TS	FR	ECB
Koeffizient	-0.34	-0.30	-0.33	-0.42	-0.57	-0.67	-0.74	-0.82	-0.61	-0.80	-0.61
R^2-adjusted	0.16	0.14	0.15	0.21	0.28	0.35	0.35	0.39	0.00	0.44	0.28
Probability	0.02	0.02	0.02	0.01	0.00	0.00	0.00	0.00	0.29	0.00	0.00
Durbin-Watson	1.78	1.58	1.74	1.66	1.69	1.70	1.79	1.91	1.88	2.08	2.03
Granger cause	./.	./.	↔	./.	./.	./.	./.	./.	↔	→	↔
White	4.70	8.96	7.78	8.31	2.26	0.79	3.71	2.74	1.47	0.42	1.31
ARCH (p-Wert)	0.00	0.27	0.46	0.18	0.92	0.62	0.10	0.00	0.23	0.00	0.00
GARCH (p-Wert)	0.00	0.10	0.10	0.00	0.00	0.00	0.47	0.00	0.00	0.00	0.00
Best Lead:	*1 period of the dependent variable calculated (according to the theory)*										
Zinssätze:	*i1D = Zins 1 Tag, i1M = Zins 1 Monat, (...), i10Y = Zins 10 Jahre*										
	TS = Zins-Spread der Zinsstruktur, FR = EURO-BUND-Future, ECB = Leitzinssatz der EZB										
Granger-Kausalität:	*→ = abhängige Variable (Zinssatz) determiniert grangerkausal; – = keine Grangerkausalität*										
	./. = nicht berechenbar; ↔ = gegenseitige Grangerkausalität										

Die ökonometrischen Tests analysieren die Veränderungen der ersten Ableitung (= 2nd Differentiation) der Zinssätze (unabhängige Variable) und die Veränderung der ersten Ableitung der Zinssätze (= 2nd Differentiation) mit einem optimalen Lead von einem Quartal (abhängige Variable): Die Ergebnisse sind *signifikant* für alle Laufzeiten der Zinsstruktur. Der *Koeffizient* zeigt bei seinen höchsten Werten einen Wert von -0,82 der zweiten Ableitung der abhängigen Zinssätze (mit Lead 1) mit Laufzeiten von 10 Jahren als Ursache eines Anstiegs der Veränderung der zweiten Ableitung der Zinssätze um 1,00 Prozent. Es besteht ein kontinuierlicher Anstieg der Koeffizienten mit einer längeren Laufzeit der Zinssätze, beginnend mit einem Koeffizienten von -0,34 bei einer Laufzeit von 1 Tag. Auch das *korrigierte Bestimmtheitsmaß* steigt kontinuierlich mit einer längeren Laufzeit der Zinssätze, startend mit einem Wert des korrigierten Bestimmtheitsmaßes von 0,16 und endend bei einer Laufzeit von 10 Jahren mit dem höchsten Wert des adjustierten Bestimmtheitsmaßes von 0,39. Der Test auf Grangerkausalität ist nicht anwendbar mit Ausnahme bei einer Laufzeit von 3 Monaten, bei der eine gegenseitige *Grangerkausalität* vorherrscht. Es bestehen keine *ARCH-Prozesse* mit Ausnahme bei Laufzeiten von 1 Tag und 10 Jahren. Exogene Schocks (*GARCH-Prozesse*) existieren über alle Laufzeiten hinweg mit Ausnahme von 1 Monat, 3 Monaten und 5 Jahren.

Zusätzlich werden die Einflüssse auf den Zinsstruktur-Spread (TS), die Terminzinsen (FR) und die Leitzinsen (ECB) analysiert: Die Korrelationsanalyse der Veränderungen der zweiten Ableitung der Zinssätze und der Veränderung des Zinsstruktur-Spreads zeigt einen insignifikanten Wert. Es bestehen keine ARCH-Prozesse, jedoch exogene Schocks. Die Korrelation zwischen der Veränderung der zweiten Ableitung

945 Die Ergebnisse stammen aus den Berechnungen der 1.550-seitigen Originalversion dieser Arbeit.

der Zinssätze und der Veränderung der Terminzinssätze zeigt einen hoch negativen Koeffizienten von -0,80. Die Werte sind signifikant. Der Terminzinssatz determiniert grangerkausal die zweite Ableitung der Zinssätze. Es bestehen ARCH-Prozesse sowie exogene Schocks. Die Korrelation zwischen der Veränderung der zweiten Ableitung der Zinssätze und der Veränderung der Leitzinssätze besitzt einen hoch negativen Koeffizienten von -0,61. Der Wert des korrigierten Bestimmtheitsmaßes ist mit 0,28 mittelhoch. Die Ergebnisse sind signifikant und beinhalten eine gegenseitige Grangerkausalität. Es liegen ARCH-Prozesse und exogene Schocks vor.

Insgesamt besteht hinsichtlich der Zinsstruktur eine Validität des Mean-Reversion-Effekts, die mit längeren Laufzeiten steigt. Die Ergebnisse lassen sich insoweit deuten, als das Zinsniveau parallel zu den konjunkturellen Schwankungen um den Steady-State herum verläuft.

Hierbei ist zu berücksichtigen, dass der ökonometrische Test des Mean-Reversion-Effekts nur eine grobe und langfristige Annäherung an die Arbitragetheorie von Shleifer und Vishny ermöglicht. Gleichwohl lassen sich die einzelwirtschaftlichen Entscheidungen in Bezug auf die Zinsstruktur nur aggregiert und damit makroökonomisch sowie zudem nur langfristig erfassen.[946] Somit kann die Arbitragetheorie als Zinstheorie verwendet und validiert werden.

4. Die Wertung

Shleifer und Vishny nehmen zunächst eine Bewertung ihres Modells hinsichtlich *der Performance-Based-Arbitrage (PBA)* vor: [947]

Im Rahmen der PBA sind die *Arbitragemöglichkeiten* sehr begrenzt, da die erwartete Rendite eines Finanztitels von der Nachfrage der Arbitrageure in *t=2* entkoppelt ist. Obwohl die PBA bedeutsam ist, bleibt offen, ob deren Konsequenzen so weit gehen, wie in diesem Modell dargestellt.[948] Immerhin hat die PBA insbesondere im Fall außergewöhnlicher Umstände erhebliche Auswirkungen auf die Preise. In vielen Arbitragefonds können die Anleger zumindest einige ihrer Finanzmittel abziehen, sodass dann die Performance schnell sinkt.[949]

Auch ist die *Principal-Agent-Problematik* innerhalb der Fondsgesellschaften zu beachten: Falls der Vorstand die Fähigkeiten eines Fondsmanagers bei einer aktuell im

[946] Es bestehen auch kurzfristige und mikroökonomische Interdependenzen und Einspielprozesse zwischen den einzelnen Segmenten der Zinsstruktur bzw. sogar Teilmärkten des Kapitalmarkts, welche intertemporale Arbitrageprozesse widerspiegeln und über die zinsstrukturtheoretische Betrachtung hinausgehen.

[947] Vgl. Shleifer, Andrei, Vishny, Robert, Limits, 1997, S. 47.

[948] So könnte man behaupten, dass bei sinkendem Fondsvolumen aufgrund schlechter Performance dieses nur mit Time-Lag sinkt. Für kleine Preisabweichungen könnten die Arbitrageure in der Lage sein, ihre Positionen doch nicht zu liquidieren, bis sich die Preise wieder erholen.

[949] Zum Teil wird dieses Problem von vertraglichen Beschränkungen über Mittelabzüge abgemildert, die jeweils temporär sind, wie z.B. bei Hedge Funds oder geschlossenen Fonds, bei denen das Kapital für mindestens drei Jahre gebunden ist. Diese Restriktionen setzen den Investor der Gefahr aus, für lange Zeit an einen schlechten Fondsmanager gebunden zu sein, was wiederum erklärt, warum diese Fonds nicht so häufig vertreten sind.

Kurs nachgebenden Arbitrageposition anzweifelt, kann er ihn zur vorzeitigen Liquidation der Position zwingen. Dies erhöht die Liquidationswahrscheinlichkeit bei außergewöhnlichen Umständen.

Die PBA setzt voraus, dass alle Arbitrageure *gleiche Elastizitäten* hinsichtlich der Performance des verwalteten Vermögens besitzen und die Arbitrageure von Beginn an in den *gleichen* unterbewerteten *Finanztitel* investieren. Beides ist unrealistisch. So sind die meisten Arbitrageure einem großen Störanlagerschock voll ausgeliefert. Sofern die Fehleinschätzungen zunehmen, werden sowohl die Mittelentnahme, als auch die Furcht davor, sie zum vorzeitigen Liquidieren ihre Positionen bewegen.[950] Bei außergewöhnlichen Umständen ist also die PBA wichtig, und es steht zu wenig frisches Kapital zur Marktstabilisierung zur Verfügung.

Shleifer und Vishny tragen zudem zur kritischen Betrachtung ihres Modells aufgrund der *empirischen Beobachtungen* bei:[951]
Im Gegensatz zur hier unterstellten Annahme sind Arbitrageure in den meisten realen Situationen dem *langfristigen Fundamentalrisiko* ausgesetzt. Somit rentieren ihre Positionen lediglich im Durchschnitt. Im Modell werden jedoch Implikationen spezieller Arbitrageansätze beschrieben, in denen Arbitrageure ein gewisses Fundamentalrisiko tragen, und welche sowohl das systematische als auch das unsystematische Risiko einschließen.
Ebenso ist es in einem solchen Modell kaum darstellbar, ob eine Kursänderung aufgrund eines *Störanleger-Schocks oder* aufgrund der Änderung des *Fundamentalwerts* erfolgt. Denn der „*Fundamentalwert*" ist als solcher kaum beobachtbar.[952] Überdies sind die *Arbitrage und die Spekulation* nicht vollkommen voneinander zu trennen, denn die Übergänge sind insbesondere bei der Risikoarbitrage fließend.[953] Zudem ist der Begriff der „*außergewöhnlichen Umstände*" unbestimmt, denn es wird nicht deutlich, bei welcher Kursabweichung diese Abweichung als unerwartet gilt.[954]

Kritisch ist zu beachten, dass im dargestellten Modell die Arbitrageure *risikoavers* sind und extrem volatile Märkte meiden. Nach der Hypothese effizienter Märkte müs-

---

[950] Allerdings ist das zu Arbitragezwecken verfügbare Gesamtkapital umfangreich. Zudem können Outsider einsteigen, falls Insider aussteigen. In der Realität sind die Arbitragemärkte jedoch spezialisiert, und Arbitrageuren fehlt die Erfahrung und Reputation, sich durch Arbitrage über viele Märkte hinweg mit Geld der Investoren zu engagieren. Insgesamt kann deshalb Outsider-Kapital nicht zur Stabilisierung eines Marktes führen.

[951] Vgl. Shleifer, Andrei, Vishny, Robert, Limits, 1997, S. 49.

[952] Bereits eine exakte Definition liegt nicht vor: Man kann vom Ursprungswert in t = 0 ausgehen, von einem Wert, der einer fairen Bewertung ohne Spekulation bzw. Störanlegerschock und Arbitrage entspricht, oder einem durchschnittlichen Unternehmenswert, der sich im Zeitablauf aufgrund von Gegebenheiten verändern kann.

[953] Alleine eine Unterscheidung danach vorzunehmen, ob ein Arbitrageur im Gegensatz zu einem Spekulanten die Rückkehr des Kurses zum Fundamentalwert erwartet, ist bereits deshalb nicht hinreichend, da der Fundamentalwert keine statische Größe darstellt. Zu berücksichtigen ist hierbei auch, dass jeder Hedger im Durchschnitt einen Spekulanten als Kontrahenten für einen Terminkontrakt benötigt.

[954] Selbst eine steigende Marktvolatilität, eine Marktineffizienz oder eine anhaltende Abweichung von den realen Gegebenheiten kann hierfür kaum als exakter Maßstab herangezogen werden.

sen jedoch höhere Erträge eine Kompensation für ein höheres systematisches Risiko darstellen. Deshalb ist das Modell zur *Finanztitelbewertung* ungeeignet. Denn die Effizienzmarkthypothese basiert auf der Annahme, dass die meisten Investoren die vorhandenen Arbitragemöglichkeiten nutzen.[955]

Zur Beurteilung von Anomalien ist zunächst die *Quelle des Störansatzes* auszumachen, um zu betrachten, ob diese von Stimmungen oder institutionellen Restriktionen verursacht wurde. Auch müssen die *Arbitragekosten* berücksichtigt werden.[956] Anomalien des Störanlegerschocks werden nur langsam verstanden, aber eher akzeptiert, wenn das Ertragsmuster nicht sehr zufallsabhängig ist und der Auszahlungshorizont kurz ist. Kritisch ist anzumerken, dass ein solches Modell keine Aussagen zur jeweiligen *Zeitdauer* der betrachteten Perioden zulässt und somit keine konkrete *Handlungsempfehlung* für Kapitalmarktinvestitionen liefern kann.

Als besonderen *Zielmarkt* betrachten Shleifer und Vishny u.a. den *Bondmarkt*. Hier sind Berechnungen der relativen Kurse durchführbar, da künftige Cash-Flows (fast) sicher sind. Als Folge sehen sie hier *kaum ein Fundamentalrisiko* im Rahmen der Arbitrage.[957] Dies trifft einzelwirtschaftlich für Festzinspositionen zu, jedoch nicht (1) für variabel verzinsliche Positionen, (2) das jeweils eintretende Neugeschäft und zudem (3), makroökonomisch betrachtet, nicht für kurzfristige Anlagen. Eine interessante Frage ist auch diejenige, ob die *Zinsstruktur* aufgrund des *Mean-Reversion-Effekts* und der Tatsache, dass sie im Gegensatz zum Punktpreis des Aktienmarkts eine *Preisfunktion* in Abhängigkeit von der Zeit darstellt, geringeren Störanlegerschocks unterliegt. In diesem Zusammenhang lässt sich jedoch im Gegensatz zur eher einzelwirtschaftlichen Aussage von Shleifer und Vishny beobachten, dass die Zinsstruktur als Spread ähnlichen Volatilitäten unterliegt wie der Aktienmarktindex.[958] Dellen in Teilsegmenten der Zinsstruktur bilden sich im Vergleich dazu zügiger wieder zurück.

E. Ein Arbitragemodell zinsstruktureller Substitutionsketten

Aufbauend auf den empirischen Ergebnissen zu den Substitutionsprozessen der gegenseitigen Zinssätze lassen sich die jeweils benachbarten Zinssätze mit der jeweils substitutionell höchsten Reaktionsverbundenheit in ein Arbitragemodell in Form einer zinsstrukturellen Substitutionskette integrieren. Die Stärke der deterministischen Zusammenhänge zwischen den Laufzeiten der Zinsen wird durch den Korrelationskoeffzienten, das Bestimmtheitsmaß und die grangerkausale Wirkungsrichtung bestimmt. Die Stärke der stochastischen Zusammenhänge lassen sich durch die ARCH- und GARCH-Effekte abbilden.

---

[955] Dies wiederum basiert auf der unrealistischen Annahme einer Vielzahl diversifizierter Arbitrageure.
[956] Vgl. Shleifer, Andrei, Vishny, Robert, Limits, 1997, S. 53.
[957] In den Devisenmärkten sind Berechnungen dieser relativen Werte schwieriger. Arbitrage wird damit risikoreicher. Auf Aktienmärkten sind sowohl absolute als auch relative Werte unterschiedlicher Wertpapiere noch schwieriger zu berechnen. Als Konsequenz sind Arbitragemöglichkeiten hier noch schwerer zu identifizieren.
[958] Vgl. ökonometrische Tests zum Zusammenhang zwischen Aktienkursen und Zinsstruktur. Für langfristige Zinssätze gilt dies weniger als für die kurz- und mittelfristigen Zinssätze.

Je nachdem, ob ein Zinssatz als abhängige oder unabhängige Variable betrachtet wird, ergeben sich unterschiedliche Korrelationskoeffizienten: [959]

Die zinsstrukturelle Substitutionskette

Korrelationskoeffzienten entlang der Zinsstrukturkurve

Obere Kette: Jeweils *kürzere* Laufzeit repräsentiert die *abhängige* Variable (*Untere* Kette: invers)

Der kürzere Zinssatz ist vom längeren mit einem Koeffizienten von x abhängig							
0.96	0.94	0.95	0.87	0.92	1.07	0.81	
1T	**1M**	**3M**	**6M**	**1J**	**2J**	**5J**	**10J**
	0.95	1.01	0.97	1.02	1.00	0.85	0.81
Der länger Zinssatz ist von der kürzeren mit einem Koeffizienten von x abhängig							
Zinssätze:	*i1D = Zins 1 Tag, i1M = Zins 1 Monat, (...), i10Y = Zins 10 Jahre*						

Abb. 43: Zinsstrukturelle Substitutionsketten (Korrelationskoeffizienten).[960]

Ausgehend vom jeweiligen Zinssatz stellt der obere Wert den Wirkungsfaktor durch den längeren Zinssatz dar, der untere Wert dagegen den Impact durch den kürzeren Zinssatz.[961]

Auffällig sind hierbei jeweils die hohen Koeffizienten bei mittleren Laufzeiten und die geringen Koeffizienten bei sehr langen Laufzeiten. Zu berücksichtigen ist bei der Analyse allerdings, dass die zeitlichen Intervalle zwischen den Laufzeiten unterschiedlich hoch sind.
Zudem ist ersichtlich, dass bis zu einer Laufzeit von zwei Jahren die Impacts von geringeren auf längere Laufzeiten größer sind als umgekehrt. Offenbar besitzen hier Wirkungen von der kurzfristigen Geldseite her einen hohen Transmissions-Effekt und lassen den Zusammenhang mit anderen realen Variablen zunehmend in den Hintergrund treten.

Betrachtet man die interdependente Wirkung jeweils zweier benachbarter Zinssätze, sind zudem teils hohe Differenzen beim Impact-Koeffizienten festzustellen. Beispielsweise beläuft sich der Koeffizient durch den 2-Jahres-Zinssatz auf den 5-Jahres-Zinssatz nur auf 0,85, wogegen der umgekehrte Koeffizient einen Wert von 1,07 aufweist, und dies, obwohl eine grangerkausale Wirkungsrichtung vom 5-Jahres- zum 2-Jahres-Zinssatz vorherrscht. Gerade im mittleren Laufzeitbereich lassen sich dabei prägnante Substitutionseffekte ausmachen.

---

[959] Die Ergebnisse stammen aus den Berechnungen der 1.550-seitigen Originalversion dieser Arbeit.
[960] Eigene Darstellung.
[961] Beispiel: Die Änderung des 1-Tages-Zinssatzes (als abhängige Variable) hängt mit einem Elastizitätsmaß von 0,96 von der Änderung des 1-Monats-Zinssatzes ab. Ändert sich also der 1-Monats-Zinssatz, so ändert sich der 1-Tages-Zinssatz um das 0,96-fache. Umgekehrt betrachtet hängt die Änderung des 1-Monats-Zinssatzes (als abhängige Variable) mit einem Elastizitätsmaß von 0,95 von der Änderung des 1-Tages-Zinssatzes ab. Ändert sich also der 1-Tages-Zinssatz, so ändert sich der 1-Monats-Zinssatz lediglich um das 0,95-fache.

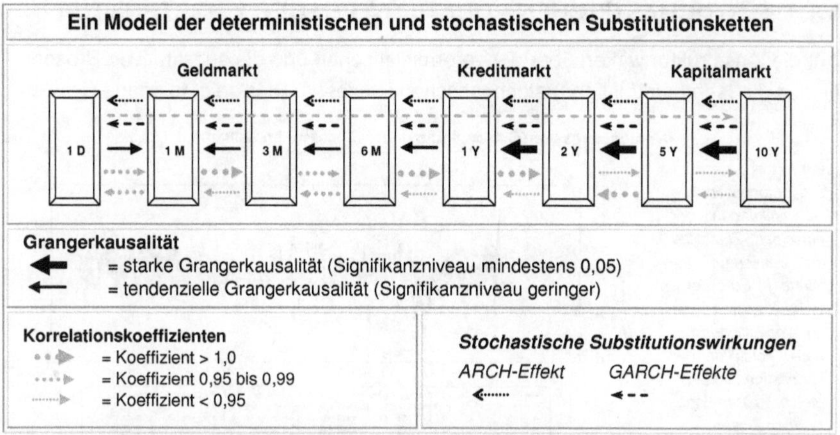

Abb. 44: Deterministische und stochastische Substitutionsketten.[962]

Das Modell lässt sich im Rahmen einer multiplen Regressionsanalyse um gelaggte Zinswerte, Einspielprozesse, GARCH-Effekte oder reale Variablen erweitern. Im Rahmen der vorliegenden Betrachtung ist sowohl bei den deterministischen Einflüssen (Grangerkausalität) als auch den stochastischen Substitutionswirkungen (ARCH und GARCH) der Zinssätze selbst eine Wirkungsrichtung vom jeweils langfristigen hin zum jeweils kurzfristigen Zins zu erkennen. Ökonomisch ist dies dadurch erklärbar, dass die gesamte Zinsstruktur in erheblichem Maße von den realen, wachstumsbezogenen Faktoren, insbesondere von den zukünftigen Wachstumserwartungen beeinflusst wird.

[962] Eigene Darstellung.

VII. DIE STOCHASTISCHEN VOLATILITÄTEN DER ZINSSTRUKTUR

Auf die Zinsstruktur wirken über die deterministischen und die substitutiven Prozesse hinaus die (sehr kurzfristigen) stochastischen Prozesse. Dies zeigt folgende Grafik.

Die stochastischen Schwankungen der Zinssätze im Zeitverlauf

Die stochastischen Schwankungen der einzelnen Zinssätze im Zeitverlauf (d-Werte Euro-Zero-Bonds) zeigen eine im Wesentlichen höhere Volatilität der kurzfristigen im Vergleich zu den langfristigen Zinsen.

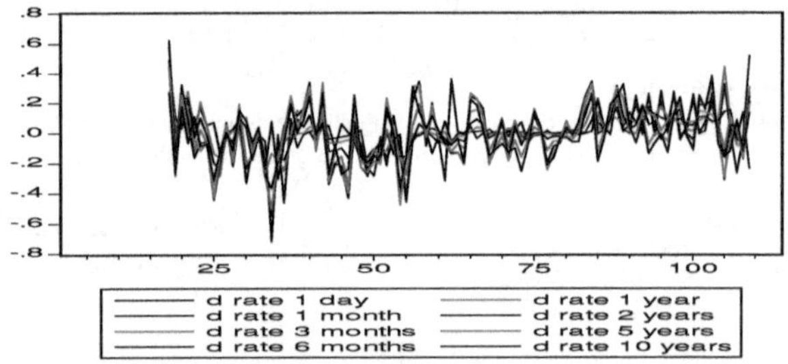

Abb. 45: Stochastische Schwankungen der Zinssätze im Zeitverlauf.[963]

Die Varianz der Schwankungen der Zinsstruktur unterliegt den *nicht-normalverteilten* Zufallsschwankungen. Im Rahmen der stochastischen Bewegungen der Zinsstruktur werden insbesondere von den Vertretern der mathematisch-stochastischen Denkrichtung entsprechende kapitalmarkttheoretische Modelle entwickelt, welche stets die kurzfristigen Volatilitätsschwankungen der Zinsstruktur betrachten.

These 37:	Die Zinsstruktur unterliegt nichtbedingten stochastischen Schwankungen.

Diese stochastischen Schwankungen resultieren aus einer effizienten Informationsverarbeitung und besitzen die White-Noise-Eigenschaft hinsichtlich eines stationären Trends.[964]

These 38:	Die Zinsstruktur unterliegt zeitkonstanten Trends.

Die stochastischen Zinsbewegungen werden durch *arbitragefreie* Modelle erfasst.[965] Bei den stochastischen, arbitragefreien Modelle zur Zinsstruktur, die häufig zur Bewertung von Zinsoptionen verwendet werden, lassen sich Modelle mit partieller Information unterscheiden, wie z.B. *Kursmodelle* (z.B. Black 1976). Es werden bei *Kursmodellen* nur die Kurse des Basisinstruments und *eines* alternativen Zinstitels erfasst. Auch existieren *klassische Faktormodelle* (Vasiček 1977, Brennan Schwartz 1977, Cox, Ingersoll, Ross 1985). In den klassischen *Faktormodellen* werden die *gesamten* modellexogenen ermittelten Zinsstrukturkurven berücksichtigt. In einem zweiten Schritt erfolgt dann die Bewertung der Zinsoption relativ zu diesen endogenen Zinsstrukturkurven.

---

[963] Eigene Darstellung (Quelle: Online-Datenbank, Finanzmarkt-Software).

[964] Die White-Noise-Eigenschaft wird auch als zufälliges Rauschen bezeichnet.

[965] In der Literatur wird überwiegend der Begriff der „Arbitragemodelle" verwendet, denen abweichend vom Sprachgebrauch stets die Arbitrage*freiheit* zugrunde liegt.

Darüber hinaus existieren *Modelle mit vollständiger Information* wie Terminzinssatzmodelle (Ho/Lee 1986, Heath-Jarrow-Morton 1992, Brace-Gatarek-Musiela 1997, Miltersen-Sandmann-Sondermann 1997) sowie Kassazinsmodelle (z.B. Hull, White 1990). Die Modelle mit *vollständiger Information* verwenden zusätzlich die exogen verfügbare, *aktuelle Kassa- bzw. Terminzinssatzkurve* und ggf. auch die aktuelle *Volatilitätsstrukturkurve* der Zinssätze.

1. Die allgemeinen Prämissen der Short-Rate-Modelle

Zu den wesentlichen Prämissen zählen die Risikofreiheit bezüglich der Zins- und Kapitalrückzahlungen zu den jeweiligen Fälligkeiten. Zusätzlich gilt das Prinzip der *Arbitragefreiheit*. Die Theorie der arbitragefreien Bewertung wurde durch *K. J. Arrow* und *G. Debreu* entwickelt. Sie leistet einen bedeutenden Beitrag zur Erklärung der Preisbildung auf den Geld- und Kapitalmärkten. Sofern sich ein Markt im Gleichgewicht befindet, ist keinerlei Arbitrage möglich. Dementsprechend gilt der Kapitalmarkt dann als arbitragefrei, falls die Preise von Finanztiteln als Summe diskontierter Zahlungen sowie die Diskontierungsfaktoren in ihrer Struktur übereinstimmen.[966]

2. Die unterschiedlichen Short-Rate-Modelle

2.1. Eine allgemeine Darstellung der Short-Rate-Modelle

Die Short-Rate entspricht der Momentanverzinsung; deren Schwankungen sind normalverteilt. Die Short-Rate ist die unabhängige und damit erklärende Variable. Die Short-Rates sind am Markt nicht beobachtbar und repräsentieren den Zinssatz einer sicheren Anlage für einen infinitesimal kurzen Zeitraum. Hilfsweise werden überwiegend Ein- oder Drei-Monats-Zinssätze zur Berechnung der jeweiligen Short-Rate verwendet. Die Variable nimmt die Zinsstrukturkurve als gegeben an und betrachtet die sich daraus ergebende Preisbildung der Zinsderivate. Je nach Modellierung des Short-Rate-Prozesses unterscheidet man verschiedene Ansätze. Hierzu zählen u.a. die Modelle von Vasiček (1977) und das CIR-Modell von Cox-Ingersoll-Ross (1985) als die bedeutendsten short-rate Modelle.[967] Ferner zählt hierzu das Modell von Hull/White (1990).

Die stochastischen Zinsstrukturmodelle vom „klassischen Typ" modellieren den Zins auf der Grundlage des momentanen Zinses, der Einbeziehung makroökonomischer Gleichgewichte und stochastischer Prozesse, so beispielsweise die Ein-Faktor-Zinsstrukturmodelle von *Vasiček* (1977) und *Cox-Ingersoll-Ross* (1985).[968] Bei den sog. arbitragefreien Modellen folgen die einzelnen Zinsen den Zufallsschwankungen. Substitutionsprozesse zwischen den Finanzaktiva und damit Zinstiteln mit unterschiedlichen Laufzeiten werden nicht betrachtet. Es wird Arbitragefreiheit unterstellt.

---

[966] Vgl. Anderegg, Ralph, Geldtheorie, 2007, S. 141.

[967] Vgl. Schmidt, Thorsten, Zinsstrukturmodelle, 2005, S. 1-26.

[968] Die stochastischen Zinsstrukturmodelle lassen sich zwei Typen unterscheiden. Ein erster Typ wird als klassischer Ansatz bezeichnet und modelliert den Zins auf der Basis des Momentanzinssatzes, ein zweiter Typ geht von der bestehenden Zinsstruktur aus und modelliert die Dynamik der Terminzinssätze aufgrund der Basis der Arbitragefreiheit, so Heath-Jarrow-Morton, 1992.

Die Zinsbewegungen sind das Resultat einer effizienten Informationsverarbeitung, wobei es sich um zufällige Informationen in Form von White-Noise handelt. Diese folgen einem Random-Walk bzw. einem sog. Wiener-Prozess, welcher einer Brown´schen Bewegung entspricht, und weisen damit eine *Martingale*-Eigenschaft auf.[969] Ein Martingal-Prozess ist ein, bezogen auf ein Wahrscheinlichkeitsmaß, driftloser, sog. „nicht prognostizierbarer" stochastischer Prozess.[970] Ein Martingal-Maß ist ein Wahrscheinlichkeitsmaß, welches mit einer Variablen assoziiert wird, unter der der laufende Wert dieser Variablen immer der Erwartung ihres zukünftigen Wertes gleicht. Das Hauptergebnis der martingalen Bewertungstheorie ist, dass die Abwesenheit von Arbitrage die Existenz eines äquivalenten Martingal-Maßes erlaubt, unter welchem Martingale diskontierte Preise bzw. Kurse von Wertpapieren darstellen.[971]

Der Preis eines Zerobonds mit der Fälligkeit T (Laufzeit) zu jedem Zeitpunkt $t < T$ lässt sich darstellen mit: [972]

$$B(t,T) \tag{100}$$

Hierbei gilt notwendigerweise $B(T,T) = 1$. Eine Anleihe mit dem Marktwert B^C und dem Nominalwert T_n, die zum Zeitpunkt n getilgt wird, vergütet periodisch Zinsen von K_i, zu den Zeitpunkten T_i, $i=1, ...,n$. Zu einem Zeitpunkt vor den nachfolgenden Zinszahlungen $t<T_i$ belaufen sich die Auszahlungen über: [973]

$$B^C(t,T) = B(t,T_n) + \sum_{i=1}^{n} K_i B(t,T_i) \tag{101}$$

Die Short-Rate r_t repräsentiert den Zins für eine infinitesimal kleine Laufzeit, womit diese eine nicht direkt beobachtbare, theoretische Größe darstellt. Deren Änderung dr_t kann wie folgt dargestellt werden: [974]

$$dr_t = a_t dt + b_t dW_t \tag{102}$$

Die Änderung der Short-Rates zum aktuellen Zeitpunkt t folgt einem stochastischen Prozess at im Zeitablauf und einer Brown´schen Bewegung dWt mit einem stochastischen Maß bt, wobei $t > 0$ ist. Die stochastischen Prozesse der Brown´schen Bewegungen sind gekennzeichnet durch unabhängige, normalverteilte Zuwächse und stetige Pfade, wodurch Wechselspiele von Zufall und Kausalität gebildet werden. Die Koeffizienten a und b werden dabei als konstant angenommen.[975]

---

[969] Vgl. Anderegg, Ralph, Geldtheorie, 2007, S. 145.
[970] Vgl. Hull, John C., 2006, Options, S. 589, sowie: Schwaar, Christian, Faktormodelle, 1999, S. 47.
[971] Vgl. Nawalkha, Sanjay, Baliaeva, Natalia, Soto, Gloria, Term Structure, 2007, S. 17.
[972] Vgl. Musiela, Marek, Rutkowski, Marek, Martingale Methods, 1998, S. 282.
[973] Vgl. Anderegg, Ralph, Geldtheorie, 2007, S. 146.
[974] Vgl. Anderegg, Ralph, Geldtheorie, 2007, S. 146.
[975] Vgl. Anderegg, Ralph, Geldtheorie, 2007, S. 146.

Affine Zinsstrukturmodelle weisen einen affinen Exponenten in der Form von *a + bx* auf. Das Grundmodell der affinen Zinsmodelle für die Short-Rate lautet allgemein: [976]

$$dr_t = a(t,r_t)dt + b(b,r_t)dW_t \quad (103)$$

Die Variablen *a* und *b* sind Koeffizienten und werden als konstant angenommen.

Die auch als Drift bezeichnete Veränderung der aktuellen Short-Rate r_t setzt sich aus einem deterministischen Prozess $a(t,r_t)$ in der Zeit und einem stochastischen Prozess $b(t,r_t)dW_t$ zusammen, wobei es sich bei dW_t um einen Wiener-Prozess bzw. eine Brown´sche Bewegung handelt. Die Variable *a* ist eine deterministische Funktion und wird als konstant angenommen. Der deterministische Prozess hat folgende Funktion:[977]

$$a(t,r) = a(t) + \alpha(t)r \quad (104)$$

a bzw. α stellt die erwartete Drift-Rate dar. Der stochastische Prozess wird von folgender Formel repräsentiert: [978]

$$b^2(t,r) = b(t) + \beta(t)rb^2(t,r) \quad (105)$$

β zeigt die erwartete, konstante Varianz hinsichtlich b^2.

Die Bewertung von Short-Rate-Modellen lässt sich folgendermaßen zusammenfassen: Vorteile der Short-Rate-Modelle sind die einfache Implementierung und die Wahlfreiheit der Parameter. Sie erzeugen überwiegend geschlossene Bewertungsgleichungen für Anleihen und einfache Zinsderivate. Bemängelt wird jedoch häufig die aufwendige Kalibrierung, die sich umso komplizierter darstellt, je realistischer das Modell ist.[979] Auch haben empirische Studien den Short-Rate-Modellen mit lediglich einem Faktor einen mangelnden Erklärungsgehalt nachgewiesen. Die Verwendung nur der Short-Rate als einzige erklärende Variable (Ein-Faktor-Modell) bewirkt, dass sämtliche Zinssätze der Zinsstruktur perfekt miteinander korreliert sind und dass die Zinsstruktur nicht adäquat nachgebildet werden kann. Die Hinzufügung weiterer Faktoren, wie z.B. des Kapitalmarktzinses oder der Inflationsrate, kann zwar die Genauigkeit verbessern, verschlechtert jedoch die Operationalisierung.[980]

[976] Vgl. Anderegg, Ralph, Geldtheorie, 2007, S. 146.
[977] Vgl. Anderegg, Ralph, Geldtheorie, 2007, S. 146.
[978] Vgl. Anderegg, Ralph, Geldtheorie, 2007, S. 146.
[979] Kalibrierung bedeutet die Anpassung der Modellparameter an reale Marktdaten.
[980] Vgl. Anderegg, Ralph, Geldtheorie, 2007, S. 146.

2.2. Das Modell von Vasiček

Eines der ältesten und einfachsten affinen Zinsstrukturmodelle stammt von *Oldrich Vasiček* (1977).[981] [982]

$$dr_t = \kappa(\theta - r_t)dt + \sigma dW_t \qquad (106)$$

Die Veränderung der Short-Rate dr_t ergibt sich im ersten Term der Gleichung aus der deterministischen Bewegung der Zinsstruktur $\kappa(\theta - r_t)dt$, wobei κ die Stärke des Drifts der sog. Mean-Reversion sowie θ einen langfristigen Durchschnittswert von r_t bezeichnen.[983] Hierdurch befindet sich das Modell u.a. in Übereinstimmung mit der Erwartungshypothese und der Liquiditätspräferenztheorie zur Zinsstruktur.[984]
Der zweite Term der Gleichung beinhaltet auf der Grundlage eines Ornstein-Uhlenbeck-Prozesses eine Brown´schen Bewegung bzw. einen Wiener-Prozess mit σ als einer determinierten Variablen und dW_t als stochastischen Prozess normalverteilter Veränderungen, der unabhängig von r_t und im Zeitablauf konstant ist.[985]

Bei einem risikoneutralen Prozess der Short-Rate entfällt die Risikoprämie, welche $\lambda x \sigma$ beträgt. Die Preise der Bonds sind die Funktion einer einzigen Variablen, der Short-Rate. Im Rahmen einer Modellbeurteilung ist die Annahme als kritisch zu betrachten, dass die Veränderungen aller Short-Rates im zeitlichen Verlauf perfekt korreliert seien, was in der Realität nicht der Fall ist.[986]

2.3. Das CIR-Modell von Cox, Ingersoll und Ross [987]

2.3.1. Die Prämissen des CIR-Modells

In diesem Modell wird die Zinsstruktur durch die laufenden Preise und stochastischen Eigenheiten aller Eventualforderungen, einschließlich der Bonds bestimmt. Dies schließt Gewinnmaximierung und rationale Erwartungen ein.[988] In diesem allgemeinen intertemporalen Gleichgewichtsmodell spielen Erwartungen, Risikoaversion, Investitionsalternativen und Präferenzen über das Timing des Konsums eine Rolle bei der Bestimmung von Bondpreisen. Die Volatilität des Zinssatzes sowie der Risikoprämie sind konstant. Auch existieren keinerlei Arbitragemöglichkeiten.
Die weiteren Voraussetzungen bestehen in den als gegeben angenommenen Produktionsmöglichkeiten, einer gegebenen Nutzenfunktion nach *Neumann-Morgenstern*, und einer indirekten, zum gleichgewichtigen Zinssatz führenden Nut-

---

[981] Vgl. Vasiček, Oldrich A., Term Structure, In: Journal of Financial Economics, Vol. 5, 1977, S. 177-188.
[982] Vgl. Vasiček, Oldrich A., Term Structure, In: Journal of Financial Economics, Vol. 5, 1977, S. 178, s. auch: Musiela, Marek, Rutkowski, Marek, Martingale Methods, 1998, S. 288.
[983] Vgl. Vasiček, Oldrich A., Term Structure, In: Journal of Financial Economics, Vol. 5, 1977, S. 179, der Prozess der Mean Reversion bedeutet, dass der Momentanzins um einen vorgegebenen (exogen) Mittelwert schwankt und sich hin zu einem langfristigen Durchschnittswert bewegt bzw. driftet.
[984] Vgl. Vasiček, Oldrich A., Term Structure, In: Journal of Financial Economics, Vol. 5, 1977, S. 178.
[985] Vgl. Vasiček, Oldrich A., Term Structure, In: Journal of Financial Economics, Vol. 5, 1977, S. 185.
[986] Vgl. Anderegg, Ralph, Geldtheorie, 2007, S. 148.
[987] Vgl. Cox, John C., Ingersoll, Jonathan E., Ross, Steven A., Term Structure, 1985, S. 395-407.
[988] Vgl. Cox, John C., Ingersoll, Jonathan E., Ross, Steven A., Term Structure, 1985, S. 387.

zenfunktion, die auf die Lösung des Maximierungsproblems abzielt. Darüber hinaus existieren ein angestrebter optimaler Konsum der Wirtschaftssubjekte sowie identische Individuen, die eine objektive Funktion maximieren. Auch existieren endogene Wertpapiere, deren Auszahlungen eine Funktion von Wohlfahrt und Technologiestand darstellen. Es liegen sowohl ein Vektor von erwarteten Änderungen im Technologiestand als auch die Kovarianz-Matrix dieser Änderungszustände vor.[989]

2.3.2. Das Modell

Es ergibt sich ein geschlossenes, testbares Modell für Bondpreise, welche von beobachtbaren ökonomischen Variablen abhängen. Man erhält eine Kombination von gleichgewichtigen intertemporalen Anlageprinzipien und passender Modellierung des zugrunde liegenden stochastischen Prozesses.[990] Es erfolgen Messungen der Relation zwischen Erträgen ausfallfreier Wertpapiere, die sich nur in ihrer Restlaufzeit unterschieden. Die Zinsstruktur enthält Markterwartungen zukünftiger Ereignisse. Die Entwicklung des optimalen Anteils an Wohlfahrt im Produktionsprozess bestimmt die Produktionsmöglichkeiten, und dies bei einem zukünftigen Stand der Technologie, die wiederum zufällig im Zeitverlauf wechselt.[991]

Das CIR-Modell der Zinsstruktur nach *John C. Cox*, *Jonathan E. Jr. Ingersoll*, *Stephen A. Ross* (1985) dient der Prognose darüber, wie eine Änderung zugrunde liegender ökonomischer Variablen die Zinsstruktur beeinflusst.[992] Die unsichere Entwicklung des Momentanzinses folgt dabei einem stochastischen Prozess. Die möglichen Zinsstrukturverläufe erinnern an das Modell von Malkiel. Renditen stellen eine Funktion von Restlaufzeit, Risikoprämien und Volatilität der Zinsen dar. Ähnlich wie bei anderen affinen Zinsstrukturmodellen wird angenommen, dass die Dynamik der Zinsstruktur von einigen beobachteten und auch von nicht beobachteten Einflussfaktoren ausgeht. Für den Drift dr_t gilt dieselbe deterministische Veränderung der Zinsstrukturkurve $\kappa(\theta - r_t)dt$ und eine im Vergleich zum Vasiček-Modell modifizierte Brown´sche Bewegung, welche nicht normalverteilt ist, sondern mit $\sigma\sqrt{r_t dW_t}$ modelliert wird und die Annahme einer asymmetrischen Chi-Quadrat-Verteilung widerspiegelt: [993]

$$dr_t = \kappa(\theta - r_t)dt + \sigma\sqrt{r_t dW_t} \tag{107}$$

Im CIR-Modell wird das Vasiček-Modell somit um einen Quadratwurzel-Diffusions-Term ergänzt, sodass die Short-Rate im CIR-Modell im Gegensatz zum Vasiček-Modell nicht negativ werden kann. Dies impliziert auch, dass mit einem Anstieg der Short-Rate die Standardabweichung ansteigt.[994]

[989] Vgl. Cox, John C., Ingersoll, Jonathan E., Ross, Steven A., Term Structure, 1985, S. 387.
[990] Vgl. Cox, John C., Ingersoll, Jonathan E., Ross, Steven A., Term Structure, 1985, S. 405.
[991] Vgl. Cox, John C., Ingersoll, Jonathan E., Ross, Steven A., Term Structure, 1985, S. 387.
[992] Vgl. Cox, John C., Ingersoll, Jonathan E., Ross, Steven A., Term Structure, 1985, S. 385.
[993] Vgl. Cox, John C., Ingersoll, Jonathan E., Ross, Steven A., Term Structure, 1985, S. 391.
[994] Vgl. Hull, John C., Options, 2006, S. 653, vgl. Musiela, Marek, Rutkowski, Marek, Martingale Methods, 1998, S. 290.

2.3.3. Die Wertung

Der Vorteil des Modells ist seine Simplizität. Auch ist die Modellierung veränderter Einflussfaktoren möglich. Das Modell ist kalibrierbar, d.h. an aktuelle Werte anpassbar.[995]

Die Nachteile des Modells bestehen aus seinen rigiden Prämissen. Dazu zählen insbesondere die Annahme einer perfekten Korrelation der Zinssätze auf Verfall sowie die fehlende Möglichkeit, die sich in der Praxis ergebende Zinsstrukturkurve zu definieren.[996] Ursprüngliche Zinsstrukturkurven werden dabei nur unzulänglich abgebildet, wodurch sich insbesondere langfristige Verschiebungen der Zinsstrukturkurven nicht hinreichend erklären lassen.

In einem weiteren Diskussionspapier zeigen Cox, Ingersoll und Ross deshalb die Beziehung zwischen einigen zeitstetigen Gleichgewichtsmodellen und traditionellen Theorien, welche Kombinationen erwarteter künftiger Spot-Rates ausdrücken.[997]

2.4. Die Forward-Rate-Modelle

Um die Mängel der Short-Rate-Modelle zu überwinden, entwarfen Heath/Jarrow/Morton (HJM, 1992) einen allgemeinen Modellrahmen, der anstatt eines einzigen Punktes der Zinsstruktur die Entwicklung der Gesamtheit der Terminzinssätze in den Mittelpunkt stellt. Der Terminzinssatz als momentaner Terminzins stellt dabei die Short-Rate für einen zukünftigen Zeitpunkt dar. Somit wird die Zinsstrukturkurve als Ganzes modelliert. In ihrer Arbeit weisen die Autoren nach, dass neben der anfänglichen Zinsstruktur als weitere Inputvariable lediglich die Volatilitätsfunktion der Terminzinssätze benötigt wird (Driftrestriktion). Dadurch wird die präferenzfreie Bewertung von Zinsderivaten ermöglicht. Der Wahl der Volatilitätsfunktion kommt eine große Bedeutung zu und bestimmt im Wesentlichen die jeweiligen Modelleigenschaften.

Forward-Rate-Modelle ermöglichen (theoretisch) die Verwendung einer beliebigen (endlichen) Zahl von Unsicherheitsquellen, um damit eine realistischere Darstellung der Zinsstruktur zu erzielen. Gleichzeitig ist jedoch auch der Terminzinssatz ein theoretisches Konstrukt, das nicht direkt am Markt beobachtet werden kann. Diesen Nachteil überwinden die Markt-Modelle.

2.5. Die Markt-Modelle

Die Markt-Modelle stellen eine Weiterentwicklung der Forward-Rate-Modelle dar. Sie verwenden anstelle von fiktiven Terminzinssätzen die tatsächlich am Markt beobachtbaren Zinssätze. Diese Methodik wurde erstmals in den Arbeiten von Brace/Gatarek/Musiela (1997) und Miltersen/Sandmann/Sondermann (1997) für LIBOR-Sätze (LIBOR-Markt-Modell) und von Jamshidian (1997) für Swapsätze (Swap-Markt-Modell) angewandt. Die Modelle führen zu Bewertungsgleichungen ähnlich der Black-Scholes-Formel und haben sich daher heute in der Praxis durchgesetzt.

---

[995] Vgl. Anderegg, Ralph, Geldtheorie, 2007, S. 148.
[996] Vgl. Anderegg, Ralph, Geldtheorie, 2007, S. 148.
[997] Vgl. Cox, John C., Ingersoll, Jonathan E., Ross, Steven A., Term Structure, 1985, S. 405.

3. Die ökonometrische Analyse der stochastischen Volatilität der Zinsen

3.1. Die ökonometrische Untersuchung auf einen stationären Trend

Zu der ökonometrischen Analyse, ob die Zinsstruktur einem *zeitkonstanten bzw. stationären Trend* unterliegt, wird auf die validen Tests zur Mean-Reversion verwiesen. Diese zeigen, dass kein stationärer Trend einzelner Zinssätze oder der Zinsstruktur vorliegt. Die Daten können somit als kointegriert gelten. Die These eines zeitkonstanten Trends trifft somit nicht zu.

3.2. Die stochastischen Schwankungen auf Grundlage des White-Tests

Es lassen sich folgende White-Test-Werte hinsichtlich der Untersuchung auf Heteroskedastizität der einzelnen Zinssätze feststellen:[998]

	i1D	i1M	i3M	i6M	i1Y	i2Y	i5Y	i10Y	TS	FR	ECB
White-Statistic	4.56	6.31	7.09	6.82	7.30	3.49	0.47	0.36	2.82	0.50	2.66
Zinssätze:	*i1D = Zins 1 Tag, i1M = Zins 1 Monat, (...), i10Y = Zins 10 Jahre*										
	TS = Zins-Spread der Zinsstruktur, FR = EURO-BUND-Future, ECB = Leitzinssatz der EZB										

Als abhängige Variable gilt der aktuelle Zinssatz, als unabhängige Variable der Zinssatz mit einem Lag von einer Periode. Der kritische Wert für die Chi-Quadrat-Verteilung beträgt 3,84. Testwerte der White-Statistik, die unter dem kritischen Wert liegen, gelten als homoskedastisch, Werte darüber als heteroskedastisch. Deren Störtermvarianz ist im Zeitablauf nicht konstant. Die stochastischen Schwankungen der Zinssätze selbst liegen insbesondere bei Laufzeiten ab 3 Monaten bis zu 1 Jahr, und somit zum großen Teil auf dem Kreditmarkt.

3.3. Die bedingten, stochastischen Schwankungen

Bei den Ergebnissen zu den nachfolgende verwendeten (G)ARCH-Modellen werden überwiegend die Koeffizienten des ARCH oder des GARCH-Terms ausgewiesen.[999]

3.3.1. Das ARCH-Modell bedingter Einspielprozesse der einzelnen Zinssätze [1000]

(*=Koeffizient)	i1T	i1M	i3M	i6M	i1J	i2J	i5J	i10J	TS	ECB	FR
ARCH*	0,17	-0,07	0,80	0,67	0,26	0,13	0,13	0,14	0,38	-0,03	0,04
Zinssätze:	*i1D = Zins 1 Tag, i1M = Zins 1 Monat, (...), i10Y = Zins 10 Jahre*										
	TS = Zins-Spread der Zinsstruktur, FR = EURO-BUND-Future, ECB = Leitzinssatz der EZB										

Der ARCH(1)-Prozess berücksichtigt nur die unmittelbar vergangene Innovation und stellt damit die Brown´sche Bewegung von Zinsen dar.[1001] Diese Prozesse sind insbesondere beim 3-Monats- sowie schwächer auch beim 6-Monats-Zinssatz bedeut-

[998] Die Ergebnisse stammen aus den Berechnungen der 1.550-seitigen Originalversion dieser Arbeit. Unabhängige Variable ist der Zins der Vorperiode mit gleicher Laufzeit.
[999] Auf den Grenzwert der Koeffizienten von ca. 0,40 als strenges, differenziertes Kriterium für das Vorliegen bedeutsamer asymmetrischer Schocks im Zinsstrukturbereich sei der Erinnerung halber nochmals verwiesen.
[1000] Die Ergebnisse stammen aus den Berechnungen der 1.550-seitigen Originalversion dieser Arbeit. Unabhängige Variable ist der Zins der Vorperiode mit gleicher Laufzeit.
[1001] Vgl. Eckey, Hans-Friedrich, Ökonometrie, 2001, S. 255, EViews 4, Guide, 2000, S. 381 ff.

sam. Die Werte lassen die validen Laufzeitbereiche als besonders informationseffiziente Geldmarktbereiche auffassen.

3.3.2. Das GARCH-Modell der exogenen Schocks der einzelnen Zinssätze
„Die Zinssätze enthalten (...) insbesondere auch die Einflüsse von Paniken." [1002] [1003]

(*=Koeffizient)	i1T	i1M	i3M	i6M	i1J	i2J	i5J	i10J	ZS	ECB	FR
GARCH*	0,57	0,56	-0,05	0,17	0,67	0,76	0,53	0,31	0,68	1,05	0,81
Zinssätze:	*i1D = Zins 1 Tag, i1M = Zins 1 Monat, (...), i10Y = Zins 10 Jahre*										
	TS = Zins-Spread der Zinsstruktur, FR = EURO-BUND-Future, ECB = Leitzinssatz der EZB										

Der GARCH-Prozess berücksichtigt über die zurückliegenden Innovationen hinaus auch die vergangenen bedingten Varianzen, die als Prognosegrundlage für künftige bedingte Varianzen dienen.[1004] Bei den einzelnen laufzeitabhängigen Zinsen beinhalten besonders die 1-Jahres-, aber auch die 2-Jahres-Zinsen, und damit der Kreditmarktbereich, bedeutsame GARCH-Prozesse. Die Kreditmarktzinsen erweisen sich als besonders schockempfindlich hinsichtlich neuer Nachrichten, da sich hier die aufgrund der neuen Nachrichten geänderten Zukunftserwartungen überproportional stark im Rahmen der kreditfinanzierten, autonomen Investitionen niederschlagen. Zudem zeigt der Hauptrefinanzierungssatz bedeutsame GARCH-Prozesse.

3.4. Die asymmetrischen, bedingten (G)ARCH-Modelle

Häufig bewirken schlechte Nachrichten einen höheren Volatilitätsschock als gute Nachrichten. Die schlechten Nachrichten können somit einen Leverage-Effekt ausüben. Dieser lässt sich in unterschiedlicher Form anhand der asymmetrischen (G)ARCH-Modelle darstellen.

Die asymmetrische News-Impact-Curve nach Engle und Ng

Bad-News führen zu einem höheren Volatilitätsschock als Good-News. (Die Wirkung zeigt sich daran, dass trotz gleicher Streckenlänge OE und OD die Strecke OC länger ist als die Strecke OB. Strecke OA repräsentiert den Schock erwarteter Informationen).

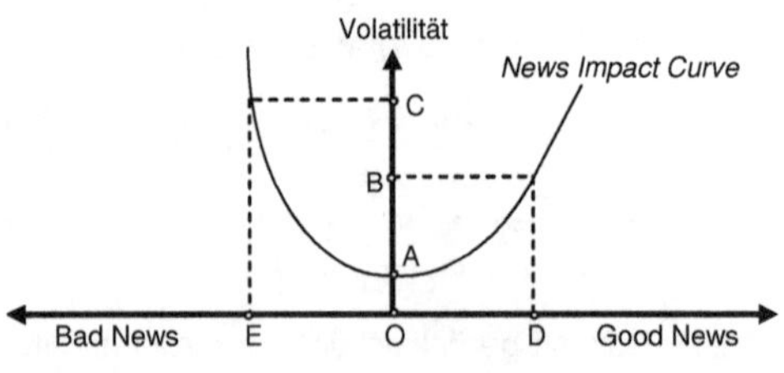

Abb. 46: Asymmetrische News-Impact-Curve nach Engle und Ng.[1005]

Stellvertretend für eine Reihe asymmetrischer (G)ARCH-Modelle wird das im Zinsbereich wichtigste Modell, nämlich das Component-ARCH-Modell, dargestellt.

[1002] Vgl. Schumpeter, Joseph Alois, Konjunkturzyklen, 1939, S. 643 u. S. 646.
[1003] Die Ergebnisse stammen aus den Berechnungen der 1.550-seitigen Originalversion dieser Arbeit. Unabhängige Variable ist der Zins der Vorperiode mit gleicher Laufzeit.
[1004] Vgl. EViews 4, 2000, S. 381 ff.
[1005] In Anlehnung an EViews 4, 2000, S. 392.

3.4.1. Component-ARCH (CGARCH)-Modell z. stochastischen Mean-Reversion

Die Mean-Reversion-Effekte lassen sich über die deterministischen bzw. substitutiven Prozesse hinaus in ihrer stochastischen Wirkung mittels des Component-ARCH-Modells untersuchen:[1006] [1007] [1008] [1009] Hierbei schwankt die Volatilität längerfristig variierend.

Tab. 38: Stochastischer Mean-Reversion-Effekt.[1010]

Independent Variable: none											
Dependent Variable: 1st Differentiation von: the following Zinssätze											
	i1D	i1M	i3M	i6M	i1Y	i2Y	i5Y	i10Y	TS	FR	ECB
Koeffizient (C3)	0.30	0.89	0.89	0.98	0.98	0.99	1.05	0.90	0.86	0.94	0.94
C(3) (Prob.)	0.69	0.00	0.02	0.00	0.00	0.00	0.00	0.07	0.00	0.00	0.00
Zinssätze:	*i1D = Zins 1 Tag, i1M = Zins 1 Monat, (...), i10Y = Zins 10 Jahre*										
	TS = Zins-Spread der Zinsstruktur, FR = EURO-BUND-Future, ECB = Leitzinssatz der EZB										

Die Schätzparameter (Koeffizient) der langfristigen Komponente $\hat{\rho}$ liegen bei einem Wert von 0,89 (="C(3)") und höher. Koeffizienten in Höhe von sehr nahe am Wert 1,0 bedeuten ein sehr langsames Konvergieren (Drift) hin zum langfristigen Durchschnitt. Dies bedeutet, dass insbesondere in den mittleren Laufzeitbereichen ausgeprägte und langfristige Mean-Reversion-Effekte vorliegen.[1011] Beim 10-Jahres-Zinssatz ist die Signifikanz mit einem Wert von 0,07 nicht mehr gegeben. Indessen sind bei dieser Laufzeit verstärkt deterministische (Mean-Reversion-)Effekte vorhanden.[1012] Beim 1-Tages-Zinssatz liegt mit einem Wert von 0,69 keine Signifikanz vor. Signifikante Werte für den stochastischen Mean-Reversion-Effekt liegen darüber hinaus für die Zinsstruktur, die Terminzinsen sowie die Leitzinsen vor.

Insgesamt lässt sich mit den ökonometrischen Ergebnissen grundsätzlich auch die stochastische Wirkung des Modells von *Shleifer und Vishny* für die Zinsstrukturtheorie validieren.

4. Die Wertung der affinen Modelle

Die Schlussfolgerung der Tests der affinen Modelle ist, dass affine Modelle durchaus kurzfristig valide sind, sich jedoch für langfristige Erklärungen oder gar Prognosen, für welche zeitkonstante Trends zugrunde gelegt werden können, nicht eignen.

[1006] Vgl. EViews 4, 2000, S. 396 ff.
[1007] Die Ergebnisse stammen aus den Berechnungen der 1.550-seitigen Originalversion dieser Arbeit.
[1008] Die Berechnung der (G)ARCH-Effekte zur substitutiven Mean-Reversion erfolgt aufgrund der Zugehörigkeit zur präsentierten Modellgruppe in diesem Kapitel statt wahlweise im Kapitel des Shleifer-Vishny-Modells.
[1009] Der stochastische Mean-Reversion-Drift ist Bestandteil der meisten affinen Zinsstrukturmodelle.
[1010] Die Ergebnisse stammen aus den Berechnungen der 1.550-seitigen Originalversion dieser Arbeit.
[1011] Die ökonometrische Analyse der einzelnen laufzeitabhängigen Zinssätze zeigt, dass starke Mean-Reversion-Effekte vorliegen, die mit geringeren Laufzeiten oder bei der Zinsstruktur zügiger ablaufen. Ausnahmen bilden der 1-Tages-Zinssatz, für den keine Mean-Reversion vorliegt, und der 10-Jahres-Zinssatz, für den hinsichtlich der Mean-Reversion eine eingeschränkte Signifikanz vorliegt.
[1012] Vgl. hierzu Kap. VI.D.3. dieser Arbeit.

Die ökonometrische Untersuchung der einzelnen laufzeitabhängigen Zinssätze in Abhängigkeit von den Werten der jeweiligen Vorperiode zeigt hinsichtlich exogener Schocks grundsätzlich valide Ergebnisse. Je nach zugrunde gelegtem Modell und Gegenstand der Untersuchung können dabei die beschriebenen, differenzierten Wirkungen auf die Zinsstukturkurve betrachtet werden. Für die sehr langfristigen Kapitalmarktzinsen trifft die These exogener Schocks grundsätzlich in etwas abgeschwächter Form zu. Der Zinsstruktur-Spread zeigt sich von exogenen Schocks teilweise beeinflusst. Insgesamt wird die These vorhandener exogener Schocks in Bezug auf die Zinsstruktur im Wesentlichen validiert.[1013]

Hinsichtlich einer zinsstrukturtheoretischen Gesamtwertung der symmetrischen und asymmetrischen (G)ARCH-Modelle ist festzustellen, dass die Wirkungsweise von Informations-Schocks zwar immer genauer abgebildet werden kann. Die affinen Modelle können jedoch, anders als die deterministischen Modelle, die ökonomische Ursache der Schocks aufgrund der neuen Information bzw. der Änderungen in der Gesamtmenge der Informationen nur unzureichend erklären, da die ökonomischen Ursachen nicht primärer Gegenstand der Betrachtung sind, sondern erst auf Grundlage der (G)ARCH-Modelle weiter erforscht werden müssen.

[1013] Eine weitergehende Erläuterung stochastischer Einflüsse auf die traditionelle Zinsstruktur erfolgt in der deutenden Zusammenfassung des Teils VIII.

VIII. ERKLÄRUNGS- & PROGNOSEMODELL ZUR ZINSSTRUKTUR

A. Die deutende Zusammenfassung der ökonometrischen Testergebnisse

1. Die deterministischen und substitutiven Wirkungen zur Zinsstruktur [1014]

Die signifikanten Faktoren mit bedeutsamen *Koeffizienten* (>0,23) hinsichtlich der Zinsstruktur zeigen die folgende Stärke (Beta-Faktor).[1015] Es ergeben sich (1) beim Faktor *Kapitalintensität* äußerst hohe Koeffizienten und (2) bei den Faktoren Mean-Reversion, Zinserwartung, Beschäftigung, Wirtschaftswachstum und der Inflation und Inflationgap recht hohe Koeffizientenwerte. Die Koeffizienten der deterministischen Bewegungen zeigen bei *benachbarten Zinssätzen* und bei *mittleren Laufzeiten* die höchsten Werte. Tendenziell sind die Koeffizienten am langen Ende etwas geringer als am kurzen Ende der Zinsstruktur. Die vorliegenden Daten weisen bei immanenten Faktoren wie der Kreditnachfrage und der Geldmenge M3 lediglich Koeffizienten von knapp über Null auf. Auch bei weiteren wichtigen Faktoren stellen sich niedrige Koeffizienten ein. Somit liefern die vorliegenden Daten zwar ein prägnantes, jedoch noch kein vollständiges Bild zur Wirkung hinsichtlich der Zinsstruktur. Hierzu sind insbesondere die signifikanten Werte der ***adjustierten Bestimmtheitsmaße*** sowie der ***Grangerkausalität*** zur Beurteilung heranzuziehen:

Tab. 39: Signifikante deterministische und substitutive Faktoren.[1016]

	Variable (Factors)	Authors	*Maturity*	*1D*	*1M*	*3M*	*6M*	*1Y*	*2Y*	*5Y*	*10Y*	*TS*	*FR*	*CB*
1	Growth, dGDPr	Boehm, Fisher, Hayek	1		0.78	0.74	0.62	**0.40**	**0.24**	0.15	0.12	**0.24**	*-0.18*	0.36
2	Liquidity Allottment	Wicksell	2				**-0.16**							
3	i Expectatn. (Lead 1)	Fisher, Meiselman	0	0.46	0.51	0.47	0.35	0.17				*0.12*		0.12
4	Price Expc & dP	Fisher, Friedman	1											*0.09*
5	Commodity Price	Gibson	4						-0.47	-0.45	-0.32		0.27	
6	Capital Intensity	Schumpeter	2						**0.35**	*0.29*	*0.18*			
7	Gross Captl. Frmtn.	Schumpeter, Hayek	2					0.40	0.34	0.19				
8	ESIN	Schumpeter	0						0.45	0.36	0.28		*-0.25*	
9	Credits, Loans	Hayek, Ohlin, Brunner	0				**0.33**	**0.27**	**0.21**	0.17	0.15			
10	Savings Gross	Ohlin, (Fisher)	0										*-0.47*	
11	Money Stock, M1	Brunner-Meltzer	-2					0.14	0.14	0.11				
12	LM3	Keynes	0					-0.24	-0.23	*-0.21*	*-0.23*			
13	IS	Keynes	-2					0.33	0.20			**0.22**		0.16
14	Employment	Keynes	0					*0.26*	*0.24*	*0.27*	*0.28*		*-0.26*	
15	Y-Gap	Taylor	2					**0.44**	**0.41**	0.28	0.19		0.14	
16	dP-Gap	Taylor	-2								-0.15		0.16	
17	Money Stock, M3	Friedman	2	0.59	0.58	0.57	0.55	0.41	0.24	0.12		-0.23		
18	EUROSTOXX50	Friedman	0					0.30	0.32	0.22	0.11		*-0.13*	
19	Interest Parity	Interest Rate Parity	0					*0.12*	*0.15*					
20	Mean Reversion	Arbitrage Theory	-1	-0.16	-0.14	-0.15	-0.21	-0.28	-0.35	-0.35	-0.39		-0.44	-0.28
21	Substittn. i (long) = i (short)		**Lag**											
	1D	Substitution Effects	0		*0.91*	0.80	0.67	0.40	0.18	*0.07*	*0.06*			
	1M		0			0.95	0.81	0.52	0.27	*0.14*	*0.11*			
	3M		0				0.92	0.66	0.39	*0.23*	0.18			
	6M		0					0.88	0.64	0.43	0.33			
	1Y		0						0.91	0.71	0.53			
	2Y		0							0.91	0.70			
	5Y		0								0.90			

Granger Causality: = **independent variable** = dependent variable (interest rate) = *no Granger* = mutual
Minus-Zeichen vor korrigiertem Bestimmtheitsmaß = negativer Korrelationskoeffizient

Zinssätze:	*i1D = Zins 1 Tag, i1M = Zins 1 Monat, (...), i10Y = Zins 10 Jahre*
	TS = Zins-Spread der Zinsstruktur, FR = EURO-BUND-Future, ECB = Leitzinssatz EZB

Abb. 47: Signifikante deterministische und substitutive Faktoren.

[1014] Die Ergebnisse stammen aus den Berechnungen der 1.550-seitigen Originalversion dieser Arbeit.
[1015] Tabellarische Zusammenfassung siehe Anhang Punkt 1.
[1016] Eigene Darstellung. Die Ergebnisse stammen aus den Berechnungen der 1.550-seitigen Originalversion dieser Arbeit sowie den Ergebnistabellen dieser Arbeit.

Die Ergebnisse zeigen in einer univariaten Gesamtanalyse für die Zinsstruktur jeweils das *adjustierte Bestimmtheitsmaß* und die *Grangerkausalität* zwischen den signifikanten deterministischen Faktoren und den einzelnen Laufzeiten der Zinsstruktur:[1017] [1018] [1019]

Bei von ***bis zu 3 Monaten*** besteht ein positiver Zusammenhang zwischen den Zinssätzen und dem *Wirtschaftswachstum* (0,78), der *Geldmenge M3* (0,59-0,57) und den (modifizierten) *Zinserwartungen* (0,46-0,51) (jeweils gegenseitige Grangerkausalität).

Bei einer Laufzeit von ***6 Monaten*** liegt jeweils ein positiver Zusammenhang mit dem *Wachstum* (0,62) und der *Geldmenge* M3 (0,55) vor (gegenseitige Grangerkausalität). Zudem existiert ein Zusammenhang mit den *Zinserwartungen* (0,35) (Zinssatz determiniert grangerkausal) und der *Kreditnachfrage* (0,33) (determiniert grangerkausal). Der *Mean-Reversion-Effekt* besitzt ein adjustiertes Bestimmtheitsmaß von -0,21 (gegenseitige Grangerkausalität).

Bei der Laufzeit von ***1 Jahr*** besteht eine positive Korrelation mit dem *Outputgap* (0,44), (determiniert grangerkausal den Zins). Hinsichtlich der *Geldmenge M3* (0,41) liegt eine gegenseitige Grangerkausalität vor. Zudem existiert eine positive Korrelation mit dem realen *Wirtschaftswachstum* (0,40) (determiniert die Zinssätze grangerkausal). Zusätzlich zeigen die Ergebnisse eine positive Korrelation mit der *Investitionsnachfrage* (0,40) (Zins determiniert grangerkausal). Die Ergebnisse zeigen zudem eine positive Korrelation mit der *IS-Kurve* (0,33) und eine Korrelation mit der *LM-Kurve* (-0,24) (jeweils gegenseitige Grangerkausalität). Die Daten zeigen auch eine Korrelation mit dem *Aktien-Index* (0,30) (gegenseitige Grangerkausalität). Es ist eine Korrelation mit dem *Mean-Reversion-Effekt* (-0,28) festustellen (keine Grangerkausalität). Überdies besteht eine positive Korrelation mit der *Kreditnachfrage* (0,27) (determiniert grangerkausal den Zins). Die Ergebnisse zeigen zusätzlich eine positive Korrelation mit der *Beschäftigung* (0,26) (keine Grangerkausalität).

Der ***2-Jahres-Zinssatz*** besitzt eine negative Korrelation mit den *Rohstoffpreisen* (-0,47) (gegenseitige Grangerkausalität). Die Ergebnisse zeigen zudem eine positive Korrelation mit den *Gewinnerwartungen* (0,45) (gegenseitige Grangerkausalität). Überdies liegt eine grangerkausale Wirkung durch den *Outputgap* (0,41) vor. Auch lässt sich eine positive Korrelation mit der *Kapitalintensität* (0,35) feststellen (determiniert grangerkausal den Zins). Zusätzlich zeigen die Ergebnisse eine negative Korrelation mit dem *Mean-Reversion-Effekt* (-0,35) (gegenseitige Grangerkausalität). Eine positive Korrelation mit der *Investitionsnachfrage* (0,34) kann festgestellt werden (grangerkausale Determination der Zinsen). Es bestehen zudem positive Korrelationen mit dem realen *Wachstum* (grangerkausal determinierend), der *Beschäftigung* (keine Grangerkausalität), der *Geldmenge M3* (gegenseitige Grangerkausalität), die

[1017] Kommentiert werden signifikante Faktoren mit einem korrigierten Bestimmtheitsmaß ab 0,20.

[1018] Werte mit negativem Vorzeichen bedeuten einen negativen Koeffizienten in Verbindung mit dem grundsätzlich positiven, ausgewiesenen korrigierten Bestimmtheitsmaß.

[1019] Die jeweiligen Lags, die der Tabelle zu entnehmen sind, werden nicht mehr gesondert kommentiert.

jeweils einen Wert des adjustierten Bestimmtheitsmaßes von 0,24 aufweisen. Zudem liegt eine negative Korrelation mit der *LM3-Kurve* (-0,23) vor (Zins determiniert grangerkausal.

Bei Laufzeiten von ***5 und 10 Jahren*** besteht jeweils eine hohe, negative Korrelation mit den *Rohstoffpreisen* (-0,45 bzw. -0,32) (Zinssätze determinieren). Es liegt eine hohe, negative Korrelation mit dem *Mean-Reversion-Effekt* (-0,35 bzw.-0,39) vor (gegenseitiger Grangerkausalität). Positive Korrelationen (0,36 bzw. 0,28) zeigen sich hinsichtlich der *Gewinnerwartungen* (die Zinssätze determinieren grangerkausal). Beim Zusammenhang mit der Beschäftigung (0,27 bzw. 0,28) besteht keine Grangerkausalität. Auch der Zusammenhang zur *Taylor-Regel* (0,24 bzw. 0,25) mit einem Lag der Marktzinsen von einer Periode zeigt keine Grangerkausalität. Bei der Laufzeit von 5 Jahren besteht ein Zusammenhang mit der *Kapitalintensität* (0,29) (keine Grangerkausalität). Beim Zusammenhang zum *Outputgap* (0,28 bzw. 0,19) liegt eine gegenseitige grangerkausale Wirkung vor.

Der ***Zins-Spread der Zinsstrukturkurve*** weist einen negativen Zusammenhang (-0,39) mit dem *Leitzinssatz* auf (Zinsstruktur determiniert grangerkausal).[1020] Darüber hinaus existiert ein Zusammenhang mit dem realen *Wirtschaftswachstum* (0,24) (determiniert grangerkausal). Zudem besteht eine negative Korrelation mit der Geldmenge M3 (-0,23) (keine Grangerkausalität). Die *IS-Kurve* (0,22) determiniert grangerkausal die Zinsstruktur.

Hinsichtlich des langfristigen ***Terminzinssatzes*** in Form des *BUND-Futures* liegt ein hoher negativer Zusammenhang mit den *Ersparnissen* (-0,47) vor (keine Grangerkausalität). Ein negativer Zusammenhang besteht auch im Zusammenhang mit dem *Mean-Reversion-Effekt* (-0,44) (keine grangerkausale Wirkung). Hinsichtlich der *Rohstoffpreise* (0,27) existiert ebenfalls keine Grangerkausalität. Die Beschäftigung (-0,26) determiniert grangerkausal den Zins. Beim inversen Zusammenhang zwischen *Terminzins* und *Gewinnerwartungen* (-0,25) liegt keine Grangerkausalität vor.

Der ***Hauptrefinanzierungssatz der EZB*** weist einen negativen Zusammenhang zum *Zinsstruktur-Spread* (-0,41) auf.[1021] Auch liegt ein positiver Zusammenhang zum realen (und nominalen) *Wirtschaftswachstum* (jeweils 0,36) vor. Zudem besteht ein negativer Zusammenhang zum *Mean-Reversion-Effekt* (-0,28) (jeweils eine grangerkausale Determination).[1022]

In einer **zusammenfassenden Darstellung** lassen sich die stärksten Faktoren in Bezug auf die Zinsstruktur, zunächst ohne Berücksichtigung der Grangerkausalität, wie folgt beschreiben: [1023] [1024] Den stärksten Zusammenhang am kurzen Ende der

[1020] Als geldpolitische These ist diese nicht in der Tabelle ausgewiesen.
[1021] Als geldpolitische These ist diese nicht in der Tabelle ausgewiesen.
[1022] Einschränkend ist hierbei zu beachten, dass es sich bei dem korrigierten Bestimmtheitsmaß um eine Regressionsgleichung mit zwei unabhängigen Variablen handelt.
[1023] Berücksichtigt werden hierbei grundsätzlich Werte für das adjustierte Bestimmtheitsmaß von über 0,30. Darüber hinaus wird die relative Höhe der adjustierten Bestimmtheitsmaße berücksichtigt, wobei die jeweils höchsten Werte erwähnt werden.

Zinsstruktur, d.h. einer Laufzeit der Zinsen von *bis zu 3 Monaten*, haben das Wirtschaftswachstum, die Geldmenge M3 und die Zinserwartungen. Hinsichtlich des *6-Monats-Zinssatzes* bestehen die höchsten Zusammenhänge mit dem realen und nominalen Wirtschaftswachstum, der Geldmenge M3, den Zinserwartungen, dem Outputgap und der Kreditnachfrage. Beim *1-Jahres-Zinssatz* liegen hohe Zusammenhänge mit der Geldmenge M3, dem realen und nominalen Wirtschaftswachstum sowie den Investitionen vor. Beim *2-Jahres-Zinssatz* existieren hohe Zusammenhänge mit den Rohstoffpreisen (invers), den Gewinnerwartungen, dem Outputgap, der Kapitalintensität, dem Mean-Reversion-Effekt (invers), der Investitionsnachfrage und den Aktienkursen vor. Bei den *5- und den 10-Jahres-Zinssätzen* bestehen hohe Zusammenhänge mit dem Mean-Reversion-Effekt (invers), den Rohstoffpreisen (invers) und den Gewinnerwartungen.
Den stärksten Zusammenhang mit dem *Zinsstruktur-Spread* weist der Leitzins (invers) auf. Bei den *Terminzinsen* sind die Ersparnis (invers) und der Mean-Reversion-Effekt (invers) zu erwähnen. Hinsichtlich des *Leitzinssatzes* besteht insbesondere mit dem Zinsstruktur-Spread und dem Wirtschaftswachstum ein hoher Zusammenhang.

Nachfolgend werden zudem in einer isolierten Betrachtung die eindeutig *grangerkausalen Wirkungsfaktoren auf die gesamte Zinsstruktur* hervorgehoben: [1025] Diese bestehen im realen *Wirtschaftswachstum* (Zinsen 1 und 2 Jahre), dem *Outputgap* (Zinsen 1 und 2 Jahre), der *Kapitalintensität* (Zins 2 Jahre) und der *Kreditnachfrage* (Zinsen 6 Monate bis 2 Jahre). Allesamt sind dies Faktoren, die unmittelbar oder mittelbar mit dem Wirtschaftswachstum im Zusammenhang stehen, also *wachstumsbezogene Faktoren* darstellen. Auch auf den *Zinsstruktur-Spread* wirkt grangerkausal das *Wirtschaftswachstum*. Beim Terminzins determiniert grangerkausal die Beschäftigung (invers).[1026] Bis auf den Faktor Beschäftigung umfasst dies ebenfalls zumindest indirekt wachstumsrelevante Faktoren. Insgesamt zeigt sich damit die **herausragende Wirkung wachstumsrelevanter Faktoren** bzw. des Wirtschaftswachstums **auf die Zinsstruktur**. Diese Wirkung entfaltet sich insbesondere in den **mittleren Laufzeitsegmenten** von 6 Monaten bis 2 Jahren, und damit **auf den Kreditmärkten**.

Hinsichtlich der *Substitutionsprozesse* der Zinsen untereinander besitzen direkt *benachbarte* Zinssätze die höchste Korrelation. Grangerkausal determiniert im Wesentlichen der längerfristige den kürzerfristigen Zinssatz.

[1024] Ein weiteres *Indiz* für einen hohen Zusammenhang deterministischer Faktoren und der *Zinsstruktur als Gesamtheit* ergibt sich aus der einfachen Anzahl *der* signifikanten Ergebnisse der *untersuchten Laufzeitbereiche*. Zu nennen sind hier insbesondere der Mean-Reversion-Effekt (8 Laufzeitbereiche (=Lb.)), das reale Wirtschaftswachstum (7 Lb.) und die Geldmenge M3 (7 Lb.), Erwartungen (5 Lb.) sowie der Kredite (5 Lb.).

[1025] Aufgeführt werden nur Faktoren mit einem korrigierten Bestimmtheitsmaß von über 0,20, die auf die Zinsstruktur grangerkausal wirken.

[1026] Beim Leitzinssatz wirkt grangerkausal die im Anhang dargestellte, bivariate bzw. geldpolitische Taylor-Regel.

2. Stochastische Wirkungen der deterministischen Faktoren zur Zinsstruktur

Die GARCH-Effekte bezüglich der Zinsstruktur lassen sich als **aktuelle exogene Schocks** auffassen. Die ARCH-Effekte dagegen können als **Einspielprozesse** und somit zumindest teilweise als (ausklingende) *exogene Schocks vergangener Perioden* interpretiert werden.[1027]

Die **exogenen Schocks** (GARCH) liegen bei folgenden Faktoren über einen weiten Bereich der Zinsstruktur vor: Bei der *Liquidität*, den *Krediten*, dem *Outputgap* und den *Zinserwartungen* liegen nahezu über die gesamte Zinsstruktur hinweg exogene Schocks vor. Beim *Wirtschaftswachstum* wirken exogene Schocks längerfristig ab einer Laufzeit von 6 Monaten. Auch für Direktinvestitionen und für die LM3-Kurve liegen exogene Schocks eher am langen Ende der Zinsstruktur vor. Bei anderen Variablen wie der Geldmenge M3, der Taylor-Regel, der Kapitalintensität und dem Aktienindex treten die exogenen Schocks eher im kurzen und mittleren Bereich der Zinsstruktur auf. **Einspielprozesse** (ARCH) hinsichtlich der Zinsstruktur zeigen sich besonders bei der Liquidität, den Krediten und der Geldmenge M3.

Insgesamt ist festzustellen, dass sowohl die exogenen Schocks als auch die Einspielprozesse etwas häufiger am kurzen Ende als am langen Ende der Zinsstruktur zu beobachten sind.

3. Stochastische Wirkungen & stochastische Substitution zur Zinsstruktur

Tab. 40: Zusammenfassung der stochastischen Substitutionsprozesse.[1028]

Stochastic Factors and Stochastical Substition Factors (Coefficients)													
Variable	Factors		1D	1M	3M	6M	1Y	2Y	5Y	10Y	TS	FR	CB
Volatility of the Single Rates													
Uncondit. Htsk.	White	>3.84 = htrskd.	4.56	6.31	7.09	6.82	7.30	3.49	0.47	0.36	2.82	2.66	0.56
ARCH			0.17	-0.07	0.80	0.67	0.26	0.13	0.13	0.14	0.38	0.04	-0.03
GARCH			0.57	0.56	-0.05	0.17	0.67	0.76	0.53	0.31	0.68	0.81	1.05
ARCH-M	Risk (CAPM)	Prob GARCH	n.a.	0.00	0.00	0.00	0.00	0.00	0.00	0.00	0.00	0.00	0.70
		Coeff. GARCH	n.a.	0.06	0.84	0.94	1.00	1.00	1.05	-0.88	1.87	1.09	0.53
Volatility between the Rates													
Uncondit. Htsk.	White	>3.84 = htrskd.											
1M			2.31										
3M			1.91	1.99									
6M			4.24	8.88	1.19								
1Y			6.25	9.96	6.42	9.62							
2Y			1.47	2.43	4.51	6.3	8.64						
5Y			0.91	0.47	0.37	1.19	1.34	1.59					
10Y			0.76	0.33	0.11	1.46	2.03	2.20	7.94				
ARCH													
1M			1.52										
3M			0.83	0.51									
6M			0.66	0.46	0.03								
1Y			0.33	-0.05	-0.06	0.06							
2Y			0.19	-0.05	-0.01	0.10	0.22						
5Y			0.10	-0.06	0.01	0.12	-0.06	-0.24					
10Y			0.16	-0.07	1.26	0.02	-0.06	-0.22	-0.17				
GARCH													
1M			0.57										
3M			0.49	0.26									
6M			0.49	0.39	0.62								
1Y			0.57	1.00	0.54	0.44							
2Y			0.61	1.02	0.60	0.55	0.60						
5Y			0.60	0.07	0.57	0.54	0.39	1.03					
10Y			0.58	0.37	-0.03	0.55	0.54	1.04	1.06				
Assymetrical GARCH-Effects													
CGARCH	Mean Revsn		0.30	0.89	0.89	0.98	0.98	0.99	1.05	0.90	0.86	0.94	0.94
TARCH			0.30	0.18	0.56	0.31	0.11	0.23	0.13	-0.24	0.48	0.04	-0.03
EGARCH			-1.20	0.06	-0.42	-0.20	-0.22	-0.19	-0.12	0.05	-0.42	-0.09	-0.08
PARCH			0.40	0.45	-0.06	0.06	0.89	0.88	0.86	-1.05	0.93	0.81	n.b.

Zinssätze:	*i1D = Zins 1 Tag, i1M = Zins 1 Monat, TS = Zins-Spread, FR = BUND-Future ECB = Leitzins*

Abb. 48: Zusammenfassung der stochastischen Substitutionsprozesse.

[1027] Siehe tabellarische Zusammenfassung im Anhang.

[1028] Die Ergebnisse stammen aus den Berechnungen der 1.550-seitigen Originalversion dieser Arbeit.

Bei den stochastischen Substitutionsprozessen fallen folgende Sachverhalte auf: Im Rahmen der **Einspielprozesse** (ARCH) zwischen den Zinssätzen sind überwiegend mit zunehmender Laufzeit abnehmende Werte zu beobachten. Die mit deutlichem Abstand höchsten Werte finden sich gehäuft am Geldmarkt. Bei den **exogenen Schocks** (GARCH) ist zu beobachten, dass sehr hohe Werte insbesondere im sehr langfristigen Laufzeitbereich vorliegen. Auffällig ist auch, dass besonders im mittleren Laufzeitbereich nicht die jeweils benachbarten Zinssätze die höchsten Werte annehmen, sondern durchaus Werte, die im mittleren Laufzeitbereich einige Laufzeitbänder auseinander liegen. Dieses Phänomen deutet auf einen weiträumigen *Ausweich-Effekt* der Marktteilnehmer in weiter entfernte Laufzeitbereiche hin, sofern ein Laufzeitband durch substitutive Schockwirkungen ungünstig beeinflusst wird.

Das *GARCH-M-Modell* zeigt mit zunehmender Laufzeit der Zinsen, mit Ausnahme des 1-Tages- und des 10-Jahres-Zinssatzes, ein höheres Risiko aufgrund von GARCH-Effekten. Hiermit lassen sich der Risikospread und damit der normale Verlauf der Zinsstrukturkurve nachweisen. Beim *Component-GARCH-Modell* zeigen sich stochastische Mean-Reversion-Effekte außer beim 1-Tages-Zinssatz über alle Laufzeiten hinweg, wobei dieser Effekt außer beim 1-Tages- und beim 10-Jahres-Zinssatz mit längerer Laufzeit zunimmt.[1029]

B. Entwicklung von Erklärungsmodellen & des Prognosemodells zur Zinsstruktur

1. Theoretische Erklärungsmodelle zur Zinsstruktur

Die signifikanten Faktoren mit ihren Korrelationsschwerpunkten ergeben ein Gesamtmodell:

Das Gesamtmodell zur Zinsstrukturanalyse

Es werden jew. die Faktoren mit der höchsten univariaten Korrelation im jeweiligen Laufzeitbereich dargestellt. Der Faktor Konsum hat in der univariaten Regression keine Signifikanz. Der Faktor Risiko wird durch (G)ARCH-Modelle erfasst. (Graue unterlegte Faktoren: Koeffizienten >0,5), (Lags u. Koeffizienten unberücksichtigt)

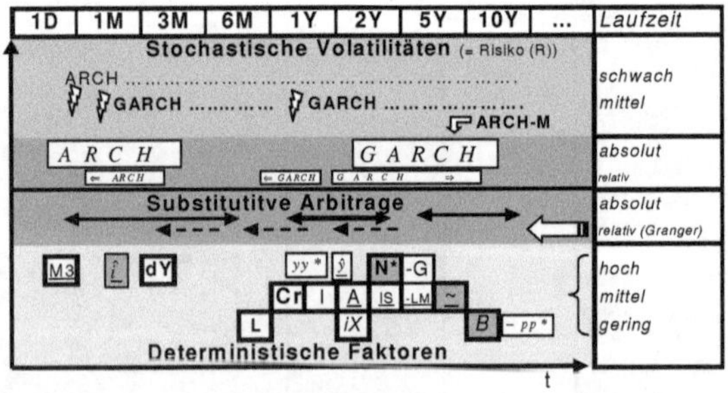

M3 = M3, î = Zinserwartung, dY = dBIP, yy= Y-Gap, ŷ = Gewinnerwartung, N* = Innovation, Cr = Kredite, I = Investition, A = Aktienkurs, IS = IS-Kurve, LM = LM3-Kurve, ~ = -Mean-Reversion, L = Liquidität, iX = Zinsparität US, B = Beschäftigung, pp* = dP-Gap, G = Commodities; grau = Koeffizient hoch*

Grangerkausale Determination: fett = unabh. Variable, normal = Zins, unterstrichen = ggseitig., kursiv = keine

Abb. 49: Gesamtmodell zur Zinsstruktur.[1030]

[1029] Zu den anderen asymmetrischen ARCH-Modellen wird aufgrund der teils uneinheitlichen Ergebnisse auf die ökonometrische Analyse in den betreffenden Kapiteln dieser Arbeit verwiesen.
[1030] Eigene Darstellung.

Komprimiert man die Ergebnisse aus den Analysen und dem vorgenannten Modell, gelangt man in einer allgemeineren Interpretation zu dem Ergebnis, dass die **Zinsstruktur sich wesentlich aus allen wachstumsbezogenen Ertragsfaktoren und den Risikofaktoren ergibt**. Hierbei lassen sich alle deterministischen Faktoren als ökonomisch spezifizierte Ertragsfaktoren auffassen. Die stochastischen Einflüsse stellen *Risikofaktoren* zur Zinsstruktur bzw. die Risikofaktoren der Gesamtheit der Ertragsfaktoren insoweit dar, als die Ertragskomponenten hinsichtlich des Eintretens dieser Erträge im Normalfall abweichen.[1031]

Die Zinsstruktur im Spannungsfeld von Ertrag und Risiko

Die Zinsstruktur resultiert zusammengefasst und in einer abstrakten Perspektive aus den komplementären und substitutiven Wirkungen von Ertragsfaktoren und Risikofaktoren.

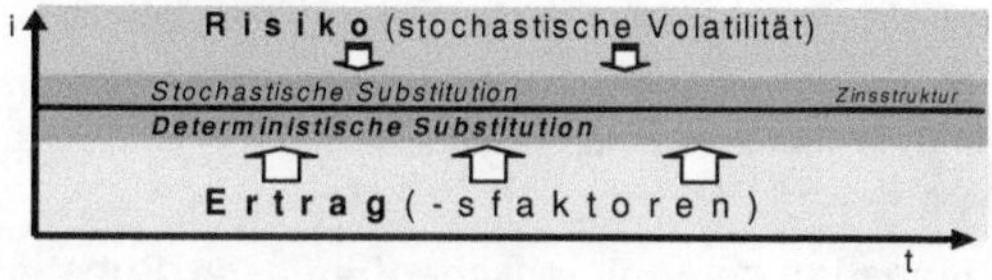

Abb. 50: Zinsstruktur im Spannungsfeld von Ertrag und Risiko.[1032]

Ökonometrische Zinsmodelle beruhen häufig auf Trendextrapolation.[1033] Dies gilt auch für die risikorelevanten Erwartungen der Wirtschaftssubjekte, die sich über den sich noch laufend ändernden (realeren) Ertragsfaktor hinaus bereits in der Zinsstruktur niederschlagen. So verlaufen die Ertragsfaktoren für die verschiedenen Laufzeiten der Kurve nicht linear, sondern in unterschiedlichen Laufzeitbereichen unterschiedlich hoch. Deshalb stellen die Zinskurven gekrümmte, erwartete Wachstums- bzw. Ertragsfunktionen dar.[1034] Diese Krümmungen werden durch Substitutionsprozesse zwischen den einzelnen Zinssätzen, aber auch intertemporal im Zeitablauf geglättet. Das Wachstum wird in einer Informationsgesellschaft stark von der sich verändernden Menge der vorliegenden, ertragbringenden Informationen beeinflusst. Diese ***Informationen*** verändern auf dem Kapitalmarkt wesentlich die Zinsstrukturkurve.[1035]

[1031] Die substitutiven Arbitrageprozesse können analog aus deterministischer Perspektive durch die Zinssätze selbst oder aus der Perspektive stochastischer Substitutionsprozesse betrachtet werden.
[1032] Eigene Darstellung.
[1033] Schober, J., Zinsprognose, in: Rehm, H., Methoden, 1989, S. 24 ff.
[1034] Der engl. Ausdruck „yield curve" (dt.: Ertragskurve) trifft diese Phänomen im ursprünglichen Sinne.
[1035] So könnten sich im dargestellten Modell bei den gewählten Laufzeiten bspw. ff. News-Impacts ergeben: β_1 = gestiegene Geldmenge M3, β_2 = gleichbleibende Kreditnachfrage, β_3 = sinkende Gewinnerwartungen.

Ein dynamisches Informations-Ertrags-Modell der Zinsstruktur

Die Zinsstruktur (YC) zeigt bei verschiedenen Laufzeiten aufgrund der im Zeitablauf (t_0 bis t_1) durch News-Impacts schwankenden (erwarteten) Ertrags(-risiken) unterschiedliche Ertragsänderungen (Teil-Fraktale (F)), die zu unterschiedlichen Erträgen (μ_i) führen.

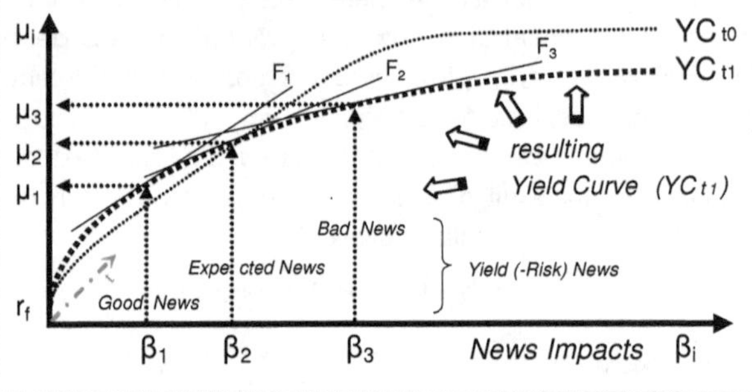

Abb. 51: Dynamisches Informations-Ertrags-Modell der Zinsstruktur.[1036]

2. Kombination deterministischer Einflüsse, Substitutions- & Einspielprozesse

Bei einer *multiplen* Korrelationsanalyse der einzelnen Einflussfaktoren verlieren diese an Signifikanz und es offenbart sich, welche Faktoren den signifikanzmäßig stärksten Einfluss haben. Insgesamt zeigen sich die folgenden Ergebnisse: [1037]

Die Lage und die Steilheit (sowie ggf. die Krümmung) der Zinsstrukturkurve werden primär durch *deterministische Einflüsse* (exogene Schocks) über Angebot und Nachfrage auf dem Geld-, Kredit- und Kapitalmarkt bestimmt.[1038] Die Nachfrage nach Transaktionsmitteln wirkt sich insbesondere am kurzfristigen Geldmarkt bei Laufzeiten von einem Tag bis zu drei Monaten aus, die Nachfrage im Kredit- und Kapitalmarktbereich mit Laufzeiten zwischen zwei und zehn Jahren sowie dem längerfristigen Geldmarkt mit einer Laufzeit von zwölf Monaten. Die deterministischen Einflussfaktoren beim Geld- und Kapitalmarkt sind im Wesentlichen das Wirtschaftswachstum, die Inflationsrate, die Wechselkurse, die Veränderung der Arbeitslosigkeit, die Veränderung der Aktienkurse, die Veränderung der Kreditnachfrage, die Veränderung der Geldnachfrage und die Veränderung der Mindestreserven.[1039] Bei den Zinsen der einzelnen Laufzeitensegmente kommt es zu *Einspielprozessen* als stetige *stochastische* Schwankungen in der Regel um den Wert der jeweiligen Vorperiode.

Von besonderem Interesse ist überdies, welche Faktoren im Rahmen der multiplen Regression als Hauptwirkungsfaktoren über die ganze Zinsstruktur hinweg wirken. Hiermit lassen sich Ursprungsfaktoren extrahieren, die darüber hinaus besonders als mittelbare Faktoren für die zusätzlich hinsichtlich der Zinsstruktur typischen Substitutionsprozesse charakteristisch sind.

[1036] Eigene Darstellung.
[1037] Vgl. Anderegg, Ralph, Geldtheorie, 2007, S. 144.
[1038] Vgl. Anderegg, Ralph, Geldtheorie, 2007, S. 140 ff.
[1039] Vgl. Anderegg, Ralph, Geldtheorie, 2007, S. 140 ff.

3. Das multivariate Prognosemodell zur Zinsstruktur

Die Modelle stützen sich überwiegend auf die aus der bivariaten Analyse ausgewählten validen deterministischen Wirkungsfaktoren zur Zinsstruktur. Hieraus lässt sich in Anlehnung an die APT ein Prognosemodell der einzelnen Zinssätze der Zinsstruktur ableiten, womit die gesamte Zinsstruktur prognostizierbar ist. Es zeigt sich, dass, teilweise zuzüglich zum aktuellen Zinssatz, die Verwendung von lediglich drei weiteren deterministischen Faktoren (Kredite, Gewinnerwartungen (d.h. European Sentiment Index (ESIN) oder STOXX), und der Konsum) bereits zu sehr signifikanten Ergebnissen führt.[1040] [1041] Derart signifikante Ergebnisse sind in einer solch geringen Anzahl von Faktoren mit keinen anderen Faktoren als den Verwendeten darstellbar. Die Faktoren besitzen hierbei überwiegend einen p-Wert von < 0,001.[1042] Das Bestimmtheitsmaß des Modells liegt bei kurzfristigen Regressionen mit vier Faktoren bei 0,98 bis 0,99, bei langfristigen Regressionen mit 3 Faktoren zwischen 0,96 und 0,92.[1043] Der Durbin-Watson-Koeffizient stützt jeweils unter Berücksichtigung der Anzahl der Faktoren die Signifikanz dieser multiplen Gesamtprognose.[1044]

Ein Prognosemodell zur Zinsstruktur (multiple Korrelation)

p-Werte (p) u. Koeffizienten (cft) jew. mit 100 multipliziert (1. u. 2. Nachkommastelle); * = cft mit 1000 multipliziert

Independent Variables: Credit, Expectations (ESIN, STOXX), Consumption, Interest (Corresponding Rate)

Dependent Variable: Interest Rates with Lead 1

	i1D(1)		**i1M**(1)		**i3M**(1)		**i6M**(1)		**i1Y**(1)		**i2Y**(1)		**i5Y**(1)		**i10Y**(1)	
	p	cft	p	cft	p	cft	p	cft	p	cft	p	cft	P	cft	p	cft
Credit *	00	13	00	16	00	20	00	25	04	45	00	19	00	19	00	13
ESIN	00	04	00	04	00	04	00	03	-	-	-	-	-	-	-	-
STOXX *	-	-	-	-	-	-	00	04	00	04	00	07	00	04	-	-
Consmpt	00	-02	00	-02	00	-04	00	-04	-	-	00	-03	00	-03	00	-02
Interest	00	49	00	44	00	37	-	-	00	61	-	-	-	-	01	45
R²	**0.98**		**0.99**		**0.98**		**0.98**		**0.96**		**0.96**		**0.93**		**0.92**	
DW	1.40		1.75		1.90		1.90		1.68		1.37		1.22		1.64	

p = p-Wert, cft = Koeffizient | *Zinssätze: i1D = Zins 1 Tag, i1M = Zins 1 Monat, (…), i10Y = Zins 10 Jahre*

Abb. 52: Multivariates Prognosemodell zur Zinsstruktur.[1045]

[1040] In der univariaten Analyse zeigt der makroökonomische Konsum keine signifikanten Ergebnisse hinsichtlich der Zinssätze. In der multiplen Regression liegt dagegen ein auf den Ricardo-Effekt von Hayeks hinweisender und diesen stützender, inverser Zusammenhang mit den Zinssätzen vor.

[1041] Das Modell lässt sich beispielsweise um mit (G)ARCH-Effekten kombinierte Value-at-Risk-Berechnungen im Rahmen der erwarteten Zinsänderungsrisiken erweitern. Vgl. hierzu etwa Specht, Katja: Modelle zur Schätzung der Volatilität: eine theoretische und empirische Analyse am Beispiel von Finanzmarktaten, Gießen, 1999, S. 125 ff.: Die Integration von Modellen aus der (G)ARCH-Familie in Value-at Risk-Ansätze.

[1042] Die Konstanten der multiplen Regression erfüllen die Anforderungen an das Signifikanzniveau (p<0.05).

[1043] Dies gilt auch hinsichtlich des Zinsstruktur-Spreads: R-sqrd: 0.92, DW 1.45, Term-Structure 00/65, Credit 01/-00, ESIN 00/-03 (jeweils (p-value/coefficient)*100).

[1044] Bei Verwendung von -zuzüglich zum aktuellen Zinssatz- lediglich zwei weiteren Faktoren (Gewinnerwartungen, Kredite) zeigt sich unter der Voraussetzung der Erfüllung des gewählten Signifikanzniveaus immerhin noch ein Bestimmtheitsmaß von nahezu 0,97 bei einem Durbin-Watson-Koeffizienten im Unschärfebereich.

[1045] Eigene Darstellung. Beim i5Y besteht eine leichte serielle Korrelation. ARCH- u. GARCH-Effekte s. S. 219.

Die Modellergebnisse bestätigen insbesondere die Zinstheorien Schumpeters und von Hayeks. Die Gewinnerwartungen Schumpeters lassen sich durch den ESIN aber auch durch den STOXX reflektieren. In gewisser Weise wird dadurch auch die Theorie Friedmans (Aktienkurse) bestätigt. Auffällig ist zudem, dass die Kreditnachfrage bei allen Laufzeitbereichen stark vertreten ist, was die Hypothese Schumpeters und von Hayeks bestätigt. Auch die Variable Konsum ist, mit einer Ausnahme, bei allen Laufzeiten vertreten, obwohl univariate Tests zum Konsum in Bezug auf die Zinssätze keine signifikanten Ergebnisse liefern. Auffällig ist hierbei der negative Koeffizient, was die These des Ricardo-Effekts von Hayeks stützt. Insbesondere am kurzen Ende der Zinsstruktur ist überdies der aktuelle, korrespondierende Zinssatz als valider Faktor gemäß der Hypothese der Zinserwartungen von Fisher vorhanden.

Darüber hinaus ist ersichtlich, dass das Modell die Erkenntnisse der vorliegenden Arbeit bestätigt.[1046] [1047] **Kredite** können hierbei als ein die Zinsstruktur determinierender, *erwarteter, risikobehafteter Ertragsfaktor* angesehen werden (lat. "credere" = glauben, hoffen). Die Erwartungen kommen in den Faktoren ESIN und STOXX noch stärker zur Geltung. Bei Laufzeiten ab 6 Monaten beginnt der Faktor STOXX den Faktor ESIN abzulösen, was die Hypothese der vorliegenden Arbeit zum Informations-Ertrag im Rahmen hoch informationseffizienter Kapitalmärkte auch wachstumstheoretisch zusätzlich stützt. Somit stellt die gesamte Zinsstruktur informationstheoretisch einen *risikobeeinflussten Informations-Ertragsfaktor* dar.[1048]

[1046] Ziel des Prognosemodells ist es, mittels Reduktion bei höchstmöglicher Validität zu weiteren Erkenntnissen zu gelangen. Das Modell lässt bei Einbeziehung weiterer Faktoren, z.B. von Lag-Strukturen bspw. durch zeitlich abklingende Impacts (als Vorberechnungen zu den darauf basierenden ökonometrischen Berechnungen dieser Arbeit), sowie Hinzufügung weiterer Faktoren eine höhere Prognosesicherheit zu.

[1047] Von der Modellkalibrierung mittels Newey-West (Unterdrückung serieller Korrelation) oder der Korrektur um (G)ARCH-Werte wird abgesehen. Denn einerseits handelt es sich um ein erklärungstheoretisches Reduktionsmodell, andererseits ist die Verteilungsfunktion der deterministischen (relativ stabilen) Regressionsgleichungen normalverteilt, wogegen die Verteilungsfunktion der (G)ARCH-Modelle stochastisch und kurzfristig ist.

[1048] So verbessert die zusätzliche Variable Zinsstruktur-Spread die Prognose der Kapitalmarktzinsen prägnant.

C. Zusammenfassung und Ausblick

Die vorliegende Arbeit analysiert in theoretischer und ökonometrischer Hinsicht die Ursachen der Zinsstruktur. Hierbei werden die zugrundeliegenden deterministischen, die substitutiven sowie die stochastischen Prozesse untersucht. Die Arbeit mündet in ein Prognosemodell und eine Reihe zinsstrukturtheoretischer Erklärungsmodelle.

Dabei liefert die Arbeit u.a. eine umfassende theoretische und ökonometrische Untersuchung von Zinstheorien. Diese umfassen nicht zuletzt die in der wissenschaftlichen Diskussion wenig beachteten Zinstheorien wie die von Schumpeter oder von Friedman, die Analyse und Darstellung der Substitutions- und stochastischen Prozesse der Zinsstruktur anhand von Modellen unter Einschluss *stochastischer* Substitutionsprozesse, sowie die außenwirtschaftliche Zinsstruktur-Analyse des Euro-Währungsgebiets. Darüber hinaus gelingt im Beobachtungszeitraum eine Falsifizierung des Fisher-Effekts, ein Nachweis der Signifikanz nach den Konstruktionsprinzipien der Taylor-Regel für das Euro-Währungsgebiet (s. Anhang), die Entwicklung eines Risiko-Akzelerator-Modells, eines Informations-Ertrags-Modells zur Zinsstruktur, sowie der Test eines Mehrfaktoren-APT zur signifikanten Zinsstrukturprognose mittels der Einflussfaktoren Gewinnerwartungen und Kredite auf Basis eines Informations-Impacts-Modells zur Zinsstruktur. Überdies erlauben die zinsstrukturtheoretischen Analysen eine Beurteilung nicht nur von Zinsmodellen, sondern auch zahlreicher anderer Modelle sowohl innerhalb der Kapitalmarkttheorie als auch anderer volkswirtschaftlicher Theorien.

Die Kapitalmarkt-Erträge und damit die Zinsstrukturkurve ergeben sich aufgrund des technischen Fortschritts und des Humankapitals als Wachstumstreiber einer Informationsgesellschaft aus den neu generierten, ertragbringenden Informationen. Dies betrifft nicht nur die kurzfristigen, affinen Modelle, deren Messgrundlage zunehmend durch neue ökonometrische Verfahren wie die der asymmetrischen (G)ARCH-Modelle präzisiert wird, sondern auch die langfristige Informationswirkung in Bezug auf das Wirtschaftswachstum. Nur wenn das Wirtschaftswachstum und die Risiken prognostizierbar sind, lässt sich die Zinsstruktur prognostizieren. Dies gilt zumindest teilweise auch umgekehrt. In dieser informationstheoretischen Wechselwirkung mit der Wachstumstheorie und in den neuen Methoden des Risikomanagements liegen die Ansätze für die künftige Kapitalmarktforschung zur Zinsstrukturtheorie.

Anhang

1. Deterministischen und substitutive Wirkungen zur Zinsstruktur [1049]

Tab. 41: Koeffizienten deterministischer und substitutiver Faktoren.[1050]

Significant Coefficients (>0.24) of Deterministic & Subsitutional Factors (Adj. R-squared & Granger-Causality)														
	Variable (Factors)	Authors	Maturity	1D	1M	3M	6M	1Y	2Y	5Y	10Y	TS	FR	CB
1	Growth, dGDPr	Boehm, Fisher, Hayek	1	0.30	0.29	0.29	0.28	0.25					-0.95	
2	i Expectatn. (Lead 1)	Fisher, Meiselman	0	0.74	0.76	0.73	0.65	0.47				0.40		0.40
3	Price Expc & dP	Fisher, Friedman	1								-0.29	-0.34	1.57	0.43
4	Capital Intensity	Schumpeter	2						**6.05**	**4.88**	**3.26**	1.16	**-21.66**	-2.10
5	Gross Captl. Frmtn.	Schumpeter, Hayek	2					0.24	0.24				-1.15	
6	ESIN	Schumpeter	0										-0.36	
7	LM3	Keynes	0					-0.26	-0.27	-0.23	-0.20		1.58	
8	IS	Keynes	2											
9	Employment	Keynes	0					0.69	0.70	0.65	0.58		-4.47	0.58
10	dP-Gap	Taylor	-2						-0.29	-0.31	-0.33		2.84	
11	Interest Parity	Interest Rate Parity	0										0.31	
12	Interest Parity	Interest Rate Parity	0					0.25	0.29					
13	Mean Reversion	Arbitrage Theory	-1	-0.34	-0.30	-0.33	-0.42	-0.57	-0.67	-0.74	-0.82		-0.80	-0.61
14	Substitution	i (long) = i (short)	Lag											
	1D	Substitution Effects	0		0.92	0.92	0.86	0.58	0.54	0.34	0.27			
	1M		0			1.01	0.95	0.83	0.64	0.43	0.34			
	3M		0				0.97	0.89	0.73	0.51	0.40			
	6M		0					1.02	0.92	0.68	0.50			
	1Y		0						1.00	0.79	0.59			
	2Y		0							0.85	0.64			
	5Y		0								0.81			

Zinssätze:	*i1D = Zins 1 Tag, i1M = Zins 1 Monat, (...), i10Y = Zins 10 Jahre*
	TS = Zins-Spread der Zinsstruktur, FR = EURO-BUND-Future, ECB = Leitzinssatz der EZB

Abb. 53: Koeffizienten deterministischer und substitutiver Faktoren.

2. Stochastische Wirkungen der deterministischen Faktoren der Zinsstruktur

Tab. 42: Stochastische Wirkungen der deterministischen Faktoren.[1051]

	Variable	Authors	Maturity / Lag	1D	1M	3M	6M	1Y	2Y	5Y	10Y	TS	FR	CB
1	Growth, dGDPr	Boehm, Fisher, Hayek	1			x	x	x	ox	x	x		x	ox
2	Liquidity Allottment	Wicksell	2	ox	ox	ox	x	x	ox	o	ox	x	x	
3	i Expectatn. (Ld. 1)	Fisher, Meiselman	0	ox	ox		ox	x	x		ox		ox	ox
4	Interest Range	Malkiel	-1											
5	Price Expc & dP	Fisher, Friedman	1	x	ox		x						o	o
6	Commodity Price	Gibson	4	ox	ox		x	x			x		ox	
7	Capital Intensity	Schumpeter	2	ox	ox			ox	ox			ox	o	x
8	Gross Captl. Frmtn.	Schumpeter, Hayek	2	ox	x	x	x	x	x			ox	ox	ox
9	ESIN	Schumpeter	0	x			x	ox	x		x	x	ox	
10	Credits, Loans	Hayek, Ohlin, Brunner	0	ox	x	ox	x	x	ox	ox	x	x	x	ox
11	Savings Gross	Ohlin, (Fisher)	0	x	o					x	o	x	x	x
12	Money Stock, M1	Brunner-Meltzer	2	x	x	o						ox	x	o
13	Interest Lags	Culbertson, Modigliani	1											
14	LM3	Keynes	0			x	x	x	x	ox	x	ox	ox	
15	IS	Keynes	2					x	x			x		
16	Employment	Keynes	0		ox			ox	x	x	ox	ox	x	ox
17	Liquidity Premium	Hicks	0											
18	Y-Gap	Taylor	2	x	ox	ox	x	x	x	ox		o	ox	
19	dP-Gap	Taylor	-2	x	o			x						
20	Money Stock, M3	Friedman	2	ox	ox	ox	ox	x	x		o	ox	ox	
21	EUROSTOXX50	Friedman	0	x	ox	x			x	x		x	ox	
22	Purchsg Powr Par.		0						x	x		x	ox	
23	Interest Parity	Interest Rate Parity	0				x	x	x	ox	x	x	x	
24	Foreign Dir. Invmnt		0		ox	o		x	x	x	o	ox	ox	o
25	Mean Reversion	Arbitrage Th., s. Anhg.												

o = ARCH-Effekt vor x = GARCH-Effekt vorhanden

Zinssätze:	*i1D = Zins 1 Tag, i1M = Zins 1 Monat, (...), i10Y = Zins 10 Jahre*
	TS = Zins-Spread der Zinsstruktur, FR = EURO-BUND-Future, ECB = Leitzinssatz der EZB

Abb. 54: Stochastische Wirkungen der deterministischen Faktoren.

[1049] Die Ergebnisse stammen aus den Berechnungen der 1.550-seitigen Originalversion dieser Arbeit.
[1050] Die Ergebnisse stammen aus den Berechnungen der 1.550-seitigen Originalversion dieser Arbeit.
[1051] Die Ergebnisse stammen aus den Berechnungen der 1.550-seitigen Originalversion dieser Arbeit.

3. Die Berechnungen zum Prognosemodell der Zinsstruktur

Dependent Variable: RATE_1_DAY(1)				
Method: Least Squares				
Sample (adjusted): 6 35				
Included observations: 30 after adjustments				
Variable	Coefficient	Std. Error	t-Statistic	Prob.
RATE_1_DAY	0.490724	0.092865	5.284298	0.0000
MFI_LOANS_NMFI_PRIV_GOV	0.001307	0.000358	3.647737	0.0012
ESI_EUSENTIINDX	0.040879	0.005451	7.499200	0.0000
CONSUMPTION_PRIVATE	-0.019079	0.005226	-3.650479	0.0012
C	7.650684	2.907786	2.631103	0.0144
R-squared	0.979976	Mean dependent var		3.171913
Adjusted R-squared	0.976772	S.D. dependent var		1.012536
S.E. of regression	0.154317	Akaike info criterion		-0.748604
Sum squared resid	0.595344	Schwarz criterion		-0.515071
Log likelihood	16.22905	F-statistic		305.8770
Durbin-Watson stat	1.395222	Prob(F-statistic)		0.000000

Dependent Variable: RATE_1_MONTH(1)				
Method: Least Squares				
Sample (adjusted): 6 35				
Included observations: 30 after adjustments				
Variable	Coefficient	Std. Error	t-Statistic	Prob.
RATE_1_MONTH	0.442911	0.082477	5.370137	0.0000
CONSUMPTION_PRIVATE	-0.022938	0.004601	-4.985499	0.0000
ESI_EUSENTIINDX	0.041497	0.004656	8.912172	0.0000
MFI_LOANS_NMFI_PRIV_GOV	0.001618	0.000318	5.088474	0.0000
C	9.461346	2.529129	3.740950	0.0010
R-squared	0.986088	Mean dependent var		3.233381
Adjusted R-squared	0.983862	S.D. dependent var		1.013276
S.E. of regression	0.128720	Akaike info criterion		-1.111340
Sum squared resid	0.414222	Schwarz criterion		-0.877807
Log likelihood	21.67010	F-statistic		443.0126
Durbin-Watson stat	1.754024	Prob(F-statistic)		0.000000

Dependent Variable: RATE_3_MONTHS(1)				
Method: Least Squares				
Sample (adjusted): 6 35				
Included observations: 30 after adjustments				
Variable	Coefficient	Std. Error	t-Statistic	Prob.
RATE_3_MONTHS	0.374323	0.098286	3.808520	0.0008
MFI_LOANS_NMFI_PRIV_GOV	0.001985	0.000373	5.325953	0.0000
ESI_EUSENTIINDX	0.044394	0.005655	7.849917	0.0000
CONSUMPTION_PRIVATE	-0.027575	0.005374	-5.131557	0.0000
C	11.49476	2.867568	4.008539	0.0005
R-squared	0.984749	Mean dependent var		3.284997
Adjusted R-squared	0.982309	S.D. dependent var		1.041516
S.E. of regression	0.138529	Akaike info criterion		-0.964456
Sum squared resid	0.479760	Schwarz criterion		-0.730923
Log likelihood	19.46684	F-statistic		403.5627
Durbin-Watson stat	1.901353	Prob(F-statistic)		0.000000

Dependent Variable: RATE_6_MONTHS(1)				
Method: Least Squares				
Sample (adjusted): 5 35				
Included observations: 31 after adjustments				
Variable	Coefficient	Std. Error	t-Statistic	Prob.
CONSUMPTION_PRIVATE	-0.035159	0.003101	-11.33810	0.0000
ESI_EUSENTIINDX	0.029265	0.008714	3.358347	0.0024
EUROSTOXX50	0.000409	0.000101	4.065066	0.0004
MFI_LOANS_NMFI_PRIV_GOV	0.002541	0.000223	11.41669	0.0000
C	16.56651	1.592413	10.40340	0.0000
R-squared	0.980214	Mean dependent var		3.339758
Adjusted R-squared	0.977170	S.D. dependent var		1.035838
S.E. of regression	0.156510	Akaike info criterion		-0.724708
Sum squared resid	0.636877	Schwarz criterion		-0.493420
Log likelihood	16.23298	F-statistic		322.0207
Durbin-Watson stat	1.554604	Prob(F-statistic)		0.000000

Dependent Variable: RATE_1_YEAR(1)				
Method: Least Squares				
Sample (adjusted): 6 35				
Included observations: 30 after adjustments				
Variable	Coefficient	Std. Error	t-Statistic	Prob.
RATE_1_YEAR	0.606522	0.101360	5.983820	0.0000
EUROSTOXX50	0.000434	0.000128	3.379289	0.0023
MFI_LOANS_NMFI_PRIV_GOV_	0.004475	0.002123	2.108243	0.0448
C	-0.417923	0.180743	-2.312253	0.0289
R-squared	0.955937	Mean dependent var		3.363332
Adjusted R-squared	0.950853	S.D. dependent var		1.003952
S.E. of regression	0.222567	Akaike info criterion		-0.043613
Sum squared resid	1.287936	Schwarz criterion		0.143214
Log likelihood	4.654189	F-statistic		188.0230
Durbin-Watson stat	1.680712	Prob(F-statistic)		0.000000

Dependent Variable: RATE_2_YEARS(1)				
Method: Least Squares				
Sample (adjusted): 5 35				
Included observations: 31 after adjustments				
Variable	Coefficient	Std. Error	t-Statistic	Prob.
CONSUMPTION_PRIVATE	-0.026158	0.003864	-6.769061	0.0000
EUROSTOXX50	0.000663	6.72E-05	9.863747	0.0000
MFI_LOANS_NMFI_PRIV_GOV	0.001880	0.000283	6.646610	0.0000
C	14.47564	2.134817	6.780738	0.0000
R-squared	0.955146	Mean dependent var		3.605165
Adjusted R-squared	0.950162	S.D. dependent var		0.941670
S.E. of regression	0.210222	Akaike info criterion		-0.161387
Sum squared resid	1.193224	Schwarz criterion		0.023644
Log likelihood	6.501494	F-statistic		191.6502
Durbin-Watson stat	1.372638	Prob(F-statistic)		0.000000

Dependent Variable: RATE_5_YEARS(1)				
Method: Least Squares				
Sample (adjusted): 5 35				
Included observations: 31 after adjustments				
Variable	Coefficient	Std. Error	t-Statistic	Prob.
MFI_LOANS_NMFI_PRIV_GOV	0.001915	0.000304	6.294376	0.0000
EUROSTOXX50	0.000357	7.23E-05	4.933808	0.0000
CONSUMPTION_PRIVATE	-0.028983	0.004158	-6.970497	0.0000
C	18.85186	2.297062	8.206946	0.0000
R-squared	0.925151	Mean dependent var		4.088584
Adjusted R-squared	0.916834	S.D. dependent var		0.784365
S.E. of regression	0.226199	Akaike info criterion		-0.014887
Sum squared resid	1.381484	Schwarz criterion		0.170143
Log likelihood	4.230751	F-statistic		111.2415
Durbin-Watson stat	1.221026	Prob(F-statistic)		0.000000

Dependent Variable: RATE_10_YEARS(1)				
Method: Least Squares				
Sample (adjusted): 6 35				
Included observations: 30 after adjustments				
Variable	Coefficient	Std. Error	t-Statistic	Prob.
RATE_10_YEARS	0.451598	0.163858	2.756027	0.0105
MFI_LOANS_NMFI_PRIV_GOV	0.001311	0.000388	3.373884	0.0023
CONSUMPTION_PRIVATE	-0.020052	0.006149	-3.260827	0.0031
C	13.71509	4.305251	3.185665	0.0037
R-squared	0.917366	Mean dependent var		4.558860
Adjusted R-squared	0.907831	S.D. dependent var		0.690795
S.E. of regression	0.209721	Akaike info criterion		-0.162511
Sum squared resid	1.143556	Schwarz criterion		0.024316
Log likelihood	6.437660	F-statistic		96.21289
Durbin-Watson stat	1.637841	Prob(F-statistic)		0.000000

Dependent Variable: TERM_STRUCTURE_10Y3M(1)				
Method: Least Squares				
Sample (adjusted): 6 35				
Included observations: 30 after adjustments				
Variable	Coefficient	Std. Error	t-Statistic	Prob.
TERM_STRUCTURE_10Y3M	0.651498	0.090751	7.178970	0.0000
MFI_LOANS_NMFI_PRIV_GOV	-0.000110	3.92E-05	-2.803637	0.0094
ESI_EUSENTIINDX	-0.030865	0.006727	-4.588328	0.0001
C	4.449852	0.880675	5.052773	0.0000
R-squared	0.916701	Mean dependent var		1.273863
Adjusted R-squared	0.907089	S.D. dependent var		0.700569
S.E. of regression	0.213542	Akaike info criterion		-0.126398
Sum squared resid	1.185607	Schwarz criterion		0.060428
Log likelihood	5.895977	F-statistic		95.37597
Durbin-Watson stat	1.450980	Prob(F-statistic)		0.000000

ARCH- und GARCH-Effekte des multiplen Regressionsmodells								
	i1D	i1M	i3M	i6M	i1Y	i2Y	i5Y	i10Y
ARCH	0,58	0,37	0,10	0,03	0,00	0,053	0,32	0,47
GARCH	0,29	0,00	0,00	0,00	0,00	0,70	0,00	0,02

4. Die ökonometrische Analyse der bivariaten Taylor-Regel

Die Anwendung der Taylor-Regel auf die Geldpolitik der EZB gelangt zu signifikanten Ergebnissen.[1052] Die Taylor-Regel wird darüber hinaus hinsichtlich einer Wirkung auf die Zinsstruktur untersucht. Hierbei wird eine abgewandelte Form der bivariaten Taylor-Regel verwendet, mit der sich nach experimentellen Versuchen mit zahlreichen Berechnungsmodalitäten die validesten Ergebnisse einstellen: Der *Inflationgap* wird hierbei aus den gleitenden Durchschnitten der HVPI-Inflationsraten sowie den Deflatoren der jeweils vergangenen sechs Monate bzw. zwei Quartale berechnet. Deren Durchschnittswert entspricht auf Basis der abgewandelten Berechnung der erwarte-

[1052] Vgl. Taylor, John B., Discretion, 1993, S. 202: Die von Taylor formulierte, ursprüngliche Politikregel ergibt sich aus einem Inflationgap, der sich in Abhängigkeit von den Inflationsraten der letzten vier Quartale bzw. der letzten 12 Monate berechnet. In einer für das Euro-Währungsgebiet abgewandelten Form wird der Inflationgap auf Basis der jeweiligen Abweichungen vom Ankerwert von 2% als Zielinflationsrate der EZB verwendet. Die Änderung des Hauptrefinanzierungssatzes der EZB wird mit einem Lead von einem Quartal berücksichtigt.

ten Inflationsrate.[1053] Der *Outputgap* wird aus den jeweiligen Abweichungen vom durchschnittlichen nominalen Bruttoinlandsprodukt des gesamten Beobachtungszeitraums berechnet.[1054]

Die bivariate Taylor-Regel wird in zunächst in ihrer abgewandelten Form analysiert, nämlich hinsichtlich der Anwendung für die Relevanz der einzelnen Markt-Zinssätze der Zinsstruktur.

Tab. 43: Inflation- (P) & Outputgap (Y), Marktzinsen (TAYLOR: Marktzinsen).[1055]

Independent Variable: 1st Differentiation von: (GAP_GDP_Y_MEAN + GAP_DP_6M_MEAN_HICP)											
Dependent Variable: 1st Differentiation der folgenden Zinssätze:											
	i1D	i1M	i3M	i6M	i1Y	i2Y	i5Y	i10Y	TS	FR	ECB
Koeffizient P	0.03	0.03	0.03	0.03	0.03	0.03	0.02	0.01	-0.02	-0.16	0.02
Koeffizient Y	0.15	0.22	0.29	0.37	0.45	0.46	0.41	0.39	0.10	-3.10	0.09
R²-adjusted	0.29	0.35	0.42	0.42	0.39	0.30	0.24	0.25	0.09	0.24	0.05
Probability Y	0.00	0.00	0.00	0.00	0.00	0.01	0.02	0.06	0.07	0.01	0.06
Probability P	0.30	0.11	0.03	0.01	0.01	0.01	0.01	0.01	0.53	0.01	0.59
Durbin-Watson	0.91	0.86	1.02	1.39	1.79	1.95	1.89	1.82	0.98	1.44	1.18
Granger cause	←	←	←	←	←	←	-	-	→	-	-
White	5.77	5.56	3.96	1.83	5.18	10.90	13.65	13.00	4.12	2.04	3.66
ARCH (p-Wert)	0.06	0.00	0.09	0.00	0.00	0.47	0.36	0.43	0.09	0.76	0.00
GARCH (p-Wert)	0.00	0.00	0.00	0.00	0.00	0.00	0.91	0.79	0.00	0.93	0.37
Best Lag:	*1 period of the dependent variable calculated (Zinssätze)*										
GDP_Y_MEAN:	*= Mean Value of the GDP*										
6M_Mean_HICP:	*= Harmonized Index of Consumer Prices of the last 6 Month's´ Moving Average*										
Zinssätze:	*i1D = Zins 1 Tag, i1M = Zins 1 Monat, (...), i10Y = Zins 10 Jahre*										
	TS = Zins-Spread der Zinsstruktur, FR = EURO-BUND-Future, ECB = Leitzinssatz der EZB										
Granger-Kausalität:	*→ = abhängige Variable (Zinssatz) determiniert grangerkausal; – = keine Grangerkausalität*										
	← = unabhängige Variable determiniert grangerkausal; ↔ = gegenseitige Grangerkausalität										

Die ökonometrischen Tests analysieren die Veränderung der (gleichgewichteten Summe aus der Veränderung des Outputgaps „Y" (GAP_GDP_Y_MEAN) sowie der Veränderung des Inflationgaps „P" (GAP_DP_6M_MEAN_HICP) im Vergleich zur Veränderung der Zinssätze mit einem optimalen Lag von einem Quartal. Die Parameter besitzen jeweils einen Wert von 0,5.[1056] Die Ergebnisse sind *signifikant* für Laufzeiten von 6 Monaten bis zu 5 Jahren. Die *Koeffizienten* des Inflationgaps zeigen bei ihren höchsten Werten einen lediglich geringen positiven Anstieg von 0,03 Prozent der

[1053] Die Größe des Inflationgaps ist ohnehin schwer zu schätzen, da die wahre Zielinflationsrate der Zentralbanken in Abweichung vom öffentlich propagierten Ankerwert von 2% nicht veröffentlicht wird.

[1054] Der von Taylor zugrunde gelegte Wert von 2,2%, der sich als Durchschnitt der Quartale von 1984.1 bis 1992.3 ergibt (d.h. 35 Quartale bzw. 105 Monate; Vgl. Taylor, John B., Discretion, 1993, S. 202), wird aufgrund der erst relativ kurzen Existenz des Euro-Währungsgebiets in leicht verkürzter Form verwendet.

[1055] Die Ergebnisse stammen aus den Berechnungen der 1.550-seitigen Originalversion dieser Arbeit.

[1056] Wird statt des HVPI (Harmonisierter Verbraucherpreis-Index) der Deflator des Bruttoinlandsprodukts verwendet, ergibt sich ohne Lag des Hauptrefinanzierungssatzes ebenfalls ein hohes Bestimmtheitsmaß und ein unkritischer Durbin-Watson-Koeffizient, allerdings bei eingeschränkter Signifikanz.

Zinssätze mit Laufzeiten von 6 Monaten bis zu 2 Jahren als Ursache eines Anstiegs des Outputgaps von 1,00 Prozent. Die *Koeffizienten* des Outputgaps spiegeln bei ihren höchsten Werten einen hohen positiven Anstieg von 0,46 Prozent bei einer Laufzeit von 2 Jahren als Ursache eines Anstiegs des Outputgaps of 1,00 Prozent wider. Die Koeffizienten besitzen ihre höchsten Werte bei mittel- und langfristigen Laufzeiten von 6 Monaten bis zu 5 Jahren.
Das *korrigierte Bestimmtheitsmaß* zeigt eine hohe Korrelation bei Laufzeiten von 6 Monaten bis zu 1 Jahr. Der höchste Wert des adjustierten Bestimmtheitsmaßes von 0,42 existiert innerhalb der signifikanten Laufzeiten bei 6 Monaten. Die Veränderungen der Zinssätze werden grangerkausal determiniert durch den Outputgap und den Inflationgap mit Ausnahme der Laufzeiten von 5 Jahren, bei der keine Grangerkausalität existiert. Es bestehen keine *ARCH-Prozesse* mit Ausnahme der Laufzeiten von 1 Monat, 6 Monate und 1 Jahr. Exogene Schocks (*GARCH-Prozesse*) existieren über alle Laufzeiten hinweg mit Ausnahme der Laufzeiten von 5 und 10 Jahren.

Zusätzlich werden die Einflüssse auf den Zinsstruktur-Spread (TS), die Terminzinsen (FR) und die Leitzinsen (ECB) analysiert: Die Korrelationsanalyse der Veränderung der Taylor-Regel und der Veränderung der Zinsstruktur zeigt insignifikante Werte. Es bestehen keine ARCH-Prozesse, jedoch exogene Schocks. Die Korrelation zwischen der Veränderung der Taylor-Regel und der Veränderung der Terminzinssätze besitzt eine hohe Signifikanz. Der Koeffizient des Inflationgaps besitzt einen geringen und negativen Wert von -0,16, wogegen der Koeffizient des Outputgaps einen sehr hohen und negativen Wert von -3,10 zeigt. Das korrigierte Bestimmtheitsmaß ist mittelhoch. Die Ergebnisse sind signifikant. Es liegt keine Grangerkausalität vor. Zudem bestehen weder ARCH-Prozesse, noch exogene Schocks. Die Korrelation zwischen der Veränderung der Taylor-Regel und der Veränderung der Leitzinssätze zeigt keine Signifikanz. Es bestehen ARCH-Prozesse, jedoch keine exogenen Schocks.

Anschließend erfolgt die ökonometrische Analyse des Zusammenhangs zwischen der Änderung des Hauptrefinanzierungssatzes der EZB sowie der Änderung der Zinssätze. Der Test der ursprünglichen Taylor-Regel bezogen auf das Euro-Währungsgebiet basiert ebenfalls auf Parametern von jeweils 0,5 für jeden Faktor.

Tab. 44: Leitzinsen und Output- sowie Inflationgap (TAYLOR: Leitzinsen).[1057]

Independent Variable: 1st Differentiation von: (GAP_GDP_Y_MEAN + GAP_DP_HICP_2PRCT)											
Dependent Variable: 1st Differentiation der folgenden Zinssätze:											
							ECB (1)			(ECB (2))	
Koeffizient P							0.03			0.04	
Koeffizient Y							0.35			0.23	
R^2-adjusted							0.23			0.38	
Probability Y							0.01			0.00	
Probability P							0.06			0.18	
Durbin-Watson							1.80			1.36	
Granger cause							←			←	
White							1.53			8.14	
ARCH (p-Wert)							0.00	(1) (0)		0.00	(2)
GARCH (p-Wert)							0.00	(1) (0)		0.00	(2)
Best Lead:	*1 period of the dependent variable calculated (Leitzinssatz); (z. Vgl. rechts auch 2 Perioden)*										
GDP_Y_MEAN:	*= Mean Value of the GDP*										
HICP_2PRCT:	*= Harmonised Index of Consumer Prices of a Value of 2%*										
Zinssätze:	*i1D = Zins 1 Tag, i1M = Zins 1 Monat, (...), i10Y = Zins 10 Jahre*										
	TS = Zins-Spread der Zinsstruktur, FR = EURO-BUND-Future, ECB = Leitzinssatz der EZB										
Granger-Kausalität:	*→ = abhängige Variable (Zinssatz) determiniert grangerkausal; – = keine Grangerkausalität*										
	← = unabhängige Variable determiniert grangerkausal; ↔ = gegenseitige Grangerkausalität										

Die ökonometrischen Tests analysieren eine der Ursprungshypothesen Taylors, nämlich die Veränderung von Outputgap (GAP_GDP_Y_MEAN) und Inflationgap (GAP_DP_HICP_2PRCT) im Vergleich zur Veränderung des Leitzinssatzes der Europäischen Zentralbank (ECB), welcher einen Lead von einem Quartal besitzt. Zum Vergleich werden die Ergebnisse mit einem Lag von zwei Quartalen ergänzt. Die Ergebnisse sind signifikant, jedoch gilt diese *Signifikanz* mit einem Wert von 0,06 beim Inflationgap lediglich auf einem 10%-Niveau. Der *Koeffizient des Outputgaps* reflektiert lediglich einen sehr geringen, positiven Anstieg von 0,03 Prozent der Zinssätze als Ursache eines Anstiegs beim Outputgap von 1,00 Prozent. Der *Koeffizient des Inflationgaps* spiegelt einen hohen, positiven Anstieg von 0,35 Prozent als Ursache eines Anstiegs des Outputgaps von 1,00 Prozent wider. Das korrigierte Bestimmtheitsmaß zeigt eine mittelhohe Korrelation von 0,23. Die Veränderungen beim Leitzinssatz werden grangerkausal determiniert durch den Outputgap und den Inflationgap. Es bestehen *ARCH-Prozesse* sowie exogene Schocks (*GARCH-Prozesse*). Der Hauptunterschied in den Vergleichs-Ergebnissen zum Leitzinssatz mit einem Lead von *zwei* Quartalen ist die fehlende Signifikanz beim Inflationgap, selbst bei einem Signifikanzniveau von 10%.

Insgesamt besteht eine mittelhohe Validität der Taylor-Regel für das Euro-Währungsgebiet bei einem 10%-igen Signifikanz-Niveau. Die ökonometrischen Er-

[1057] Die Ergebnisse stammen aus den Berechnungen der 1.550-seitigen Originalversion dieser Arbeit.

gebnisse sind insoweit interpretierbar, als die ECB zumindest ansatzweise eine potentialorientierte Geldpolitik durchführt.

Insgesamt besteht eine hohe Validität der Hypothese der bivariaten Taylor-Regel für Laufzeiten von 6 Monaten bis zu 2 Jahren. Die Ergebnisse lassen sich insoweit interpretieren, als dass sich die Zinsstruktur des Euro-Währungsgebiets eher unflexibel hinsichtlich der Taylor-Regel und der Anpassungsqualität und -geschwindigkeit insbesondere am Geldmarkt verhält. Der Euro-Geldmarkt scheint noch nicht zu einem einheitlichen, vollständigen Markt entwickelt zu sein. Der langfristige Kapitalmarkt scheint dagegen besser integriert zu sein und weniger beeinflusst durch kurzfristige Schwankungen. Dennoch ist es für die Taylor-Regel wichtiger, dass die Faktoren eine langfristige Gültigkeit besitzen, weil die kurzfristigen Zinssätze durch die langfristigen Zinssätze determiniert werden. Ein Grund für die vergleichsweise schlechten Ergebnisse des Inflationgaps ist, dass die inflationsbezogenen Werte stärker durch die Zentralbank und durch die Taylor-Regel in Relation zu den Leitzinssätzen beeinflusst werden als durch die Marktzinssätze.

5. Die Beurteilung der geldpolitischen, bivariaten Taylor-Regel

Die Schwierigkeiten bei der Anwendung der Taylor-Regel bestehen unter anderem in der Schätzung des realen Gleichgewichtszinssatzes, der Kapazitätsauslastung und der zu erwartenden Inflationsraten.[1058] Zudem ist unsicher, ob ein Preisanstieg permanent oder vorübergehend ist. Einfache Zinsregeln können unter bestimmten Umständen sogar Instabilitäten induzieren.[1059] In diesem Zusammenhang scheint es, als könne eine Anwendung der Taylor-Regel aufgrund einer stärkeren Vergrößerung der Geldmenge leichter zu spekulativen Blasen auf Teilmärkten führen, z.B. dem Immobilienmarkt, die im Rahmen der Inflationsmessung insbesondere der Kerninflationsrate der Aufmerksamkeit der Zentralbank leichter entgehen können. Auch ist es diffizil, eine Zinsregel im Rahmen einer exakten algebraischen Formel dauerhaft zu formulieren.[1060] In Rezessionszeiten erscheint zudem eine kurzfristige Anpassung der Leitzinsen angebracht. Auch existieren ökonomische Extremsituationen, wie beispielsweise Börsencrashs, oder exogene Schocks, welche kurzfristig monetäre Maßnahmen erforderlich machen.[1061]

Es liegt kein allgemeiner Konsens über die Höhe der Koeffizienten der Politikregel oder ihrer Komponenten vor.[1062] Daher ist es notwendig, die Formel laufend anzupassen bzw. zu verfeinern. Auch unterliegen rationale Erwartungen und das Verhalten der Marktteilnehmer Lernprozessen sowie Änderungen. Die Modellgleichung bedarf deshalb weiterer Forschung, doch scheint sie als ein Ansatz zur Schätzung des langfristigen Effekts unterschiedlicher Politikregime geeignet zu sein.[1063] Zumindest

[1058] Zur zusätzlichen Problematik beim Übergang von einer Politikregel zur anderen: Vgl. Taylor, John B., Discretion, 1993 S. 203 ff.
[1059] Vgl. Clarida, Richard, Galí, Jordi, Gertler, Mark, Science, 1999, S. 1700.
[1060] Vgl. Taylor, John B., Discretion, 1993, S. 197.
[1061] Vgl. EZB, Monatsbericht Oktober 2001, S. 44.
[1062] Vgl. Taylor, John B., Discretion, 1993, S. 202.
[1063] Vgl. Taylor, John B., Discretion, 1993, S. 200.

besteht eine gewisse Einigkeit über die funktionale Form und die Vorzeichen der Taylor-Regel.[1064]

In ihrer bivariaten, *geldpolitischen* Anwendung jedoch können Abweichungen von der Regel und veränderte Faktoren oder Koeffizienten nur schwer antizipiert werden. Gerade beim Vorherrschen außergewöhnlicher Umstände wird die Robustheit bzw. die Validität einer Zinsregel im Vergleich zur traditionellen Zentralbankpolitik auf die Probe gestellt. Insofern stellt die Taylor-Regel nicht nur zinsstrukturtheoretisch, sondern auch geldpolitisch zumindest ein nützliches Denkmodell dar.

6. Die Kaufkraftparitätentheorie des Zinses

Die *Kaufkraftparitätentheorie* wurde von Gustav Cassel formuliert. Betrachtet werden zunächst die Güterpreise identischer Güter in unterschiedlichen Ländern.

6.1. Die Prämissen

Die Märkte gelten als vollkommen. Es gilt die Unterschiedslosigkeit der Preise. Die Güterarbitrage bedingt in einer strengen Form dieser Theorie eine Angleichung der Preise.

6.2. Das Modell

In einer makroökonomischen Betrachtungsweise besagt die Theorie, dass der Wechselkurs *w* der Fremdwährung durch das Verhältnis von Inlandspreisniveau P_i und Auslandspreisniveau P_a bestimmt wird.[1065] Das Verhältnis der Preisniveaus wird also nach dieser Theorie als Determinante des Wechselkurses betrachtet: [1066]

$$w = \frac{P_i}{P_a} \tag{1}$$

Durch exogene Änderungen von Wechselkursen zwischen zwei Ländern kommt es zur Güterarbitrage, da ein betrachtetes Gut im Land mit der schwächeren Währung relativ billiger wird als im Land mit der stärkeren Währung. Es finden Reimporte oder Exporte des Gutes in das Land mit der stärkeren Währung statt. Durch diese Transaktionen, die in der Währung des Exportlandes durchgeführt werden, steigt die Nachfrage nach dieser Währung, und es kann längerfristig wieder eine Aufwertung des zuvor gesunkenen Wechselkurses eintreten. Zwar reagieren die Preiserwartungen sehr schnell, gleichwohl sind in der Realität die Transportkosten realer Güter und die recht umfangreiche Zeitdauer der Transaktionen zu berücksichtigen. Somit akzeptiert man die Kaufkraftparitätentheorie überwiegend in ihrer relativen Form.[1067]

[1064] Vgl. Taylor, John B., Robustness, 1999, S. 8 f.

[1065] Vgl. EZB, Monatsbericht, März 2004, S. XVI: Nach EZB-Definition stellt die Kaufkraftparität (Purchasing Power Parity - PPP) den Umrechnungskurs dar, zu dem eine Währung in eine andere konvertiert wird, um die Kaufkraft beider Währungen auszugleichen, indem die Unterschiede im Preisniveau der betreffenden Länder beseitigt werden. In ihrer einfachsten Ausprägung gibt die Kaufkraftparitätentheorie das Verhältnis des Preises für ein Produkt in nationaler Währung zum Preis für dieselbe Ware oder Dienstleistung in anderen Ländern an.

[1066] Vgl. Rose, Klaus, Sauernheimer, Karlhans, Außenwirtschaft, 1992, S. 177.

[1067] Vgl. Rose, Klaus, Sauernheimer, Karlhans, Außenwirtschaft, 1992, S. 178 f.

$$P_i = \alpha w P_a \qquad \text{mit } \alpha > 0, \qquad (2)$$

wobei α die Abweichung zwischen Preisniveauverhältnis P_i / P_a und Wechselkurs misst, die in etwa als konstant angenommen wird.

Aus Sicht der Zinstheorie bietet die Kaufkraftparitätentheorie einen Erklärungsansatz dafür, dass mit einem im Vergleich zum ausländischen Preisniveau steigenden inländischen Preisniveau das inländische Zinsniveau steigt. Allerdings setzt diese Anschauung voraus, dass die monetären die realen Faktoren bei der Wechselkursbestimmung zumindest mitbeeinflussen.

6.3. Die ökonometrischen Analysen

Getestet wird der Zusammenhang zwischen den einzelnen Zinssätzen der Zinsstruktur sowie der Kaufkraftparität gemessen in Form der realen effektiven Wechselkurse (Effective Exchange Rates, EER-42) auf Basis gewichteter Durchschnitte der bilateralen Wechselkurse des EURO gegenüber den Währungen der Handelspartner des EURO-Währungsgebiets.[1068] [1069]

Tab. 45: Wechselkurs (AUßENWIRTSCHAFT: Kaufkraftparitäten).[1070]

Independent Variable: 1st Differentiation von: (EER_42_ r_VPI)											
Dependent Variable: 1st Differentiation der folgenden Zinssätze:											
	i1D	i1M	i3M	i6M	i1Y	i2Y	i5Y	i10Y	TS	FR	ECB
Koeffizient	-0.03	-003	-0.04	-0.05	-0.06	-0.07	-0.06	-0.04	-0.00	0.31	-0.02
R²-adjusted	0.03	0.03	0.58	0.09	0.14	0.17	0.15	0.08	-0.04	0.07	-0.00
Probability	0.18	0.18	0.13	0.06	0.02	0.01	0.02	0.07	0.95	0.06	0.39
Durbin-Watson	0.65	0.56	0.58	0.73	1.04	1.29	1.36	1.48	1.16	1.62	1.27
Granger cause	-	-	←	←	←	-	-	-	-	-	-
White	1.80	2.42	2.55	2.56	1.93	0.17	0.04	0.78	2.53	0.21	1.05
ARCH (p-Wert)	0.18	0.02	0.09	0.23	0.31	0.17	0.22	0.78	0.46	0.00	0.23
GARCH (p-Wert)	0.14	0.57	0.93	0.47	0.86	0.00	0.00	0.68	0.00	0.00	0.69
Best Lag:	*0 periods of the dependent variable calculated (Zinssätze)*										
EER_42_ r_VPI:	*= real Effective Exchange Rates of the EURO (Deflator: CPI) against the Currencies of the 42 most important Trading Partners Countries of the Euro-Währungsgebiet(weighted average)*										
Zinssätze:	*i1D = Zins 1 Tag, i1M = Zins 1 Monat, (...), i10Y = Zins 10 Jahre*										
	TS = Zins-Spread der Zinsstruktur, FR = EURO-BUND-Future, ECB = Leitzinssatz der EZB										
Granger-C.	*→ = abhängige (Zinssatz) determiniert; – = keine, ← = unabhängige Var.; ↔ = gegenseitig*										

[1068] Vgl. EZB Monatsbericht September 2008, S 94 f. Die EWK-42-Gruppe der nicht dem EURO-Währungsgebiet angehörenden Handelspartner umfasst die EWK-22-Gruppe (EU-Mitgliedsländer, die nicht dem Euro-Währungsgebiet angehören, sowie Australien, China, Hongkong, Japan, Kanada, Nowegen, Schweiz, Singapur, Südkorea, USA) sowie die folgenden Länder: Algerien, Argentinien, Brasilien, Chile, Indien, Indonesien, Island, Israel, Kroatien, Malaysia, Marokko, Mexiko, Neuseeland, die Philippinen, die Russische Förderation, Südafrika, Taiwan, Thailand, die Türkei und Venezuela. Die realen effektiven Wechselkurse werden u.a. anhand der Verbraucherpreisindizes berechnet und in dieser Arbeit verwendet.

[1069] Die zinstheoretische Wirkung der Kaufkraftparitätentheorie wird zudem isoliert durch den Wechselkurs zwischen US-Dollar und Euro untersucht. Die Ergebnisse zeigen keine Signifikanz. Die Ergebnisse stammen aus den Berechnungen der 1.550-seitigen Originalversion dieser Arbeit.

[1070] Die Ergebnisse stammen aus den Berechnungen der 1.550-seitigen Originalversion dieser Arbeit.

Die ökonometrischen Tests analysieren die Veränderung der EURO-Kaufkraftparitäten (EER_42_ r_VPI) und der Veränderung der Zinssätze mit einem optimalen Lag von zwei Quartalen:[1071] Die Ergebnisse sind lediglich *signifikant* für die Laufzeit von 5 Jahren. Der *Koeffizient* zeigt bei einer Laufzeit von 5 Jahren eine geringe, negative Abnahme von -0,05 Prozent der Zinssätze als Ursache eines Anstiegs der Kaufkraftparitäten von 1,00 Prozent. Das korrigierte Bestimmtheitsmaß zeigt eine vergleichsweise geringe Korrelation bei einer Laufzeit von 5 Jahren mit einem Wert von 0,15. Zwischen der unabhängigen Variablen und der Veränderungen der Zinssätze mit einer Laufzeit von 5 Jahren besteht keine Grangerkausalität. *ARCH-Prozesse* liegen beim 1-Monats-Zinssatz vor. Exogene Schocks (*GARCH-Prozesse*) existieren lediglich bei Laufzeiten von 2 und 5 Jahren.

Zusätzlich werden die Einflüssse auf den Zinsstruktur-Spread (TS), die Terminzinsen (FR) und die Leitzinsen (ECB) analysiert: Die Korrelationsanalyse der Veränderung der EURO-Kaufkraftparität und der Veränderung der Zinsstruktur zeigt einen insignifikanten Wert. Es bestehen keine ARCH-Prozesse, jedoch exogene Schocks. Die Korrelation zwischen der Veränderung der EURO-Kaufkraftparität und der Veränderung der Terminzinssätze zeigt keine Signifikanz. Es bestehen ARCH-Prozesse sowie exogene Schocks. Die Korrelation zwischen der Veränderung der EURO-Kaufkraftparität und der Veränderung der Leitzinssätze besitzt keine Signifikanz. Es bestehen weder ARCH-Prozesse, noch exogene Schocks.

Insgesamt besteht insbesondere aufgrund des negativen Koeffizienten keine Validität der Kaufkraftparitätentheorie. Die Ergebnisse lassen sich insoweit interpretieren, als die effektiven Wechselkurse und die Kaufkraftparität grundsätzlich keine Wirkung auf die Zinsstruktur besitzen. Auch das Wirtschaftswachstum, welches die Zinsstruktur determiniert, kann unabhängig von einem geringeren Wechselkurs steigen. So können beispielsweise auch niedrige Wechselkurse zu höheren Exporten und damit zu einem hohen Wirtschaftswachstum bei einem höheren Zinsniveau führen.

6.4. Die Wertung

Die Kaufkraftparitätentheorie bezieht sich überwiegend auf reale Güter und deren Preise, sowie deren Einfluss auf den Wechselkurs. Die Theorie liefert keinen wirkungsvollen Erklärungsansatz für die Zinssätze und die Zinsstruktur.

[1071] Die Kaukraftparitätentheorie wird ökonometrisch durch den gewichteten Durchschnitt der effektiven Wechselkurse (Effective Exchange Rates) (=EER 42) repräsentiert.

7. Der p-Wert der Zinssätze untereinander

Tab. 46: „p-Wert" der Zinssätze untereinander.[1072]

Probability								
Independent Variable: 1st Differentiation der folgenden Zinssätze:								
Dependent Variable: 1st Differentiation der folgenden Zinssätze:								
	i1D	i1M	i3M	i6M	i1Y	i2Y	i5Y	i10Y
i1D	-	0.00	0.00	0.00	0.00	0.01	0.08	0.10
i1M	-	-	0.00	0.00	0.00	0.00	0.03	0.04
i3M	-	-	-	0.00	0.00	0.00	0.00	0.01
i6M	-	-	-	-	0.00	0.00	0.00	0.00
i1Y	-	-	-	-	-	0.00	0.00	0.00
i2Y	-	-	-	-	-	-	0.00	0.00
i5Y	-	-	-	-	-	-	-	0.00
Zinssätze:	*i1D = Zins 1 Tag, i1M = Zins 1 Monat, (...), i10Y = Zins 10 Jahre*							

8. Die Durbin-Watson-Statistik der Zinssätze untereinander

Tab. 47: Werte der Durbin-Watson-Statistik der Zinssätze untereinander.[1073]

Durbin-Watson stat								
Independent Variable: 1st Differentiation der folgenden Zinssätze:								
Dependent Variable: 1st Differentiation der folgenden Zinssätze:								
	i1D	i1M	i3M	i6M	i1Y	i2Y	i5Y	i10Y
i1D	-	2.20	1.63	1.74	1.68	1.62	1.62	1.75
i1M	-	-	1.09	1.54	1.59	1.59	1.61	1.76
i3M	-	-	-	1.70	1.65	1.62	1.63	1.77
i6M	-	-	-	-	1.50	1.52	1.56	1.71
i1Y	-	-	-	-	-	1.39	1.45	1.63
i2Y	-	-	-	-	-	-	1.42	1.65
i5Y	-	-	-	-	-	-	-	1.74
Zinssätze:	*i1D = Zins 1 Tag, i1M = Zins 1 Monat, (...), i10Y = Zins 10 Jahre*							

[1072] Die Ergebnisse stammen aus den Berechnungen der 1.550-seitigen Originalversion dieser Arbeit.
[1073] Die Ergebnisse stammen aus den Berechnungen der 1.550-seitigen Originalversion dieser Arbeit.

Literaturverzeichnis

A

ANDEREGG, Ralph G., Grundzüge der Geldtheorie, 1. Auflage, Verlag Oldenbourg, München u.a., 2007.

B

BOLDER, David Jamieson, Affine Term-Structure Models: Theory and Implementations, In: Working Paper 2001-15, Bank of Canada, October 2001.

BÖHM-BAWERK, Eugen Ritter von, Geschichte, Kapital und Kapitalzins, Erste Abteilung, Geschichte und Kritik der Kapitalzins-Theorien; Wien, verwendet: vierte, unveränderte Auflage, Jena Verlag Gustav Fischer, 1921. Erstmals erschienenen: Innsbruck 1884, Verlag Wagner.

BÖHM-BAWERK, Eugen Ritter von, Theorie, Kapital und Kapitalzins, Zweite Abteilung, Positive *Theorie* des Kapitals; verwendet: Wien, vierte unveränderte Auflage, Jena Verlag Gustav Fischer, 1921. Erstmals erschienenen: Innsbruck 1884, Verlag Wagner.

BÖHM-BAWERK, Eugen Ritter von, Zins, Artikel „Zins" in: Wieser, Friedrich et. al. (Hrsg.), Handwörterbuch der Staatswissenschaften, 8. Bank, 4. Auflage, Jena 1928, S. 1130 -1143.

BREALEY, Richard A., MYERS, Steward C., Principles of Corporate Finance (International Edition), 4th Edition, 1991, McGraw-Hill, New York, et al.

BRUNNER, Karl, MELTZER, Allan H., Credit Market Theory, of the Money Supply and an Explanation of Two Puzzles in US Monetary Policy. In: Bagiotti, Tullio (Hrsg.), Investigations of Economic Theory and Methodology; Essays in Honour of Marco Fanno, Vol. II Padovy, 1966, S. 151-176.

BRUNNER, Karl, MELTZER, Allan H., Liquidity Traps for Money, Bank Credit and Interest Rates, in: Journal of Political Economy, 76(1), 1968, S. 1-27.

BRUNNER, Karl, Zwei alternative Theorien des Geldangebotsprozesses, Geldmarkt versus Kreditmarkt, In: Brunner, Karl, Monissen, Hans, Neumann, Manfred (Hrsg.), Geldtheorie, Kiepenheuer & Witsch, Köln, 1974, S. 114 -148.

BUSCHER, Herbert, SCHRÖDER, Michael (Hrsg.) et al., Finanzmarkt-Ökonometrie, Schäffer-Poeschel, Stuttgart, 2002.

C

CASSEL, Karl Gustav, The World´s Monetary Problems, Constable & Co., London 1921 (ursprgl.: Memorandum on the World´s Monetary Problems. In: Société des Nations, Conférence financière internationale: Rapports 15, London, 1920), (Dt. Übersetzung: Das Geldproblem der Welt).

CEZANNE, Wolfgang, Allgemeine Volkswirtschaftslehre, Verlag Oldenbourg, München u.a., 4. Auflage 1999.

CLARIDA, Richard, GALí, Jordi, GERTLER, Mark, The Science of Monetary Policy: A New Keynesian Perspective, Journal of Economic Literature, Vol. XXXVII (December 1999), pp. 1661-1707.

CONARD, Joseph Wickersham; An Introduction to the Theory of Interest, Berkeley and Los Angeles, University of California Press, 1959.

COX, John C., INGERSOLL, Jonathan E., ROSS, Stephen A., A Theory of the Term Structure of Interest Rates, In: Econometrica, Vol. 53, 1985, pp. 396-407.

CULBERTSON, John M., The Term Structure of Interest Rates; Quarterly Journal of Economics, November 1957, Vol. LXXI No 4, S. 485-517.

D

DUNNING, John H., Towards an Eclectic Theory of International Production: Some Empirical Tests. In: Journal of International Business Studies, 11. Jg., Nr. 1, 1980, S. 9-31.

DUWENDAG, Dieter et al., Geldtheorie und Geldpolitik, eine problemorientierte Einführung mit einem Kompendium bankstatistischer Fachbegriffe, Bund-Verlag, 3. Auflage (1985), Köln 1974.

E

ECKEY, Hans-Friedrich, KOSFELD, Reinhold, DREGER, Christian, Ökonometrie: Grundlagen – Methoden – Beispiele, Gabler Verlag, 2. Auflage, Wiesbaden 2001.

EZB (Europäische Zentralbank) Monatsbericht jew. gem. Erscheinungsmonat u. -jahr: (www.ecb.int).

EViews 4, User´s Guide, 2000: Quantitative Micro Software, 2000.

EViews 5, User´s Guide, 2004: Quantitative Micro Software, 2004.

F

FELDERER, Bernd, HOMBURG, Stefan, Makroökonomik und neue Makroökonomik, 8. Aufl., Berlin et. al. 2003.

FISHER, Irving, Appreciation and Interest, American Economic Association, New York, Macmillan, Volume 11,4, 1896.

FISHER, Irving, The Theory of Interest as Determined by Impatience to Spend Income and Opportunity to Invest It, Macmillan, New York, 1907.

FISHER, Irving, Elementary Principles of Economics, Macmillan, New York, 1910, (Wiederauflage 1923).

FISHER, Irving, The Purchasing Power of Money, It´s Determination an Relation to Credit Interest and Crisis, (erstmals erschienen 1911), Macmillan, New York.

FISHER, Irving, Die Kaufkraft des Geldes, ihre Bestimmung und ihre Beziehung zu Kredit, Zins und Krisen, 2. Auflage Berlin, Leipzig 1922 (1916), (Originalausgabe: The Purchasing Power of Money, Macmillan, New York, 1911).

FISHER, Irving, Die Zinstheorie (deutsche. Übersetzung von: The Theory of Interest, 1907), übersetzt von Hans Schulz, Verlag Gustav Fisher, Jena 1932, 2. Auflage, Tübingen 1967.

FOCARDI, Sergio, FABOZZI, Frank J., The Mathematics of Financial Modeling and Investment Management, Wiley, Hoboken, New York, 2004.

FRANKE, Günter, HAX, Herbert, Finanzwirtschaft des Unternehmens und Kapitalmarkt, Springer, Berlin u.a., 3. Auflage, 1994.

FRIEDMAN, Milton, The Quantity Theory of Money – A Restatement, In: Friedman, M. et al. (Ed.): Studies in the Quantity Theory of Money, The University of Chicago Press, Chicago 1956, S. 3-21.

FRIEDMAN, Milton, Die Quantitätstheorie des Geldes: Eine Neuformulierung. Deutsche Übersetzung des Originalwerks, The Quantity Theory of Money, A Restatement, 1956, München 1970.

FRIEDMAN, Milton, A Theory of the Consumption Function, Princeton, New York, Princeton University Press, 1957.

FRIEDMAN, Milton, The Optimum Quantity of Money in: The Optimum Quantity of Money and Other Essays, Chicago, 1969.

G

GARZ, Hendrik, GÜNTHER, Stefan, MORIABADI, Cyrus, Portfolio-Management, Theorie und Anwendung, Bankakademie-Verlag, Frankfurt am Main, 3. Auflage, 2004.

GEBAUER, Wolfgang, Preisbereinigter Realzins und Ertragsrate des Realkapitals. Die Konzepte von FISHER und TOBIN, in: Jahrbücher für Nationalökonomie und Statistik, Stuttgart, Heft 1-2, 1976, S. 1-27.

GERKE, Wolfgang, STEINER, Manfred, Handwörterbuch des Bank- und Finanzwesens, 3. Aufl., Schäffer-Poeschel, Stuttgart 2001.

GERLACH, Stefan, SCHNABEL, Gerd, The Taylor Rule and Interest Rates, in the EMU Area: A Note: In: Bank for International Settlement, BIS Working Papers, No. 73, August 1999.

GIBSON, A.H., The Future Course of High-Class Investment Values. In: Bankers', Insurance Managers' and Agent' Magazine, Jan. 1923, S. 15-34. Vgl. ders., The Road to Economic Recovery. In: Bankers', Insurance Managers' and Agents' Magazine, Nov. 1926, S. 595-612.

GIEGOLD, Uwe, Giegold, Uwe A., Bewertung unbedingter börsengehandelter Zins-Derivate und Analyse von Arbitrage-Gewinnmöglichkeiten mit Hilfe von Arbitrage-Signalen, Verlag Lang, Frankfurt am Main, 2004.

GREENE, William H., Econometric Analysis, New York, London 2003.

H
HAYEK, Friedrich August von, Preise und Produktion, ursprünglich erschienen Julius Springer, Wien 1931, (Wiederauflage Springer-Verlag Wien, 1974).

HAYEK, Friedrich August von, Prices and Production, Routledge, London, 1931, (englische Übersetzung von "Preise und Produktion").

HAYEK, Friedrich August von, Profits, Interest and Investment, and Other Essays on the Theory of Industrial Fluctuations, Kelley, London 1939, (Wiederauflage, Augustus M. Kelley, New York, 1969).

HAYEK, Friedrich August von, Geldtheorie und Konjunkturtheorie, Beiträge zur Konjunkturforschung, Hrsg.: Österreichisches Institut für Konjunkturforschung Nr. 1, 1929, Wien und Leipzig 1929 (Wiederauflage Wolfgang Neugebauer, Salzburg, 1976).

HAYEK, Friedrich August von, New Studies in Philosophy, Politics, Economics and the History of Ideas, Routledge & Kegan, London, 1978.

HEINSOHN, Gunnar, STEIGER, Otto, Eigentum, Zins und Geld – Ungelöste Rätsel der Wirtschaftswissenschaft, Reinbek bei Hamburg, 1. Auflage Juni 1996.

HICKS, John R., An Inquiry into Some Fundamental Principles of Economic Theory, 1939, 2nd Edition, At the Clarandon Press, Oxford, 1946.

HICKS, John R., Critical Essays in Monetary Theory, At the Clarandon Press, Oxford, 1967.

HULL, John C., Pearson Prentice Hall, New York, 6th Edition, 2006, Deutsche Übersetzung: Optionen, Futures und andere Derivate, 4. Auflage, Verlag Oldenbourg, München, Wien, 2001).

I
ISSING, Otmar, Einführung in die Geldtheorie, 10. Auflage, Verlag Franz Vahlen, München 1995.

J
JAENICKE, Johannes, BROLL, Udo, Ungedeckte Zinsparität, erste Ergebnisse für die Zeit nach der deutschen Wiedervereinigung, Universität Osnabrück, Beiträge des Fachbereich Wirtschaftswissenschaften, Diskussionspapier Nr. 9514, Osnabrück, 1995.

JARCHOW, Hans-Joachim, RÜHMANN, Peter, Monetäre Außenwirtschaft, Vandenhoeck & Ruprecht, Göttingen, 2000.

JOHNSON, Harry G., Univ. of Chicago, Money, Trade and Economic Growth, London, George Allen & Unwin Ltd.; Part Two: Money; (V. Monetary Theory and Keynesian Economics, S. 111), 1961.

JÜTTNER, Johannes D.; Ein Test der Erwartungshypothese der Fristigkeitsstruktur der Zinssätze - Der Zusammenhang zwischen Glättung von Renditekurven, error-learning Hypothese und Fristigkeitsstruktur der Zinssätze; Zeitschrift für Wirtschafts- u. Sozialwissenschaften ; Berlin 1975,2 ; S. 184 ff.

K

KATH, Dietmar, Die verschiedenen Ansätze der Zinsstrukturtheorie, Freiburg, Düsseldorf 1972, aus Zeitschrift KREDIT UND KAPITAL, herausgegeben von EHRLICHER, W. (Freiburg) /LIPFERT, H., (Düsseldorf).

KEYNES, John Maynard, A Treatise On Money in Two Volumes, 1st Edition, Macmillan, London, 1930, (Wiederauflage 1953), (dt. Übersetzung von C. Krämer, Vom Gelde, München 1932).

KEYNES, John Maynard, The General Theory of Employment, Interest and Money, Macmillan, London, 1936, Re-Edition New York 1967.

KEYNES, John Maynard, Allgemeine Theorie der Beschäftigung, des Zinses und des Geldes (1936), Duncker & Humblot, Berlin, 5. Auflage Darmstadt 1974 (unveränderte Auflage der 1. Auflage).

KEYNES, John Maynard, Lessons of Monetary Experience; The Theory of the Rate of Interest, Essays in Honor of Irving Fisher, 1937, S. 145 ff.

KYDLAND, Finn, PRESCOTT, Edward, Time to Build an Aggregate Fluctuation, in: Econometrica, November 1982, Volume 50, pp. 1345-1371.

L

LINDAHL, Erik, Studies in the Theory of Money and Capital, Rinehart & Company, New York, 1939.

LUCAS, Robert E. Jr., Econometric Policy Evaluation: A Critique. In: Carnegie-Rochester Conference Series on Public Policy, Band 1, S. 19-46, 1976.

LUTZ, Friedrich August, The Structure of Interest Rates. In: The Quarterly Journal of Economics, MIT-Press, Cambridge, Mass., 1940.

LUTZ, Friedrich August, Friedrich, Entwicklung der Zinstheorie seit Böhm-Bawerk, in: Kapitaltheoretische Untersuchungen von Walter Eucken (Einleitung) von Friedrich A. Lutz), 2. Auflage, J. C. B. Mohr (Paul Siebeck), Tübingen, Polygraphischer Verlag AG. Zürich.

LUTZ, Friedrich August, Zinstheorie, 2. Auflage, Polygraphischer Verlag, Zürich / J.C.B. Mohr, Paul Siebeck, Tübingen, 1956, (zweite, neu bearbeitete Auflage 1967).

LUTZ, Friedrich August, Artikel „Zins", in: Handbuch der Sozial- und Wirtschaftswissenschaften (HdSW), Band 12, Göttingen 1965, pp. 434-452.

LUTZ, Friedrich August, Friedrich, NIEHANS, Jürg, Faktorpreisbildung, II. Zinstheorie, in: Handwörterbuch der Wirtschaftswissenschaften (HdWW), Bd. 2, Gustav Fischer, Stuttgart u.a. 1980.

M

MALKIEL, Burton G., The Term Structure of Interest Rates: Expectations and Behavior Patterns, Princeton University Press, Princeton, New Jersey, 1966.

MANKIW, N. Gregory, Makroökonomik, Stuttgart, 1998.

MARKOWITZ, Harry M., Portfolio Selection, in: The Journal of Finance, Bd. 7, Nr. 1, March 1952, pp. 77-91.

MEISELMAN, David, The Term Structure of Interest Rates, 1962; Chapter I; The term structure: A Futures Market in Loan Funds 1962, S. 21.

MODIGLIANI, Franco, SUTCH, Richard, Innovations and Interest Rate Policy, In: American Economic Review, Vol. 56, 1966, pp. 178-197.

MODIGLIANI, Franco, SUTCH, Richard, Debt Management and the Term Structure of Interest Rates: An Empirical Analysis of Recent Experience, Journal of Political Economy, University of Chicago Press, Vol. 75, 1967, S. 569 ff.

MODIGLIANI, Franco, SUTCH, Richard, Liquidity Preference and the Theory of Interest and Money, In: Economica, Jan. 1944, pp. 45-88.

MUSIELA, Marek, RUTKOWSKI, Marek, Martingale Methods in Financial Modelling, Springer, Berlin, 1998.

N

NAWALKHA, Sanjay, BELIAEVA, Natalia, SOTO, Gloria, Dynamic Term Structure, The Fixed Income Valuation Course, John Wiley & Sons, Hoboken, New Jersey, 2007.

NELSON, Charles, The Term Structure of Interest Rates: New York, London 1972, Basic Books, Inc. Publishers.

NELSON, Edward, UK Monetary Policy 1972-97: A Guide Using Taylor Rules, Bank of England, 2000.

O

OHLIN, Bertil, Some Notes on the Stockholm Theory of Saving and Investment, Economic Journal 47, pp 53-69, 221-240, 1937.

P

PERRIDON, Louis, STEINER, Manfred, Finanzwirtschaft der Unternehmung, 5. Auflage, München 1988.

R

RICARDO, David, Grundsätze der politischen Ökonomie und Besteuerung, Wiederauflage: Frankfurt am Main 1980 (1817).

ROBINSON, Joan, The Rate of Interest. In: Econometrica, Vol. 19, April 1951, S. 92-111.

ROBINSON, Joan, The Rate of Interest and Other Essays, London 1952.

ROSE, Klaus, SAUERNHEIMER, Karlhans, Theorie der Außenwirtschaft, Vahlen, München, 1992.

ROSS, Stephen A., The Arbitrage Theory of Asset Pricing, Journal of Economic Theory, 1976, pp. 341-360.

S

SAMUELSON Paul A., NORDHAUS William D., Volkswirtschaftslehre: Grundlagen der Makro- und Mikroökonomie, Köln 1987, S. 29.

SCHMIDT, Thorsten, Zinsstrukturmodelle, Mathematisches Institut der Universität Leipzig, 2005.

SCHOBER, J., Zinsprognose, in: Rehm , H., Methoden, 1989, S. 24 ff.

SCHOFFER, Olaf, Modellierung von Kapitalmarktrenditen mittels asymmetrischer GARCH-Modelle, Dissertation, Universität Dortmund, 2003.

SCHUMPETER, Joseph Alois, Theorie der wirtschaftlichen Entwicklung, 1911; verwendet: 8. Auflage, Berlin 1952; auch verwendet: Theorie der wirtschaftlichen Entwicklung - Eine Untersuchung über Unternehmergewinn, Kapital, Kredit, Zins und den Konjunkturzyklus, 2. Auflage, München und Leipzig 1926.

SCHUMPETER, Joseph Alois, Theory of Economic Development, An Inquiry into Profits, Capital, Credit, Interest, and the Business Cycle, 1934, Wiederauflage 1983, Cambridge, Mass., Harvard University Press, (Übersetzung von: „Theorie der ökonomischen Entwicklung", 1911).

SCHUMPETER, Joseph. Alois, Konjunkturzyklen. Eine theoretische, historische und statistische Analyse des kapitalistischen Prozesses, Bd. I, II, (erstmals erschienen 1939 als „Business Cycles - A Theoretical, Historical, and Statistical Analysis of the Capitalist Process", McGraw-Hill, New York), Vandenhoeck & Ruprecht, Göttingen usw., 1969.

SCHUMPETER, Joseph Alois, Das Wesen des Geldes, aus dem Nachlass rausgegeben und mit einer Einführung von Fritz Karl Mann, Vandenhoeck & Ruprecht, Göttingen, 1970.

SECKELMANN, Robert, Zinsen in Wirtschaft und Recht, Frankfurt am Main 1989.

SHARPE, William F., Capital Asset Prices. A Theory of Market Equilibrium under Conditions of Risk, in: The Journal of Finance, Bd. 19, September 1964, No. 3, pp 425-442.

SHLEIFER, Andrei, VISHNY, Robert W., The Limits of Arbitrage, The Journal of Finance, The Journal of the American Finance Association, Blackwell, Malden, Mass., 1997, pp 35-54.

SPAHN, Heinz-Peter, Geldpolitik, Verlag Vahlen, München, 2006.

T

TAYLOR, John B., Discretion versus Policy Rules in Practice, In: Carnegie-Rochester Conference Series, on Public Policy 39, Elsevier Science Publishers, 1993, pp. 195-214.

TAYLOR, John B., A Historical Analysis of Monetary Policy Rules, Working Paper 6768, National Bureau of Economic Research, Cambridge, USA, October 1998.

TAYLOR, John B., The Robustness and Efficiency of Monetary Rules and Guidelines for Interest Rate Setting by the European Central Bank, Vortrag anlässlich der Monetary Rules sponsored by the Sveriges Riksbank and the Institute of International Economic Studies, Stockholm, Schweden, vom 12. und 13. Juni 1998, (revised February 1999).

TAYLOR, John B., The Monetary Transmission Mechanism and the Evolution of Monetary policy Rules, Prepared for the Third Annual International Conference of the Central Bank of Chile, on "Monetary Policy: Rules and Transmission Mechanism", September 20-21, 1999.

TOBIN, James, Money, Capital and other Stores of Value, in: American Economic Review, 1961, S. 26-37, Reprinted in: Tobin, James, Essays in Economics, Vol. 1, Macroeconomics, Amsterdam, London, 1971.

TOBIN, James; Money and Income: Post hoc ergo propter hoc?, Quarterly Journal of Economics, Bd. 84, 1970.

U

ULSCHMID, C., Ulschmid, C., Empirische Validierung von Kapitalmarktmodellen, Untersuchungen zum CAPM und zur APT für den deutschen Aktienmarkt, Verlag Lang, Frankfurt am Main, 1994.

V

VASIČEK, Oldrich A., An Equilibrium Characterization of the Term Structure, In: Journal of Financial Economics, North-Holland Publishing Company, Vol. 5, 1977, pp.177-188.

VICEIRA, Luis M., Bond Risk, Bond Return Volatility, and the Term Structure of Interest Rates, 2007.

W

WICKSELL, Knut, Über Wert, Kapital und Rente, nach den neueren nationalökonomischen Theorien, Verlag von Gustav Fischer, Jena 1933 (1893).

WICKSELL, Johan Gustav Knut, Geldzins und Güterpreise, Eine Studie über die den Tauschwert des Geldes bestimmenden Ursachen, erstmals erschienen Jena 1898, (1. Neudruck Aalen 1968, 2. Neudruck Scientia Verlag Aalen, Lizenzausgabe Gustav Fischer, 1984).

X, Y, Z

-

SPRINGER NATURE

GPSR Compliance

The European Union's (EU) General Product Safety Regulation (GPSR) is a set of rules that requires consumer products to be safe and our obligations to ensure this.

If you have any concerns about our products, you can contact us on ProductSafety@springernature.com

In case Publisher is established outside the EU, the EU authorized representative is:

Springer Nature Customer Service Center GmbH
Europaplatz 3
69115 Heidelberg, Germany

FSC
www.fsc.org
MIX
Papier | Fördert
gute Waldnutzung
FSC® C083411

Kolibri 360 GmbH
Ferdinand-Jühlke-Straße 7
99095 Erfurt, Deutschland
produktsicherheit@kolibri360.de